पुष्टिमार्गीय मन्दिरों की संगीत-परम्परा

(हवेली संगीत)

पुष्टिमार्गीय मन्दिरों की संगीत-परम्परा

(हवेली संगीत)

सत्यभान शर्मा

भू०पू० डीन–कला संकाय
एवं अध्यक्ष–संगीत विभाग
दयालबाग विश्वविद्यालय,
आगरा

राधा पब्लिकेशन्स

नई दिल्ली–110 002

ISBN : 81-7487-705-3
ISBN : 978-81-7487-705-5
प्रथम संस्करण 1999
द्वितीय संस्करण 2011

ISBN 81-7487-705-3
9 788174 877055

राधा पब्लिकेशन्स
4231/1, अंसारी रोड, दरियागंज,
नई दिल्ली-110002
फोन: 23247003, 23254306

नितिन गर्ग द्वारा राधा पब्लिकेशन्स के लिए प्रकाशित तथा
एशियन ऑफसेट प्रेस, मौजपुर, दिल्ली-110053 में मुद्रित।

पुष्टिमार्गीय मन्दिरों की संगीत-परम्परा/सत्यभान शर्मा

समपर्ण

अपूर्व गायक व हवेली संगीत के अधिकारी विद्वान
परम पूज्य गुरूवर स्व० पं० लक्ष्मण प्रयाद जी चौबे जी
के श्रीचरणों में समर्पित

प्रस्तावना

शास्त्रीय संगीत, लोकसंगीत अथवा सरल संगीत आदि जो कुछ आज हमें सुनने को मिल रहा है उसका सम्बन्ध रूपान्तर से या प्रत्यक्ष रूप में परंपरागत शास्त्रों के विचारों के साथ-साथ 15वीं, 16वीं, 17वीं शताब्दी के भक्ति संगीत से अवश्य दीख पड़ता है, क्या तो वह राग-योजना में, क्या ही ताल-योजना में और क्या ही पदगत साहित्य के रूप में और गायन पद्धति के रूप में । 15वीं से 17वीं शताब्दी के बीच जो भक्ति आन्दोलन इस देश में व्यापक हुआ उसका स्थायी प्रभाव आज तक हमारे जीवन का आधार बना हुआ है । स्वामी हरिदास जी, तानसेन, सूरदास जी, गोविन्द स्वामी जी उस समय के संगीत के आचार्य थे, गायक थे और स्वयं सरस पद रचना के रचयिता कवि थे । जगद्गुरु वल्लभाचार्य जी द्वारा प्रतिपादित पुष्टिभक्ति (शुद्धाद्वैतवाद) के अनुसार श्रीकृष्ण की बालभाव से सेवा का प्रवाह जो तत्कालीन सामाजिक लोक कुण्ठा को दूर करने एवं नवीन अनुरागमार्ग के द्वारा सर्वात्मना स्वकीय अपने जीवन को श्रीकृष्ण भक्ति में रसमग्न कर देने में समर्थ हुआ उसके अनेक कारणों एवं साधनों में से वह एक कीर्तन पद्धति थी जिसका उनकी अष्टयाम सेवा में पूर्ण प्रयोग हुआ और ऐसी क्रमबद्ध योजना में उसका सदुपयोग हुआ कि सदियों पश्चात् आज दिन भी उसको इसी मर्यादा में हम पाते हैं जिसकी मर्यादा उन्होंने अपने समय में बाँधी थी । इस अक्षुण्य परम्परा के अवशिष्ट रूप आज भी हमें उनके स्थापित संस्थानों में देखने को मिलते हैं ।

पुष्टि मार्गीय कीर्तन पद्धति जिसे कभी-कभी हम भक्ति संगीत या हवेली[1] संगीत के नाम से आकाशवाणी के कुछ केन्द्रों पर भी सुनते हैं संगीत के अनेक रूपों-प्रकारों में से एक महत्वपूर्ण सम्मानित पद्धति है जिसमें कुछ प्राचीन, कुछ अर्वाचीन, कुछ केन्द्रीय व कुछ क्षेत्रीय प्रभावों का दर्शन होता है । ब्रजभाषा का श्रीकृष्ण-लीलावर्णन साहित्य उसका पद साहित्य है तथा ध्रुपद धमार उसकी गायन पद्धति है । वर्तमान संगीत के सर्वांग अध्ययन एवं विकल्पों के क्रमिक विकास और तुलनात्मक समीक्षा के प्रसंग में पुष्टिमार्गीय मंदिरों की इस कीर्तन पद्धति और पदसाहित्य की गेय सुलभता का अध्ययन करना अपने ज्ञान का सर्वतोन्मुखी ऐतिहासिक अध्ययन है ।

प्राचीन काल से ही भारतवर्ष एक धर्मप्रधान देश रहा है । इसके परिणाम स्वरूप समय-समय पर काल क्रमानुसार कर्म, ज्ञान और भक्ति पर आधारित अनेक धर्मों का यहाँ प्रचार व प्रसार होता रहा है । इन सब मार्गों में भक्ति मार्ग अत्यन्त सुगम और सरल रहा है । अत: यहाँ विगत लगभग एक हजार वर्षों से भक्ति मार्ग को ही अधिक लोकप्रियता प्राप्त हुई है ।

राग और भोग की प्रभुता वाले इस पुष्टिमार्ग में भगवान की सेवा बिना राग अर्थात् संगीत के होना असम्भव ठहराया गया है । अत: इस सम्प्रदाय के मन्दिरों में संगीत का

1-गुजरात में पुष्टि मार्ग के मन्दिरों को हवेली कहते हैं।

विशेष महत्व है । संगीत की इस प्रणाली का लगभग 500 वर्ष पुराना अपना इतिहास है जिसके स्वरूप को संवारने में अनेक गायकों, कवियों तथा कवि-गायकों का महत्वपूर्ण योग रहा है ।

भारतीय शास्त्रीय संगीत के क्षेत्र में मुगलकाल की अत्यन्त महत्वपूर्ण देन यह रही है कि इस काल में भारत की संगीत-सरिता दो प्रमुख धाराओं में विभाजित होकर बहने लगी । प्रथम थी मुगल बादशाहों के संरक्षण में होने वाले दरबारी संगीत के रूप में और दूसरी वैष्णव मन्दिरों में होने वाले देवालय-संगीत अर्थात् कीर्तन के रूप में प्रवाहित हो रही थी । संगीत के इन दोनों रूपों में अन्तर आ जाना निश्चित था क्योंकि दोनों रूपों के संगीतकारों का उद्देश्य सर्वथा भिन्न रहा । मुगल कालीन दरबारी गायकों का उद्देश्य अपने संगीत से बादशाह सलामत को खुश करने का रहा जबकि वैष्णव मन्दिरों के संगीतज्ञों का उद्देश्य भिन्न-भिन्न भावनाओं से प्रेरित होकर अपने एक मात्र इष्ट भगवान को रिझाने का रहा । फलत: दरबारी संगीत में धीरे-धीरे विलासिता व अश्लीलता आदि अनेक दुर्गुणों का समावेश हो गया जबकि देवालय संगीत उत्तरोत्तर अध्यात्मिकता की ओर उन्मुख होता गया । देवालय संगीत में स्वरूप-गांभीर्य बना रहा और आज भी इस प्रकार का लगभग समूचा संगीत भारतीय संगीत की प्राचीन विधा 'ध्रुपद-धमार गायन शैली' में ही निबद्ध होकर व्यवहार में आ रहा है । चाहे ब्रज हो या बंगाल, आसाम हो या गुजरात, देश में उत्तर, दक्षिण, पूर्व, पश्चिम सभी स्थानों पर देवालय-संगीत की परंपरायें अपने में आज भी प्राचीनता को संजोए हुए हैं । दूसरे शब्दों में हम इस प्रकार कह सकते हैं कि यदि हमें भारतीय संगीत के प्राचीन स्वरूप का आभास लेना हो तो निस्संदेह देवालय अर्थात् मन्दिरों का संगीत ही हमारी तृप्ति कर सकता है ।

विभिन्न सम्प्रदायों में यद्यपि भगवान के स्वरूप को लेकर विभिन्न भावनाएँ प्रकट हुई हैं--कोई भगवान को स्वामी (पति), कोई सखा व कोई उनके बाल स्वरूप को महत्व देता है लेकिन भगवान को रिझाने का अनन्य साधन सभी ने संगीत को ही माना है । अतएव सभी प्रकार के मन्दिरों में संगीत की योजना बड़ी निष्ठा के साथ की जाती है और संगीत के प्राचीन स्वरूप को यथावत् रहने देने का सभी स्थानों पर विशेष आग्रह है ।

पुष्टि मार्ग के मन्दिरों में संगीत की परम्परा का जो निर्विघ्न निर्वाह हमें आज प्राप्त है वह भी अविश्वसनीय नहीं है । सम्प्रदाय में भगवान का जो श्रृंगार आज से 500 वर्ष पूर्व होता था आज भी वह उसी रूप में ही विद्यमान है । यद्यपि वैभव कम हो जाने से भोग की मात्रा व उसके स्तर में किंचित अंतर आ गया है लेकिन नाथद्वारा आदि स्थानों पर आज भी प्राचीन परम्परा का यथेष्ट निर्वाह हो रहा है । इसलिये संगीत के क्षेत्र में भी संदेह के लिये कोई अवकाश नहीं है । यहाँ का संगीतकार (कीर्तनियाँ) इस सम्प्रदाय का ही दीक्षित व्यक्ति होता है । पूर्व परम्परा को यथावत् कायम रखना उसका धार्मिक कर्त्तव्य रहता है । कुछ भी हो, कोई भी प्रलोभन क्यों न हो लेकिन वह मन्दिर में भगवान के आगे उसी प्रकार गायेगा जिस प्रकार उसने सुना व सीखा है । अत: पुष्टि मार्ग के मन्दिरों में

आज जो कुछ प्राप्त है वह विशेष परम्परा का ही प्रसाद है । इसके स्वरूप में मनोहारी विविधता है तथा भारत के विशाल क्षेत्र में फैला होने पर भी सभी स्थानों पर स्वरूप साम्य दृष्टिगोचर होता है । यद्यपि स्थान-भेद से कहीं-कहीं कुछ अंतर अवश्य मिलता है लेकिन सिद्धान्ततः स्वरूप एक ही है ।

ध्रुपद-धमार पर आधारित गायकी और पखावज को अपनी छाती से लगाये हुए ये पुष्टि मार्गीय वैष्णव मन्दिर आज भी प्राचीनता की गरिमा को संभाले हुए मानो कह रहे हैं कि भारतीय संगीत के क्षेत्र में प्राचीन वैभव की रक्षा करने के लिए हमने जो कुछ किया है वह भी कम महत्वपूर्ण नहीं है । हमारी भी अपनी स्वयं की पुष्ट परम्परायें हैं । अनेक रागों के अप्रचलित व प्राचीन स्वरूपों को यहाँ देखा जा सकता है । अनुपम राग मालायें, अनूठी बन्दिशें, अद्‌भुत युगल-गीत, समयानुकूल साहित्य तथा साहित्यानुकूल संगीत आदि हमारी अनमोल विशेषताऐं हैं ।

भारतीय संगीत में ध्रुपद-धमार गायकी का अपना अनूठा महत्व है और इस गायकी के प्रति पुष्टिमार्गीय वैष्णव मन्दिरों में विशेष लगाव रहा है । अतः यहां का संगीत जिसे सम्प्रदाय में कीर्तन कहते हैं सर्वथा श्रवणीय एवं मननीय है ।

आशंसा

डॉ. सत्यभान शर्मा की कृति पुष्टिमार्गीय मन्दिरों की संगीत परंपरा (हवेली संगीत) के आलेख की झलक पाकर मुझे प्रसन्नता हुई।

ईश्वरीय प्रकाश से आलोकित, कृष्णभक्तों के उन्मुक्त गान से, जयघोष से परिपूरित ब्रजमंडल की मथुरा नगरी सत्यभान जी की संस्कार भूमि रही। भक्ति संगीत के प्रति उनकी विशेष रुचि बचपन से ही रही। बल्लभ संप्रदाय के सुविख्यात संगीताचार्य पंडित लक्ष्मण प्रसाद चौबे के मार्गदर्शन में सत्यभानजी की शिक्षा पुष्टिमार्गीय परंपरागत संगीत एवं हिन्दुस्तानी रागदारी संगीत दोनों विधाओं में सुचारु रूप से हुई।

साथ-साथ विश्वविद्यालयीन प्रणाली में उन्होंने संगीत, साहित्य एवं चित्रकला तीन विधाओं में स्नातकोत्तर उपाधी प्राप्त की। संगीत में शोधकार्य करके डॉक्टरेट (पीएच.डी.) भी अर्जित की।

संगीत की साधना, अध्ययन, अध्यापन, आकाशवाणी व अन्यत्र अपने संगीत का सफल प्रदर्शन इन सबमें चार दशकों से भी अधिक इनका जीवन व्यतीत हुआ है। इस अनुभवपूर्ण, परिपक्व अवस्था में, अपने अर्जित ज्ञान को, सत्यभानजी ने मनोयोग और परिश्रम के साथ ग्रन्थरूप में ग्रथित किया है।

आगे बढ़ने से पूर्व, 'हवेली संगीत' नामकरण के बारे में कुछ कहना चाहती हूँ। यह नाम पूर्वपरम्परा से आया हुआ नहीं है। सत्यभानजी ने जो रहस्य उद्घाटित किया है उससे मैं सहमत हूँ। तथ्य को प्रत्यक्ष रूप से जानती हूँ; वास्तव में 'हवेली संगीत' यह नाम पुष्टिमार्गीय संगीत को आकाशवाणी की देन है।

'पुष्टिमार्गीय मन्दिरों की संगीत परंपरा' विषय के सभी महत्वपूर्व आयामों को, पहलुओं को मौलिक तत्वों को समेकित रीति से उजागर करने वाला यह ग्रन्थ बन पड़ा है। संगीत का इस संप्रदाय में उद्गम व विकास, भक्तियोग में साहित्य व संगीत का संगम, महान संगीतमर्मज्ञ भक्त कवियों की प्रेरणा, उनकी रचना, शैली, आराध्य को निवेदन-समर्पण की भावना, राग-ताल-साहित्य, प्रयुक्त वाद्य, प्रयोग की नियम-बद्ध परम्परा, नित्य नैमित्तिक, दैनिक वार्षिक क्रम इत्यादि सभी पहलुओं का सम्यक् विवेचन लेखक ने किया है। पुष्टिमार्गीय संगीत को हिन्दुस्तानी शास्त्रीय संगीत को अवदान के बारे में उदबुद्ध चर्चा की है। कुछ विशेष रचनाओं को लिपिबद्ध करते प्रस्तुत किया है।

मैं श्री सत्यभानजी का हार्दिक अभिनंदन करती हूँ; और आशा करती हूँ कि उनकी कृति 'पुष्टिमार्गीय संगीत परम्परा (हवेली संगीत)' का संगीत के और भक्ति साहित्य के वर्धमान विश्व में समादर होगा। आशंसा यही है कि डॉ. सत्यभान शर्मा का आगामी कार्यपथ प्रशस्त होता रहे।

सुमति मुतात्कर

भू.पू. संकायाध्यक्ष

संगीत एवं कला संकाय, दिल्ली विश्वविद्यालय, दिल्ली

फैलो, संगीत नाटक अकादमी

आशंसा

डॉ. सत्यभान शर्मा की पुस्तक 'पुष्टिमार्गीय मन्दिरों की संगीत परम्परा', हवेली संगीत के विभिन्न पहलूओं पर प्रकाश डालने वाली एक उत्तम कृति है। लेखक इस संप्रदाय के दीक्षित सदस्य तो हैं ही, साथ ही शास्त्रीय संगीत के क्रियात्मक पक्ष पर भी अधिकार रखते हैं। फलतः अपने आपमें यह पुस्तक लगभग पूर्ण है। मुझे विश्वास है कि सभी वर्ग के पाठकों, विशेष रूप से शोधार्थियों के लिए यह अत्यन्त उपयोगी सिद्ध होगी।

कृष्णा बिष्ट
संकायाध्यक्ष
संगीत एवं कला संकाय, दिल्ली विश्वविद्यालय, दिल्ली

आभार प्रदर्शन

प्रस्तुत प्रणाली की सर्वाधिक जानकारी मुझे मेरे परम आदरणीय गुरुवर स्व० पं० लक्ष्मण प्रसाद चौबेजी (मथुरा) से प्राप्त हुई है । प्रस्तुत प्रबन्ध उन्हीं की अनन्य कृपा का प्रतिफल है । आपको यह परम्परा पैत्रिक सम्पत्ति के रूप में प्राप्त हुई थी तथा वर्तमान में आप इस प्रणाली के योग्यतम अधिकारी विद्वान समझे जाते हैं । आपने परम अनुग्रह करके इस प्रणाली के विपुल रूप में प्रस्तुत क्रम को जिस अतुलनीय आत्मीयता के साथ मुझे आत्मसात कराया है इसके लिये शब्दों में आभार प्रदर्शित कर पाना मेरे लिये असंभव है ।

श्रद्धेय गुरुवर श्री नारायण राव जी पटवर्धन (भूतपूर्व अध्यक्ष—संगीत विभाग, एम.एस. वि.वि. बड़ौदा) मुझे विषय वस्तु के अध्ययन हेतु सतत् रूप से प्रोत्साहित करते रहे तथा समय समय पर अमूल्य निर्देश प्रदान करते रहे जिसके लिये कृतज्ञता ज्ञापन हेतु मुझे पुन: शब्द असमर्थ प्रतीत हो रहे हैं । संग्रहीत सामग्री को सुव्यवस्थित स्वरूप प्रदान कर पाना उन्हीं के कृपापूर्ण निर्देशन का परिणाम है । भक्ति सम्प्रदायों का स्वरूप समझने में स्व० श्री गोपाल शंकर नागर जी ने मुझे सस्नेह सहयोग प्रदान किया, मैं उनका आभारी हूँ ।

प्रस्तुत परम्परा से सम्बन्धित देवालय (मन्दिर अथवा हवेली) चूँकि भारतवर्ष के बहुत बड़े क्षेत्र में फैले हुए है अत: लगभग सभी स्थानों के मन्दिरों में जाकर वस्तु निरीक्षण करना आवश्यक था । इस कार्य के सम्पादन में सभी मन्दिरों के कीर्तनकारों (संगीतज्ञों) व अधिकारी वर्ग ने उदारतापूर्वक सहयोग प्रदान किया अत: उन सभी का मैं हृदय से कृतज्ञ हूँ । अनेक शोध संस्थानों व विश्वविद्यालयों के पुस्तकालयों का भी ऋणी हूँ । अध्याय 6 में कीर्तन-साहित्य के साहित्यिक मूल्यांकन में डॉ. सुरेन्द्र शास्त्री—वृन्दावन ने विशेष सहयोग प्रदान किया है । उनका भी आभारी हूँ ।

इनके अतिरिक्त अपने सभी साथी सहयोगियों के प्रति हृदय से आभारी हूँ ।

1999

सत्यभान शर्मा

विषयानुक्रमणिका

द्वितीय भाग

सूचना

प्रस्तुत प्रणाली में प्रयुक्त रागों की प्रतिनिधि-स्वरूप बन्दिशों की स्वर लिपियां

प्रथम भाग

अध्याय–1

पुष्टि मार्ग का उदय तथा विकास

पृष्ठ भूमि

पुष्टि मार्गीय वैष्णव मन्दिरों के संगीत को समझने से पहिले पुष्टि मार्ग को समझना अपेक्षित है तथा महाप्रभु श्री वल्लाभाचार्य द्वारा प्रवर्तित इस भक्ति सम्प्रदाय (पुष्टि मार्ग) के अध्ययन से पूर्व भक्ति भाव की पृष्ठ भूमि पर विचार कर लेना आवश्यक है । उनके सिद्धान्त को समझने से पूर्व हमें वेदान्त तथा दर्शन को भी सारांश रूप में समझना होगा । अत: यहाँ पहिले भारतीय दर्शन पर दृष्टिपात करना समीचीन होगा ।

'वेद' भारतीय साहित्य का सबसे पुरातन ग्रन्थ है । संस्कृत साहित्य में इसे अपौरुषेय माना जाता है । वेद से ही वेदान्त शब्द का आगम है । 'वेदान्त' क्या है, इसकी परिभाषा भिन्न-भिन्न प्रकार से की गई है । वेदान्त शब्द का सांकेतिक अर्थ वेद का अन्त होता है । वेद का अर्थ है ज्ञान, क्योंकि इसकी उत्पत्ति विद् धातु से हुई है जिसका अर्थ है जानना । इस प्रकार वेदान्त शब्द का अर्थ ज्ञान का अंत होता है । यह ज्ञान इसलिये वेदान्त कहलाता है क्योंकि इसमें यह निरूपित किया गया है कि अंत क्या है और उसकी प्राप्ति किस प्रकार होती है ।

'समस्त सापेक्षिक ज्ञान विश्व के असीम सत्य के साथ व्यष्टिगत आत्मा के एकत्व की अनुभूति में समाप्त होता है । परम सत्य विश्वात्मा या ब्रह्म है । यह अनन्त ज्ञानोदधि है । जैसे समस्त नदियाँ सहस्त्रों मील चलकर अन्त में समुद्र को प्राप्त होती हैं, वैसे ही सापेक्षिक ज्ञान के स्त्रोत नाना जन्म रूपात्मक जगत की विभिन्न भूमिकाओं को पारकर अंत में सच्चिदानन्द स्वरूप अनन्त सिन्धु में मिलकर समाप्त होते हैं ।'[1]

सभी धर्मों का अन्तिम लक्ष्य इसी एकत्व के अनुभव की प्राप्ति है । भारतीय ऋषियों ने इसका विवेचन भली प्रकार किया है । उनका कहना है कि सत्य एक है पर उसकी प्राप्ति के मार्ग अनेक हैं । यही बात वेद में है—'एकं सद्विप्रा बहुधा वदन्ति' अर्थात् वह एक ही है और सद् विप्र उसे अनेक नामों से अभिहित करते हैं ।

---

1. कल्याण का वेदान्त अंक पृ. 95

अवतारवाद

उस एक तत्व के अनेक नाम व स्वरूप अवतारवाद की देन हैं। भारत में अवतारवाद की कल्पना कब से हुई यह कहना कठिन है किन्तु महाभारत के उत्तरकालीन अंशों में विष्णु को धर्म की रक्षा के लिये मानव और पशु रूप में जन्म लेने की बात कही गई है। उसके नारायणी पर्व में चार अवतारों का उल्लेख है जिसमें एक वासुदेव कृष्ण भी है। एक अन्य स्थान पर दस अवतारों की बात भी कही गई है। पुराणों में भी अवतारों की कल्पना पाई जाती है। भागवत में चौबीस नामों की सूची दी गई है। इससे यही सिद्ध होता है कि पुराण काल में अवतारों का उल्लेख हुआ है। पहली शताब्दी ईसा पूर्व तक वासुदेव कृष्ण के नाम का उल्लेख मिलता है।

भागवत धर्म को गुप्त शासकों का राजाश्रय प्राप्त हुआ और वे अपने को परम भागवत कहने लगे जैसे कि उस समय के शिलालेखों से प्रकट होता है। इस काल में (चतुर्थ शताब्दी ई०) भागवत सम्प्रदाय पर विष्णु के अवतारवाद ने अपना पूरा प्रभाव जमा लिया था। वासुदेव कृष्ण की महत्ता बढ़ गई थी। यही भागवत धर्म वैष्णव धर्म के नाम से प्रख्यात हुआ किन्तु कृष्ण की स्वतंत्र रूप से चर्चा छठी व सातवीं शताब्दी ई० में मिलती है।

भागवत पुराण में एक नया दर्शन स्थापित किया गया। उसके अनुसार ईश्वर तीन रूप में रहते हैं। (1) स्वयं रूप (2) तदैकात्म रूप (3) आवेश रूप। स्वयं तो स्वयं कृष्ण है, तदैकात्म रूप उनके अवतार हैं तथा जब ज्ञान आदि शक्तियों द्वारा भगवान महत्तम जीवों में अवशिष्ठ होकर रहते हैं तो वह आवेश रूप कहा जाता है। इस काल में यह विश्वास किया जाने लगा कि भगवान के अवतार का मुख्य प्रयोजन भक्तों पर अनुग्रह करने के लिये लीला का विस्तार करना है। जैसा कि गीता में भी 'यदायदाहि धर्मस्य' तथा 'परित्राणाय साधूनाम्' को अवतार का हेतु माना गया है। भागवत का मुख्य प्रतिपाद्य विषय भक्ति है। भक्ति के सन्मुख भक्तों की दृष्टि में मोक्ष भी तुच्छ है। भक्ति ही सर्वोपरि है।

भक्ति का विकास

भक्ति शब्द की व्युत्पत्ति 'भज्' धातु से है जिसका अर्थ सेवा करना है। संसार से विरत होकर इष्टदेव की उपासना ही सच्ची भक्ति है। भक्ति का आधार विरति अर्थात् वैराग्य है। यह साध्य व साधन रूप है। गीता के अध्याय 9 में कहा गया है।

अपि चेत्सु दुराचारी भजते मामनन्य भाक्।
साधुरेव स मन्तव्य: सम्यग्व्य वसितो हिस ।।30।।
विप्रं भीवत धर्मात्मा शश्वच्छान्ति निगच्छति।
कोन्तेय प्रति जानीहि न मे भक्त: प्रणश्यति ।।31।।

अर्थात् अतिशय दुराचारी भी जो अनन्यभाव से मुझे भजता हुआ मेरा भक्त बनता है और मुझे भजता है वह परम शान्ति पाता है और कभी नष्ट नहीं होता । इसी प्रकार 12वें अध्याय में भक्त के लक्षण बताए गये हैं ।

श्रीमद् भागवत में भक्ति का लक्षण इस प्रकार बताया गया है:

स वै पुसां परोधर्मों यतो भक्ति रघोक्षजे ।
अ है तुम प्रति हता ययात्मा सम्प्रसीदति ॥ 1, 2, 6

अर्थात् मनुष्यों के लिये श्रेष्ठ धर्म वही है जिससे भगवान कृष्ण में भक्ति हो और वह निष्काम तथा नित्य हो । ऐसी भक्ति से हृदय आनन्द स्वरूप परमात्मा की उपलब्धि कर कृतकृत्य हो जाता है । भक्ति को योग साधन, ज्ञान विज्ञान, धर्मानुष्ठान, जप, पाठ तथा तप त्याग से भी बढ़ कर माना है । इतना ही नहीं श्रीमद् भागवत में तो भक्ति को मुक्ति से भी बढ़कर बताया गया है (स्कं० 11, अ० 14, श्लो० 20-25)

भक्ति की व्याख्या शांडिल्य और नारद-भक्ति सूत्र में भी दी गई है ।

शांडिल्य-सूत्र में 'सपरानुरक्तिरीश्वरे'[1] अर्थात ईश्वर के सम्पूर्ण अनुराग का नाम भक्ति है । अनुराग ही भक्ति है । नारद भक्ति सूत्र में तो विभिन्न आचार्यों की भक्ति सम्बन्धी व्याख्या का विवेचन किया गया है । श्री व्यास जी के मत से 'भगवान की पूजा आदि में अनुराग ही भक्ति है' ।[2] श्री गर्गाचार्य के मत से 'भगवान की कथा आदि में अनुराग होना ही भक्ति है ।[3] देवर्षि नारद के मत से 'अपने सब कर्मों को भगवान के लिये अर्पण करना और किंचित भी भगवान के विस्मरण से व्याकुल होना ही भक्ति है ।[4]

भक्ति के लक्षण बताते हुए नारद-सूत्र में कहा गया है कि 'वह भक्ति ईश्वर के प्रति परम प्रेम रूपा है और अमृत रूपा भी है । उसको पाकर मनुष्य सिद्ध हो अमर व तृप्त हो जाता है ।[5] भक्ति कामना युक्त न होकर निरोध स्वरूपा है ।[6] सनत्कुमारादि के मत से भक्ति स्वयं फलरूपा हैं ।[7] वह कर्म, ज्ञान और योग से श्रेष्ठ है क्योंकि वह फलरूपा है ।[8] वह शान्ति रूपा और परमानन्द रूपा है तथा तीनों सत्यों—कायिक, वाचिक और मानसिक अथवा कालों से श्रेष्ठ है ।[9]

श्री रूप गोस्वामी जी ने अपने 'भक्ति रसामृत सिंधु' में भक्ति की विभिन्न रूपों में (सामान्य, साधना, भाव तथा प्रेम) विवेचना की है । आपने भक्ति का लक्षण इस प्रकार दिया है ।

अन्याभिलाषिता शून्यं ज्ञान कर्माद्यनावृतम् ।
आनुकूल्येन कृष्णानुशीलनं भक्तिरतमा ॥

---

1. शांडिल्य भक्ति सूत्र 2
2. नारद भक्ति सूत्र 16
3. ,, ,, 17
4. ,, ,, 19
5. ,, ,, 4
6. ना. भ. सू. 7
7. ,, ,, 30
8. ,, ,, 25, 26
9. ,, ,, 81

अर्थात् श्री कृष्ण परम स्नेहास्पद हैं अत: उनके अनुशीलन को भक्ति कहते हैं । उस भक्ति में अन्य किसी पदार्थ की अभिलाषा न हो, ज्ञान का आवरण हो तथा श्रीकृष्ण के अनुकूल होने वाली प्रवृत्ति की सत्ता हो । तन, मन तथा धन सब कुछ श्रीकृष्ण के लिये ही अर्पित हो ।

कृष्णदास कविराज ने 'चैतन्य चरितामृत' में भक्ति को इष्टदेव और भक्त का सम्बन्ध बताया है । भक्त इसीलिये भगवान से भक्ति का वरदान माँगता है क्योंकि उसके कारण ही भक्त का इष्टदेव से एक मात्र नाता जुड़ता है ।

गोस्वामी तुलसी दास जी ने भी लिखा है—

कह रघुपति सुन भामिनि बाता । मानौं एक भगति कर नाता ।।

भक्त प्रवर सूरदास भी कहते है—

अपनी प्रभु भक्ति देहु जासों तुम नाता ।

गोस्वामी तुलसीदास जी तो भक्ति को अन्य सभी साधनों में श्रेष्ठतम समझते हैं । उन्होंने प्रभु के मुख से कहलाया है कि 'जातें बेगि द्रवहुँ मैं भाई । सो मम भगति भगत सुखदाई ।। तथा उनकी मान्यता है कि 'बिनु हरि भजन न भव भय नासा । और इसीलिये भक्त शिरोमणि सूरदासजी हरि विमुखों को तुरन्त त्याग देने के लिये कहते हैं । 'छाँड़ि मन हरि विमुखन को संग' ।

भक्ति के प्रकार

भक्ति एक मनोवैज्ञानिक भाव है और उसी के आधार पर भक्ति के विविध भेद विभिन्न आचार्यों ने बताए हैं । ये प्रकार ही साधन भूमियाँ हैं । श्रीमद् भागवत के तृतीय स्कंध में साधक के स्वभावानुसार चार प्रकार की भक्ति बताई गई हैं— (1) तामस (2)राजस (3) सात्विकी (4) निर्गुणा । इनमें प्रथम तीन तो काम्य और चतुर्थ निष्काम है । भगवान में निष्काम और अनन्य प्रेम होना ही निर्गुण भक्ति योग है । भागवत् में विशुद्ध भक्ति के तीन रूप मिलते हैं—

(1) विशुद्ध (2) नवधा (3) प्रेमा । सप्तम् स्कंध में प्रहलाद द्वारा नवधा प्रकार की भक्ति बताई गई है—

श्रवणं कीर्तनं विष्णो: स्मरणं पाद सेवनं ।
अर्चनं वन्दनं दास्यं सख्यमात्मनिवेदनम् ।। 7-5-23

उपरोक्त नौ प्रकार की भक्ति में श्रवण एवं कीर्तन को सर्वप्रथम रखा गया है अत: कीर्तन तथा श्रवण विशेष रूप से महत्वपूर्ण हैं । पुष्टिमार्ग में भी कीर्तन को विशेष महत्व दिया गया है ।

शांडिल्य भक्ति सूत्र, नारद भक्ति सूत्र तथा हरि भक्ति रसामृत सिन्धु में भक्ति के तीन प्रकार—वैधी रागानुगा और परा (प्रेमा) बताए हैं । नारद सूत्र में परा प्रेमा० का विशद

विवेचन हुआ है । इसमें भक्त अपने प्रियतम भगवान के स्वरूप को प्राप्त होता है । हरि भक्ति रसामृत सिन्धु में भक्ति को गौणी तथा परा दो भागों में विभक्त कर गौणी के दो भाग—वैधी तथा रागानुगा माने हैं । कुछ लोगों के विचार से वैधी ही मर्यादा है । इसी प्रकार कामरूपा और सम्बन्धरूपा में भक्त कृष्ण से ही सम्बन्ध स्थापित करता है । जब भक्त निष्काम होकर भगवान में परानुरक्त हो जाता है तब उसकी भक्ति पराभक्ति कहलाती है । श्री रूपस्वामी ने वैधी और रागनुगा की साधन भक्ति और परा भक्ति को साध्य भक्ति कहा है । वे साधन भक्ति के पाँच अंग मानते हैं— (1) उपासक (2) उपास्य (3) पूजाद्रव्य (4) पूजाविधि (5) मंत्र-जाप ।

आचार्य बल्लभ (पुष्टि मार्ग के संस्थापक) ने कर्म और भक्ति का मेल कर दिया । उनके मत से गृहस्थ के धर्म श्रीकृष्ण की इच्छा मात्र है । अत: इन्हें अवश्य करना चाहिए । आपके मत से नवधा भक्ति भगवान की अनन्य प्रेमावस्था का साधन है । प्रेम का भक्ति में सर्वोच्च स्थान है । अत: उनके विचार से प्रेम लक्षणा भक्ति की तीन अवस्थायें (स्नेह, आसक्ति और व्यसन) हैं । जब प्रभु से प्रीति हो जाती है तब जगत के प्रति स्नेह या मोह नष्ट हो जाता है । आसक्ति होने से सांसारिक पदार्थों से अरूचि हो जाती है और जब व्यसन होता है तो भक्त कृत-कृत्य हो जाता है । प्रेम में भक्त भगवान के मिलन का भावात्मक आनन्द लेता है । आचार्य वल्लभ ने भक्ति में मुख्य स्थान प्रेम को ही दिया है ।

भक्ति आन्दोलन का मूल कारण

भारतीय धर्म साधना में भक्ति भावना के उदय के सम्बन्ध में मतभेद हैं । पाश्चात्य विद्वान वेकर, कीथ, ग्रियर्सन इसे ईसाई धर्म की देन बताते हैं । हमारे भारतीय विद्वानों तिलक, कृष्णास्वामी आयंगर तथा डा० एच० राय चौधरी ने उक्त मतों का खण्डन करते हुए इसका श्रोत प्राचीन भारतीय परम्परा को ही माना है । आचार्य शुक्ल ने भक्ति आन्दोलन को मुस्लिम राज्य की प्रतिष्ठा की प्रतिक्रिया बतलाया है । जबकि श्री हजारी प्रसाद द्विवेदी का कहना है कि भक्ति आन्दोलन के विकास का श्रेय दक्षिण के आलवार भक्तों को है जो कि युक्ति संगत है परन्तु विचारणीय यह है कि राम और कृष्ण का जन्म तो उत्तर भारत में हुआ फिर इसका विकास दक्षिण में कैसे? अत: यहाँ पर इसका स्पष्टीकरण करना आवश्यक है । कृष्ण अथवा विष्णु आर्यों के उपास्य होते हुए भी दक्षिण में इसलिये मान्य हुए हैं कि वैष्णवी भक्ति में समन्वय की भावना प्रबल है । इसी के परिणाम स्वरूप आर्यों और द्रविणों का भी समन्वय हुआ । दूसरे गुप्त साम्राज्य ही उत्तर भारत में वासुदेव धर्म की उन्नति का काल था । इसके वाद हर्षवर्धन जैसे सम्राटों के बाद वह धीरे-धीरे दबता गया । अत: दक्षिण में उसका महत्व विशेष रूप से बढ़ने लगा ।

क्रमिक विकास

आर्यों की प्राचीनतम साधना का परिचय वैदिक साहित्य में मिलता है । परन्तु उसमें प्रेमतत्व का उन्मेष नहीं मिलता, कोरी श्रद्धा या शुष्क उपासना मात्र है । वैदिक धर्म में

शुष्क कर्म की प्रधानता थी । कोमल भावनाओं के विकास की कमी थी । उपनिषदों में तो अद्वैत चिंतन के कारण उसमें और भी कमी आ गई । उपनिषद् कालीन धार्मिक साहित्य में कर्म और ज्ञान का प्राधान्य रहा । भावना का उन्मेष वहाँ नहीं हो सका ।

प्राकृतिक नियम के अनुसार भावना का विकास कर्म और ज्ञान से पहिले होना चाहिए । अत: वैदिक युग से पहिले भारत में यह व्यवस्था अवश्य रही होगी । राम के युग तक कर्म शीलता की प्रधानता रही । जब आर्यों ने द्रविणों को दक्षिण की ओर खदेड़ दिया और वे बाह्य शत्रु से निश्चिंत हो गये तब अध्ययन, चिन्तन और ज्ञान का विकास होना स्वाभाविक था । महाभारत काल तक पहुँचते—पहुँचते बौद्धिकता चरम सीमा तक पहुँच चुकी थी । प्राचीन नियमों व मर्यादाओं की अवहेलना होने लगी थी । अत: नियमों में परिवर्तन लाने की आवश्यकता पड़ी । ऐसी स्थिति में श्रीकृष्ण के गीतोपदेश द्वारा समाज में पुन: ज्ञान, कर्म और भावना का समन्वय करने का प्रयास किया गया । भक्ति प्रतिपादन का स्पष्ट रूप महाभारत में प्राप्त होता है । भागवत् के नारायणीयोपाख्यान में नारायण या वासुदेव की जिस पद्धति का निरूपण किया गया है वह भक्तिभावना का प्रारम्भिक स्वरूप है । इसके प्रवर्तक नारद बतलाए गये हैं । छांदोग्योपनिषद् में देवकी-पुत्र कृष्ण को प्रवर्तक माना गया है । कृष्ण को नारायण का अवतार माना गया है । गीता में भक्ति योग की महत्ता सर्वप्रथम घोषित की गई है । उसमें मोक्ष के लिये तपस्या और वैराग्य के मार्ग को तो माना ही है साथ ही गीताकार यह भी स्पष्ट करते हैं कि भक्ति शुद्ध नैतिक आचरण में ही नहीं अपितु भावपूर्ण उपासना या भक्ति में है ।

ईसा की छठी तथा सातवीं शताब्दी में धार्मिक क्रान्ति हुई । वैदिक धर्म के कर्मकाण्ड और उपानिषदों की दुरूह ज्ञान-साधना जन साधारण की धार्मिक आकांक्षाओं की पूर्ति न कर सके । इसका लाभ तो केवल बुद्धिजीवी वर्ग ही प्राप्त करता था । अत: इसके विरुद्ध क्रान्ति हुई । फलस्वरूप नये-नये धर्म उदित हुए जिनमें एक वर्ग नास्तिक यथा जैन और बौद्ध और दूसरा आस्तिक जो नवोदित पौराणिक धर्म को लेकर चला । यह भागवत धर्म का ही संस्कृत रूप है जिसमें भक्ति भावना को प्रमुख स्थान दिया गया है । इसमें राम, कृष्ण को अवतार घोषित किया गया । नये रूप में धार्मिक ग्रन्थ लिये गये जिनमें नारद भक्ति सूत्र और 'शाडिल्य सूत्र' उल्लेखनीय हैं । इनमें भक्ति भावना को ही सर्वाधिक महत्व दिया गया है । ये सूत्रकार गीता से भी आगे बढ़े हैं । इन्होंने कर्म और ज्ञान की अपेक्षा भक्ति को ही महत्वपूर्ण माना है । इस प्रकार भक्ति भावना जो गीता में अंकुर रूप में थी वह इन सूत्रों में पल्लवित हुई । नारद भक्ति सूत्र में भक्ति के स्वरूप का पहली बार सांगोपांग विवेचना हुआ है । वे भक्ति का लक्षण निर्धारित करते हुए प्रेम और श्रद्धा दोनों को प्रमुखता देते हैं । क्योंकि श्रद्धा के अभाव में कोरा प्रेम व्यभिचारियों के प्रेमतुल्य-तद् विहीन जाराणामिव रह जाता है । उनकी दृष्टि में सा (भक्ति) तु कर्म ज्ञान योगभ्योधिकतरा अर्थात् भक्ति कर्म, ज्ञान और योग सबसे श्रेष्ठ है । भक्ति साधनों में महर्षि ने विषयवासना

का त्याग, अखंड भजन, भागवत गुण श्रवन कीर्तन एवं ईश्वर की अनुकम्पा का उल्लेख किया है तथा बाधक तत्वों में कुसंगति की चर्चा की गई है ।

इस प्रकार भक्ति के सैद्धान्तिक रूप का विकास तो सूत्रग्रन्थों में हुआ था पर उसका व्यावहारिक रूप पौराणिक साहित्य में स्पष्ट रूप से दिखाई देता है । हरिवंश पुराण, वायु पुराण और विष्णु पुराण की रचना भी इसी को लेकर हुई । प्रेम के लिये ईश्वर के साकार और सगुण रूप की आवश्यकता समझ अवतारवाद का विकास हुआ । पुराणों में कृष्ण पूर्णतः अलौकिक हैं । इस प्रकार सूत्र ग्रन्थ व पुराणों ने भक्ति की साहित्य पृष्ठभूमि तैयार की । ईसा की चौथी शताब्दी में गुप्त सम्राटों ने भागवत धर्म को आश्रय प्रदान किया और उसका प्रचार व प्रसार किया ।

बौध धर्म का पतन

सातवीं शताब्दी ईस्वी में बौद्ध धर्म विकृत हुआ । उसमें भोग-साधना को प्रमुखता मिली । जैनों के धार्मिक ग्रन्थों में जनसाधारण को आकर्षित करने के लिये दृढ़ प्रेम का मिश्रण होने लगा । शैव धर्म में भी वामाचार को प्रधानता मिली । इसका प्रभाव यह हुआ कि जन साधारण का आकर्षण भी भोग विलास की ओर बढ़ने लगा और वह अन्य धर्मों की ओर झुकने लगी । ऐसे समय में भागवत् धर्म प्रचारकों ने भक्ति मार्ग का एक ऐसा रूप प्रस्तुत किया जिसमें शाश्वत प्रेम प्रधान हो गया और श्रद्धा गौण । नवीं शताब्दी ईस्वी में भागवतकार ने इसी रूप में भक्ति का चित्रण किया है ।

भक्ति का साम्प्रदायिक स्वरूप

पौराणिक धर्म का प्रचार सारे भारत में होता जा रहा था किन्तु इसी बीच एक ओर कुमारिल भट्ट ने वैदिक कर्मकाण्ड के पुनः प्रतिष्ठापन का आन्दोलन प्रारम्भ किया और दूसरी ओर जगद्गुरू शंकराचार्य ने अद्वैतवाद का स्थापन किया । अद्वैतवाद में ब्रह्म और जीव की एकता का प्रतिपादन करते हुए उन्होंने भक्ति के मूल विचार को ही अज्ञान मूलक सिद्ध किया । उनका कथन था कि जब ब्रह्म और जीव एक ही हैं तो भक्ति की क्या आवश्यकता? भक्ति तो दो के बीच होती है । श्री शंकराचार्य अपने अगाध पांडित्य, असाधारण प्रतिभा तथा शास्त्रार्थ कौशल एवं विलक्षण व्यक्तित्व के लिये प्रसिद्ध थे । इसीलिये उस समय अद्वैतवाद का सिद्धान्त सर्वमान्य हो चला था ।

एक ओर तो जगद्गुरू शंकराचार्य को सर्वमान्यता मिल रही थी ओर दूसरी ओर दक्षिण के आलवार भक्तों ने इस मत की चिन्ता न करते हुए पौराणिक भक्ति को संरक्षण देते रहने का निश्चय किया और इस धारा को प्रवाहित होने दिया । 10वीं शताब्दी ईस्वी में विभिन्न आचार्यों ने इसे दार्शनिक रूप प्रदान किया और कृष्ण भक्ति का साम्प्रदायिक रूप इनसे ही मुखरित हुआ । 10वीं और 11वीं शदी ईस्वी में दक्षिण में एकनाथ मुनि हुए जिन्होंने वैष्णवों का संगठन, भक्ति पदों का संग्रह तथा मन्दिरों में कीर्तन एवं वैष्णव सिद्धान्त

की दार्शनिकता की व्याख्या कर भक्ति परम्परा को बल दिया । इन आचार्यों के प्रयास से कृष्ण भक्ति अनेक सम्प्रदायों में विभक्त हो गई जिनमें श्री सनक, ब्रह्म और रुद्र अथवा विष्णुस्वामी प्रमुख हैं । इन सम्प्रदायों ने उत्तर भारत के विशाल क्षेत्र को अत्यन्त प्रभावित किया । इन सम्प्रदायों के आचार्य इस प्रकार हैं—

सम्प्रदाय	आचार्य
1) श्री सम्प्रदाय	श्री रामानुजाचार्य
2) सनक (निम्बार्क)	श्री निम्बार्काचार्य
3) ब्रह्म (माध्व)	श्री माध्वाचार्य
4) रुद्र (विष्णुस्वामी)	श्री विष्णुस्वामी

(1) श्री सम्प्रदाय

श्री रामानुजाचार्य ने शंकाराचार्य के अद्वैतवाद का खंडन कर विशिष्टाद्वैत की स्थापना की जिसमें ब्रह्म और जीव को अभिन्न न मानते हुए भी ब्रह्म की अद्वैत सत्ता को स्वीकार किया है । विशिष्टाद्वैत का अर्थ है विशिष्ट का विशिष्ट रूप से अद्वैत । अद्वितीय ब्रह्म विशिष्ट पदार्थ है । जीव और प्रकृति इसके विशेषण हैं । इस विशिष्ट रूप में ब्रह्म ही एक मात्र तत्व है । आचार्य रामानुज का समय 11वीं शदी ई० माना गया है । ये सन् 1016 या 1017 में उत्पन्न हुए ।[1] इनके सिद्धान्त में तीन तत्व चित् अचित् और ईश्रर माने गये हैं । चित्, अचित् ईश्वर के आयुध और उनके शरीर के अंग माने जाते हैं । प्रकृति ईश्वर का सूक्ष्म रूप है जो सृष्टि का रूप धारण करता है । ईश्वर सृष्टा, पालक और संहरता है । इस प्रकार वह संसार के मूल में है । इस मत में विष्णु रूपी ईश्वर का प्राधान्य है । वैकुण्ठवासी वासुदेव ही इष्ट हैं । भक्ति उपनिषदोक्त उपासना है ।

(2) सनक (निम्बार्क) सम्प्रदाय

इसके संस्थापक तैलगू ब्राह्मण निम्बार्क स्वामी हैं । ये निम्ब ग्राम के रहने वाले थे । ये भी 11वीं सदी में उत्पन्न हुए ।[2] भण्डारकर के अनुसार इनका काल रामानुजाचार्य के पीछे माना गया है । इनका देहावसान 12वीं शताब्दी ई. के उत्तरार्द्ध में हुआ था । आप मुख्य रूप से वृन्दावन में ही रहे और वहीं इनके सम्प्रदाय की प्रधानता रही । इस सम्प्रदाय के महानुभावों की धारणा के अनुसार इस मत की स्थापना सनक ने की थी । अत: इसे सनक-सम्प्रदाय द्वैताद्वैतवाद के नाम से प्रसिद्ध है । आपके मत से भेद तथा अभेद केवल समान रूप से सत्य ही नहीं, समान रूप से नित्य भी हैं । सभी काल व अवस्थाओं में भेद तथा अभेद समभाव में वर्तमान हैं ।

1. हिन्दी एवं मराठी के वैष्णव साहित्य का तुलनात्मक अध्ययन लेखक डॉ. न. चि. जोगलेकर -पृ. 94
2. ,, ,, 101

यद्यपि इनके सिद्धान्त श्री सम्प्रदाय के सिद्धान्तों से मिलते हैं फिर भी इनमें अंतर है। इनकी धारणा है कि ईश्वर, चित् और अचित् एक है, साथ ही साथ भिन्न भीं। एक इसलिये कि चित् और अचित् ईश्वर पर ही आश्रित हैं। इसमें गोपियों से युक्त कृष्ण की प्रधानता दी गई है। राधा को कृष्ण की वामांगिनी माना है।

(3) ब्रह्म (माध्व) सम्प्रदाय

इस सम्प्रदाय की स्थापना माध्वाचार्य जी ने 13वीं शती ई. के उत्तरार्द्ध में की। ये ईश्वर को जगत का भौतिक कारण नहीं मानते। इनके मत से ईश्वर चित् और अचित् से सर्वथा भिन्न है। जीवात्मा मोहादि के कारण असंख्य योनियों में भ्रमित होती रहती है। ईश्वर और आत्मा का सम्बन्ध स्वामी और सेवक का है। उसी की सेवा और उपासना से आत्मा अनेक बातों में ईश्वर के समकक्ष हो सकती है। ये शंकराचार्य के मायावाद के विरोधी थे। इस मत में विष्णु रूप में ईश्वर की पूजा होती है। माध्वाचार्य द्वारा उड़ीपी नामक स्थान में स्थापित मूर्ति की उपासना की जाती है। इस मत के अनुसार जीवात्मा ईश्वर का ही निरूपाधिक प्रतिबिम्ब है। परमेश्वर के दो अंश हैं। पहला प्रतिबिम्बांश तथा दूसरा स्वरूपांश। प्रतिबिम्ब भी दो प्रकार का बताया है। सौपाधिक और निरूपाधिक। जीवात्मा परमेश्वर का निरूपाधिक प्रतिबिम्ब होता है तथा आकाश में दिखाई देने वाला इन्द्र धनुष सूर्य का सौपाधिक प्रतिबिम्ब है। जगत अनित्य है पर असत्य नहीं है। जीव तथा जगत भगवान के आधीन हैं। भगवान जीव तथा जगत से पूर्णतया पृथक है।

(4) रुद्र (विष्णु स्वामी) सम्प्रदाय

इस सम्प्रदाय का सम्बन्ध श्री रुद्र से बताया गया है। जैसा कि इस श्लोक से पता चलता है—

रामानुजं श्री स्वीचक्रे मध्वाचार्य चतुर्भुजः।
श्री विष्णुस्वामिनं रुद्रो निम्बादित्यं चतुः सनः॥ (श्रमेय रत्नावली)

भारतेन्दु बाबू हरिश्चन्द्र ने[1] तथा गोविन्द दास वैष्णव[2] ने भी इस सम्प्रदाय का सम्बन्ध श्री रुद्र से बताया है। रुद्र (शिव) से सम्बन्धित होने पर विष्णु अथवा कृष्ण की उपासना इस सम्प्रदाय की समन्वय नीति का परिणाम मालूम होती है। सम्प्रदाय के संस्थापक श्री विष्णुस्वामी के संबंध में इतिहास मौन है। साम्प्रदायिक मान्यताओं के अनुसार आचार्य रुद्र की परम्परा में विष्णुस्वामी चतुर्थ आचार्य थे परन्तु तथ्यपूर्ण प्रमाण का अभाव है। भारतेन्दु बाबू हरिश्चन्द्र ने अपने ग्रन्थ 'तदीयसर्वस्व' में विल्वमंगल को विष्णुस्वामी परम्परा का सात सौ वां आचार्य बताया है तथा वल्लभाचार्य को सात सौ सात वां आचार्य कहा है। यद्यपि यह परम्परा अतिप्राचीन है लेकिन क्रमबद्ध प्रमाणों के अभाव में इसका इतिहास

कल्याण विष्णु अंक -पृ. 431

1. तदीयसर्वस्य—भारतेन्दु ग्रन्थावली पृ. 558
2. श्री विष्णु स्वामी जी और उनका सम्प्रदाय पृ. 25

अभी उपयुक्त प्रकाश की अपेक्षा रखता है । वारकरी सम्प्रदाय भी इसी मत का रूपान्तर लगता है । क्योंकि यहाँ भी कृष्ण के बालस्वरूप की मूर्ति-सेवा मिलती है और विष्णुस्वामी सम्प्रदाय के भी इष्ट बालस्वरूप कृष्ण हैं । जनश्रुति है कि श्री विष्णुस्वामी जब हठ पूर्वक भगवान का दर्शन करने के लिए बैठे तो भगवान ने उनको अपने बाल रूप में ही दर्शन दिये थे । इसलिये सम्प्रदाय में बालकृष्ण स्वरूप ही सेव्य है । यह मत शुद्धाद्वैतवाद के नाम से प्रसिद्ध है ।

पुष्टिमार्ग और श्री वल्लभाचार्य

श्री वल्लभाचार्य को सम्प्रदाय में महाप्रभु श्री वल्लभाचार्य के नाम से स्मरण किया जाता है । यद्यपि कुछ विद्वान श्री वल्लभाचार्य को किसी भी अन्य सम्प्रदाय से सम्बन्धित नहीं मानते लेकिन निम्नलिखित प्रमाणों के आधार पर श्री वल्लभाचार्य का विष्णुस्वामी सम्प्रदाय से परम्परागत सम्बन्ध स्थापित होता है ।

1. सम्प्रदाय कल्पद्रुम का 16वाँ पद—

शिव सौं नारद व्यास शुक, विष्णु स्वामी कलि पेव ।
शिष्य विल्वमंगल कियेहु, वल्लभ हित कर लेव ॥

2. भगवत्तत्व दीपिका —

तत्र विष्णु स्वामि प्रदर्शित ऽ यं मार्ग: तद नवमौ
तस्यात्मजौ श्री गोपीनाथ विट्ठलेश्वरो श्री वल्लभेन स्वीकृत्य
विष्णुस्वामी प्रदर्शितो ऽ यं सम्प्रदाय स्त यो रूपदिष्ट: ।

—ले० गदाधर भट्ट - रचनाकाल 17वीं शताब्दी

3. सम्प्रदाय प्रदीप—

विद्या-विभाग कांकरोली द्वारा प्रकाशित

—पृष्ठ 59 से 62 तथा 102 से 103

4. कवि ब्रजराज का वन्दनाश्लोक—

आदो श्री पुरुषोतमं पुरहरं श्री नारदाण्यं मुनिम् ।
कृष्णं व्यास गुरुं शुकं तदनु विष्णु स्वामिनं द्राविडम ॥
तच्छिष्यं किल विल्वमंगलमहं वन्दे महायोगिनम् ।
श्री मद्ल्लभ नाम धाम च भजे स्मत् सम्प्रदायाधिपम् ॥

5. सम्प्रदाय के आदि कवि विष्णुदास की रचना—

(अ) जो पै श्री वल्लभ प्रकट न होते ।
भूतल भूषण विष्णुस्वामि पथ श्रृंगार शास्त्र सब रोते ।

× × ×

विष्णुदास सिद्धान्त बिना यह उर कपाट क्यों खोते ॥

(ब) वन्दे हं तं विमल हुताशम् ।

श्री लक्ष्मण सुत विष्णु स्वामि पथ श्रुतिमंडन कहै विष्णुदासम्

6. श्री वल्लभाचार्य कृत 'निबन्ध' की पुष्पिका—जिसे विद्या-विभाग कांकरौली द्वारा प्रकाशित 'कांकरौली के इतिहास' में पुष्ट प्रमाणित माना है ।

7. श्री वल्लभाचार्य द्वारा उज्जैन के पुरोहित नरोत्तम शर्मा को दिया गया वृत्तिपत्र—

'श्री विष्णुस्वामि मर्यादानुगामिना वल्लभेन अवन्तिकायां नरोत्तम शर्मा
पुरोहित्येन सम्माननीय: —1540 चैत शुद्ध प्रतिपदि ।
उक्त वृत्तिपत्र को सम्प्रदाय के ही प्रकाशन 'कांकरौली का इतिहास'
में मान्यता प्रदान की गई है । इसकी भाषा संस्कृत तथा लिपि तेलुगू है
तथा इसको बम्बई हाईकोर्ट ने प्रमाणित माना है ।
इसमें श्री वल्लभाचार्य के हस्ताक्षर भी हैं ।

8. श्री वल्लभाचार्य द्वारा बद्रीनाथ के पुरोहित को दिया गया वृत्तिपत्र :

'श्री बालकृष्ण वात्सल्य निष्ठा निमग्न मानस:
श्री वेदव्यास विष्णुस्वामी मतानुवर्त्य : वल्लभाचार्य :

9. श्री वल्लभाचार्य द्वारा रचित श्रीमद्भागवत की 'सुबोधिनी प्रकाश टीका' की भूमिका में श्लोक—

श्री गोपीपति वन्दिते इत्यनेन परम्धारया विष्णुस्वामिमतानुवर्ति
गोपालो पासकत्वम् सूचितम् ।

10. वल्लभीय सर्वस्व—

पत्र 11 जिसमें वल्लभाचार्य का विष्णुस्वामी की गद्दी पर आसीन होना तथा विल्वमंगल द्वारा तिलक किये जाने का उल्लेख है ।

11. वल्लभदिग्विजय - वन्दना प्रकरण - श्री कृष्णशास्त्री कृत—

स्वायोद्धार कृते वतीर्णत नवे वेदाध्वरक्षमृते ।
विष्णुस्वामि पदा भिषेय गुरवे तस्मै नमो विष्णवे ॥

12. वल्लभीय कल्पद्रुम - द्वितीय विटप - बारहवाँ नवाँकुट ।

13. भक्तिमाल- नाभादास कृत - पद 48

नाम तिलोचन शिष्य सूर ससि सदृश उजागर ।
गिरा गंग उन हरि काव्य रचना प्रेमा कर ॥
आचारज हरिदास अतुलबल आनंद दायन ।
तेहि मारग वल्लभ विदित पृथु पथिति परायन ॥
नवधा प्रधान सेवा सुदृढ़ मन वच क्रम हरिचरन रति ।

विष्णुस्वामी सम्प्रदाय ज्ञानदेव गम्भीर मति ।।

14. वैष्णवदास की रचना 'श्रीनाथ जी की कथा'—रचनाकाल 1650 सम्पादक आचार्य देवकी नन्दन गोस्वामी प्रका. राधामाधव पीठ वृन्दावन —

विष्णुस्वामी की चर्चा लोपी, वल्लभ देखि सँभारी गोपी ।
वाद विवाद करत सब जीते, ये मानी वेष्णव विपरीते ।।
आचरज पदवी तिन दीन्हीं, श्री वल्लभ कीरति रसभीनी ।।
गुरु आज्ञावश विष्णुस्वामी, भये विल्वमंगल अनुगामी ।
मायावाद निराश्रयकारी, भ्रमण कियौ वल्लभ ब्रह्मचारी ।।

15. कांकरौली के इतिहास में श्री वल्लभाचार्य के पूर्वज श्री यज्ञनारायण भट्ट (15वीं. शताब्दी पूर्वार्द्ध) को भी इसी सम्प्रदाय में दीक्षित बताया गया है ।

अनुमानत: श्री वल्लभाचार्य ने विष्णुस्वामी मत के सिद्धान्तों को जब सुलभ शैली में जनसाधारण के सामने रखा होगा तब उस रूप को स्वत: ही वल्लभ सम्प्रदाय अथवा पुष्टिमार्ग की संज्ञा प्राप्त हो गई होगी । विष्णुस्वामी सम्प्रदाय की अनेक बातें श्री वल्लभाचार्य द्वारा प्रवर्तित पुष्टिमार्ग में प्राप्त होती हैं । यथा भगवान के प्रति वात्सल्य भाव में सेवा, नृसिंह जयन्ती, अष्टयाम सेवा आदि आदि ।

श्री वल्लभाचार्य का जन्म संवत् 1535 वि. में (सन् 1478) वैशाख कृ 11 को रविवार के दिन चम्पारण्य में हुआ था । पिता का नाम श्री लक्ष्मण भट्ट तथा माता का नाम इलम्मा गारु था । सम्प्रदाय में इनके जन्म के सम्बन्ध में प्रसिद्ध है कि जब इनका जन्म हुआ था तो वे इतने दुर्बल और संज्ञाहीन थे कि इनको मृत समझकर वहीं एक शभी-वृक्ष के नीचे एक गड्ढे में डाल कर ऊपर से पत्तों से ढक दिया गया था । दूसरे दिन जब इनके माता-पिता उसी स्थान से लौटे तो बालक को खेलता हुआ पाया तथा उस गड्ढे के चारों ओर अग्नि का एक मंडल बना हुआ था ।

ये बचपन से ही कुशाग्र बुद्धि तथा प्रखर प्रतिभावान थे । 13 वर्ष की अवस्था में ही इन्होंने वेद, वेदांग व पुराणों आदि का ज्ञान पूर्ण कर लिया था । अपने पिता के गोलोकवासी हो जाने पर ये अपने मामा के यहाँ विजय नगर गये । विजयनगराधीश के दरबार में द्वैत-मत के आचार्य व्यास तीर्थ की अध्यक्षता में अद्वैत वादियों को परास्त किया और तब इनका कनकाभिषेक हुआ था । इन्होंने भारतवर्ष की कई यात्राएं की थीं । उज्जैन, मथुरा, वृन्दावन, काशी तथा अड़ैल (प्रयाग) आदि स्थानों पर ये अधिक रहे । कहते हैं कि एक दिन इनको स्वप्न हुआ और उसी से प्रेरित होकर ये गोवर्धन (मथुरा) में जतीपुरा के पास गोवर्धन पर्वत पर गये तथा निर्दिष्ट स्थान पर श्रीनाथ जी का विग्रह प्राप्त किया । इन्होंने वहीं पर श्रीनाथ जी का एक कच्चा मन्दिर बनवाया तथा सेवा की व्यवस्था कर पुन: यात्रा को निकल पड़े । यहीं श्रीनाथ जी का स्वरूप पुष्टि मार्ग में सर्वाधिक सेव्य स्वरूप

है । इन्होंने अनेक ग्रन्थों की रचना की ।[1]

जगद्गुरु वल्लभाचार्य जी उन कुछेक महत्वपूर्ण आचार्यों में से एक हैं जिनके सिद्धान्तवाद ने भारतीय जीवन में एक विशेष क्रान्तिकारी परिवर्तन ही नहीं किया बल्कि जीवन पद्धति और उसकी मान्यताओं को एक नई दिशा दी । जहाँ एक ओर यह जीवन निराशा और दुखों का खजाना माना जाने लगा जहाँ एक के कथनानुसार जीवन मिथ्या है, सारी सृष्टि और उसके भोग मिथ्या हैं, मायाकृत हैं अतः कल्याणेच्छु के लिये त्याज्य हैं उपभोज्य साध्य नहीं हैं । एक ओर जीवन दुखमय है सुख लवलेश को भी इस जीवन में प्राप्य नहीं है साथ ही मोक्ष का मार्ग बड़ा दुरूह, कष्टप्रद और सर्वसाध्य नहीं है । जिसके साधनों पर स्वयं आचार्यों तक का विश्वास नहीं जमता । एक ओर परमेश्वर श्री भगवान् चिद्चिद् से भी विशिष्ट परमेश्वर्य पूर्ण है । अतः पूजा विधि के कठोर अनुशासन में शास्त्रों के नियमों में समर्पण पूर्वक व विधि पूर्वक ही वे अनुष्ठेय हैं आदि आदि । श्री वल्लभाचार्य जी ने इस निराशावाद को लोक-परलोकवाद को, परमेश्वर्यवाद को आराधना की ऐसी सरल-सुखद शैली में बदल दिया कि जीवन की सारी मान्यतायें, ऐहिक और पारलौकिक जीवन की सारी साधनायें अनुरागमय सरस आनन्द रूप श्रीहरि की बालकृष्ण यशोदात्संग-लालित नवनीत प्रिय की प्रेमलक्षणाभक्ति (सेवा) में सार्थक हो गयीं और साधक को ऐहिक जीवन का आनन्दमय रस मिल गया ।

श्री वल्लभाचार्य जी ने परब्रह्म परमेश्वर की सर्वोत्कृष्ट सत्ता मानते हुए जीव को उसका अंश बतलाया है और उस ब्रह्म एवं जीव के बीच बहि-स्फुलिंग का एक जातीय नित्य अभिन्न सम्बन्ध माना है । अतः जीव का सर्वात्मना शरणागति लेना आत्मसमर्पण कर नित्य ब्रह्म सम्बन्ध बनाये रखना उसकी अपनी निजी स्वरूप सिद्धि है और यही उसका आत्मकल्याण है ।

पुष्टि का अर्थ

पुष्टि का सांकेतिक अर्थ है पोषण । किन्तु उसका अर्थ यह नहीं है कि पुष्टि को मात्र शारीरिक पोषण समझ लिया जाए अपितु जिस प्रकार शास्त्रों में प्रयुक्त विशिष्ट शब्द अपना विशिष्ट अर्थ रखते हैं उसी प्रकार यहाँ पर भी पुष्टि शब्द का एक विशेष अर्थ लिखा गया है । जिस प्रकार गीता में योगक्षेम का विशिष्ट अर्थ अप्राप्त का लाभ और प्राप्त का संरक्षण है उसी प्रकार पुष्टि शब्द का भी एक विशिष्ट अर्थ है । यह विशिष्ट अर्थ श्रीमद्भागवत के 'पोषणं तदनुग्रह'[2] सूत्र पर आधारित है जिसका अर्थ है कि भगवान का अनुग्रह ही पोषण या पुष्टि है । जीव का योगक्षेम इस पोषणं तदनुग्रहः के अभाव में असंभव है ।

---

1. उनकी प्रमुख रचनाऐं हैं : अणुभाष्य, निबन्धत्रय, षोडश ग्रन्थ, पत्रायलम्बन, पूर्वमीमांसा भाष्य, गायत्री भाष्य, सुबोधिनी, श्रुति गीता, सेवा प्रकरण, भगवत पीठिका, अन्य अष्टक व स्त्रोत्रादि।
2. श्रीमद्भागवत—2/10/1

पुष्टि मार्ग की स्थापना

श्री वल्लभाचार्य जी संवत् 1550 की ग्रीष्म ऋतु में ब्रज में आये थे और वहाँ गोकुल स्थान का अनुसन्धान किया था । उसी गोकुल के गोविन्द घाट पर उन्होने उसी वर्ष अर्थात् संवत् 1550 वि. में श्रावण शु. 11 के दिन अपने प्रमुख सेवक दामोदर दास हरसानी को सर्व प्रथम मंत्र दीक्षा देकर पुष्टिमार्ग की स्थापना की ।[1]

पुष्टि सम्प्रदाय का दार्शनिक दृष्टिकोण

श्री वल्लाभाचार्य ने अणुभाष्य में अपना मत स्पष्ट किया है । ब्रह्म निर्गुण और निर्विशेष है । जीव अणु और सेवक है । जगत (प्रपंच भेद) सत्य है । ब्रह्म ही जगत के निमित्त और उपादान कारण है । गोलोकाधिपति श्री कृष्ण ही ब्रह्म हैं तथा जीव के सेव्य हैं । जीवात्मा और परमात्मा दोनों ही शुद्ध हैं । इसी से इस मत का नाम शुद्धाद्वैत है । श्रीमद्भागवत इस सम्प्रदाय का प्रमाण ग्रन्थ है । जीव तीन प्रकार के माने गये हैं— (1) प्रवाह मार्गी (2) मर्यादा मार्गी (3) पुष्टि मार्गी । प्रवाह मार्गी जीव वह है जो संसारी अर्थात् मायावेष्टित रहते हैं । मर्यादा मार्गी जीव माया से मुक्त रहकर वेदोक्त आचरण करते हैं तथा पुष्टिमार्गी जीव वे हैं जो माया रहित होकर अनन्य भाव से प्रभु को आत्म समर्पण करते हैं । पुष्टि भक्ति ही जीव के लिये परमफल प्राप्ति का एक मात्र साधन है तथा भगवान श्रीकृष्ण का सायुज्य प्राप्त कर लेना ही उसके लिये परमफल है ।

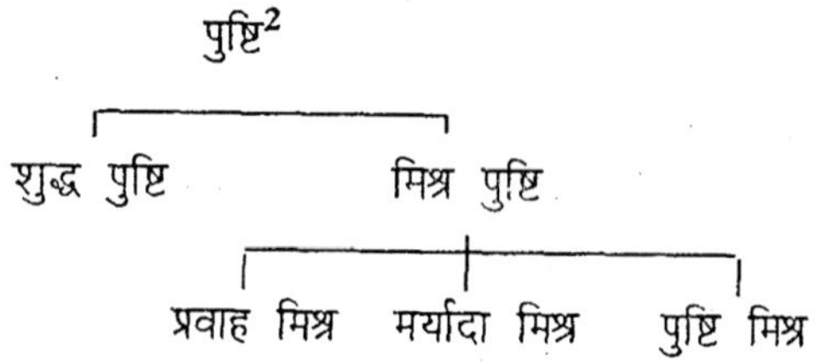

शुद्ध पुष्टि

यह विशुद्ध प्रेम पर आधारित है । इसमें जीव सर्वदा, सर्वभावेन स्वयं को प्रभु को अर्पण करता है । श्रीमद्भागवत में वर्णित गोपीगीत के अनुरूप आचरण करते हुए जीवन यापन करता है । लोक लीला में भी ऐसे जीव को निरन्तर प्रभु की अनुभूति बनी रहती है ।

प्रवाह मिश्र पुष्टि

पुष्टिस्थ होकर भी लोकाचार में आसक्त रहने की अवस्था का नाम प्रवाह मिश्र पुष्टि है । इसमें जीव अहंकारी भी होता है तथा कभी-कभी तीर्थादि भी करता है ।

---

1. ब्रजस्थ वल्लभ सम्प्रदाय का इतिहास, ले. प्रभूदयाल मीतल पृ. 5
2. पुष्टि प्रवाह मर्यादा 14, 15, 16

मर्यादा मिश्र पुष्टि

ऐसे जीव गुणज्ञ होते हैं । भगवद्धर्म के ज्ञाता होते हैं । पाखंड विहीन होकर निरन्तर भगवान का ध्यान करते हैं । अन्यान्य देवी-देवताओं की भी उपासना करते हैं ।

पुष्टि मिश्र पुष्टि

भगवान के अतिशय अनुग्रह से ही ऐसी स्थिति प्राप्त होती है । भगवान ऐसे जीव को बिना योग्यता का विचार किये अविलम्ब अंगीकार कर लेते हैं । धर्म निष्ठा के बिना ही भगवत्स्वरूप मात्र में निष्ठा रहती है । लोकाचार का भयाभय नहीं रहता । भगवत्सम्बन्ध ही उनका साधन है तथा साध्य भी । प्रकृति में गुण-दोष का विचार नहीं करते । भगवत्सम्बधियों में वे स्वानुभाव को अनुभव करते हैं, विरोधियों से उदासीन रहते हैं आदि आदि ।[1]

इस प्रकार पुष्टिमार्ग समकालीन प्रचलित समग्र साधनमार्गों का समन्वय है । जिस प्रकार श्रीकृष्ण लोक देवता थे उसी प्रकार पुष्टि मार्ग लोक धर्म बनकर सामने आया । वेद, स्मृति, पुराण, सांख्य, योगादि सभी को यहाँ श्रीकृष्ण को अर्पण कर सहज भाव से सेवा करना ही साधना का रूप है ।

सम्प्रदाय की मान्यतायें

गुरु : श्री वल्लभाचार्य के वंशज ही इस स्थान को सुशोभित कर सकते हैं । उन्हीं से दीक्षा ली जा सकती है अन्य से नहीं । भगवत्स्वरूप को जानने के लिये गुरु की परम आवश्यकता मानी गई है । गुरु के बिना श्रीकृष्ण की शरण नहीं मिल सकती तथा भगवान और गुरु में अभेद बुद्धि रखना आवश्यक है ।

मन्त्र : प्रारम्भिक दीक्षा अष्टाक्षर मंत्र (श्रीकृष्ण शरणं मम) की है । दूसरा पंचाक्षर (कृष्ण तवास्मि) है जिसको जप के लिये ग्रहण किया जाता है । तृतीय ब्रह्म-संबंध मंत्र है जो 86 अक्षरों का गद्यात्मक है जिसका भाव है कि जीव अनंतकाल से श्रीकृष्ण से वियोगावस्था में रह रहा है उसके आनन्द का तिरोभाव हो गया है अतः जीव अपना देह, इन्द्रिय, प्राण, गृह पुत्रादि, सर्वस्व श्रीकृष्ण के लिये समर्पण करके अपना सम्बन्ध ब्रह्म से स्थापिंत करता है । इसे समर्पण मंत्र भी कहा जाता है । कहा जाता है कि इस मंत्र की प्राप्ति श्री वल्लभाचार्य को जीवों के उद्धार हेतु श्रावण शुक्ल एकादशी की अर्द्ध रा[illegible] हुई थी । इस सम्बन्ध में एक पद भी प्राप्त है जिसके लेखक श्री हरदेव जी बताए जाते हैं—

निज वल्लभ को चिंतातुर लखि गोविन्द दर्शन दीन्हों ।
अर्द्धनिशा सावन पक्ष शुक्ले वचन कह्यौ रस भीनौ ॥
ब्रह्म-सम्बन्ध करौ जीवन को सर्व दोष मिट जावें ।
तुज अंजीकृत प्राप्त मुजे हुई इहीं प्रतिज्ञा आवे ॥

---

1. पुष्टिमार्ग लक्षणानि —श्लोक 3. 4. 5. 9. 10. 11. 19

पंचाक्षर मंत्र को प्रत्येक वैष्णव देने का अधिकारी है । अष्टाक्षर मंत्र देने का अधिकार केवल छ: प्रकार के वैष्णवों को है—(1) गोस्वामी (2) वल्लभ वंश की पुत्रियाँ (3) वाराणसी के सेठ पुरुषोत्तम (4) गुर्जर ब्राह्मण गोपालदास कृपण (5) पितृ व्योपाधि समलंकृत श्री हरिवंश (6) श्री गोपीनाथ के सेवी लालदास के ब्राह्मण (अष्टमपीठ) ।

आदौ गोस्वामिनं वृन्दं, पुत्रीवृन्द स्वयंशकम् ।
वाराणस्यां वसन्तं श्री श्रीष्ठनं पुरुषोत्तमम् ॥
गोपालदासं कृपणं गुर्जरं ब्रह्मण कृचित् ।
हरिवंश चपितु व्यौपाधिव्यतं परं प्रियम् ॥
लाल दासं कृपा सिद्धं गोपीनाथाचितं द्विजम् ।
अष्टाक्षर प्रदानाय ददतु र्वरदौ वरान ॥

(श्री रामराय कृत बारह वैष्णवन की वार्ता)

ब्रह्म सम्बन्धी मंत्र परम गौप्य है । इसे देने का अधिकार सम्प्रदाय के आचार्यों को ही है । इसे प्राप्त कर भक्त पुष्टि मार्ग में प्रविष्ट होता है ।

कण्ठी माला

तुलसी की कण्ठी गले में पहिनना आवश्यक है । प्राय: दुलरी कण्ठी पहनी जाती है तथा भजन करने के लिये तुलसी की ही माला हाथ में होनी चाहिये । भजन करते समय माला के मनकों को तर्जनी उंगली से स्पर्श नहीं होने देते । इसकी सुरक्षा के लिये प्राय: कपड़े की एक थैली सी, जिसे सुमरिनी कहते हैं, के एक सिरे पर एक छिद्र कर देते हैं तथा इस छिद्र में से तर्जनी उंगली को बाहर निकाल देते हैं ।

तिलक

मस्तक पर रोली का तिलक लगाया जाता है । गोकुल घर के वैष्णव पुण्ड्र के नीचे आसन नहीं बनाते ।

गोकुलस्थ वैष्णवों का तिलक पुष्टिमार्ग का आसन सहित तिलक

सेव्य स्वरूप

सम्प्रदाय में भगवान कृष्ण के बाल स्वरूप की ही सेवा होती है । बाल कृष्ण के रूप में ही भगवान को विविध लाढ़ लढ़ाए जाते हैं । एक छोटे बालक के समान ही उनका हर संभव ध्यान रखा जाता है । जैसे घंटा नाद जोर से न हों, जल्दी-जल्दी भोग लगाना आदि-आदि । कहीं-कहीं मधुर प्रेम भावना भी है । सम्प्रदाय में देव मूर्ति को मूर्ति न कहकर स्वरूप कहा जाता है । सर्वोपरि मान्य स्वरूप 'श्रीनाथ जी' का है जिनका प्राकट्य श्री वल्लभाचार्यजी के हाथों गोवर्धन पर्वत पर हुआ था । इसके अलावा प्रमुख सेव्य स्वरूप इस प्रकार हैं—

स्वरूप	स्थान	
1. श्री मथुरेश जी	जतीपुरा	(ब्रज)
2. श्री विट्ठलनाथ जी	नाथद्वारा	(राजस्थान)
3. श्री द्वारिकाधीश जी	कांकरौली	(राजस्थान)
4. श्री गोकुल नाथ जी	गोकुल	(ब्रज)
5. श्री गोकुल चन्द्रमा जी	कामवन	(राजस्थान)
6. श्री बालकृष्ण जी	सूरत	(गुजरात)
7. श्री मदनमोहन जी	कामवन	(राजस्थान)
8. श्री नवनीत प्रियजी	नाथद्वारा	(राजस्थान)

सेवा

सम्प्रदाय में 'कृष्ण सेवा सदा कार्या'[1] श्री कृष्ण की सेवा सदा करनी चाहिये इस मत की मान्यता है । सेवा भी दो प्रकार की मानी गई है (1) मानसी (2) क्रियात्मिका । मानसी सेवा में भक्त ध्यानावस्थित होकर ध्यान में ही ईश्वर की सेवा करता है लेकिन इसको सफलता पूर्वक कर पाना, किंचित भी लोक भाव से मन को विचलित न होने देना, एक दुष्कर कार्य है । क्रियात्मिका सेवा में भक्त भगवान के विग्रह की अपने हाथों से साक्षात् रूप से सेवा करता है ।

सेवा के दो क्रम हैं (1) नित्य सेवा अथवा अष्टयाम सेवा (2) वर्षोत्सव सेवा ।

नित्य सेवा अथवा अष्टयाम सेवा

यह सेवा का दैनिक क्रम है जो प्रात: काल से सायं काल तक चलता है । वात्सल्य भाव से सम्पन्न होने वाली अष्टयाम सेवा (नित्यसेवा) को आठ भागों में विभक्त किया गया है—

(1) मंगला (2) श्रृंगार (3) ग्वाल (4) राज भोग (5) उत्थापन (6) भोग (7) संध्या आरती तथा (८) शयन ।

1. सिद्धान्त मुक्तावली — आचार्य वल्लभ

(1) मंगला

गर्मियों में प्रात: लगभग 6 बजे तथा सर्दियों में प्रात: लगभग 4.30 बजे मंगला का समय है । ऋतु अनुसार समय भेद का कारण इसलिये है कि यहाँ भगवान की सेवा बाल-भाव से की जाती है । गर्मियों में रात्रि छोटी होती है अत: बालक देर से उठता है तथा सर्दियों में रात्रि बड़ी होती है अत: बालक जल्दी उठ जाता है । मंगला-दर्शन खुलने के पहले भगवान को शंख नाद से जगाया जाता है । तत्पश्चात् अभ्यंग (स्नान) आदि की सेवा होती है । तब दर्शन होते हैं । जगाने के साथ-साथ अनुराग, खण्डिता व दधिमथन का भी भाव रहता है ।

(2) श्रृंगार

मंगला के ठाकुरजी (भगवान) का श्रृंगार किया जाता है । ऋतु अनुसार इसमें परिवर्तन होता रहता है । सम्प्रदाय में वर्ष भर का श्रृंगार किस प्रकार होगा इसके लिये पृथक प्रणालिका है । मंगला के लगभग 1 घंटे बाद यह झाँकी होती है । बाल रूप सौन्दर्य के अतिरिक्त बाल-क्रीड़ा व सख्य भाव भी रहता है ।

(3) ग्वाल

श्रृंगार के लगभग 1 घंटे पश्चात् यह झाँकी होती है । इसमें ठाकुर का ग्वाल बालों के साथ गौ चारन के लिये जाने का भाव रहता है । इसी प्रकार का श्रृंगार रहता है । गौ चारन के साथ-साथ चौगान, चक डोरी, माखन चोरी, पालना, घैया आरोगन का भाव भी रहता है ।

(4) राज-भोग

ग्वाल के लगभग एक अथवा डेढ़ घंटे पश्चात् यह झाँकी होती है । इसमें भगवान का वन में गाय चराते हुए भूख लग आने का तथा भोग आरोगने का भाव रहता है ।

इस झाँकी के पश्चात् भगवान विश्राम कर रहे हैं ऐसा मान कर मन्दिर के कपाट बन्द कर दिये जाते हैं ।

(5) उत्थापन

मध्याह्न लगभग 4 बजे ठाकुरजी को पुन: शंखनाद से जगाया जाता है तथा वन में विश्राम कर चुकने पर पुन: गौ चारण में लग जाने का भाव रहता है । गौटेरन व वन्य लीला का भाव रहता है ।

(6) भोग

बालक को थोड़ा सा भी श्रम कर लेने पर तुरन्त भूख लग आती है । उत्थापन के लगभग 1/2 घंटे पश्चात् ही यह झाँकी इस भाव से होती है । कृष्ण रूप, गोपी दशा,

मुरली, गोप आदि का भाव रहता है ।

(7) संध्या आरती

संध्या होने पर भगवान का घर वापिस आना तथा माँ जसोदा का वात्सल्य भाव से आरती करना इस झाँकी का भाव रहता है । यह दर्शन भी भोग की झाँकी के लगभग एक घंटे पश्चात होते हैं । गोदोहन व धैया का भाव भी रहता है ।

(8) शयन

यह झाँकी गर्मियों में लगभग 7 बजे सायं तथा सर्दियों में लगभग 6 बजे सायं होती है । इस झाँकी के खुलने के पहिले ठाकुरजी के ब्यारू (रात्रि का भोजन) कराने का क्रम रहता है । अनुराग व गोपी भाव से निकुंज भावना, संयोग श्रृंगार की भावना रहती है ।

शयन-झाँकी के पश्चात् भगवान को पौढ़ाने के भाव से मन्द-मन्द ध्वनि में वीणा का विशेष रूप से आयोजन रहता है । संगीत योजना पर विस्तार से तृतीय अध्याय में प्रकाश डाला गया है ।

नित्य सेवा में पाँच आरतियों का विधान है । (1) मंगला-आरती (2) श्रृंगार-आरती (3) राज-भोग-आरती (4) सन्ध्या-आरती, तथा (5) शयन-आरती। पाँच समय भोग लगाया जाता है—(1) मंगल-भोग (2) ग्वाल-भोग (3) राज-भोग (4) उत्थापन-भोग (5) ब्यारू (शयन से पहिले)। भोग के पश्चात् ताम्बूल (बीड़ी) अर्पित की जाती है। बट्टा में दो लड्डू, मन पट्टा में पान और जल की झारी प्रत्येक समय विग्रह के समीप रहती है। राज भोग आरती के समय सीढ़ी नुमा खण्ड पाठ लगाया जाता है जिसे वस्त्रावृत करके उस पर तरह-तरह के खिलौने, चौगान, गेंद बल्ला तथा आमने-सामने दो गद्दी बिछाकर बीच में चौपड़ बिछा दी जाती है । उत्थापन के समय इसे उठा लिया जाता है । प्रातः श्रृंगार से शयन-भोग के पूर्व तक श्री विग्रह सर्वांग श्रृंगार से सुसज्जित रहता है। मंगला और शयन के समय सामान्य वस्त्र और अलंकार रहते हैं ।

वर्षोत्सव सेवा

इस सेवा में विधि में दैनिक सेवा (नित्य सेवा) के अतिरिक्त विशेष रूप से श्रृंगार, राग तथा भोगों की व्यवस्था होती है। वर्ष से विशेष उत्सवों पर इस प्रकार का आयोजन होता है इसीलिये इसे वर्षोत्सव सेवा कहते हैं। इसमें षट-ऋतुओं के उत्सव, अवतारों की जयन्तियाँ, लोक-त्यौहार तथा आचार्य व उनके वंशजों के जन्मोत्सव सम्मिलित रहते हैं। उत्सवों पर विशेष चर्चा तृतीय अध्याय में हुई है।

सेवा के अंग

पुष्टि मार्ग में सेवा के सामान्यः तीन प्रमुख अंग माने जाते हैं। (1) श्रृंगार (2) भोग (3) राग।

श्रृंगार

श्रृंगार के मुख्य अलंकारों का क्रम इस प्रकार है—(1) चरण पीठ या चरण चौकी (चाँदी अथवा सोने के अथवा जड़ाऊ) (2) नव आभूषण (3) नूपुर (4) मेखला, किंकणी, क्षुद्र-घंटिका (कटिके) (5) मुद्रिका, आरती (अंगुलियों की), (6) पहुँची, कंकड (कलाई के) (7) बाजूबन्द (भुजा के), (8) हंसुली, कण्ठी, कठुला, चम्प-कली, हमेल, दुमाला, तिमाला, चौमाला, साँक लाव, गोप, हरि (मोती के जड़ाऊ) लटक-मणि, गुंजाहार (कंठ के), (9) चिबुक-हीरा (ठोडी के), (10) वांक (ललाट के), (11) वेसर (नासिका), (12) सीसफूल, चोटी, चन्द्रिका, टिपारा, तुर्रा, कलंगी, ब्रजरल, मुकुट, सिरपैच, सेहरा, किरीट, किरण (मस्तक के) ।

अलंकार पहिले चरणों को पहिनाये जाते हैं तथा फिर क्रमशः ऊपर के अंगों में तथा अंत में मस्तक का श्रृंगार होता है। इसी प्रकार वस्त्रों का विधान निम्न प्रकार है—(1) तनिया, काछनी, सूथना, धोती (कटि के लिये), (2) मौजा (चरणों में), (3) अरगजा, झगल, बागो (वक्षस्थल), (4) टोपी, टोपा, पाग (सिर के लिये) ।

वस्त्रों का रंग ऋतु क्रम से होता है। किसी उत्सव विशेष में यह परिवर्तनशील भी हो जाता है। जैसे उत्सवों में विशेष रूप से गोटे को व्यवहार में लाते हैं। सामान्यः क्रम निम्न प्रकार रहता है ।

	ऋतु	**वस्त्र रंग**
(1)	**बसंत**	**पीत वस्त्र**
(2)	**ग्रीष्म**	**श्वेत वस्त्र**
(3)	**पावस**	**हरित वस्त्र**
(4)	**शरद**	**श्वेत वस्त्र**
(5)	**हेमन्त**	**रक्त वस्त्र**
(6)	**शिशिर**	**नील वस्त्र**

जयन्तियों में प्रायः केसरी रंग के वस्त्र धारण कराये जाते हैं। होली में श्वेत वस्त्र ही धराये जाते हैं। इसी प्रकार ऋतु के अनुसार अन्य अलंकरणों का विधान भी रहता है । यथा—

उष्णकाल में — मोती अथवा पुष्पों के अलंकार

शीत काल में — नवरत्न के अलंकार

बसंत में — मीना के अलंकार

जन्माष्टमी के दिन ठाकुरजी को सर्वाधिक वैभवशाली श्रृंगार धराया जाता है।

भोग

भोग में किस दिन किस झाँकी में किस मात्रा में क्या होना चाहिये इसकी भी अलग

से प्रणालियाँ हैं। नाथ द्वारा (राजस्थान) में आज भी उसी विधान से भोग लगता है । संक्षिप्त में एक साधारण दिवस की भोग व्यवस्था इस प्रकार है—

मंगल भोग— माखन, मिश्री, लड्डू ।

ग्वाल भोग— माखन मिश्री, घैया (दूध का फैन), मठरी, लड्डू आदि ।

राज भोग — सकरी सामग्री जैसे रोटी (फुलका, पनपती, बेझर, बाजरा आदि की) दाल, कढ़ी, दही, दूध भात, फीका भात, बाटी, चूरमा, पापड़, रायता आदि ।

उत्थापन भोग—ऋतु फल, मेवा आदि, ठंडाई आदि ।

शयन भोग— निषरी सामग्री जैसे पूरी, हलवा, साग, रायता, सौंठ, दही बड़ा, दूध, मिठाइयाँ आदि ।

ऋतु अनुसार इन्हें केवड़ा, केसर तथा जायफल आदि से सुवासित भी किया जाता है । इस सम्प्रदाय की पाक-कला का पूरा वैभव कुनवाड़ा, अन्नकूट और उनसे भी बढ़कर छप्पन भोग की झाँकियों में दिखलाई देता है ।

राग

पुष्टिमार्ग में राग अर्थात् संगीत का विशेष महत्व है । गायन की क्रिया को संम्प्रदाय में कीर्तन कहते हैं तथा गायक को कीर्तनियाँ कहते हैं । सेवा का क्रम अपूर्ण ही समझा जाता है यदि कीर्तनियाँ का अभाव हो अथवा कीर्तनियाँ भाव से न गाये । अन्य सम्प्रदायों के मन्दिरों में सेवा अथवा पूजा का क्रम मन्त्रोचारण से पूर्ण होता है । लेकिन पुष्टिमार्ग में कीर्तन ही को, जिसमें अष्ट छाप आदि के पद गाये जाते हैं, मन्त्रोच्चार का स्थानापन्न समझा गया है । इसे हम श्री वल्लभाचार्यजी की मौलिक अवतारणा का प्रतिफल कह सकते हैं क्योंकि अन्य किसी भी सम्प्रदाय में पदों को किसी न किसी रूप में गाया अवश्य जाता है लेकिन गायन सेवा विधि का एक आवश्यक अंग हो, यह कदाचित् कहीं भी प्राप्त नहीं होता । गायन-विधि शुद्ध शास्त्रीयता पर आधारित व परम्परा-प्रवाह के आग्रह से युक्त है । रागों की सुनियोजित योजना है तथा नित्य-सेवा क्रम से कीर्तन की भी अपनी अलग प्रणालिकायें हैं । यथा नित्य क्रम में राग भैरव, देवगंधार आदि से प्रारंभ करके बिलावल, टोड़ी व आसावरी आदि (सर्दियों में) रागों से गुजरते हुए पूर्वी व कल्याणादि के सहारे शाम तक पहुँचते हैं तथा उसके पश्चात् अन्य रागों के व्यवहार के साथ-साथ अंत में शयन कराने के लिये आवश्यक रूप से बिहाग राग की स्वरावलियों का (वातावरण में रात्रिगम्य निस्तब्धता लाने के लिये) प्रयोग होता है ।

ऋतु क्रम के अनुसार विभिन्न ऋतुओं में उनके अनुकूल ही रागों का व्यवहार होता है । यथा बसंत ऋतु में राग बसंत ही आठों याम चलता है तथा पावस ऋतु में मल्हार ही सुबह से शाम पर्यन्त गाई जाती है । इसका विशद वर्णन तृतीय अध्याय में किया गया है ।

राग अर्थात् संगीत की योजना का प्रयोजन बतलाते हुए आचार्य वल्लभ का कथन

है—'अपने सुख के लिये आनन्द स्वरूप भगवान का कीर्तन-गान करना चाहिये । इस प्रकार के गायन से जैसा सुख मिलता है, वैसा सुख शुकदेवादि मुनीश्वरों को आत्मानन्द मे भी नहीं मिला, फिर दूसरों का तो कहना ही क्या है । इसलिये सब कुछ छोड़कर चित्त के निरोधार्थ सदैव प्रभु का गुण गान करना उचित है । ऐसा करने से ही सच्चिदानंदता सिद्ध होती है ।[1]

सेव्य स्थान

पुष्टि मार्ग का सर्वोपरि सेव्य स्थान मथुरा से 21 कि.मी. पश्चिम में गोवर्धन पर्वत है । उसमें भी वह स्थान जहाँ 'श्रीनाथ जी के विग्रह (स्वरूप) का प्रागट्य हुआ था अर्थात् आन्यौर व जतीपुरा के बीच का पर्वत का भाग सबसे अधिक पूज्यनीय है । वैसे श्रीकृष्ण की लीला भूमि होने के नाते से समस्त ब्रज ही पुष्टि मार्ग के मतावलम्बियों का सर्वोच्च सेव्य स्थान है । गोकुल, मथुरा, गोवर्धन, पारासौली, रुनकता आदि स्थानों को विशेष महत्व प्राप्त है ।

धार्मिक व राजनैतिक कारणों से मुगल बादशाह औरंगजेब के समय में संवत् 1720 वि. में श्रीनाथ जी के स्वरूप को आचार्यजी के वंशज नाथद्वारा (राजस्थान) ले गये थे । तभी से वह स्वरूप वहाँ ही विराजमान है अत: सम्प्रदाय का दूसरा प्रमुख सेव्य स्थान नाथद्वारा (उदयपुर) में है । इसके अतिरिक्त सम्प्रदाय के प्रमुख सेव्य स्वरूप जिन-जिन स्थानों में विराजमान हैं वे सभी स्थान पुष्टि मार्ग के निज तीर्थ हैं जैसे कामवन, काशी, सूरत, कांकरौली आदि ।

व्रतोपवास

श्रीकृष्ण जन्माष्टमी के दिन सभी वैष्णव उपवास रखते हैं । अर्द्ध रात्रि व्यतीत होने पर श्रीकृष्ण जन्म सम्पन्न हो जाने के पश्चात् ही प्रसाद ग्रहण करते हैं । इसके अतिरिक्त एकादशी व्रत भी सम्प्रदाय में महत्वपूर्ण माना गया है । सम्प्रदाय की मान्यता यह भी है कि पुष्टिमार्ग वैष्णव को यह व्रत अवश्य ध्यान में रखना चाहिये कि वह अपने सम्प्रदाय की बातें अन्य किसी व्यक्ति को न बताये । यदि ऐसा किया तो वह धार्मिक दृष्टिकोण से च्युत हो जायेगा । इसके अतिरिक्त सम्प्रदाय की और भी अनेकों मान्यतायें हैं जैसे अष्ट सखा, रागों के स्वरूप, भोग व्यंजनों की अलग-अलग भावना, विरह का रूप आदि-आदि ।

वल्लभेत्तर आचार्य

पुष्टि मार्ग के प्रणेता श्री वल्लभाचार्य जब 52 वर्ष के हुए तो ऐसा कहा जाता है कि उनको अपने अंत समय का आभास होने लगा और वे संवत् 1587 की ज्येष्ठ कृ. 10 को अपने स्थान अडैल से प्रयाग आ गये । तदुपरांत काशी गये तथा 40 दिन के उपवास के

1. निरोध लक्षणम् — श्लोक 4, 6, 9

पश्चात् सं. 1587 की आषाढ़ शु. 3 को गंगा में प्रवेश कर जल समाधि ग्रहण की । इस प्रकार श्री वल्लभाचार्य 52 वर्ष 2 माह तथा 7 दिन इस पृथ्वी पर रहे ।

श्री गोपीनाथ जी

श्री गोपीनाथ जी महाप्रभु वल्लाभाचार्य जी के ज्येष्ठ पुत्र थे । इनका जन्म संवत् 1568 की आश्विन कृ. 12 को अडैल में हुआ था । इनकी शिक्षा-दीक्षा अपने पिता श्री की देख-रेख में हुई । ये भी प्रकाण्ड विद्वान तथा धार्मिक निष्ठा वाले थे । आचार्य जी का तिरोधान होने पर ये ही पुष्टि मार्ग के आचार्य हुए । इनका अल्पायु में ही संवत् 1599 में जगदीशपुरी में निधन हो गया ।[1] तथा इनके बाद इनके पुत्र श्री पुरुषोत्तम जी आचार्य गद्दी पर आसीन हुए । लेकिन इनकी भी अल्पायु में संवत् 1606 में मृत्यु हो गई ।

गोस्वामी विट्ठलनाथ जी

श्री पुरुषोत्तम के निधन के पश्चात् उनके काका (श्री वल्लभाचार्य जी के द्वितीय पुत्र) गो. विट्ठलनाथ जी आचार्य के पद पर आसीन हुए । सम्प्रदाय में आपको श्री गुसाईं जी के नाम से जाना जाता है । इनका जन्म संवत् 1572 की पौष कृ. 9 शुक्रवार को काशी के समीप चरणाद (चुनाट) नामक स्थान में हुआ । शिक्षा-दीक्षा काशी में हुई । आप आरम्भ से ही बड़े मेधावी व प्रतिभाशाली थे । 15 वर्ष की आयु में ही आपने वेद, वेदांतादि दर्शन तथा भागवत पुराण आदि का सांगोपांग अध्ययन कर लिया था । इन्होंने अपनी योग्यता व सूझ-बूझ से पुष्टिमार्ग का व्यापक प्रचार किया तथा सम्प्रदाय के वैभव को अतुलनीय योगदान दिया । ये साहित्य संगीत व कला सभी में निष्णात थे तथा अपने चतुर्दिक व्यक्तित्व से सम्प्रदाय को सांस्कृतिक शिखर तक पहुँचा दिया । पुष्टि मार्ग सेवा के महत्वपूर्ण अंग राग अथवा कीर्तन को सुव्यवस्थित व सुचारू रूप देने के लिये ही गौस्वमी विट्ठल नाथ जी ने अष्ट-छाप की रचना की जिसका विस्तार से आगे वर्णन किया जायेगा ।

वार्ता साहित्य तथा पुष्टि संप्रदाय के ऐतिहासिक उल्लेखों से इस बात की पुष्टि होती है कि मुगल सम्राट अकबर श्री विट्ठलनाथ जी का बड़ा सम्मान करता था तथा उससे विपुल मात्रा में राजकीय सहायता दी थी । सम्राट के अतिरिक्त सेनानायक मुरीद खाँ तथा उच्च पदस्थ अली अकबर की पुत्री हमीदाबानु बेगम ने भी फरमानों द्वारा श्री विट्ठलनाथ जी को सहायता दी थी ।[2]

गो. श्री विट्ठलनाथ जी ने अनेक यात्रायें की थीं । इन यात्राओं के माध्यम से वे पुष्टि मार्ग का प्रचार करते थे तथा अनेक व्यक्तियों को पुष्टिमार्ग में दीक्षित करते थे । संवत् 1600 में गुजरात, सौराष्ट्र की यात्रा; संवत् 1610 में मगध प्रदेश की यात्रा; संवत् 1614 में गौड प्रदेश की यात्रा; संवत् 1616 में जगदीशपुरी की यात्रा तथा संवत् 1634 में पुन:

1. ब्रजस्थ वल्लभ सम्प्रदाय का इतिहास—लेखक श्री प्रभूदयाल मीतल—पृ. 37
2. मोगल बादशाही फरमानी (पुष्टिमार्ग मां 500 वर्ष) पृ. 74-77

गौड प्रदेश की यात्रा की थी ।

आपने सम्प्रदाय संबन्धी विपुल साहित्य की रचना की जिनमें प्रमुख ग्रन्थ निम्न् प्रकार हैं—

विव्दन्मंडन, भक्ति हंस, भक्ति हेतु, श्रृंगार रस मंडन, विज्ञप्ति, सर्वोत्तम स्त्रोत, स्वामिनी स्त्रोत, चतु: श्लोकी, दान लीला, अणु भाष्य का अन्तिम डेढ़ अध्याय, निबंध प्रकाश की मूर्ति और टीका, सुबोधिनी टिप्पणी, न्यासादेश विवृत्ति तथा षोडश ग्रन्थ विवृत्ति आदि-आदि ।

उनके सात पुत्र

गोस्वामी विट्ठल नाथ जी के सात पुत्र प्रकट हुए—

(1) श्री गिरिधर जी (2) श्री गोविन्दराय जी (3) श्री बालकृष्ण जी (4) श्री गोकुलनाथ जी (5) श्री रघुनाथ जी (6) श्री यदुनाथ जी (7) श्री घनश्याम जी

सात घरों की स्थापना

जब गोस्वामी विट्ठलनाथ जी को अपने अंतिम समय के निकट आने का आभास होने लगा तो उन्होंने अपनी समस्त चल व अचल सम्पत्ति को मय अपने सेव्य स्वरूपों के अपने सात पुत्रों में बांट दिया । उनके पुत्रों ने उन स्वरूपों की पृथक-पृथक रूप से सेवा करना प्रारम्भ किया जिससे पुष्टि सम्प्रदाय के सात घर (सप्त गृह) अस्तित्व में आये । पुष्टिमार्ग के सर्व प्रधान उपास्य देव श्री नाथ जी व श्री गुसाईंजी के निजी सेव्य स्वरूप श्री नवनीत प्रियजी की सेवा प्रथम घर अर्थात् श्री गिरधर जी के घर को ही मिली । यह घराना आज टीकैत घराना कहलाता है । इस बंटवारे में किस पुत्र को कौन सा स्वरूप मिला तथा आजकल वह स्वरूप कहाँ विद्यमान है नीचे की तालिका से स्पष्ट हो जायगा ।

पुत्रों के नाम	गृह	सेव्य स्वरूप	वर्तमान स्थिति
(1) श्री गिरिधर जी	प्रथम	श्री नाथ जी	नाथद्वारा (राजस्थान)
		श्री मथुरेशजी	जतीपुरा (ब्रज)
(2) श्री गोविन्दराय जी	द्वितीय	श्री विट्ठलनाथ जी	नाथद्वारा (राजस्थान)
(3) श्री बालकृष्ण जी	तृतीय	श्री द्वारिकाधीश जी	कांकरौली (राजस्थान)
(4) श्री गोकुलनाथ जी	चतुर्थ	श्री गोकुलनाथ जी	गोकुल (ब्रज)
(5) श्री रघुनाथ जी	पंचम	श्री गोकुलचन्द्रमाजी	कामवन (राजस्थान)
(6) श्री यदुनाथ जी	षष्ठम	श्री बालकृष्ण जी	सूरत (गुजरात)
(7) श्री घनश्याम जी	सप्तम्	श्री मदनमोहन जी	कामवन (राजस्थान)

श्री नवनीत प्रियजी गोद के स्वरूप नाथद्वारा में श्री नाथ जी के पास ही विराजते हैं ।

पुष्टि मार्ग के उक्त नवनिधि स्वरूप गोस्वामी विट्ठल नाथ जी के समय से कुछ समय बाद तक ब्रज में ही (जतीपुरा, गोवर्धन तथा गोकुल) थे लेकिन संवत् 1720 के

लगभग उन्हें औरंगजेब के धार्मिक विद्रोह के कारण सुरक्षार्थ हिन्दू राजाओं के यहाँ ले जाया गया । खतरा टलने पर कुछ स्वरूप तो पुन: ब्रज में आ गये लेकिन अधिकांश स्वरूप अभी ब्रज से बाहर ही हैं ।

आठवाँ घर

गोस्वामी विट्ठलनाथ जी के सात औरस पुत्रों के साथ-साथ एक पोष्य पुत्र भी था । सम्प्रदाय कल्पद्रुम में एक दोहा मिलता है जिसमें गो. विट्ठलनाथ जी द्वारा नाम मन्त्र का उपदेश देकर जल सेवक 'लाल' नामक ब्राह्मण को सिन्धु देश के लिये विदा कर देने का उल्लेख है ।[1] इसको आठवाँ लालजी कह कर सम्बोधित किया जाता था वैसे इसका नाम तुलसी दास था ।[2] तुलसी दास के माता-पिता की मृत्यु जब यह 5 वर्ष का था हो गई थी । अत: इसका लालन-पालन गोस्वामी विट्ठलनाथ जी ने अपने पुत्रों की ही भाँति किया था । उस आत्मीय व्यवहार के परिणाम स्वरूप ही इन 'लालजी' को भी श्री गोपीनाथ जी का स्वरूप सेवा करने के लिये श्री विट्ठलनाथ जी ने दे दिया । इनके वंशज अब भी सिंध निवासियों को पुष्टि मार्ग की दीक्षा देते हैं । इस घराने के साम्प्रदायिक साहित्य के अनुसार तुलसीदास उपनाम 'लालजी' का समय सं. 1608 से सं. 1675 तक ज्ञात होता है ।

वंशानुक्रम

इस समय गो. विट्ठलनाथ जी के सात पुत्रों में से प्रथम पुत्र श्री गिरिधर जी और छटे पुत्र श्री यदुनाथ जी के ही वंश चल रहे हैं । शेष पाँचों के घरों की परम्परा उक्त दोनों घरों से गोद लिये गये बालकों से चल रही है ।

सम्प्रदाय के विद्यमान आचार्य व स्थान

प्रथम गृह

कालान्तर में प्रथम गृह के 11 उपग्रह हो गये तथा उपग्रहों के मुख्य आचार्य निम्नलिखित स्थानों पर विराजमान होकर अपने-अपने सेव्य स्वरूपों की सेवा में रत हैं— (1) नाथद्वारा (2) बंबई (श्री गोकुलनाथ जी) (3) बबई (श्री लालजी) (4) अमरैली (5) पोरबन्दर और गोकुल (6) बम्बई (बड़ा मन्दिर) (7) कोटा और कृष्ण गढ़ (8) अहमदाबाद (9) चापासनी और मांडवी (10) जामनगर, जूनागढ़ और पोरबन्दर (11) कोटा (बड़े महाप्रभुजी) ।

उपरोक्त 11 उपग्रहों में से प्रथम उपगृह नाथद्वारा की गद्दी श्री नाथ का घर होने से वल्लभ सम्प्रदाय का टीकैत अथवा तिलकायत घर कहा जाता है तथा वर्तमान में इस गद्दी पर श्री गोविन्द लाल जी महाराज आसीन हैं ।

1. नाम मन्त्र उपदेश किये आयुध दे द्विजराय। जल सेवक द्रिजलाल को सिन्धुहिं हरष पठाय। सम्प्रदाय कल्प. (14) रचना का 1729 वि. वेंकटेश प्रेस बम्बई से प्रकाशित।
2. दो सौ वैष्णवन की वार्ता सं. 239

द्वितीय गृह

इस घर की परम्परा दो उपगृहों में विभाजित हो गई है । प्रथम उपगृह की गद्दियाँ नाथ द्वारा (श्री विट्ठलनाथ जी) व इन्दौर (श्री गोवर्धन नाथ जी) में तथा द्वितीय उपगृह की गद्दियाँ बम्बई (लाल बाबा) व नड़ियाद में हैं ।

तृतीय गृह

इस घर की दो उपशाखायें हुईं । प्रथम शाखा भी दो में विभाजित होकर प्रथम गद्दी कांकरौली (श्री द्वारिकाधीश जी) तथा द्वितीय गद्दी भी कांकरौली (श्री मथुराधीश जी) में है । दूसरी उपशाखा की गद्दी सूरत में है जहाँ श्री बालकृष्ण जी का स्वरूप विराजमान है ।

चतुर्थ गृह

इस गृह की गद्दी गोकुल में है जहाँ श्री गोकुलनाथ जी का स्वरूप है ।

पंचम गृह

इस घर की भी एक ही शाखा है । जो कामवन में श्री गोकुलचन्द्रमाजी के स्वरूप की सेवा में रत है ।

षष्ठम गृह

इस घर का प्रथम उपगृह बड़ौदा (शेरगढ़) में है तथा सेव्य स्वरूप श्री कल्याण राय जी हैं । द्वितीय उपगृह मथुरा में है । सेव्य स्वरूप श्री मदन मोहन जी दाऊजी व छोटे मदन मोहन जी हैं । तृतीय उपगृह काशी में (श्री गोपाल लालजी) है ।

सप्तम् गृह

इस घर का भी एक ही स्थान कामवन है तथा सेव्य स्वरूप श्री मदनमोहन जी है ।

अष्टम् गृह

इस घर की गद्दी का प्रमुख केन्द्र वृन्दावन (मथुरा) में सुकान माता की कुंज के नाम से प्रसिद्ध है । यहाँ गोरे दाऊ जी के स्वरूप की सेवा होती है ।

इन घरों को प्रमुख गद्दियों के स्थानों (मन्दिरों) के अतिरिक्त सम्प्रदाय के अनेक सेवकों ने भी अच्छे-अच्छे मन्दिर बनवाकर आचार्यों को भेंट किये हैं । यथा मथुरा का द्वारिकाधीश का मन्दिर, धांगध्रा (गुजरात) का पुष्टिमार्गीय बड़ा मन्दिर आदि-आदि ।

मथुरा का श्री द्वारिकाधीश का विशाल मन्दिर स्व. सेठ गोकुलदास पारिख ने बनवाया था ।[1] तथा संवत् 1871 वि. में इस मन्दिर को उनके उत्तराधिकारी स्व. सेठ गोविन्दादास ने संवत् 1930 वि. में पुष्टिमार्ग को भेंट कर दिया गया । धांगध्रा (गुजरात) के राजा श्री रणमलजी ने संवत् 1912 वि. में सुन्दर मन्दिर बनवा कर जामनगर स्थिति आचार्य श्री ब्रजनाथ लालजी को समर्पित किया ।

इसी प्रकार छोटे-मोटे अनेक मन्दिर पुष्टिमार्ग के आचार्यों को भेंट किये गये तथा सभी स्थानों पर पुष्टिमार्ग की परम्पराओं को निष्ठापूर्वक निभाने का आग्रह विद्यमान है ।

1. पारिख जी का वृतान्त 'ब्रज का सांस्कृतिक इतिहास- पृ. 544

अध्याय—2

पुष्टिमार्गीय मन्दिरों के संगीत का उद्‌गम व विकास

पुष्टिमार्गीय वैष्णव देवालय संगीत के श्रोत

श्रवणं कीर्तनं विष्णोस्मरणं पाद सेवनम् ।
अर्चनं वन्दनं दास्यं सख्यमात्मनिवेदनम् ॥

श्रीमद् भागवत 7-5-23

श्रीमद् भागवत् के उपर्युक्त श्लोक के अनुसार समस्त वैष्णव मन्दिरों में श्रवण एवं कीर्तन की योजना सदैव से रहती आई है । कहीं पर दर्शन खुलने से पहिले, कहीं बाद में तो कहीं दोनों समय भगवान का स्मरण करते हुए कीर्तन भजन गाये जाते हैं । श्री वल्लभाचार्य ने भी इसका अनुमोदन करते हुए अपने ग्रन्थ 'निरोध लक्षण' में कहा है—

''महतां कृपया यावद् भगवान दययिष्यति ।
तावदां नेद संदोह: कीर्त्यमान: सुखाय हि ॥4॥
महतां कृपया यद्वत्कीर्तनं सुखदं सदा ।
न तथा लौकिकानां तु स्निग्ध भोजन रूपवत् ॥5॥
गुण गाने सुषवाप्ति गोविन्दस्य प्रजायते ।
यथा तथा शुकादीनां नैवात्मनि कुतोऽन्यन्त: ॥6 ॥
तस्मात्सर्वं परित्यज्य निरुद्धै: सर्वदा गुणा: ।
सदानन्द पवैर्गेया: सच्चिदानंदता: तत: ॥7 ॥

अर्थात् जब तक भगवान अपनी महती कृपा भक्तों पर करें तब तक साधन दशा में ईश्वर के गुण, नाम के कीर्तन ही आनन्द देने वाले होते हैं । ईश्वर के गुण गान में जो आनन्द है वह लौकिक पुरुषों के गुण गान में नहीं है तथा जैसा सुख भक्तों को भगवान के गुण गान में होता है वैसा सुख भगवान के स्वरूप ज्ञान की मोक्ष अवस्था में भी नहीं होता । इसलिये सदानन्द ईश्वर में भक्ति करने वाले भक्तों को सब लौकिक साधन छोड़ कर भगवान के गुणों का गान करना चाहिए । ऐसा करने से भक्तों में ईश्वरीय गुण आजायेंगे ।

इस भगवत गुण गान स्वरूप कीर्तन को और गहरा रंग प्रदान करने के लिये पुष्टि मार्ग में इसे सेवा का आवश्यक अंग ही मान लिया गया है और यहाँ इस लीला गान

स्वरूप कीर्तन की योजना मंगला से शयन पर्यंत अविरल स्वरूप में रहती है । दर्शन खुलने पर भी कीर्तनियाँ भगवान के सन्मुख कीर्तन करता रहता है । भगवान को कीर्तन से ही जगाया जाता है, कीर्तन से ही स्नान, कीर्तन से ही श्रृंगार, भोग आरोगन, गौचरण, वन से वापिस बुलाना, आरती, ब्यारू व शयन अर्थात् सभी क्रियाओं का संचालन कीर्तन से ही होता है ।

संगीत का यह स्वरूप पुष्टिमार्ग में कहाँ से आया? इसका स्रोत क्या है? सम्प्रदायान्तर्गत मान्यता के अनुसार यह सब आचार्य श्री वल्लभ की मौलिक देन है । वे सर्वगुण सम्पन्न स्वयं परमात्मा स्वरूप थे अत: उनको कौन सिखाता अथवा वे कहाँ सीखते आदि-आदि बातें सम्प्रदाय में प्रचलित हैं । लेकिन हमारे विचार से श्री वल्लभाचार्य जी प्रकाण्ड विद्वान होने के साथ-साथ एक कुशल और सफल धर्मोपदेशक के भी थे । उन्होंने जब यह देखा होगा कि ईसा की 7वीं व 8वीं सदी में दक्षिण में शिव और विष्णु की भक्ति का प्रचार किया गया तब उस प्रचार कार्य का सबसे प्रभावशाली माध्यम अलवार भक्तों के वे तमिल गीत ही थे जिन्होंने लोक भाषा का सहारा लेकर लोक जीवन को अपनी ओर सुगमता से आकृष्ट कर लिया था तो वे भी ब्रज को अपने कार्य क्षेत्र का केन्द्र चुनने पर वहाँ की लोक भाषा 'ब्रज भाषा' का लोभ संवरण न कर सके होंगे और उस भाषा के पदों को उन्होंने संस्कृत के श्लोकों से भी ऊँचा पद देकर वहाँ के लोक जीवन के वे सहज ही में नायक बन गये होंगे ।

विष्णु स्वामी सम्प्रदाय व उसकी सेवा विधि

परम्परा से श्री वल्लभाचार्यजी विष्णु स्वामी सम्प्रदायानुवर्ती थे ।[1] वहाँ सेव्य स्वरूप के सेवा विधान में संस्कृत के श्लोक उच्चारित किये जाते हैं । श्री वल्लभाचार्यजी ने सेवा का क्रम तो वही रखा लेकिन अधिकांशत: संस्कृत श्लोकों के स्थान पर ब्रज भाषा के पदों को प्रतिष्ठित कर दिया । विष्णु स्वामी सम्प्रदाय की सेवा में प्रयुक्त श्लोकों का पुष्टिमार्गीय कीर्तन प्रणाली के पदों से बहुत कुछ सम्बन्ध है ।

उदाहरण के कुछ श्लोक व पद देखिये—

(1) जगाने का भाव—

विष्णुस्वामी सेवा में प्रयोज्य श्लोक	**पुष्टिमार्गीय कीर्तन प्रणाली के पद**
उत्तिष्ठोत्तिष्ठ गोविन्दं	जागिये गोपाल लाल जननी बलि जाई
उत्तिष्ठ मधुसूदन ।	उठो तात प्रात भयौ, रजनी को तिमिर गयौ
उत्तिष्ठ राधिका कान्त	टेरत सब ग्वाल बाल, मोहन कन्हाई ।।। ।।
दीनोध्दरण तत्पर ।[2]	आदि-आदि ।[3]

---

1. देखिये इसी ग्रन्थ का प्रथम अध्याय पृष्ठ
2. आदि वैष्णवाचार्य श्री विष्णु स्वामी जी और उनका सम्प्रदाय, प्रकाशक अ. भा. विष्णु स्वामी महासभा (वृन्दावन) पृ. 456
3. पुष्टिमार्गीय पद संग्रह भाग 3, पृ. 16

(2) मधुपर्क समर्पण—

सुखादं मधुरं हधं	छगन मगन प्यारे लाल कीजिये कलैवा ।
श्रध्योपाहृतं मया ।	छींके तें सगरी दधि ज्वल चढ़ि काटि लैहो
मधुपर्कं गृहाणेश	पहरि लेहु झांगुली फैट बाँध लेहों मेवा ।।
बलपुष्टि विवर्धनम् ।।[1]	आदि-आदि ।[2]

(3) स्नान कराना—

तज्जलैः स्ना पितो देव	प्रात समे उठि जसुमति जनना
तेन शान्ति कुरुष्वमे [3]	गिरिधर सुत कूं उवट न्हवाये ।
	आदि-आदि[4]

4) वस्त्र धारण—

वस्त्रं पीताम्बरं नाथ	आवों गोपाल सिंगार बनाऊ ।।
ह्यति सूक्ष्मं सुशोभनम्	सुरंग पाग जरतारों तोरा रनि खचित
शुभा शुकं मया दत्तं	सिरपेच बंधाऊँ आदि-आदि ।[6]
प्रीत्यर्थं प्रतिगृह्यताम् ।।[5]	

5) नैवद्य अर्पण—

अन्नं चतुर्विधं स्वादु	भोजन करत हैं गोपाल
रसे षडभिः समन्वितम् ।	षट रस घरे बनाय जसोदा,
भक्षं भोज्यं समायुक्तं	साजे कंचन थाल । आदि-आदि[8]
नैवे प्रतिगृह्यताम् ।।[7]	

(6) शयन कराना—

क्षीर सागर संकाशा शेष शैया शुभा वहा	पौढ़िये घनश्याम
तस्या स्वाहि देवेश कुरु निद्रां जगत्यते ।।[9]	बलैया लेहूँ ।।
	आदि-आदि[10] ।

1. आ. वै. श्री विष्णुस्वामी और उनका सम्प्रदाय, पृष्ठ 456
2. पुष्टिमार्गीय पद संग्रह भाग 3, पृ. 28
3. आ. वै. श्री विष्णुस्वामी और उनका सम्प्रदाय, पृ. 457
4. पुष्टिमार्गीय पद संग्रह भाग 3, पृ. 36
5. आ. वै. श्री विष्णुस्वामी और उनका सम्प्रदाय, पृ. 458
6. पुष्टिमार्गीय पद संग्रह भाग 3, पृ. 94
7. आ. वै. श्री विष्णुस्वामी और उनका सम्प्रदाय. 457
8. पुष्टिमार्गीय पद संग्रह भाग 3, पृ. 136
9. आदि वैष्णवाचार्य श्री विष्णु स्वामी जी और उनका सम्प्रदाय, पृ. 458
10. पुष्टिमार्गीय पद संग्रह भाग 3, पृ. 94

पुष्टिमार्ग के पद मंत्रोपचार के स्थानापन्न

इस प्रकार हम देखते हैं कि जो कार्य अन्य सम्प्रदायों में मंत्रों से लिया जाता है वह कार्य पुष्टिमार्ग के मन्दिरों में कीर्तन से होता है । कीर्तन के पदों को मंत्रोपचार का स्थानापन्न माना गया है । ब्रज भाषा के ये पद सम्प्रदाय में अभूतपूर्व महत्व धारण किये हुए हैं तथा लोक जीवन के हार बनकर रह गये हैं । ब्रजभाषा के माधुर्य के बारे में कोई भी सन्देह नहीं कर सकता । यह इसके माधुर्य का ही परिणाम है कि भारतीय शास्त्रीय संगीत का निबद्ध गायन यदि शत प्रतिशत नहीं तो पर्याप्त बहुताँश में ब्रज भाषा ही में प्राप्त होता है । ऐसी मधुर भाषा को श्री वल्लभाचार्य ने सेवा का माध्यम बनाकर मानो अमरत्व ही प्रदान कर दिया । सम्प्रदाय में धार्मिक दृष्टि से वही व्यक्ति सर्वाधिक सम्पन्न समझा जाता है जिसे ये पद अधिक से अधिक मात्रा में याद हों । इन पदों का अविरल गति से पाठ करते रहना भी सम्प्रदाय की मान्यता है क्योंकि ये पद केवल पद नहीं अपितु सेवार्थ मंत्रों के स्थापनापन्न हैं ।

आलवार साहित्य व संगीत का प्रभाव

जैसा कि हमने पूर्व ही विचार किया था कि श्री वल्लभाचार्य ने इतिहास से यह शिक्षा अवश्य ली होगी कि धर्म प्रचारक के रूप में आलवार संत अकथनीय रूप में सफल हुए थे । उन्होने ईसा की सोलहवीं शताब्दी में ब्रज भाषा के माध्यम से वही कार्य किया जो कि 6वीं शताब्दी से 9वीं शताब्दी तक के हुए भक्ति आन्दोलन में आलवार संतों ने तमिल भाषा के माध्यम से किया । दूसरे शब्दों में हम कह सकते हैं कि 'भक्ति आन्दोलन को जिस जन आन्दोलन के रूप में छठी शताब्दी से लेकर नवीं शताब्दी तक के काल (आलवार युग) में तमिल प्रदेश ने देखा उसी के दर्शन हिन्दी प्रदेश ने सोलहवीं शताब्दी के आस-पास किये ।[1]

आलवार भक्तों की रचनाओं में कन्नन-निपन्नै (कृष्ण राधा) के प्रेम की लीलाओं का वर्णन प्रचुर मात्रा में मिलता है । वही स्वरूप बहुलांश में हमें पुष्टि मार्ग के कीर्तनों में मिलता है । जिस प्रकार आलवारों ने संस्कृत साहित्य में उपलब्ध वेद, उपनिषद् और गीता आदि के दार्शनिक तत्वों को वहाँ की लौकिक भाषा तमिल के माध्यम से प्रचारित व प्रसारित किया उसी प्रकार श्री वल्लभाचार्य जी ने अपने दार्शनिक विचारों को जो कि संस्कृत साहित्य से ही लिये थे, ब्रज की लोक भाषा 'ब्रज भाषा' में जनता के सामने रखा । जिस प्रकार आलवारों ने तमिल भाषा में रचनाऐं रच कर संगीत के आश्रय से उनको और अधिक रोचक बनाया ठीक उसी प्रकार श्री वल्लभाचार्य जी ने ब्रज भाषा को भारतीय संगीत में मढ़ कर सुगंधि युक्त स्वर्ण के रूप में अपनाया । आलवारों ने कर्म और ज्ञान की अपेक्षा भक्ति को ही प्रधानता दी थी । पुष्टिमार्ग में भी वैसा ही विधान है ।

आलवारों की रचनाओं में आदि से अंत तक इस प्रकार के विचार भरे पड़े है जो

1. आलवार भक्तों का तमिल प्रबन्धम और हिन्दी कृष्ण काव्य—ले. डा. मलिक मोहम्मद, पृ ०।

गीता द्वारा प्रतिपादित हैं । वे भी सगुणोपासक थे । भगवान का ऐसा स्वरूप उन्होने कल्पित किया जो जन साधारण की समझ में सरलता से आ जाय । ऐसे भगवान जो सर्वसाधारण की कल्पना में आ सकें उन्ही के गुणों का आलवारों ने अपने साहित्य में वर्णन किया । आचार्य वल्लभ ने भी इसी युक्ति को अपनाया ।

आलवारों और श्री वल्लभाचार्य में अंतर था तो केवल इतना कि जहाँ आलवार संत स्वयं कविता करते थे तथा स्वयं भगवान के समक्ष गाते थे वहाँ आचार्य वल्लभ व उनके द्वितीय पुत्र गो. विट्ठलनाथ जी ने श्रेष्ठ कवि गायकों को ढूँढ निकाला तथा उनको प्रेरणा दे देकर सम्प्रदाय की सेवा के अनुकूल रचनायें करवा कर उन्हीं से उनको सांगीतिक रूप दिलवाया । गो. विट्ठलनाथ जी ने यद्यपि 300 पद रचे लेकिन वे सब तेलगू में हैं । दक्षिण के तमिल संगीत का प्रभाव उत्तर भारत में भी पड़ा इस बात को डॉ. दीनदयाल गुप्त जी ने भी स्वीकारा है यथा—

'ईसा की सातवीं तथा आठवीं शताब्दी काल में जब दक्षिण भारत में शिव और विष्णु की भक्ति मार्गों का पुनरुत्थान और प्रचार हुआ उस समय यह कार्य धार्मिक गीतों (आलवार भक्तों के तमिल गीत-प्रबन्धम्) द्वारा अधिक मात्रा में हुआ । भक्ति के प्रचार के साथ इन शताब्दियों में संगीत प्रियता खूब बढ़ी । तमिल भाषा में उस समय के संगीत के बहुत से नमूने अब भी सुरक्षित हैं । उत्तरी भारत में भी दक्षिण का धार्मिक प्रभाव आया और भक्ति आन्दोलन के साथ संगीत का भी मान बढ़ा ।

—अष्ट छाप और वल्लभ—पृ. 564

गीत गोविन्द का प्रभाव

गीत गोविन्द के रचयिता कवि जयदेव का जन्म बंगाल में बिन्दुबिल्व ग्राम में ईस्वी की 11वीं सदी में हुआ था ।[1] कवि होने के साथ-साथ आप उच्च कोटि के वाग्गेयकार भी थे । आपकी अष्टपदियां में संगीत तत्व प्रचुर मात्रा में विद्यमान है । इसी कारण पुष्टिमार्ग में जयदेव के गीत गोविन्द की प्रमुख रूप से 4 अष्ट पदियां गाई जाती हैं ।

(1) प्रलय पयोधि जले धृत वानसि वेदं । विहित विहित्र चरित्रम् वेदं ॥
केशव धृत मीन शरीर जय जयदीश हरे ॥1॥
आदि-आदि । राग मालव

(2) विहरत हरिरिह सरस वसंते
आदि-आदि । राग वसंत

(3) विरचित चाटु वचन रचनं
आदि-आदि । राग वसंत

(4) ललितलवंग लता परिशीलन कोमल मलय समीरे
आदि-आदि । राग वसंत

1. संगीत कला विहार—अगस्त 1950, पृ. 22 लेख 'जयदेव' लेखक डी.जी. व्यास

जयदेव कृत अष्ट पदियों की भाँति ही उसी आकार प्रकार से गोस्वामी श्री विट्ठलनाथजी ने भी अष्टपदियां रची हैं जिनमें से कुछ को सम्प्रदाय में गाया जाता है यथा—हरिरिह ब्रजयुवती शत संगे (राग वसंत) । श्री विट्ठलनाथ जी की अन्य संस्कृत रचनाऐं भी सम्प्रदाय में गाई जाती हैं । यथा—

(1) मंगलं मंगलं ब्रज भुवि मंगलं
आदि-आदि । राग भैरव

(2) प्रेंख पर्यंक शयनं
आदि-आदि । राग रामकली ।

'जयदेव के गीत गोविन्द की अनेक प्रतियाँ हिन्दी की प्राचीन पुस्तकों के साथ बंधी ब्रज के वैष्णव घर तथा मन्दिरों में मिलती हैं ।' डा. दीनदयाल गुप्त (अष्ट छाप और वल्लभ सम्प्रदाय पृ. ४) के उक्त अनुभव से भी यही स्थापित होता है कि इस संगीत पद्धति पर जयदेव के गीत गोविन्द का पूर्ण प्रभाव है ।

भारतीय संगीत की प्राचीन गायन शैलियाँ

संगीत की परिभाषा देते हुए भारतीय संगीत के प्राचीन विद्वानों ने गायन, वादन और नृत्य तीनों के एकीकरण को संगीत कहा है ।[1] व्यावहारिक दृष्टि से ये तीनों कलायें स्वतंत्र हैं लेकिन सिद्धान्ततः एक-दूसरे पर आश्रित हैं । यथा गायक गान-क्रिया को सम्पन्न करने के लिये 'गात्र-वीणा' का प्रयोग करता है साथ ही गाते समय विभोरावस्था में स्वतः अंग संचालन होने पर नृत्य-क्षेत्र में प्रवेश कर जाता है । एक वादक जब तक अन्दर ही अन्दर गायेगा नहीं, बजा नहीं सकता । नृत्य के भी अंश बलात् प्रवेश कर ही जाते हैं । उसी प्रकार एक नर्तक का आधार गायन ही होता है तथा घुँघरु व घनवाद्यों का सहारा लेना ही पड़ता है ।

उपर्युक्त परिभाषाएं मध्यकालीन विद्वानों द्वारा प्रदत्त हैं लेकिन संगीत का अस्तित्व तो हमारे यहाँ आदि काल से ही रहा है । प्राचीन काल से ही उपासना के दोनों मार्गों—वैदिक व तान्त्रिक में संगीत का उपयोग होता चला आ रहा है । भारतीय मनीषियों ने संगीत का सम्बन्ध ब्रह्मा से किंवा शिव, हनुमान व नारद से जोड़ा है । संगीत को भगवत्प्राप्ति का आनन्द साधन मानते हुए भगवान के मुख से 'सामवेदोऽस्मि' कहलवा कर भगवान के संगीतमय होने की कल्पना की है ।

संगीत का शाब्दिक अर्थ 'सम्यक् गीतम्' अर्थात् ध्यानपूर्वक या अवधान पूर्वक गाया

1. (क) 'गीतं वाद्यं तथा नृत्यं त्रयं संगीतमुच्यते'
श्री शार्ङ्गदेव कृते संगीत रत्नाकर, पृ. 6 (आनंदाश्रम संस्कृत ग्रन्थावली)
(ख) 'गीतं वाद्यं च नर्तनं च त्रयं संगीतमुच्यते'
दामोदर पंडित कृत संगीत दर्पण (हिन्दी अनुवाद - डॉ. वि. ना. भट्ट) पृ. 5

हुआ गीत है ।[1] संगीत के तीनों अंगों—गायन, वादन व नृत्य में गायन को प्रधानता दी गई है । अतः प्राचीन काल से गायन व गायन-शैलियों पर ही विशेष रूप से ध्यान केन्द्रित रहा है ।

जाति-गायन

भारतीय संगीत में राग गायन से पूर्व जाति-गायन का प्रचार था । भारत के नाट्य शास्त्र में जो कि भारतीय संगीत का सबसे प्राचीन प्रमाणिक ग्रन्थ माना जाता है जाति, जाति-राग व ग्राम-राग तीनों का ही उल्लेख है । जाति और राग दोनों के बीच की स्थिति जाति राग रही होगी । उसमें 16 जातियों के नाम प्राप्त होते हैं । जिनमें 7 शुद्ध व 11 विकृत थीं । भरत नाट्य शास्त्र में जाति के 10 लक्षण बताये हैं—

दश विधं जाति लक्षणम् —

'ग्रहांशौ तारमन्द्रौ चन्यासों पन्यास एवच ।
अल्पत्वं च बहुत्वं च पाडवौडविते तथा ।।

भरत नाट्य शास्त्र अ० 28 श्लोक 74

डॉ. शरदचन्द्र श्रीधर परांजये के अनुसार जातियाँ वे चुनी थीं जिनका उद्गम लोक संगीत में था तथा उनमें आवश्यक संस्कार व परिष्कार के कारण इनको शास्त्रीय संगीत में ले लिया गया था ।[2] लेकिन यह सब कुछ तो राग के लिये भी कहा जाता है और हम देखते भी है कि कई लोक धुनें आज भी किंचित रूपान्तर से शास्त्रीय संगीत में विद्यमान हैं । कई धुनों के नाम तक दोनों स्थानों (लोक व शास्त्रीय) में समान हैं जैसे राजस्थान का सोरठ तथा ब्रज का रायसा ।

ऐसा लगता है कि जाति-गायन को गायन की विभिन्न जातियों (प्रकार भेद) के रूप में लिया गया होगा तथा स्वरों में किंचित परिवर्तनपरक विभिन्न गायन रूपों को जाति-गायन का नाम दिया होगा । व्यवहार रूप में जातियों का स्वरूप क्या था तत्कालीन स्वरांकन व ध्वन्यांकन के स्पष्ट संकेतों के अभाव में यह जानना यदि असंभव नहीं तो दुष्प्राप्य अवश्य है ।

राग-गायन

ऐसा लगता है कि जाति गायन कठोर बन्धनों में ग्रसित हो गया और नीरस होने लगा तब उस स्थिति से छुटकारा पाने का प्रयास राग की अवतारणा का कारण बना ।

1. नृत्यं वाद्यानुगः प्रोक्तं वाद्यं गीतानुवृत्ति च।
   अतो गीतं प्रधानत्या दत्रा दायाभिधीय ते।।
   (श्री शाङ्‌र्ग देव कृत् संगीत रत्नाकर आनन्दाश्रम संस्कृत ग्रन्थावली, पृ. 7)
2. संगीत बोध, पृ. 55

निदान, राग की परिभाषा में रंजन तत्व को प्रमुखता दी गई ।[1]

'यौ ऽ सौ ध्वनि विशेषस्तु स्वर वर्ण विभूषिताः ।

रंजको जन चित्तानाम् स रागः कथ्यते बुधै ॥ आदि-आदि मतंग

उक्त श्लोक के अनुसार जो ध्वनि स्वर और वर्ण से विभूषित होकर मनुष्यों के चित्तों का रंजन करे उसे राग कहते हैं । रागों के अनेक प्राचीन स्वरूप या तो लुप्त हो चुके हैं या लुप्तप्रायः हैं । उनके प्राचीन स्वरूपों को आत्मसात् करने के लिये हमें प्राचीन परम्परागत गायन-संस्थानों की ओर अभिमुख होना होगा ।

प्रबन्ध

प्रबन्ध का निरूपण निम्न ग्रन्थों में मिलता है—

1) मतंग का वृहद्देशी (प्रकाशित)

2) नान्यदेव का भरत भाष्य (अप्रकाशित)

3) शाङ्‌र्ग देव का संगीत रत्नाकर (प्रकाशित)

4) पंडित मण्डली का संगीत शिरोमणि (अप्रकाशित)

5) कुंभा का संगीत राज (प्रकाशित)

इनके अतिरिक्त अन्य अनेक छोटे-मोटे ग्रन्थ हैं जिसमें प्रबन्ध की चर्चा है ।

भरत के नाट्य-शास्त्र में (32वाँ अध्याय) प्रबन्ध के स्थान पर ध्रुवा शब्द का प्रयोग हुआ है तथा भरत के बाद के विद्वानों ने ध्रुवा के स्थान पर प्रबन्ध का प्रयोग किया है । इससे अनुमान लगाया जा सकता है कि जिस प्रकार जाति-गायन शब्द का स्थान राग-गायन ने ले लिया उसी प्रकार ध्रुवा का स्थान प्रबन्ध ने ले लिया होगा । भरत ने ध्रुवा शब्द का प्रयोग सदैव नाट्य के प्रसंग में किया है जबकि प्रबन्ध शब्द का प्रयोग सदैव संगीत की एक स्वतन्त्र इकाई के रूप में हुआ है । इससे यह तो अनुमान लगाया ही जा सकता है कि ध्रुवा से प्रबन्ध अपेक्षाकृत अधिक सांगीतिक हैं ।

भरत के नाट्य शास्त्र में एक महत्वपूर्ण शब्द 'गान्धर्व' मिलता है । उसमें उन्होंने स्वर, ताल व पद के मिश्रित स्वरूप को संगीत न कह कर गान्धर्व कहा है—

'गान्धर्वमिती विज्ञेयं स्वरताल पदा श्रयम् ।

गान्धर्वं त्रिविधं विद्यात् स्वर ताल पदात्मकम् ॥

(भरत नाट्य शास्त्र 28. श्लोक 8-12)

स्वर, ताल और पद (छंद-शास्त्र के नियम आदि) के इसी मिश्रित रूप को प्रबन्ध की संज्ञा दी गई प्रतीत होती है । मूल रूप में सांगीतिक वैभव से परिपूर्ण रचना जिसे

1. स्वर वर्ण विशिष्टेन ध्वान भेदे न व जनः।
रंज्यते येन कथितः सरागः संमतः सताम्॥
श्री शाङ्‌र्ग देव कृत संगीत रत्नाकर (आनंदाश्रम संस्कृत ग्रन्थावली) पृ. 150

आज हम बंदिश अथवा चीज कहते हैं पहले प्रबन्ध कहलाती थी । इस मत से डॉ. प्रेमलता शर्मा—बनारस भी सहमत हैं ।[1]

संगीत रत्नाकर में प्रबन्ध की स्थिति इस प्रकार दिखाई गई है ।

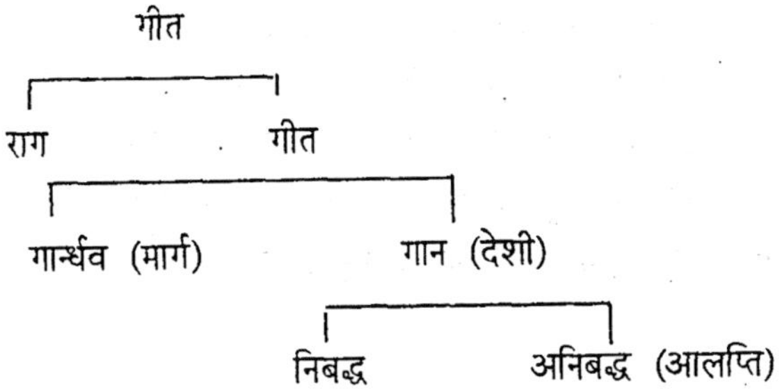

प्रबन्ध वस्तु रूपक

इस प्रकार निबद्ध गान ही प्रबंध की कोटि में आता है । अब प्रबंध की पाँच धातुएं (उद्ग्राह, मेलापक, धुव, अंतरा और आभोग) ध्रुव पद में चार ही (स्थाई, अंतरा, संचारी व आभोग) कैसे रह गई इसका कोई प्रमाणिक क्रम नहीं मिलता । प्रबन्ध के षडांग (स्वर, विरुद, पद, पाट, तेनक तथा ताल) तो न्यूनाधिक मात्रा में आज के ध्रुव पद में मिल जाते हैं क्योंकि स्वर, ताल और पद तो सभी रचनाओं में रहते हैं । पाट (मृदंग के बोल) तेन (मंगलार्थ प्रकाशक पद) तथा विरुद (प्रशंसा सूचक पद) में तेन व विरुद पद के ही अंतर्गत आ जाते हैं तथा पाट के दर्शन विशेष रूप से पुष्टि मार्ग में व्यवहृत अनेक पदों में प्राप्त हैं । पुष्टिमार्ग में प्रबन्ध शब्द का अर्थ संगीत नहीं बल्कि साहित्यिक धारा से लिया गया है । पुष्टिमार्ग में प्रबन्ध का अर्थ सांगीतिक प्रबंध की अपेक्षा साहित्यिक प्रबंध के रूप में अधिक प्रचलित है । पुष्टि मार्ग के कीर्तनों में अनेक पद्यात्मक प्रबन्ध हैं जिनमें कथावस्तु बड़े ही पुष्ट ढंग से प्रस्तुत रहती है । ऐसे पद आकार में सामान्य पदों से अपेक्षाकृत बड़े होते हैं ।

उदाहरण के रूप में एक प्रबंध प्रस्तुत है—

तुम नंद मेहेर के लाल मोहन जान दे ॥ रानी जसुमति प्रान आधार ॥

मोहन जान दै ॥ धृ. ॥ श्री गोवर्धन की शिखरतें मोहन दीनी टेर ॥ अंतरंगसों कहते हैं सब ग्वालिनी राखौ घेर ॥ नागरि दान दै ॥1॥ ग्वालिनि रोकी ना रहें ग्वाल रहे पचहार ॥ अहो गिरिधारी दौरियो सो कहौ न मानत ग्वार ॥2॥ चली जात गौरस मदमाती मानों सुनत नहीं कान ॥ दौरि आये मनभामते सो रोकी अंचलतान ॥3॥ एक भुजा कंकन गहैं एक भुजा गहि चीर ॥ दान लैन ठाढे भये गहवर कुंज कुटीर ॥4॥ बहुत दिना तुम बचि गई हो दान हमारो मार ॥ आज हौ लैहों आपनो दिन दिनकौ दान सँभार ॥5॥ रसनिधान

1. भाव रंग लहरी (प्रथम भाग) पृष्ठ 13

नयनागरी निरख वचन मृदु बोल ।। क्यों मुरि ठाढ़ी होत है घूँघट पट मुख खोल ।।6।। हरष हियें हरि करखिकैं मुखतैं नील निचोल ।। पूरन प्रगट देखिये मानो चंद घटाकी ओल ।।7।। ललित वचन समुदित भये नेति नेति यह बैन ।। उर आनंद अतिही बढयौं सो सुफल भये भिलि नैन ।।8।। यह मारग हम नित गई कबहूं सुन्यौ नहीं कान । आज नई यह होत है सो मांगत गोरस दान ।। मोहन जान दै ।।9।। तुम नवीन नवनागिरी नूतन भूषण अंग ।। नयौ दान हम माँगनौ सो नयौ बन्यौ यह रंग ।।10।। चंचल नयन निहारियै अति चंचल मृदुवैन ।। कर नहीं चंचल कीजिये तजि अंचल चंचल नैन ।।11।। सुन्दरता सब अंग की वसनन राखी गोय ।। निरखि छवि लाडिली मेरौ मन आकर्षित होय ।।12 ।। लै लकुटी ठाढे रहे जानि साँकरी खोर ।। मुसकि ठगौरी लायकें मोसौं सकतन लई रति जोर ।।13।। नेंक दूरि ठाढे कछू और कछु सकुचाय ।। कहा कियौ मन भांवते मेरे आँचल पीक लगाय ।।14।। कहा भयौ अंचल लगी पीक हमारो जाय ।। याके बदलें ग्वालिनी मेरे नयनन पीक लगाय ।।15।। सूधे वचनन मांगिये लालन गोरस दान ।। भौंहन भेद जनायकें सो कहत आनकी आन ।।16।। जैसें हम कछु कहत हैं ऐसी तम कहि लेहु ।। मनमानैसो कीजिये पर दान हमारौ देहु ।।17।। कहा भरें हम जात हैं दान जो माँगत लाल ।। भई अवार धर जान दै सो छाँड अटपटी चाल ।।18।। भरें जातहौ श्रीफल कंचन कमल वसनसौं ढाँक ।। दान जो लागत ताही कौ तुम देकर जाहु निशांक ।।19।। इतनी विनती मानियै मांगत ओली ओड ।। गोरस कौ रस चाखिये लालन अंचल छोड़ ।।20।। संग की सखी सब फिर गई सुनिहै कीरति माय ।। प्रीति हिये में राखिये सो प्रगट कियें रस जाय ।।21।। काल्ह बहुरि हम आइ हैं गोरस लै सब ग्वारि ।। नीकी भाँति चखाइहौं मेरे जीवन हौं बलिहारि ।।22।। सुनि राधे नवनागरी हम न करैं विश्वास ।। करकौ अमृत छाँडिकैं को करै काल्हि की आस ।।23।। तेरौ गोरस चाखिये मेरों मन ललचाय ।। पूरन शशि कर पायकें चकौरन धीर धराय ।।24।। मोहन कंचन कलशिका लीनी शीश उतार ।। श्रमकन बदन निहारिकैं सो ग्वालिनि अति सुकुमार ।।25।। नव विंजन गहि लालजु श्रीकर देत दुराय ।। श्रमित भई चलौ कुंज मे नेंक पलोहूँ पाय ।।26।। जानत हौ यह कौन है ऐसी ढीठय देत ।। श्रीवृषभान कुमारि हे अरी तोहि बीच को लेत ।।27।। गोरे श्रीनंदरायजू गौरी जसुमति माय ।। तुम याहीतें सांमरे ऐसे लच्छिन पाय ।।28 ।। मन मेरो तारन बसे और अंजन की रेख ।। चोखी प्रीति हियें वसै याते साँवल भेख ।।29।। आप चालसो चालिये यहै बडेन की रीत ।। ऐसी कबहुँ न कीजिये हंसे लोग विपरीत ।।30।। ठाले ठूले फिरत हौ और कछू नहि काम ।। बाट घाट रोकत फिरौ आन न मानत श्याम ।।31।। यही हमारौ राज है ब्रजमंडल सब ठौर ।। तुम हमारी कुमुदिनी हम कमल वदन के भौंर ।।32।। ऐसे में कोऊ आइ है देखे अद्भुत रीति ।। आज सबे नंदलालजू प्रगट होयगी प्रीति ।।33।। ब्रज वृंदावन गिरि नदी पशु पंछी सब संग ।। इनसौं कहा दुराइयै प्यारी राधा मेरौ अंग ।।34।। अंस भुजा धरि लै चले प्यारी चरन

निहौर ।। निरखत लीला रसिकजू जहाँ दान मान की ठौर ।।35।।

संगीत शास्त्र की दृष्टि से जयदेव की गीत गोविन्द रचना सूड प्रबन्ध के उदाहरण हैं । गीत गोविन्द की अनेक अष्टपदियाँ पुष्टिमार्ग में गाई जाती हैं जिनका उल्लेख पहिले किया जा चुका है । इनके सांगीतिक रूप (जो आजकल प्राप्त हैं) पर आगे प्रकाश डाला जायेगा ।

ध्रुव पद

प्रबन्ध और ध्रुपद में पिता-पुत्र का सम्बन्ध है । इस प्रसंग में डॉ. श्रीमती सुमति मुटाटकर लिखती हैं—

In ancient India, music was inextricably interwoven with the devotional and ritualistic side of life and had therefore, close associations with the temple. It was mainly on account of its devotional and emotional appeal that music was valued by the common people. The 'Prabandhas' were in Sanskrit and could only be understood by a comparatively small section of the people.But through the musical compositions in Deshi Bhasha, the stream of music rushed forth to the masses. In the North, the 'Prabandhas' gave rise to the 'ध्रुपद', which gradually developed so as to cover more and more ground .... In its infancy, the Dhrupad was composed both in Sanskrit and in the regional languages, and due importance was given to the Sahitya in these musical compositions.

The advent of the Muslims and constant contact with them was bound to affect the growth of music in the North. Thus while music continued to exist in the temple as an aid to worship, it also struck roots in the terrain of the court, and was influenced greatly by the somewhat sensuous tastes and inclinations of the rulers.

The temple Dhrupad gave rise to the Darbar or Court Dhrupad. Akbar's reign is considered to have been a golden age for the Dhrupad. Immortal celebrities like Swami Haridas and Tansen were essentially Dhrupad singers. Since the rulers were, generally speaking, not conversant with Sanskrit, and with the traditions, symbols and imagery of Hindu Mythology, a general indifference to its devotional character and an ignorance of the literacy or

1. भाव रंग लहरी लेखक डॉ. कु. प्रेमलता शर्मा पृ. 21

Sahitya aspect of music gradually developed among the musicians. As a result the Dhrupad lost much of its vigour and started to become stereo-typed.

'Evolution of Indian Music'
—Sumati Mutatkar
(Aspects of Indian Music)

ध्रुवपद की सर्वश्रेष्ठ परिभाषा हमें पंडित भाव भट्ट के 'अनूप संगीत रत्नाकर' में मिलती है—

गीर्वाण मध्य देशीय भाषा साहित्य राजितम् ।
द्विं चतुर्वाक्य सम्पन्नं नर नारी कथा श्रयम् ॥ 65 ॥
श्रृंगार भावाद्यं रागालाप पदात्मकम् ।
पादांतानुप्रास युतं पादांत युग कं च वा ॥ 66 ॥
प्रति पादं यत्र बद्धमेव पाद चतुष्टयम् ।
उद्ग्राह ध्रुवका भौगांतरं ध्रुवपदं स्मृतम् ॥ 67 ॥

अर्थात् जो मध्यदेशीय भाषा (बृजभाषा) में रचा हुआ हो, दो अथवा चार तुकों में बंधा हो, जिसमें नरनारियों की श्रृंगारादि रस से पूर्ण कथाऐं चित्रित हों, जिसके शब्द रागालापों से सजे हुए हों, जिसका प्रत्येक चरण अनुप्रास अथवा यमक युक्त हों, जिसके उद्ग्राह, ध्रुव, आयोग व अंतरा चार तुकें हों, प्रत्येक तुक में चार-चार पद हों वह रचना ध्रुव पद है ।

कालिदास, सुबन्धु तथा बाण जैसे संस्कृत कवियों की कृति में 'ध्रुव गीतों' का उल्लेख है । इन्हीं ध्रुवा गीतों से आवश्यक परिवर्तनों के साथ मध्य कालीन ध्रुब पदों का विकास हुआ । ईसवी 15वीं सदी के आसपास ग्वालियर, आगरा, मथुरा, उन्नाव जैसे प्रदेशों में इस शैली का विशेष प्रचलन रहा ।[1]

इस विषय में डा. जयदेव सिंह जी के विचार भी उल्लेखनीय हैं:

'ध्रुव पद का अर्थ है ध्रुव अर्थात् निश्चित पद । इसके निश्चित बंधे हुए पद होते हैं । इसके चार अवयव होते हैं । स्थायी, अंतरा, संचारी और आभोग । कुछ ध्रुव पद ऐसे भी मिलते हैं जिनमें स्थायी और अंतरा केवल दो ही अवयव होते हैं । ध्रुव पद प्रबन्ध

1. संगीत बोध लेखक श. श. परांजपे, पृ. 110

का रूपान्तर मालूम पड़ता है । आजकल के गवैये इसको धुर पद कहते हैं । यह अधिकतर चौताल, सूलफाक ताल, झंपा, गजताल, तीव्रा, ब्रह्म, रुद्र आदि तालों में गाया जाता है । इसमें राग की शुद्धता बहुत ही सुरक्षित रहती है ।[1]

फकीरुल्ला ने राग दर्पण में ध्रुव पद की व्याख्या करते हुए कहा है—

''इसमें चार पंक्तियाँ होती हैं और सारे रसों में बाँधा जाता है । नायक मन्नू, नायक बख्शू और सिंह जैसा नाद करने वाला महमूद और नायक कर्ण ने ध्रुवपद को इस प्रकार गाया कि इसके सामने पुराने गीत फीके पड़ गये । इसके दो कारण थे—पहिला यह कि ध्रुव पद देशी भाषा में .... तथा मार्गी में संस्कृत थी । इसलिये मार्गी पीछे हट गया । दूसरा कारण यह था कि मार्गी एक शुद्ध राग था और द्रुपद में सब रागों का थोड़ा-थोड़ा लिया गया है ।[2] उसने ध्रुव पद के आविष्कार के बारे में लिखा है—

'राजा मानसिंह ग्वालियर का शासक था और उसका संगीत शास्त्र विषयक ज्ञान और कीर्ति अनुपम है—कहते हैं कि सबसे पहिले ध्रुपद का आविष्कार राजा मानसिंह ने किया था ।[3]

भातखंडे संगीत शास्त्र में कहा गया है कि 'ध्रुवपद के बहुधा चार भाग होते हैं । जिन्हें गायक तुक कहते हैं । इन भागों के नाम अस्थाई, अंतरा, संचारी तथा अभोग हैं । राग में विशेष महत्व का भाग अस्थाई अंतरा है । अंतिम भाग को अभोग कहते हैं । अस्थाई तथा आभोग के बीच में अंतरा होता है संचारी इन तीनों भागों में आये स्वरों का मिश्रण होता है । इन चारों भागों में से प्रत्येक भाग में कितने चरण रखे जायें यह गायक की इच्छा पर निर्भर करता है । वैसे तो प्रत्येक भाग में नियमानुसार चार चरण होते हैं । परन्तु आगे चलकर यह नियम उपेक्षित होता गया । प्राचीन ध्रुवपदों में शब्द अति अधिक होते थे । उन्हें याद रखने में गायकों को असुविधा होने लगी फलतः ध्रुवपद संक्षिप्त की जाने लगी ।[4]

पुष्टि मार्गीय देवालय संगीत का उद्भव

संवत् 1556 वि. में जब श्री वल्लभाचार्य जी द्वितीय बार मथुरा आयें तब वे गोवर्धन गये तथा वहाँ से लगभग दो मील दक्षिण मे स्थित आन्यौर गाँव में सद्दू पाँडे के चबूतरे पर ठहरे । वहाँ उन्हें मालूम हुआ कि वहीं गिरिराज पर्वत की एक कन्दरा से एक भगवद् स्वरूप प्रकट हुआ है तो उन्होंने शीघ्र ही वहाँ जाकर उस दिव्य स्वरूप के दर्शन किये तथा उस विग्रह को जिसे माधवेन्द्रपुरी ने 'गोपाल' कह कर पुकारना प्रारम्भ कर दिया था आचार्य जी ने 'श्रीनाथ जी' के नाम से सम्बोधित करना आरम्भ कर दिया तथा उसी स्थान

1. विक्रम स्मृति ग्रन्थ - भारतीय संगीत का विकास, पृ. 785
2. मानसिंह और मानकुतूहल—अनु. हरिहर निवास द्विवेदी, पृ. 90-91
3. ,, ,, पृ. 22
4. भातखंडे संगीत शास्त्र (प्रथम भाग) प्रकाशित संगीत कार्यालय, हाथरस, पृ. 52

पर एक छोटा सा कच्चा मन्दिर बनवाकर उसमें उस स्वरूप की विधि पूर्वक स्थापना की। उसी समय सद्दू पांडे, कुंभनदास, मानिकचन्द्र पांडे, रामदास चौहान, अच्युतदास आदि श्रीवल्लभाचार्य के शिष्य हुए थे। आचार्य जी ने रामदास चौहान को श्रीनाथ जी की सेवा करने के लिये नियुक्त किया। उस समय सद्दू पाण्डे व अन्य ब्रजवासी सेवा में सहयोग देते थे तथा श्री कुंभनदास को कीर्तन करने की सेवा प्रदान की गई।[1] श्री कुंभनदास अष्ट छाप कवियों में से ही एक थे लेकिन सभी अन्य भक्त कवि गायकों से उम्र में बड़े थे तथा सम्प्रदाय में उन सबसे पहिले संवत् 1556 वि. में दीक्षित हुए थे।

अष्ट छाप के अन्य कवि-गायकों का सम्प्रदाय में प्रवेश निम्न तालिका के अनुसार है—

नाम	पुष्टिमार्ग में प्रवेश करने की तिथि
(1) श्री कुंभनदास	संवत् 1556 विक्रम
(2) श्री सूरदास	,, 1567 ,,
(3) श्री कृष्णदास	,, 1568 ,,
(4) श्री परमानन्ददास	,, 1577 ,,
(5) श्री गोविन्द स्वामी	,, 1592 ,,
(6) श्री छीतस्वामी	,, 1592 ,,
(7) श्री चतुर्भुजदास	,, 1597 ,,
(8) श्री नंददास	,, 1607 ,,

स्थान व समय

इस प्रकार श्री गोवर्धन पर्वत पर (आन्यौर गाँव के पास) श्री कुंभनदास (गोवर्धन के पास जमुनामतौ ग्राम के निवासी) भक्त गायक द्वारा पुष्टिमार्गीय वैष्णव मन्दिरों के संगीत अथवा पुष्टिमार्गीय कीर्तन प्रणाली का सूत्रपात हुआ। आगे चलकर अष्ठ-छाप के अन्य भक्त गायकों ने मिलकर गोस्वामी श्री विट्ठलनाथ जी से प्रेरणा पाकर इसके स्वरूप को वैभव प्रदान किया।

हवेली संगीत—इसी का दूसरा नाम

हवेली शब्द फारसी भाषा का है जिसका अर्थ है 'भव्य एवं सुख सुविधा की दृष्टि से बना हुआ सुन्दर निवास स्थान। यह शब्द इसी अर्थ में सब जगह प्रयोग में आता है। किसी भी सुन्दर व आरामदेह भवन को जिसमें स्थान पर्याप्त मात्रा में उपलब्ध हो, हवेली कहते हैं। ब्रज में भी यह शब्द इसी अर्थ में प्रयुक्त होता है। बड़े-बड़े व मीलों लम्बे भव्य राज प्रासाद (महल) तथा एक सामान्य निवास गृह के बीच का रूप हवेली नाम से प्रसिद्ध है। लेकिन पुष्टिमार्ग में इस सम्प्रदाय के मन्दिरों को गुजरात में हवेली कहते हैं

1. ब्रजस्थ वल्लभ सम्प्रादाय का इतिहास—लेखक प्रभूदयाल अग्रवाल, पृ. 11

तथा इसीलिये मध्य प्रदेश तथा महाराष्ट्र आदि में भी यत्र-तत्र इन मन्दिरों को हवेली कहते हैं । इसका कारण स्पष्ट है कि ब्रज में तो इस सम्प्रदाय के मन्दिर सदैव उत्तुंग शिखर वाले भव्य मन्दिर के रूप में ही थे । जैसा कि सम्प्रदाय के आदि मन्दिर श्रीनाथ जी के मन्दिर की वास्तु से सम्बन्धित चर्चा सम्प्रदाय में ही इस प्रकार है कि श्री वल्लभाचार्य जी इस मन्दिर का हवेली का ही रूप देना चाहते थे । इसका कारण स्पष्ट रूप से सिकन्दर लोधी का हिन्दू धर्म विरोधी कट्टर अभियान था जिसके बारे में प्रमाणों की आवश्यकता नहीं है । अलीगढ़ विश्वविद्यालय में सुरक्षित 'तबकाते अकबरी' की हस्तलिखित प्रति में स्पष्ट रूप से लिखा है कि सिकन्दर लोधी के शासन में राज्य की ओर से मथुरा के घाटों पर कर्मचारी नियुक्त थे जो हिन्दुओं को स्नान नहीं करने देते थे और बाल नहीं बनवाने देते थे । 'तारीखे दाऊदी' में भी इसी प्रकार का उल्लेख है ।[1] 'तारीखे दाऊदी' जहाँगीर कालीन इतिहास लेखक अब्दुल्ला की रचना है । तब भी यह मन्दिर ऊंचे शिखर वाला बनाया गया ।

ऐसा धार्मिक संकट होने पर भी श्रीनाथ जी का मन्दिर गोवर्धन पर्वत के ऊपर शिखर वाला बनाया गया था । इसका कारण वार्ता में[2] बताया गया है कि श्रीनाथ जी (भगवान) ने स्वयं इस मन्दिर का मानचित्र बना कर हीरामन मिस्त्री को स्वप्न में दिया था तथा इसी कारण श्रीनाथ जी का मन्दिर ऊँचे शिखर वाल बनाया गया ।

स्पष्ट है कि ब्रज में इस प्रकार के मन्दिरों को भव्य व आलीशान रूप में शिखर वाला विशाल आकार प्राप्त था । लेकिन आगे चलकर जब औरंगजेब ने हिन्दू मन्दिरों को तोड़-फोड़ कर उनके मलवे से मसजिदें बनवाना शुरू किया तब इस सम्प्रदाय के प्रमुख सेव्य स्वरूपों को चोरी छिपे ब्रज से बाहर (राजस्थान) ले जाया गया । वहाँ इन स्वरूपों को बहुत ही साधारण गृहों में पधरा कर इनकी सेवा की जाने लगी । गुजरात प्रदेश की अनन्य धार्मिक भावना से प्रेरित होकर इन निवास स्थानों को गृह न कहकर हवेली कहा जाने लगा होगा और तभी से इन मन्दिरों को वहाँ हवेली कहते हैं ।

जब इस सम्प्रदाय के मन्दिरों को गुजरात में हवेली कहा जाने लगा तो उनमें होने वाले संगीत को क्या कहा जाय? यह समस्या स्व. श्री एन. एन. शुक्ल चीफ प्रोड्यूसर (संगीत) आकाशवाणी दिल्ली के समक्ष थी । उन्होंने डा. डी. जी. व्यास व पुष्टि सम्प्रदाय-संगीत के सर्वाधिक प्रसिद्ध संगीतकार श्री लक्ष्मण प्रसाद चौबे (मथुरा) के परामर्श से इसका नाम 'हवेली संगीत' रखा । यह घटना 40 वर्ष से पुरानी नहीं है । तभी से आकाशवाणी के विविध केन्द्रों से पुष्टिमार्गीय मन्दिरों का यह संगीत 'हवेली संगीत' के नाम से प्रचार में आने लगा । अतः इसका 'हवेली संगीत' नामकरण प्राचीन नहीं बल्कि अत्यधिक आधुनिक है ।

---

1. हिस्ट्री ऑफ दा राइज ऑफ द महम्मडन पावर, जिल्द 2, पृ. 586
2. श्री गोवर्धन नाथजी के प्राकट्य की वार्ता, पृ. 17-18

गायन शैली

'पुष्टिमार्गीय वैष्णव मन्दिरों का संगीत' जिसे हम सुविधा के लिये आगे 'पुष्टि मार्गीय संगीत' अथवा 'पुष्टिमार्गीय कीर्तन' ही कहेंगे, की गायन शैली सर्वथा ध्रुवपद धमार शैली थी क्योंकि ग्वालियर के राजा मानसिंह (समय संवत् 1543 वि. से सं. 1576 वि.)[1] को ध्रुवपद का आविष्कारक माना जाता है जैसा कि फकीरुल्ला (औरंगजेब बादशाह का काश्मीर का सूबेदार) जिसने राजा मानसिंह द्वारा रचित 'मानकुतूहल' का फारसी में अनुवाद किया था लिखा है—(हिन्दी अनु. हरिहर निवास द्विवेदी)।

"राजा मानसिंह ग्वालियर का शासक था और उसका संगीत शास्त्र विषयक ज्ञान तथा कीर्ति अनुपम है। कहते हैं कि सबसे पहिले ध्रुपद का आविष्कार राजा मानसिंह ने किया था।"[2]

उपरोक्त राजा मानसिह के काल में ही पुष्टिमार्गीय संगीत का सूत्रपात हुआ था। ध्रुवपद के अमर गायक स्वामी हरिदास जी वृन्दावन में ही रहते थे तथा तानसेन आगरे में। अत: कह सकते हैं कि ग्वालियर, आगरा, मथुरा, वृन्दावन का क्षेत्र विशेष रूप से ध्रुवपद गान शैली से प्रभावित था। श्री वल्लभाचार्य जी, श्री हरिदास जी, राजा मानसिंह व कीर्तनकार कुंभनदास जी प्राय: समकालीन थे। यह समय ध्रुवपद गायकी का था। अकबर के जितने गायक थे सब ध्रुवपदिये थे। कीर्तन की पुस्तकों में अनेक पदों की प्रथम तुक के पश्चात् ॥धृ.॥ अथवा ॥ध्रुव.॥ ऐसा लिखा गया है। इससे इसके ध्रुवपद होने को तथा इस गायन शैली को ध्रुवपद धमार शैली होने को असंदिग्ध माना जा सकता है।

ध्रुवपद और विष्णुपद

पुष्टिमार्गीय कीर्तन की गायन शैली को प्राय: विष्णुपद कहकर टाल देते हैं। इसे ध्रुवपद शैली न मानने की ऐसे लोगों के पास एक ही दलील है कि अकबर कालीन अबुलफजल ने आइने अकबरी में लिखा है कि 'ध्रुवपद' को गाने वालों को कलावन्त कहते हैं[3] और कीर्तनियाँ तो विष्णुपद गाते हैं।[4]

आचार्य कैलाशचन्द्र देव यजुर्वेदी 'बृहस्पति' भी इसी बात को सत्य मानते हुए लिखते हैं कि—

"अष्ट छाप के महान गायकों में सभी अच्छे संगीत साधक थे परन्तु शिल्प की दृष्टि

1. मानसिंह और मानकुतूहल हिन्दी अनु. हरिहर निवास द्विवेदी, पृ. 11-12

2. ,, ,, पृ. 22

3. The Karawund (Kalawant) Chiefly sing the Dhroopad AIN GLAD page 735

4. Those of Mattra (Mathura) are called Bishenpad consisting of stanzas four or six lines and are in praise of kishan (Krishna) - All Glad, page 130

से उनकी रचनाऐं विष्णुपद की शैली में आती हैं और उनमें छन्द और ताल का समन्वय है । उनमें काव्य प्रधान है और संगीत आनुषंगिक । इसका कारण यह है कि मन्दिरों में प्रतिदिन गाये जाने वाले कीर्तनों की रचना अष्टयाम के अन्तर्गत विभिन्न प्रहरों में सीमित समय के अन्दर गाने के लिये हुई है, संगीत-कौशल का प्रदर्शन लम्बे काल तक करने के लिये नहीं ।[1]

इसके प्रत्युत्तर में हमें निम्न प्रकार निवेदन करना है कि—

(1) विषय-वस्तु की दृष्टि से अष्ट छाप आदि कवियों की रचना को विष्णुपद के नाम से भले ही पुकारा गया हो लेकिन गायन शैली की दृष्टि से वह ध्रुवपद शैली ही में निबद्ध होकर गाया जाता है क्योंकि ध्रुवपद व विष्णुपद में मात्र विषय वस्तु का ही अंतर बताया गया है । यथा

"...... फिर ग्वालियर के राजा मान तंवर ने जो हिन्दुस्तान की गान विद्या और साहित्य शास्त्र को खूब जानता था सब लोगों को आसानी से समझ में आ जाने के वास्ते ग्वालियर की बोली में नई चाल का गाना निकाला जिसके 3 दरजे रखे । (1) विशान पद श्री कृष्ण जी की तारीफ में (2) अस्तुत जो देवताओं की और बड़े आदमियों की तारीफ में हो (3) धुर्पद जिसमें नेह प्रीत की बातें हों ।[2]

(2) यदि 'कृष्ण की स्तुति' में रचे गये पद विष्णुपद तथा 'नेह प्रीति' के पद ध्रुवपद थे तो अष्टछाप के भक्त गायकों के अनेक पद नेह प्रीत के पद कहे जा सकते हैं यह बात अलग है कि उन्होंने अपनी रचना में नायक के रूप में कृष्ण को ही माना है यथा—

मेरो भाई हरिनागर सों नेह ॥
जबतें दृष्टि परे मनमोहन इन तवते बिसरायो गेह ॥1॥
सरिता सिन्धु मिली परमानंद भयौ एक रस तेह ॥2॥

ऐसे पदों की तो पुष्टिमार्गीय कीर्तनों में भरमार है । ऐसी स्थिति में इनको ध्रुवपद न कहने का कोई कारण समझ में नहीं आता । इसके विपरीत स्वामी हरिदास के तो सभी पद कृष्ण-राधा के गुणगान हैं फिर उनको ध्रुवपद क्यों कहा जाता है ।

(3) विष्णुपद हिन्दी साहित्य के अन्तर्गत एक छंद विशेष का नाम है न कि कोई गायन शैली । डा. ब्रजेश्वर वर्मा ने अपने ग्रन्थ 'सूरमीमांसा' में लिखा है—

"...... इस प्रकार विस्तार के क्रम से सूरदास के द्वारा प्रयुक्त छन्द इस प्रकार है—

चन्द्र, भानु, कुंडल, सुखदा, राधिका, उपमान, हीर, तोमर, शोभन, रूपमाला, गीतिका, विष्णुपद, सरसी, हरिपद, सार, लावनी, वीर, समान-सवैया, मत्त-सवैया, हंसाल और हरप्रिया ।[3]..."

1. ध्रुवपद और हिन्दी साहित्य—शोध प्रबन्ध, पृ. 21।
2. शाहजहाँ नामा (मुंशी देवीप्रसाद कायस्थ—मुंसिफ जोधपुर ने बादशाह नामे वगैर का फारसी तवारीख की किताबों का सार लेकर हिन्दी में बनाया संवत् 1953)
3. सूरमीमांसा लेखक डा. ब्रजेश्वर वर्मा, पृ. 234

श्री एस एम टैगोर ने भी विष्णुपद को इसी अर्थ में लिया है ।[1]

कीर्तनों की रचना अष्टयाम के अन्तर्गत विभिन्न प्रहरों में सीमित समय के लिये हुई है । बात सत्य है लेकिन ठाकुरजी के दर्शन प्राय: 20 मिनट से 30 मिनट की अवधि के लिये अवश्य खुलते हैं । मेरी दृष्टि से पखावज के साथ गायक इतनी अवधि में यथेष्ट कौशल प्रदर्शन कर सकता है । दूसरे विशेष कौशल प्रदर्शन हेतु सम्प्रदाय में विशेष अवसरों की योजना रहती है । पुष्टिमार्ग में यह उक्ति प्रचलित है कि 'होरी के दर्शन मुखिया के और हिडोरे के दर्शन कीर्तनियाँ के हाथ में रहे हैं अर्थात् हिंडोले दर्शनों में जब तक कीर्तनियाँ गाता रहेगा, दर्शन बन्द नहीं हो सकते तथा होली के दिनों में जब तक मुखिया होली खेलता रहेगा, कीर्तनियाँ को गाना ही पड़ेगा । ऐसे अवसरों पर पूर्ण कौशल प्रदर्शित करने का मनोवांछित अवकाश रहता है । उत्सव व मनोरथों में भी कौशल प्रदर्शन के लिये पर्याप्त समय रहता है ।

आलापचारी के लिये भी इन मन्दिरों में विशेष आयोजन रहते हैं जिनका उल्लेख अध्याय 3 में किया गया है । सारांशत: पुष्टिमार्गीय मन्दिरों में गायन-कौशल प्रदर्शित करने के लिये पर्याप्त अवसर है ।

(4) यदि पुष्टिमार्गीय संगीत में विष्णुपद ही गाये जाते हैं (यदि 'विष्णुपद' को एक अलग से गायन शैली मान भी लें) तो स्वामी हरिदास जी, तानसेन, धौंधी आदि के ध्रुवपद क्यों गाये जाते हैं? अथवा उक्त संगीतज्ञों की रचनायें किसी और ढंग से तथा शेष रचनाऐं किसी और से ढंग गाई जाती हैं? हम समझते हैं गायन शैली की दृष्टि से विष्णुपद व ध्रुवपद में कोई अंतर नहीं है ।

(5) ध्रुवपद को विष्णुपद से अधिक गेय बताते हुए कहा जाता है कि विष्णुपद में तो छन्द का बन्धन होता है जबकि ध्रुवपद में कोई बन्धन नहीं होता । यह एक विचित्र बात है कि जो रचना छन्द-शास्त्र के नियम अनुसार मात्रा व वजन का ध्यान रखते हुए बनाई गई हो वह तो कम गेय हो और जिसमें छन्द-गत कोई गति नहीं, कोई अनुशासन नहीं वह अधिक गेय हो । यह बात यदि साहित्यिक सौन्दर्य के लिये कही गई होती तो अधिक उपयुक्त था । जैसा कि आजकल हिन्दी काव्य-क्षेत्र में गद्य-गीत के हामी कहते हैं कि छन्दोबद्ध रचना में काव्य का स्वाभाविक प्रवाह नहीं रहता, छन्दों के नियम मार्ग में बाधा डालते हैं । इसके विपरीत पिंगल-शास्त्र से मुक्त कविता काव्य का स्वाभाविक प्रवाह है । लेकिन मम विचारेण संगीतात्मकता लाने के लिये, लय का सुनियोजित क्रम लाने में छन्दोबद्ध रचना जितनी सहायक होगी उतनी छन्दमुक्त रचना नहीं ।

(6) यद्यपि उस समय ख्याल टप्पा गाने का प्रचलन हो चला था लेकिन अष्ट छाप के गायकों को वह गाना पसन्द नहीं था । चौरासी वैष्णवन की वार्ता के अन्तर्गत कृष्णदास

---

1. Bishnupad—This is a species of Hindu hymns. It was founded by Soordas, a blind poet and musician and of a moral tendency.

की वार्ता का यह प्रसंग देखिये—

आगरे के बजार में एक वैश्या नृत्य करती हुती, ख्याल टप्पा गावत हुती और भीर हुती .... सौ कृष्णदास बाजार में तमासे में जाय ठाड़े भये .... वा वेश्या सों कह्यौ जो तेरौ गान हूँ आछौ और नृत्य हू आछौ पर हमारौ सेठ है सो तेरे ख्याल टप्पा ऊपर रीझेगो नाही ताते हौं कहों सो गाइयो तापाछें कृष्ण दास ने एक पूरवी राग में पद करिकें सिखायों ।'

पुष्टिमार्गीय कीर्तन शुद्ध ध्रुपद-धमार शैली में ही अपने आदि रूप में गाया गया था तथा वहाँ स्वरूप यथोचित रूप में आज भी हमारे समक्ष है । इस प्रसंग में यह कह देना भी उपयुक्त होगा कि ध्रुवपद गायन शैली की भाँति यदि 'विष्णुपद' नाम से कोई पृथक गायन शैली है तो ये अपने आप में एक शोध-विषय है ।

पुष्टिमार्गीय संगीत का महत्व

परम्परा के प्रति परम आग्रह पुष्टिमार्ग की अपनी विशेषता है अत: यहाँ कीर्तन का स्वरूप भी परंपरानुगत रूप से अपने मौलिक रूप की ही प्रति कृति है । इसलिये भारतीय संगीत के अनेक राग-स्वरूपों को यहाँ देखा जा सकता है । इस सम्बन्ध में स्व. श्री नरेन्द्र राय नवल शंकर शुक्ल (निवृत्तमान चीफ प्रोड्यूसर—भारतीय संगीत, आकाशवाणी दिल्ली) के निम्नांकित विचार पठनीय हैं—

"रागों के लक्षण और स्वरूप चौथी और पाँचवी शताब्दी से प्रत्येक समय बदलते रहे हैं । फिर भी 15वीं और 16वीं शताब्दी के बाद इनका स्वरूप कुछ स्थिर रहा है और गायन पद्धति का प्रकार वैष्णव-कीर्तनों के, जिनके पीछे शास्त्रीय आधार है, उसी रूप में प्राप्त होता है । वैष्णव हवेलियों से बाहर संगीत का यह स्वरूप मुख्यत: शुद्ध नहीं मिलता है, यह खास लक्ष्य की बात है ।

× × × × × × × × ×

उत्तर के संगीत की क्रिया और लक्षण के लिये कर्णाटक संगीत की क्रिया के शास्त्रों पर आधार रखना व्यर्थ है । उत्तर की संगीत परम्परा के लिये एक ही आधार है और वह है हवेली संगीत ।[1]"

आचार्य वृहस्पति भी मन्दिरों की परम्परा में विश्वास रखते हुए लिखते हैं:

"आज हम जिस संगीत को उत्तर भारतीय शास्त्रीय संगीत कहने लगे हैं वह हमें संगीत-जीवियों की परम्परा से मिला है जिनके पूर्वज अपने अन्नदाताओं की प्रसन्नता के लिये राग रूपों में परिवर्तन करने को ही इति कर्तव्यता मान बैठे थे । मुगल काल के परिवर्तनों से अप्रभावित रागों की प्राप्ति यदि किसी सीमा तक सम्भव है तो वैष्णव सम्प्रदायों के समाजों में ही । आज बसन्त राग के जो रूप प्रचलित हैं वे वियोग श्रृंगार का वातावरण

1. ज्ञानदा—भारतीय अनु. भवन मथुरा वर्ष 3, अंक 2-3

उत्पन्न करते हैं । फलतः संयोग श्रृंगार में प्रयोज्य बसंत प्रचलित बसन्त से भिन्न होना चाहिये ।[1] ''

पुष्टिमार्गीय कीर्तन परम्परा को शुद्ध परम्परा बताते हुए श्री बी. आर. आठवले लिखते हैं —

''....... चौदहवीं शताब्दी के आसपास मुसलमान कलाकार तथा उनके साथ राजदरबार में रहने वाले हिन्दू कलाकारों के संयुक्त सृजन से हिन्दुस्तानी संगीत का विकास एक विशिष्ट दिशा में होने लगा । हिन्दू-मुसलमान संस्कृतियों के संगम से उत्पन्न सौन्दर्य पर आधारित हैदराबादी संगीत परम्परा पनपने लगी । जिन संगीत कलाकारों में धार्मिक भावना अधिक प्रबल थी और जिनमें संस्कृतिसंघर्ष की चुनौती को स्वीकार करने की दृढ़ इच्छा थी उनके प्रयत्नों के कारण जिसमें कि वैष्णव सम्प्रदाय के आचार्यों का आश्रय तथा सहयोग प्राप्त था, हिन्दुस्तानी संगीत की एक नई परंपरा चल पड़ी । इसे वैष्णव सम्प्रदाय संगीत, पुष्टिसंगीत अथवा मन्दिर संगीत के नाम से पहिचाना जाने लगा । जिसे आज हम हिन्दुस्तानी शास्त्रीय संगीत कहते हैं वह राजदरबारों में निर्मित और विकसित संगीत है ।[2] ...''

ठा. जयदेव सिंह दरबारी संगीत से पृथक इन मन्दिरों की संगीत परम्परा के बारे में प्रकाश डालते हुए लिखते हैं—

''हमारी संस्कृति का दूसरा केन्द्र मन्दिर रहा है । मन्दिरों में प्रतिष्ठित देव-देवियों के सन्मुख नित्य प्रति गान और नृत्य होते चले आये हैं । ...... काशी में शिव, अयोध्या में राम, मथुरा, वृन्दावन नाथद्वारा और कांकरौली में कृष्ण के अधिक मन्दिर बने । दक्षिण में भी शिव और विष्णु के अधिक मन्दिर बने । इन सब मन्दिरों में नित्य गान और नृत्य होता था किन्तु विशेष कर मथुरा, वृंदावन, नाथद्वारा और कांकरौली के वैष्णव मन्दिर गीत और नृत्य के केन्द्र बने ।[3]''

ठा. साहब के उपर्युक्त कथन में मथुरा, वृन्दावन, नाथद्वारा व कांकरौली के मन्दिरों को संगीत की दृष्टि से अधिक समृद्ध माना है । ये सभी केन्द्र पुष्टिमार्गीय संगीत प्रणाली के मुख्य केन्द्र हैं ।

अतः निस्संदेह पुष्टिमार्ग के संगीत की अपनी पुष्ट परम्परा है और इस पर विश्वास करते हुए भारतीय संगीत के परावैभव तक पहुँचा जा सकता है ।

सम्प्रदाय के सर्व प्रथम गायक–कुंभनदास

पुष्टिमार्गीय संगीत का सूत्रपात संवत् 1556 वि. में जमुनामतौ गाँव के निवासी श्री कुंभनदास के हाथों हुआ । श्री कुंभनदास जी पुष्टिमार्गीय संगीत के सर्व प्रथम संगीतकार (कीर्तनकार) थे । वार्ता साहित्य से ज्ञात होता है कि कुंभनदास जी एक सुविख्यात गायक

1. संगीत—फरवरी 1959, पृ. 88
2. संगीत कला विहार—अगस्त 66
3. आकाशवाणी (16 से 31 दिसम्बर 73) पृ. 1278

थे और श्री वल्लभाचार्य ने सर्वप्रथम इन्हीं को कीर्तन की सेवा के लिये आज्ञा दी थी। यथा श्री गोवर्धननाथ जी की वार्ता मे लिखा है—

"तब श्री आचार्य जी ने श्रीनाथजी की सेवा में बंगाली ब्राह्मण हते तिनकों सेवा की रीत बताई माधवेन्द्रपुरी कूँ मुखिया किये और उनके शिष्यन कूँ सेवा में राख दियो, कृष्णदास जी कूँ अधिकार की सेवा दिये, कुंभनदास कूं कीर्तन की सेवा दिये और श्री आचार्य जी महाप्रभून ने नित्य कों नेग बांध्यो ..... ।"[1]

डा. उषा गुप्ता ने भी श्री कुंभन दास के विषय में लिखा है— "कुंभनदास पुष्टि मार्गीय कवियों में सबसे वयोवृद्ध और माधुर्य भक्ति के सरस गायक थे। वे श्रीनाथ जी के सर्वप्रथम कीर्तनकार हुए थे।"—हिन्दी के कृष्ण भक्ति कालीन साहित्य में संगीत—पृ.31

श्री कुंभनदास के गायन की प्रशंसा करते हुए लिखा है कि—

"सो कुंभनदास कीर्तन बहुत सुन्दर गावते। कंठ हू इनकों बहोत सुन्दर हतो। तासों कुंभनदास सो श्री आचार्य जी आपु कहै जो तुम समय-समय के कीर्तन नित्य श्री गोवर्धन नाथजी को सुनाइये।"[2]

वार्ता साहित्य के ही साक्ष्य से यह ज्ञात होता है कि श्री कुंभनदास जी गोवर्धन के पास जमुनावतौ गाँव के निवासी थे तथा खेती करते थे। यथा—

"सो वे कुंभनदास जी श्री गोवर्धन पर्वत के पास जमुनावतो गाँव है तामें रहते। सो जमुनावतौ नाम व गाँव कौ कहत है जो जमुनाजी कौ प्रवाह सारस्वत् कल्प में याके निकट हुतौ ताते जमुनावतौ नाम वा गाँव कौ है। तामें कुंभनदास जी कौ रहते और परासौली चन्द्र सरोवर के ऊपर उन कुंभनदासजी की धरती हुती सो वहाँ खेती करते...... ।"[3]

ब्रज प्रदेश की तत्कालीन सांस्कृतिक पृष्ठिभूमि के परिष्कृत रूप का अनुमान इसी से लगाया जा सकता है कि एक सामान्य कृषक को भी संगीत का उत्कृष्ट ज्ञान होना संभव था। वैसे वार्ता-साहित्य में श्री कुंभनदास जी के गायक रूप में प्रसिद्धि प्राप्त करने की बहुत ऊँची-ऊँची बातें मिलती हैं। यहाँ तक कि सम्राट अकबर द्वारा उनको भारी सम्मान प्रदान करने, श्री कुंभनदास जी के अटपटे वचनों को सुनकर सम्राट द्वारा स्वयं को धिक्कारने आदि के भी प्रसंग मिलते हैं। लेकिन ये सब अन्तर्साक्ष्य ही है अत: इस पर अधिकारिक रूप से निर्भर नहीं रहा जा सकता। इतना ही मान लेना पर्याप्त होगा कि श्री कुंभनदास जी मधुर कंठ वाले भक्त कवि गायक थे तथा पुष्टि सम्प्रदाय में दीक्षित होने से पूर्व ही कुशल गायक के रूप में पर्याप्त प्रसिद्धि प्राप्त कर ली थी।

संगीत की शिक्षा इनको कहाँ से प्राप्त हुई इसका उल्लेख कहीं नहीं मिलता। अनुमानत: उस समय का गोवर्धन एक महान व सम्पन्न सांस्कृतिक केन्द्र रहा होगा। उस समृद्ध वातावरण के ही परिणाम स्वरूप जन साधारण की रुचि भी अत्यन्त परिष्कृत रही होगी। निश्चय ही

1. श्री गोवर्धन नाथ जी के प्राकट्य की वार्ता हरिरायजी कृत पृ. 20
2. 84 वैष्णवन की वार्ता, हरिराय पृ. 61
3. यही।

कुंभनदास जी जैसे प्रतिभाशाली पुरुषों के लिए इस प्रकार का वातावरण वरदान सिद्ध हुआ होगा।

हवेली संगीत में श्री कुंभनदास जी के पद विपुल मात्रा में गाये जाते हैं। इनका सर्वाधिक गाया जाने वाला पद इस प्रकार है—

॥ गिरिधरलाल रसभरे खेलत विमल वसंत राधिकासंग ॥

उडत गुलाल अबीर अरगजा छिरकत भरत परस्पर रंग ॥ 1॥ बाजत ताल मृदंग अधोंटी बीना मुरली तानतरंग ॥ कुंभनदास प्रभु यह विधि क्रीड़त जमुनापुलिन लजावत अनंग ॥ 2 ॥

अन्य कीर्तनकार (कीर्तनियाँ)

कृष्णदास

श्री कृष्णदास का जन्म गुजरात के चिलोतरा नामक स्थान पर संवत् 1553 वि. में हुआ था। आप संवत् 1568 वि. में गोवर्धन में पुष्टिमार्ग में दीक्षित हुए और तभी से श्रीनाथ जी की सेवा में रत रहे। तिरोधान संवत् 1636 वि. में पूंछरी में हुआ। सर्वप्रथम आपको श्रीनाथ जी के मन्दिर की व्यवस्था सेवा की आज्ञा हुई। यथा वार्तासाहित्य)

''और प्रथम सेवा श्रीनाथ जी की बंगाली करते ...... पाछें श्री आचार्य जी महाप्रभुन ने कृष्णदास कूं आज्ञा दीनी जो तुम श्री गोवर्धन रहौ सेवा टहल करौ तब कृष्ण अधिकारी भये, अधिकार करने लगे।''[1]

कृष्णदास अच्छे भजनीक थे। भक्तमाल में आपके विषय में कहा गया है—

श्री वल्लभ गुरुदत, भजन सागर गुन आगर।
कवित नोख निरदोष, नाथसेवा में नागर ॥[2]

ध्रुवदास जी ने आपकी प्रशंसा करते हुए लिखा है—

''कुभंन, कृष्णदास गिरधर सों कीनी साँची प्रीति कर्म धर्म पथ छांडि के गाई निज रस रीति।''[3]

वार्ता में श्री कृष्णदास जी के कीर्तन की भूरि-भूरि प्रशंसा की गई है।

''सो या प्रकार बहोत कीर्तन कृष्णदास जी ने गाये..... तासों गुसाईं जी कहे जो कृष्णदास रासादिक कीर्तन ऐसे अद्भुत किये सों कोई दूसरे सौं न होय।

आपके द्वारा रचित पदों में रास के पद विशेष आकर्षण की वस्तु हैं।

कृष्णदास जी को संगीत का ज्ञान कहाँ से हुआ इस विषय में कहीं कोई उल्लेख नहीं है। श्री हरिराय जी की वार्ता के अनुसार आप 13 वर्ष की आयु में ही पुष्टि मार्ग में

1. अष्ट छाप - धीरेन्द्र वर्मा, पृ. 20
2. भक्तमाल—भक्ति रस बोधिनी, छप्पय सं. 81, पृ. 58।
3. भक्तनामावली छं. सं. 93, पृ. 9

दीक्षित हुए थे और गुजरात से ब्रज में आये थे ।[1] ऐसा मालूम होता है कि सूरदास, परमानन्द दास, गोविन्द स्वामी आदि कुशल गायकों के सहवास में आकर सुन-सुन कर ही आपको कीर्तन करने का ज्ञान हुआ होगा ।

हवेली संगीत में आपके पद प्रचुर मात्रा में पाये जाते हैं । रास के पदों में आपके पदों की संख्या सर्वाधिक है । आपका सबसे अधिक गाया जाने वाला पद इस प्रकार है—गिडगिडतांतातां धितांधितां मंदिलरा बाजे आदि-आदि ।

सूरदास

यों तो अष्ट छाप के आठों कीर्तनकार अच्छे कवि व गायक थे किन्तु इनमें सर्वश्रेष्ठ स्थान सूरदास का ही है ।

''आचार्यों की छाप लगी हुई जो आठ वीणायें श्रीकृष्ण प्रेम की प्रेम-लीला कीर्तन करने उठी उनमें सबसे ऊँची, सुरीली और मधुर झंकार अंधे कवि सूरदास की वीणा की थी'' —भ्रमरगीतस्त्रार—आचार्य पं. रामचन्द्र शुक्ल, प्रथम संस्करण भूमिका पृ. 2

सूरदास जी का जन्म संवत् 1535 वैशाख सुदी पंचमी और गोलोकवास लगभग संवत् 1638 वि. अथवा 1639 वि. है ।[2] ये मथुरा व आगरा के मध्य स्थित गौघाट पर रहते थे ।

''सो गऊ घाट आगरे और मथुरा के बीचोबीच है ..... सो गऊ घाट ऊपर सूरदास जी को स्थल हु तौ । .... गान बहुत आछौ करते ताते बहुत लोग सूरदास जी के सेवक भये हते ...... ।''[3]

पुष्टिमार्ग में दीक्षित होने के अनन्तर सूरदास जी आचार्य महाप्रभु के साथ ब्रज में पधारे ।

''पाछें श्री आचार्य जी महाप्रभु गऊ घाट ऊपर दिन दोय तीन विराजे पाछें फेरि ब्रज कों पाव धारे तब सूरदास जी हूँ श्री आचार्य महाप्रभून के साथ ब्रज को आये ।''[4]

सूरदास जी निश्चय ही श्री कुंभनदास से अधिक कुशल गायक थे । वार्ता साहित्य से ही इस बात की पुष्टि होती है । श्री कुंभनदास जी संवत् 1556 में पुष्टिमार्ग में दीक्षित हुए थे तथा तभी से श्रीनाथ जी की कीर्तन सेवा कर रहे थे । लेकिन जब सूरदास जी संवत् 1567 वि. में इस सम्प्रदाय में आये तब श्री वल्लभाचार्य जी का यह कथन (वार्ता साहित्य)

''तब श्रीमहाप्रभुजी आपने मन में विचारे जाके श्री नाथ जी के यहाँ और तो सब सेवा को मंडान भयौ और कीर्तन कों मंडान कियौ है ताते अब सूरदासजी को दीजिये ।'' इस बात की पुष्टि करता है कि श्री सूरदास जी श्री कुंभनदास जी की अपेक्षा कहीं अधिक

1. हरिराय जी की वार्ता
2. अष्ट छाप और वल्लभ सम्प्रदाय, डॉ. दीनदयाल गुप्त, भाग-1. पृ. 219
3. 84 वैष्णवन की वार्ता
4. 84 वैष्णवन की वार्ता

कुशल गायक थे ।

वैसे तो इनके पद अनेक रागों में बद्ध हैं लेकिन इन्हीं के एक पद से जान पड़ता है कि इन्हें 36 राग मुख्यत: प्रिय थे । वह इस प्रकार हैं—

ललिता ललित बजाय रिझावत मधुर बीन कर लीने । जान प्रभात राग पंचम षट मालकोंस रस भीने ।। सुर हिण्डौल मेघ मालव पुनि सारंग सुर नट जान । सुर सावंत भूपाली ईमन करत कान्हरौ गान ।। ऊँच अडाने के सुर सुनियत निपट नायकी लीन । करत विहार मधुर केदारों सकल सरन सुख दीन ।। सोरठ गौडमलार सोहावन भैरव ललित बजायौ । मधुर विभास सुनत वेलावल दम्पति अति सुख पायौ ।। देवगिरी देसारव देव पुनि गौरी श्री सुखवास । जैत श्री अस पूर्वी तौडी आसावार सुख रास ।। रामकली गुनकली केतकी सुर सुधराई गाये । जैजैवंती जगत मोहिनी सुरसों बील बजाये । सूहा सरस मिलत प्रीतम सुख सिंधूरा रस मान्यौं । जान प्रभात प्रभाती गायौ भोर भयौ दोऊ जान्यौ ।।[1]

सूरदास के संगीत गुरु कौन थे तथा किस प्रकार इनको संगीत का इतना ज्ञान हुआ इसका उल्लेख किसी ग्रन्थ में नहीं मिलता । वार्ता साहित्य से यही ज्ञात होता है कि सूरदास जी पुष्टिमार्ग में दीक्षित होने से पहले ही कुशल संगतीज्ञ के रूप में प्रचुर ख्याति प्राप्त कर चुके थे तथा दीक्षित होने के अनन्तर उनको बादशाह अकबर ने भी पद-श्रवण हेतु बुलाया था । "और सूरदासजी ने सहस्त्र विधि पद कीयै हैं ताकी सागर कहिये सो सब जगत में प्रसिद्ध भये । सो सूरदास जी के पद देसाधिपति ने सुने सो सुनि के यह विचारौ जो सूरदास जी काहू विधि सो मिले तो भलों । तो भगवदिच्छा ते सूरदासजी मिले । सो सूरदासजी सों कहयौ देसाधिपति ने जो सूरदासजी में सुन्यौ है जो तुमने विसन पद बहौत कीये हैं । जो मोकों परमेश्वर ने राज दियौ है सौ सब गुनी जन मेरौ जस गावत है ताते तुम हू कुछ गावौ । तब सूरदास ने देसाधिपति के आगे कीर्तन गायौ । सोपद राग विलावल "मनारे तू करि माधों सों प्रीति ।" यह पद देसाधिपति के आगे संम्पूर्ण करिके सूरदासजी ने गायौ ।"

— 84 वैष्णवन की वार्ता, पृ. 279-80

हवेली संगीत में आपके पद सर्वाधिक संख्या में गाये जाते हैं । इनका "भरोसो दृढ़ इन चरनन के रो" पद इस परम्परा में सर्वाधिक महत्व का समझा जाता है तथा वर्ष पर्यन्त आसरे के पद के रूप में शयन की झाँकी के उपरांत राग विहाग में गाया जाता है । वह इस प्रकार है—

भरोसो दृढ़ इन चरनन केरो ।
श्री वल्लभ नख चन्द्र छटा विन सब जग माँहि अंधेरो ।
साधन और नाहि या कलि में जासों होत निवेरो
सूर कहा कहै द्विविध आँधरौ बिना मोल को चेरो ।

1. संकलन—श्री जवाहर लाल चतुर्वेदी, मथुरा

परमानन्ददास

श्री परमानन्ददास जी कन्नौज निवासी थे । जन्म संवत् 1550 वि. में अगहन सुदी 7 को गोलोकवास संवत् 1641 वि. की भाद्रपद कृ. 9 को ब्रज में सुरभिकुण्ड पर हुआ । आप संवत् 1577 में अडैल (प्रयाग) स्थान पर पुष्टिमार्ग में दीक्षित हुए थे । नाभादासजी ने आपकी गान विद्या की प्रशंसा में लिखा है—

ब्रजवधू रीति कलियुग विधे, परमानन्द भयौ प्रेमकेत
पोगंड वाल कैसोर गोप लीला सब गाई ।
अचरज कहा यह लात हुतौ पहिलो जु सखाई
नैननि की नीर प्रवाह, रहत रोमांच रैन दिन
गद्गद गिरा उदार स्याम शोभा भी ज्यौ तन
सारंग छाप ताकी भई, श्रवण सुनत आवेस देत
ब्रजवधू रीति कलियुग विधे, परमानन्द भयौ प्रेमकेत ।[1]

'भाव प्रकाश' में भी इन्हें अच्छा संगीतज्ञ कहा गया है । "और परमानन्द दास ने अपने घर कीर्तन कौ समाज कियौ । सो गाम गाम में प्रसिद्ध भये । और परमानन्द दास गान विद्या में परम चतुर हते ।'[2]

इसी ग्रन्थ में अन्य स्थान पर लिखा है—

"सो वे परमानन्ददास जी बहौत योग्य भयै और कवि भये । भगवत्-कृपा के पात्र भये । कीर्तन बहुत अच्छौ गावते । ताते परमानन्दजी के संग समाज बहुत रहतो । आप स्वामी कहावते आप सेवक करते ।"

गाते-गाते परमानन्द जी भावविभोर हो जाते थे और भावातिरेक में नाचने लगते थे—

"पाछे श्रीनन्दरायजी और गोपीग्वाल वैष्णवन के जूथ अपने लालजी सबकों लै कें दधिकांदो किये । तब परमानन्द दास कौ चित्त आनन्द में विक्षिप्त होय गये । तास में परमानन्ददास नाचन लागे.... ।"[3]

परमानन्द दास जी का संगीत गुरु कौन था इसका कुछ पता नहीं चलता । केवल इतना सर्व विदित है कि उस समय कन्नौज सांस्कृतिक दृष्टि से सम्पन्न था । संभवत: इसी सम्पन्नता के परिणाम स्वरूप ही आप अपनी गान विद्या के विकास में सफल रहे होंगे ।

'वार्ता साहित्य' के वर्णन से यह सिद्ध होता है कि आप पुष्टिमार्ग में दीक्षित होने से पूर्ण ही एक कुशल कीर्तनकार के रूप में प्रसिद्धि प्राप्त कर चुके थे । डा. दीनदयाल गुप्त जी ने भी इस बात की पुष्टि की है—

---

1. भक्तमाल, भक्ति रस बोधिनी, छप्पय सं. 74. पृ. 83
2. 84 वैष्णव की वार्ता हरिराय (अष्ट समान की वार्ता) पृ. 34
3. 84 वैष्णावन की वार्ता सं. द्वारिका दास परिख, पृ. 54

"हाँ कीर्तन करने वालों का समाज वल्लभ सम्प्रदाय में आने से पहले ही इनके साथ बहुत था और उस समाज में ये स्वामी कहलाते थे । ...... वार्ता से ज्ञात होता है कि कविता करने और गाने का शौक इन्हें बचपन ही से था । वल्लभ सम्प्रदाय में आने से पहले ही यह एक योग्य व्यक्ति, कवीश्वर, उच्चकोटि के गवैये और कीर्तनकार प्रसिद्ध हो गये थे । उस समय इनके कीर्तन का समाज बहुत बड़ा था । उस समाज में परमानन्द दास 'स्वामी' की पदवी से सुशोभित थे । ..... कविता और गान-विद्या सीखने के लिये इनके अनेक शिष्य हो गये थे तथा हमेशा गुणीजनों का ही इनका संग रहता था ।"[1]
हवेली संगीत में श्री परमानन्ददासजी के पद प्रचुर मात्रा में गाये जाते हैं । आपका सबसे अधिक गाया जाने वाला पद इस प्रकार है—

यह धन धर्म ही तैं पायौ । नीके राखि जसोदा मैया नारायण ब्रज आयौ ।।1।। जाधनकौं मुनि जप तप खोजत वेदहू पार न पायौ । सौ धन धर्यौ क्षीर सागर में ब्रह्मा जाय जगायौ ।।2।। जाधनतें गोकुल सुख लहियत सगरे काज सवारें । सौ धन बारबार उर अंतर परमानंद विचारे ।।3।।

इस प्रकार हमें ज्ञात होता है कि सर्वप्रथम कीर्तनकार श्री कुंभनदास जी हुए । तदन्तर सूरदासजी के आने पर श्री सूरदास प्रमुख कीर्तनियाँ रहे तथा श्री कुंभनदास उनके सहायक रहें । इस बीच कृष्णदास जी भी सुन-सुन कर कीर्तन करने लगे होंगे । तत्पश्चात् श्री परमानन्ददास जी के आने पर कीर्तन में और चार चाँद लगे होंगे ।

वल्लभाचार्य के समय में श्रीनाथजी के प्रथम नियमित कीर्तनकार सूरदास थे । बाद में परमानन्ददास जी उन्हें नियमित रूप से सहयोग देने लगे थे । कुंभनदास यद्यपि सूरदास से भी पहिले कीर्तन करते आ रहे थे । तथापि गृहस्थ होने के कारण उन्हें नियमित रूप से अधिक समय देने की सुविधा नहीं थी । इस प्रकार वल्लभाचार्यजी के समय तक सूरदास और परमानन्ददास नियमित रूप से श्रीनाथजी की सभी झाँकियों में कीर्तन करते थे तथा कुंभनदास अपने अवकाश के अनुसार उन्हें सहयोग देते थे । अधिकारी कृष्णदास जी भी अपनी सुविधा से उसमें भाग लिया करते थे । वल्लभाचार्य जी के पश्चात गोपीनाथजी के समय में भी वही क्रम चलता रहा था ।

अष्ट छाप के शेष कीर्तनकारों को लेने से पूर्व गो. विट्ठलनाथजी, जिन्होंने इस प्रणाली को विपुल वैभव प्रदान किया, के कला प्रेम पर चर्चा करना असंगत न होगा ।

गो. विट्ठलनाथ जी का कला-प्रेम

सम्प्रदाय का अन्तर्साक्ष गो. विट्ठलनाथ जी को साक्षात् कृष्ण मानता है यथा—

(1) बहुरि कृष्ण श्री गोकुल प्रकटे श्री विट्ठल नाथ हमारे ।।
द्वापर वसुधा भार हर्‌यौ हरि, कलियुग जीव उद्धारे ।।1।।

---

1. अष्ट छाप और वल्लभ सम्प्रदाय, डॉ. दीनदयाल गुप्त, पृ. 220-221

तब वसुदेव गृह प्रकट होय कें, कंसादिक रिपु मारे ।
अब श्री वल्लभ गृह प्रकट होय कें, मायावाद निवारे ॥ 2 ॥
ऐसो कवि को है जग माँही, बरनै गुन जौ तिहारे ।
माणिक चन्द प्रभु कों शिव खोजत, गावत वेद पुकारै ॥ 3 ॥[1]

(2) गोकुल घर-घर अति आनन्द ।
पौष कृष्ण नौमी तिथि प्रकटे, पूरन परमानन्द ॥
श्री वल्लभ कुल उदय भयो है अद्‌भुत पूरणचंद ॥
आदि-आदि ।[2]

(3) ब्रज जन गावत गीत बधाए ।
श्री विट्ठलनाथ प्रकट पुरुषोत्तम गोकुल गृह जब आये ॥
आदि-आदि[3]

ऐसे अनेक पद सम्प्रदाय में बड़ी अनन्य भावना से गाये जाते हैं । सम्प्रदाय की उक्त मान्यता को हम धार्मिक विश्वास के रूप में ले सकते हैं । उनके बारे में कुछ बहिर्साक्ष भी प्राप्त हैं जिनसे धारणा बनती है कि गौ. विट्ठलनाथ जी का व्यक्तित्व अति प्रभावशाली था । वे विलक्षण प्रतिभा वाले व्यक्ति थे क्योंकि उन्होंने 'श्रीनाथ जी' की सेवा का अभूतपूर्व व सर्वतोन्मुखी विकास किया था । चित्रकला, संगीत व साहित्य ही नहीं अपितु अन्यान्य उपयोगी कलाओं जैसे पाक-कला (भोजन बनाने की कला), पोशाक व आभूषण बनाने की कला आदि का उनको पूर्ण रूप से व्यावहारिक ज्ञान था । तभी उनके द्वारा 'सेवा' का स्वरूप इतना वैभवशाली हो सका कि आज भी उनके वंशज उनके प्रति आभार प्रदर्शित करते हुए नहीं अघाते यथा अहमदाबाद स्थित गो. ब्रजरायजी कहते हैं—

"..... श्रीनाथ जी के मन्दिर में जिस भव्य भोग, कीर्तन, मंहोत्सव, राग-रंग व श्रृंगार इत्यादि का विस्तार हम आजकल देखते हैं उसका पूरा श्रेय गुसाईं श्रीमद् विट्ठलनाथ जी को ही है ।"[4]

इस प्रसंग में आगे चलकर वे गो. विट्ठलनाथ जी द्वारा प्रवर्तित सारी व्यवस्था को पूर्णत: वैज्ञानिक बताते हुए कहते हैं—

"श्री गुसाईंजी श्री विट्ठनाथजी ने भारतीय संस्कृति की परम्परा को लक्ष्य में रखकर जिस सेवा प्रणाली का विस्तार किया वह इतनी सुव्यवस्थित और वैज्ञानिक सिद्ध हुई कि आज अनेक शताब्दियों के बाद भी उसमें परिवर्तन की तनिक भी आवश्यकता प्रतीत नहीं होती ।"[5]

---

1. कीर्तन संग्रह भाग-2, पृ. 83
2. कीर्तन संग्रह भाग-2, पृ. 83
3. ,, ,, पृ. 83
4. हवेली परम्परा---आकाशवाणी वार्ता जो अहमदाबाद केन्द्र से 27 अप्रैल 1971 को रात्रि 8.15 बजे प्रसारित हुई। वार्ताकार श्रीमद् गों. ब्रजरायजी महाराज श्री प्रकाशित - पृ. 11
5. वही , आकाशवाणी वार्ता, पृ. 11

निदान श्री विट्ठलनाथ जी ने अपने अनन्य व चतुर्दिककला प्रेम से सम्प्रदाय की भारी सेवा की ।

उनका संगीत के प्रति विशेष प्रेम

उनको विट्ठलेश्वर के नाम से भी पुकारा जाता था । उनके संगीत कला-प्रेम की प्रमाणिकता सिद्ध करने के लिये निम्नांकित प्रमाण से बढ़कर अन्य कोई नहीं हो सकता जो कि हमें विद्याविभाग कांकरौली के 'Imperial Formans'[1] में से प्राप्त हुआ है—

"... All the fine arts were requisitioned in the performance of the daily worship. Vitthaleshwar was himself a master musician. He knew both the theory and practice of the Indian Music. Some of the most charming songs which are sung before the deity were composed by him. .... Thus after preparing materials for music, he utilised them in the Save-Prakara with consumate skill and erudition. The music to be sung before the deity was in confirmity with each season. Music in the morning Seva was to be sung in Ragas which are to be sung in the morning. Music in the evening is to be sung in Ragas which are to be sung in the evening, the rule being relaxed during the festivals of Janamastami, Annakut etc. .... Vitthaleshwar's son Raghunath Ji was, we believe, literally correct when he speaks about his father as 'गीत, संगीत सागर ।"

वास्तव में गो. विट्ठलनाथ श्रेष्ठ संगीतज्ञ थे । उन्होंने जयदेव के गीत गोविन्द से प्रेरणा लेकर अनेक अष्ट पदियों का निर्माण किया जिसमें से कुछ अब भी सम्प्रदाय में गायी जाती है यथा—

(1) हरिरिह ब्रज युवती शत संगे ।
विलसति करिणी गण वृत वारण वर इव रति पति भान भंगे ।।ध्रु.।।
आदि-आदि[2]

(बसंत ऋतु में गाया जाता है)

(2) मंगल-मंगलं ब्रज भुवि मंगलं ।।
आदि-आदि[3]

(यह पद नित्य मंगला आरती के समय राग भैरव में गाया जाता है)

(3) प्रेंख पर्यंक शयनं
चिर विरह ताप हर मति रुचिरभीक्षणं, प्रकट प्रेमायनं ।। ध्रु. ।।
आदि-आदि[4]

(यह पद राग रामकली में पलना भाव से गाया जाता है)

---

1. 'The Imperial Farmans' विद्या विभाग कांकरौली
2. कीर्तन संग्रह (बसंत कीर्तन) भाग 2. पृ. 1
3. ,, (नित्य पद) पृ. 32
4. ,, (नित्य पद) पृ. 130

यह श्री विट्ठलनाथजी का संगीत-प्रेम ही था कि उन्होंने श्रेष्ठ भक्त गायकों को एकत्रित किया और अष्ट छाप के नाम से विख्यात किया ।

पुष्टिमार्गीय संगीत के साहित्य का निर्माण

गोस्वामी विट्ठलनाथ जी ने पुष्टिमार्ग के संगीत व साहित्य का विपुल मात्रा में सृजन किया व कराया ।

"विट्ठलनाथ जी ने अपने सम्प्रदाय की उन्नति के अनेक उपाय सोचे । उन्होंने अनेक प्रकार के मनोरंजक व्रत और उत्सवों की योजना की और लोगों को प्रेम भक्ति की शिक्षा दी । इतना ही नहीं, उन्होंने रसिक और प्रेमी मनुष्यों को प्रिय प्रतीत हो ऐसे भजनों की रचना करायी और मन्दिरों में गायन वादन की व्यवस्था की ।"[1]

अष्ट छाप की स्थापना (संवत् 1602 वि.)

गोस्वामी विट्ठलनाथ जी को 'श्रीनाथ जी' की सेवा का विस्तार करना था । यद्यपि स्वयं ने भी अनेक पद संस्कृत, तेलुगू व ब्रज भाषा में लिखे तथापि इसके लिये उन्हें श्रेष्ठ कवि व संगीतज्ञ अपेक्षित थे । उनकी विचित्र प्रतिभा ने ऐसे कवि-गायकों को ढूँढ निकाला । उन्होंने अष्टयाम की सेवा के लिये अष्ट साखाओं की मंडली बनाई जिसमें चार सेवक (श्री कुंभनदास जी, श्री सूरदास जी, श्री कृष्णदास जी, श्री परमानन्द दास) अपने पिता के लिये तथा चार सेवक (श्री गोविन्द स्वामी, श्री छीत स्वामी, श्री चतुर्भुज दास, श्री नन्ददास) अपने लिये । यही मंडली हिन्दी साहित्य जगत में 'अष्टछाप के नाम से प्रसिद्ध हुई तथा इन्हीं द्वारा प्रवर्तित संगीत की विधा पुष्टिमार्ग में आद्योपांत आज भी सुनाई देती है । ये सभी सखा उच्चकोटि के कवि व संगीतज्ञ थे । डा. दीनदयाल गुप्त ने इसका समर्थन करते हुए लिखा है ।

"अष्टछाप की स्थापना विट्ठलनाथ जी ने अपने चार सर्वश्रेष्ठ भक्त कवि और अपने पिता के चार सर्वश्रेष्ठ भक्त-कवियों को मिलाकर की । ये अष्ट सखा थे तथा इनकी अष्ट सखान की वार्ता प्रसिद्ध है । हिन्दी का उज्ज्वल साहित्य इन्हीं अष्टछापी कवियों और भक्तों द्वारा निर्मित हुआ । ये उच्च कोटि के कवि व संगीतज्ञ थे ।"[2]

अष्टछाप के अन्तर्गत श्री वल्लभाचार्यजी के शिष्यों (श्री कुंभनदास, श्री कृष्णदास जी, श्री सूरदास व श्री परमानन्द दास) पर पहिले ही प्रकाश डाला जा चुका है । अष्टछाप के शेष चार भक्त-गायकों का विवरण संक्षेप में इस प्रकार है—

गोविन्द स्वामी

गोविन्द स्वामी का जन्म लगभग सं. 1562 वि. में आंतरी (भरतपुर राज्य) ग्राम में हुआ

1. भारत का धार्मिक इतिहास—लेखक रिषवदास रांहिती, पृ. 243
2. अष्ट छाप और वल्लभ सम्प्रदाय—डॉ. दीन दयाल गुप्त।

था । कालान्तर वे ब्रज में महाबन में रहने लगे । यथा—

'.... गोविन्द स्वामी आंतरी ग्राम में रहते । तहाँ गोविन्द स्वामी कहावते ...... एक समय गोविन्द स्वामी आंतरी गाम ते ब्रज को आये महाबन में आय के रहे ।'[1]

गोविन्ददास अच्छे कवि थे । महाबन में कुछ दिन रहने के पश्चात् आपने श्री विट्ठलनाथ जी से पुष्टिमार्ग की दीक्षा प्राप्त की । वार्ता साहित्य के साक्ष से विदित होता है कि आपको साक्षात् 'जुगल-जोड़ी' के दर्शन हुए थे और न केवल दर्शन ही वरन् उनका आलौकिक संगीत भी सुनने को प्राप्त हुआ था । यथा—

''सो गोविन्ददास महाबन के टेकरा पर रहते हते । अं ; नये कीर्तन करके गावत हते और उहाँ श्री ठाकुरजी सुनिवे कूं पधारते हते । उहाँ मदन गोपाल दास कायथ कीर्तन लिखिवे कूं आवते हते । सो एक दिन श्री ठाकुर कूं गोविन्द स्वामी ने कही । इहां ताईं आप नित्य श्रम करौ हो । सौ आपको गान सुनने की बहुत इच्छा दीखै है । आप कूं गान कों अभ्यास है । यातें आपकूं कुछ गायौ चाहिये । तब आपने कछु गान कियौ । तब गान सुनिकें श्री स्वामिनीजी पधारी । जब ताल स्वर बरोबर बजावे लगे तब गोविन्द स्वामी धन्य-धन्य कहन लगे । और अपने भाग्य की सराहना करने लगे ।''[2]

अन्यश्च

सोवे गोविन्द स्वामी महावन के टेकरा पर नित्य गान करते हुते । श्रीनाथजी नित्य सुनिबे कूं पधारते हते । और श्रीनाथजी संग गान हू करते हते ।[3]

श्री गोविन्द स्वामी कुशल गायक थे तथा उनकी धारणा थी कि भगवान के समक्ष बेसुरा व बेताल गाने की अपेक्षा न गाना अच्छा । यथा—

'सो गोविन्द स्वामी नित्य जसोदा धाम में जाय बैठते । सौ उहाँ एक दिन एक वैरागी गायवे लग्यौं । सो राग ताल स्वर हीन हतौ । तब गोविन्द स्वामी ने कही जो तू मत गावै या गायिवे सों कहा होत है । तब वा वैरागी ने कहा मैं तो मेरे राम कों रिझावत हों । जब गोविन्द स्वामी ने कही राम तौ चतुर शिरोमनि है कैसे रीझेंगे । जो तेरो साँचों भाव होय तौ मन में नाम लिये सों रीझेंगे ।

हवेली संगीत में एक वर्ज्य राग का सम्बन्ध आप ही से सम्बन्धित एक घटना से है जो इस प्रकार है—

''एक दिन आगरे में अकबर पातशाह ने सुन्यौं जो गोविन्द स्वामी बहुत आछे गावत है और निरपेक्ष और निःसंक है । जब इनके मुख कौ राग कैसे सुन्यो जाय । ये विचार करिके पारतसाही भेष पलटि के श्री गोकुल में इकेले आये । जब गोविन्द स्वामी जसोदा घाट पर भैरव राग अलापत हते तब वा पातसाह ने वाहवा करी । जब गोविन्द स्वामी ने कही ये राग

1. दो सौ बावन वैष्णावन की वार्ता। प्रसंग (अष्ट छाप—धीरेन्द्र वर्मा पृ. 119)
2. 222 वैष्णावन की वार्ता (अष्टछाप—धीरेन्द्र वर्मा, पृ. 121
3. ,, ,, पृ. 127

छी गयौ । ..... और गोविन्द स्वामी ने वा दिन सूं भैरव राग गायौ नाहीं । वे गोविन्द स्वामी ऐसे टेकी भगवदीय हते ।''[1]

यहाँ यह उल्लेखनीय है कि हो सकता है कि श्री गोविन्द स्वामी जी ने पुन: भैरव न गाया हो लेकिन पुष्टिमार्गीय हवेली संगीत में राग भैरव प्रचुर मात्रा में गाया जाता है । जो राग नहीं गाया जाता तथा जिसके न गाये जाने का कारण प्रकारान्तर से यहीं माना जाता है वह राग है भैरवी । भैरवी राग हवेली संगीत में वर्ज्य माना जाता है ।

हवेली संगीत में श्री गोविन्द स्वामी जी के पद प्रचुर मात्रा में गाये जाते हैं । हवेली संगीत में इनका सबसे अधिक लोकप्रिय पद इस प्रकार है जो कल्याण राग में गाया जाता है—

।। श्री गोवर्धनराय लाला ।। प्यारे लाल तिहारे चंचल नयन विशाला ।। तिहारे उर सोहे वनमाला । यातें मौहि रही ब्रजबाला ।। ध्रु.।। खेलत-खेलत तहाँ गये जहाँ पनिहारिन की वाट ।। गागर ढोरें सीसतें कोउ भरन न पावत घाट ।। । ।। नंदराय के लाडिले वल एसौ खेलनिवार ।। मनमें आनंद भर रह्यौ मुख जोवत सकल व्रजनार ।। 2।।अरगजा कुंकुम घोंरकें प्यारी लीनों कर लपटाय ।। अचकां अचक्कां आयकें भाजी गिरिधर गाल लगाय ।। 3 ।। यह विध होरी खेलहीं ब्रजवासिन संगलगाय । गोवर्धनधर रूप पर जन गोविन्द बलबल जाय ।। 4 ।।

इस पद के विषय में वार्ता साहित्य में इस प्रकार वर्णन मिलता है—

''और फागुन के दिन हते । सो सेन भोग सराय के श्री गुसाईंजी बीड़ी अस गावत हते । सो धमार श्री गोवर्धन राय लाला । ये धमार पूरी करे बिना गोविन्द स्वामी चुप करि रहें । जब श्री गुसाईं जी ने आज्ञा करी गोविन्द दास धमार पूरी करौ । तब गोविन्द स्वामी ने कही महाराज धमार तौ भाजि गई है । वे तौ घर में जाई घुसे । खेल तो बन्द भयौ अब कहा गावूं । ये सुनि के गुसाईंजी चुप करि रहे । पाछे बैठक में पधारे जब एकतुक अपने बनाय के गोविन्द स्वामी के नाम की वा धमार में धरी । वा दिन सूं गोविन्द स्वामी को धमार लोक में सारे बारह कही जाय है । सौ गोविन्द स्वामी ऐसे कृपापात्र हते । जो लीला के दर्शन करिके गान करते हते ।''[2]

वार्ता साहित्य में कई स्थलों पर इनकी गान विद्या की प्रशंसा मिलती है । यथा—

''सो गोविन्द स्वामी भैरव राग आलाप्यौ, सो गोविन्द स्वामी कौ गरौ बहौत अच्छौ हतो और आप गावत ही वहोत आछे हते, सो भैरव राग ऐसौ जम्यौ जौ कछू कहिवे में नाही आवै ।''[3]

इनके संगीत के गुरु कौन थे इसका कहीं भी उल्लेख नहीं मिलता । लेकिन गान कला में आप तानसेन से भी अधिक कुशल थे । तानसेन स्वयं श्री गोविन्द स्वामी जी से गायन

1. अष्ट छाप—धीरेन्द्र वर्मा पृ. 130
2. ,, ,, पृ. 127
3. अष्ट छाप कांकरौली पृ. 285

सीखने आये थे । वार्ता साहित्य में इसका साख्य इस प्रकार है—

"एक दिन तानसेन श्री गुसाईं जी के पास गाइवे कूं आये । सो गाये तब तानसेन कूं श्री गुसाईंजी ने दस हजार रुपैया इनाम में दिये और एक कौड़ी दीनी । तब तानसेन ने पूछयौ जो दस हजार रुपैया तो ठीक परन्तु कौडी कैसी है । तब श्री गुसाईं जी ने आज्ञा करी जो तुम पादसाह के कलावंत हौ जा के दस हजार रुपैया है और तुम्हारे गाये की कीमत हमारे गवैयन के आगे कौड़ी है । तब तानसेन ने कही जो ये बात मैं कैसे मानूं तब श्री गुसाईं जी ने गोविन्द स्वामी कूं आपने पास बुलाये और आज्ञा करी एक पद गावौ । तब गोविन्द स्वामी वे एक पद सारंग राग में गायौ । सौ पद-श्री वल्लभनंद रूप अनूप स्वरूप कह्यौ नहिं जाई । सो ये पद सुनि कें तानसेन चकित होय गये । और गोविन्द स्वामी को गान सुनि के विचार करयौ जो मेरौ गान इनके आगे ऐसे हैं जिसै मखमल के आगे टाट है ऐसे है । सो ये कौडी की इनाम खरी । तब गोविन्दस्वामी सूं तानसेन ने कही जो बाबा साहेब मोकूं गान सिखावौ । तब तानसेन श्री गुसाईं जी के सेवक भये और पचीस हजार रूपैया भेंट करे । और गोविन्द स्वामी के पास गायन विद्या सीखे ।"[1]

राजा आसकरण की वार्ता में स्वयं तानसेन ने श्री गोविन्दस्वामी को अपना संगीत गुरु माना है । राजा आसकरण के समक्ष एक बार तानसेन ने श्री गोविन्दस्वामी जी से सीखा हुआ पद सुनाया तो राजा आसकरण को बहुत अच्छा लगा । जब उन्होंने तानसेन से पूछा कि उसने उस पद को कहाँ से सीखा तब तानसेन ने इस प्रकार कहा—

"तब तानसेन जी बोले श्री गोकुल में श्री विट्ठलनाथ जी श्री गुसाईं जी है विनके सेवक गोविन्द स्वामी है विनने ऐसे सहस्त्रावधि पद किये हैं परन्तु श्री गुसाईं जी के सेवक बिना वे और काहू कूं सिखावत नाहीं है । मैं हूं विनके संग ते श्री गुसाईं जी को सेवक भयौ हूँ ।"[2]

वार्ता के इसी क्रम में आगे राजा आसकरण का श्री गोविन्द स्वामी जी से गायन विद्या सीखने का वर्णन मिलता है ।

वल्लभ सम्प्रदाय में दीक्षित होने के अनन्तर श्री गोविन्द स्वामी कुछ दिन महावन तथा गोकुल में रहने के पश्चात् गोवर्धन में निवास करने लगे तथा वहाँ रहकर श्री नाथजी की कीर्तन सेवा में रत रहे और जीवन पर्यन्त अपने इष्ट देव को रिझाने में लीन रहे ।

ऐसा प्रतीत होता है कि इनके गोवर्धन निवास की अवधि में अनेक शिष्यों ने आपसे संगीत कला की शिक्षा ग्रहण की और उनकी ये पाठशाला ब्रज में संगीत विद्या का प्रधान केन्द्र रही । डॉ. सत्येन्द्र जी ने तत्कालीन संस्कृतिक वैभव का वर्णन करते हुए ऐसा ही लिखा है ।

संवत् 1642 वि. फाल्गुन कृष्ण 7 को गिरिराज की तलहटी में ही आपका गोलोकवास हुआ ।

1. 252 वैष्णावन की वार्ता पृ. 397-96
2. ,, ,, पृ. 158

कहा जाता है कि आपने गोवर्धन की कन्दरा में सदेह प्रवेश किया था ।[1]

छीत स्वामी

आप मथुरा के चौबे थे तथा जन्म संवत् 1571 पौष कृ. 10 में मथुरा में हुआ था ।

"सौ वे छीतस्वामी मथुरा में रहते हते और मथुराजी में पाँच चौबे बड़े गुंडा हतें । और ठगाई करते और छीत चौबे बिन पांचन में मुख्य हतो ।"[2]

छीतस्वामी जी ने संगीत की शिक्षा कहाँ से प्राप्त की इसका उल्लेख कहीं नहीं मिलता । ऐसा प्रतीत होता है कि उनको प्रारम्भ से ही संगीत में रुचि रही होगी तथा पुष्टिमार्ग में दीक्षित होने के उपरान्त जब वे श्री गोविन्दस्वामी, सूरदास, व परमानन्ददास प्रभृत्ति गायकों के सम्पर्क में आये तब उन्होने अपने संगीत ज्ञान में पर्याप्त वृद्धि की होगी ।

सम्प्रदाय में दीक्षित होने के समय श्री छीतस्वामी ने राग नट में एक पद बनाकर गाया था इससे इस बात की पुष्टि होती है कि उस समय भी श्री छीतस्वामी को संगीत का अच्छा ज्ञान था क्योंकि राग नट का गायन करना संगीत की शिक्षा लिये बिना संभव नहीं हो सकता । यथा—

"जब छीतस्वामी ने कही जो महाराज मोकूं शरण लेओ । ..... तब छीतस्वामी ने बाहर आयकें चारों चौबेन सों कहीं मोकूं टोना लगि गयौ है तुम भाग जावौ नाहि तौ तुमकूं लगि जाय गो । ये सुनिकें चारों चौबे भाग गये । छीतस्वामी ने एक पद करि कें गायौ । राग नट—भई अब गिरिधर सो पहिचान । ये पद सुनिकें गुसाईंजी प्रसन्न भये ।"[3]

नागर समुच्चय में भी श्री छीतस्वामी का थोड़ा सा वर्णन मिलता है तथा राग सारंग में 'जो वसुदेव किये पूरन तप तेई फलफलित श्री वल्लभदेव ।' पद गाने की बात कही गई है ।[4]

वार्ता से ज्ञात होता है कि अकबर बादशाह ने भी श्री छीतस्वामी का कीर्तन सुना था—

"और एक दिन बीरवल देसाधिपति सों रजा लैकें श्री गोकुल में जन्माष्टमी के दर्शन कूं आयौ । पाछे नेव पलटाय के देसाधिपति हूं छाने छाने आयौ । तब जन्माष्टमी के पालना के दर्शन करे । मनुष्यन की भीड़ में । तब देसाधिपति कूं श्री गुसाईंजी बिना और कोई ने पहिचान्यौ नहीं । तब छीतस्वामी कीर्तन करत हते । और श्री गुसाईंजी श्री नवनीत प्रिया जी कूं पालना झुलावत हते तब छीतस्वामी ने ये पद गायौ ।"[5]

---

1. संगीत अष्ट छाप—संगीत कार्यालय हाथरस, पृ. 89
2. अष्ट छाप - सं. धीरेन्द्र वर्मा - पृ. 112
3. 252 वैष्णावन की वार्ता, पृ. 16-17
4. नागर समुच्चय पद प्रसंग माला, सिंगार सागर, शिवलाल, पृ. 207
5. 252 वैष्णावन की वार्ता, पृ. 19

श्री छीतस्वामी अच्छे कवि व संगीतज्ञ थे यथा—

"सो वे गुसाईंजी की कृपा ते बड़े कवीश्वर भयै, सो बहौत कीर्तन किये ।"[1]

पुष्टिमार्ग में दीक्षित हो जाने के अनन्तर श्री छीतस्वामी आजीवन गोवर्धन (मथुरा) में रहते हुए अपने इष्ट देव श्री नाथजी की कीर्तन सेवा में लीन रहे । संवत् 1642 वि. में फाल्गुन कृ. 7 को गिरिराज की तलहटी में ही आपका गोलोकवास हुआ । पूंछरी पर स्याम तमाल व अप्सरा कुण्ड आपके स्मृतिस्थल हैं ।

हवेली संगीत में आपके अनेक पद गाये जाते हैं । इस शैली में आपका जो पद सर्वाधिक लोकप्रिय हुआ है वह इस प्रकार है—

अहौ विधना तो पै अंचारा पसारि मांगौ
जनम-जनम दीजै याही ब्रज वसिवों
अहीर की जाति समीपनन्द घर
घरी-घरी घनश्याम हेरि-हेरि हंसि वौ
दधि के दान भिस ब्रज की बीथिन में
झक झेरान अंग-अंग कौ परासवौ ।
छीतस्वामी, गिरिधरन श्री विट्ठल
सरद रैनि रसरास कौ बिलसिबौ ।

चतुर्भुजदास

श्री चतुर्भुजदास जी को संगीत का ज्ञान पैत्रिक सम्पत्ति के रूप में अपने पिता श्री कुंभनदास जी से मिला था । अष्टछाप के ये ही एक मात्र ऐसे संगीतकार हैं जिनके बारे में हमें सप्रमाण ज्ञात होता है कि इन्होंने संगीत की शिक्षा कहाँ और किस से प्राप्त की । कविता रचने की व्यावहारिक शिक्षा आपने अपने पिता से प्राप्त तो की ही साथ ही आप प्रतिभा सम्पन्न भी थे ।

"…. जब कुंभनदास जी कूं पौढवे के दर्शन होते तब कुंभनदास जी कीर्तन गाइबे लगे सो पद वे देवी बरन झरौखन दीपक, हरि पौढ़े ऊँची चित्रसारी सो इतनी तुक जब कुंभनदास जी ने गाई तब चतुर्भुज जी गाय उठे । सुन्दर बदन निहारन कारन, बहुत जतन राखे कर प्यारी ये सुनि के कुंभनदास ने निश्चय करयौ जो इसकूं श्री गुसाईं जी की कृपा सों सम्पूर्ण अनुभव भयौ ।"[2]

वार्ता में कई स्थलों पर चतुर्भुज दास के कीर्तन करने व गाने का उल्लेख किया गया है ।[3]

1. अष्ट छाप—कांकरौली, पृ. 256
2. अष्ट छाप—सं. धीरेन्द्र वार्मा, पृ. 106
3. 252 वैष्णावन की वार्ता, पृ. 25-27

"चतुर्भुज दास के मन में बहुत विरह भयौ, तब श्री गिरिराज के ऊपर बैठिके विरह के कीर्तन करन लागे" —अष्ट छाप, कांकरौल, पृ. 312

"ऐसे प्रार्थना के चतुर्भुजदास ने बहुत कीर्तन करिकें सूतक के दिन वितीत किये"

—अष्टछाप, कांकरौली, पृ. 309

श्री हरिराय कृत भाव प्रकाश वाली वार्ता में कुंभनदास जी के प्रसंग में कहा गया है—

"और एक समय श्री गुसाईंजी के पास कुंभनदास बैठे हुंते और सगरे वैष्णव हू बैठे हुते । सौ श्री गुसाईं जी आपु हंसि के कुंभनदासजी सौं पूछे जो कुंभनदास तिहारे बेटा कितने है? तब कुंभनदास जी ने श्री गुसाईंजी सों कही बेटा तो मेरे डेढ़ है ।"

"तब गुसाईं जी ने कहे जो हमने तो सात बेटा सुने है और तुम डेढ़ बेटा कहे, ताकों कारन कहा? तब कुंभनदास जी ने कहौ जौ महाराज वों तो सात बेटा है तामें पाँव तौ लोकिक सक्त है जो बेटा काहे के है? और पूरौ एक बेटा तौ चतुर्भुज दास है और आधौ बेटा कृष्णदास है । सौ गोवर्धननाथजी की गायन की सेवा करत है ।

सो तहाँ संदेह होय गायन की सेवा तो सर्वोपरि है और गायन की सेवा किये तें बहौत वैष्णव श्री ठाकुरजी को पाये हैं और कुंभनदास जी कृष्णदास को आधौ बेटा क्यों कहे । तहाँ कहत है जो श्री आचार्य जी आपु यह पुष्टि मार्ग प्रकट किये हैं सो पुष्टि मार्ग ब्रजनन कों भावरूप मार्ग है सो भगवदीय गाये हैं जो सेवा रीतिप्रीति ब्रजनन की जनहित जग प्रगटाई । सो ब्रज भक्तन की कहा रीति है? जो श्री ठाकुरजी के सन्निधान में तो सेवा करे सो स्वरूपानंद को अनुभव करि संयोग रस में मग्न रहे और श्री ठाकुरजी गोचारन अर्थ ब्रज में पधारे तब ब्रज भक्त विरह रस को अनुभव करि गान करे । सोया या प्रकार संयोगरस और विप्रयोग रस के अनुभव जाकौं होय सो पूरो वैष्णव होय और (जामें) एक न होय सो आधौ वैष्णव है । सो कृष्णदास तो गायन की सेवा करत है और श्री गोवर्धन नाथजी कों दरसनहू होत है । परन्तु ब्रजभक्तन की रहस्य लीला कौ अनुभव नाही है । तासों ये आधौ है और चतुर्भुजदास संयोग और विप्रयोग दोऊ रस के अनुभवयुक्त सेवा करत है । तासों लीला सम्बन्धी कीर्तन हू गान करत है तासों कुंभनदास जी चतुर्भुज दास कों पूरौ बेटा कहे ।"[1]

उपर्युक्त प्रसंग से हमें ज्ञात होता है कि श्री चतुर्भुजदास को संयोग और वियोग दोनों ही रसों की गहन अनुभूति थी तथा उसके अनुकूल ही गायन करने में कुशल थे । प्रवीण गायक होने के साथ-साथ आपको काव्य कला पर भी पूर्ण अधिकार था ।

श्री चतुर्भुजदास सदैव भगवद् भक्ति में लीन रहते थे । वार्ताकार के अनुसार उनको प्रभु के साक्षात् दर्शन होते थे । यथा—

"एक दिन श्री गुसाईंजी श्री गोकुल विराजतै और श्री गिरिधर जी सों लैके सब बालक श्री जीद्वार विराजते हते । तब उहाँ रासधारी आये । तब श्री गोकुल नाथ जी ने श्री

1. 84 वैष्णव की वार्ता, हरिराय पृ. 79-80

गिरिधर जी सों पूछ कें परासौली में रास करायौ और रास में खूब गान भयौ । जब चतुर्भुज दास जी सूं श्री गोकुलनाथ जी ने आज्ञा करी जो तुम कछू गायौ । तब चतुर्भुजदास जी ने कहा जो मेरे सुनवे वारे श्री नाथजी नहीं पधारे हैं जासू मैं कैसे गाऊँ ..... श्रीनाथजी जाग के और श्री गिरिधरजी कूं जगाय के श्री नाथजी परासौली पधारे और श्री गिरिधरजी पधारे और चतुर्भुज दास कूं और श्री गोकुलनाथजी कूं दर्शन भये । और कोई कूं दर्शन भये नहीं । तब श्री नाथजी के दर्शन करिकें चतुर्भुज दास जी गावे लगे.... वे चतुर्भुज दास जी ऐसे कृपा पात्र हते के श्री नाथजी के बिना दूसरे ठिकाने गान नहीं करत हते ।''[1]

उक्त प्रसंग से एक तो श्री चतुर्भुज दास जी को भगवान का साक्षात्कार होता था इस बात की पुष्टि होती है और दूसरे यह बात भी सामने आती है कि ''श्रीनाथ जी के बिना दूसरे ठिकाने गान नहीं करत हते'' अर्थात् वे अपना गायन अपने इष्ट देव श्रीनाथ जी को रिझाने के लिये ही करते थे, अन्यत्र नहीं । यहाँ यह बात कह देना असंगत न होगा कि पुष्टिमार्गीय हवेली संगीत की यह भी एक परम्परा है कि यहाँ के संगीतकार मन्दिरों के अतिरिक्त अन्य स्थान पर गायन नहीं करते । हो सकता है कि इस रूढ़ि का आधार श्री चतुर्भुज दास का यही प्रसंग हो ।

हवेली संगीत में श्री चतुर्भुजदास के पद प्रचुर मात्रा में गाये जाते हैं ।

आपका सर्वाधिक लोकप्रिय पद इस प्रकार है—

(जो केदार राग में चौताले में गाया जाता है)

अद्‌भुद नट भेष धरैं यमुना तट स्याम सुन्दर
गुण निधान गिरिवरधर, रासरंग राचे ।
युवति यूथ संग लिये, गावत केदारौ राग
अब घर बर वेणु मधुर, सप्तसुरन साचें
उरप तिरप लाग डाट तततत तत थेई-थेई
उघटत शब्दावली गति भेद कोऊ न बाँचे ।
चत्रभुज प्रभु वनविलास, मोहे सब सुर अकास
निरखि थक्यौ चंदकौ रथ पच्छिम नहिं ख़ांचै ।।

श्री चतुर्भुजदास गृहस्थ होते हुए भी जीवनपर्यन्त श्रीनाथ जी की कीर्तन सेवा में लीन रहे । आपने गायन की शिक्षा अपने पुत्र राधोदास को दी यथा—

''और चतुर्भुजदास जी के पाछे चतुर्भुजदास जी के बेटा राधोदास हते । सो बिन कूं भगवल्लीला कौ अनुभव भयौ जब राधोदास जी ने धमार गाई । सो धमार 'ए चल जायं जहाँ हरि क्रीडत गोपिन संग ।'' ये धमार की जब दस तुक भई तब राधोदास की देह छूटी ।''[2]

उक्त प्रसंग से ज्ञात होता है कि अपने पिता की भाँति ही राधोदास भी अच्छे कवि व गायक थे लेकिन प्रतीत होता है कि उनकी अल्पायु में ही मृत्यु हो गई अन्यथा उनके

1. 252 वैष्णावन की वार्ता, पृ: 23-24
2. अष्ट छाप - स. धीरेन्द्र वर्मा, पृ. 112

द्वारा रचित पद भी प्रचुर मात्रा में प्राप्त होते ।

इसी प्रसंग में उल्लेख है कि श्री राधोदास की पुत्री भी कुशल कवि-गायक के लक्षणों से युक्त थी । यथा—

"..... राधोदास जी की बेटी ने डेढ़ तुक धरि कें धमार पूरी करी । वे चतुर्भुजदास तथा बिन के बेटा विनकी बेटी ये सब ऐसे कृपा पात्र हते ।"[1]

संवत् 1642 फाल्गुन कृष्ण 7 को रुद्रकुण्ड पर आपका गोलोकवास हुआ ।[2]

नन्ददास

आपका जन्म संवत् 1590 वि. में सोरो क्षेत्र के रामपुर ग्राम में हुआ था । कहते हैं कि आप गो. तुलसीदास जी (रामचरितमानस-प्रणेता) कें भाई थे । नाभादासजी ने आपका वर्णन करते हुए कहा है ।

लीला पद रसरीति ग्रन्थ रचना में नागर ।
सरस उक्ति जुत जुक्ति भक्ति रस गान उजागर ।।[3]

इन पंक्तियों में 'भक्तिरस गान उजागर' से ज्ञात होता है कि श्रीनन्ददासजी कवि होने के साथ-साथ कुशल गायक भी थे तथा इनका गायन भक्ति रस से परिपूर्ण रहता था ।

ध्रुवदासजी ने भी आपकी प्रशंसा करते हुए लिखा है—

"बाबरौ सो रस में फिरै खोजत नेह की बात
आछे रस के वचन सुनि वेगि विवरा हो जात ।।[4]

उक्त कथन से यह संकेत मिलता है कि श्री नन्ददास अपनी धुन के पक्के थे तथा स्वर माधुर्य उनको अभीप्सित था ।

श्री नन्ददास बचपन से ही गायन वादन में रुचि लेते थे 'सो विनकू नाच तमासा देखने कौ तथा गान सुनवे को शौक बहुत हतो ।[5] अष्टसखान की वार्ता से ज्ञात होता है कि श्री नन्ददास वल्लभ सम्प्रदाय में दीक्षित होने के पूर्व ही गायन करते थे । जिस समय आप एक क्षत्राणी का अनुसरण करते हुए गोकुल गये थे, रास्ते में यमुना नदी पड़ी । क्षत्रिय द्वारा मल्लाहों को कुछ द्रव्य दे देने के कारण उन्होंने नन्ददास को जब यमुना-पार नहीं होने दिया तब श्री नन्ददास ने यमुना के किनारे बैठकर यमुना स्तुति के पद गाये ।[6] यह प्रसंग पुष्टि सम्प्रदाय में दीक्षित होने से पूर्व का है ।

श्री नन्ददास जी के पद गायन की चर्चा वार्ता साहित्य में एक स्थल पर इस प्रकार

1. अष्ट छाप - सं. धीरेन्द्र वर्मा, पृ. 112
2. ब्रजस्य वल्लभ सं. का इतिहास—प्रभूदयाल, पृ. 58
3. भक्तमाल, भक्तिरस बोधिनी, छप्पय सं. 110, पृ. 115-16
4. भक्तनामावली, पृ. 8
5. 252 वैष्णावन की वार्ता, पृ. 28
6. अष्ट छाप और वल्लभ सम्प्रदाय—डॉ. दीनदयाल गुप्त भाग-1, पृ. 141-43

की गई है—

"...... तब महाप्रसाद लेत ही नन्ददासजी कूं देहानुसन्धान रह्यौ नहीं । जब पातर पै बैठे हे रहे । भगवल्लीला में मगन होय गयो । अनेक लीलान कौ अनुभव हैवे लग्यौ । भरे घर के चोर की सी नाई मोहित भये । ऐसे करत सवारों होय गयौ । कछु सुधि रही नहीं । तब श्री गुसाईं जी पधारि के नन्ददास के कान में कहीं के नन्ददास जी उठौ दर्शन करौ । जब नन्ददासजी उठिके ठाढ़े भये । तब नन्ददास जी ने उठि के श्री गुसाईं जी के दर्शन करके ये पद गायो—'प्रात समय श्री वल्लभ सुत कौ उठतहि लीजै नाम' । इत्यादिक पद गाय के श्री नवनीतप्रिय जी के दर्शन करे ।"[1]

श्री नन्ददासजी कालान्तर में अच्छे संगीतज्ञ हो गये तथा कुशल गायक के रूप में उनकी इतनी विपुल मात्रा में ख्याति हुई कि उनसे भेंट करने को सम्राट अकबर को स्वयं उनके स्थान पर आना पड़ा ।

" ..... एक दिन पृथ्वीपति के आगे कोई मनुष्य ने पद गायौ .... यापद की शैली तुक में आवै है नन्ददास गावे तहाँ निपट । सो ये पद पृथ्वीपति ने सुन्यौ .... तब पृथ्वीपति सहकुटंब ब्रज में आये... और नन्ददासजी पास की खल कूं पठाये ..... तब नन्ददासजी ने कही हम परसूं के दिन मानसी गंगास्नान करवे कूं आवेंगे सो उहाँ पादसाह कूं मिलिंगे .. फिर दूसरे दिन मानसी गंगा नहायवे कूं गये उहाँ पृथ्वीपति कूं मिले ।"[2]

हवेली संगीत में आपके विरचित अनेक पद प्रचुर मात्रा में गाये जाते हैं । इस प्रणाली में आपका निम्नांकित पद सर्वाधिक मात्रा में गाया जाता है ।

कृष्ण नाम जब ते श्रवण सुन्यौ ही आली
भूली री भवन हो तो बाबरी भई ॥
भरि-भरि आये नैन, चित हून परै चैन ।
मुखहू न आवै बैन, तनकी दसा कछु और रही री
जेतेक नैम धर्म ब्रत कीन्हे री मैं
बहु विधि अंग-अंग भई में तो श्रवण भई री ।
नन्ददास प्रभु जाके श्रवण सुने यह गति भई
माधुरी मूरत कै धौं कैसी दई री ॥

उक्त पद राग तौड़ी में गाया जाता है । चार ताल व्यवहृत होती है । स्थाई का समय कृष्ण नाम के ना पर होता है ।

संवत् 1640 वि. में मानसी गंगा (गोवर्धन) स्थान पर आप गोलोकवासी हुए । मानसी गंगा पर पीपल का वृक्ष आपका स्मृति स्थल समझा जाता है । अष्टछाप निर्माण के दौरान हमें विष्णुदास का भी नाम मिलता है ।

1. 252 वैष्णावन की वार्ता, पृ. 29-30
2. दो सौ वैष्णावन की वार्ता, श्री गोसाईं जी के सेवक रूप मंजरी की वार्ता, पृ. 386-87

विष्णुदास

गोकुल में श्री विट्ठलनाथ जी के निवास स्थान की चौकीदारी विष्णुदास छीपा करते थे । श्री विष्णुदास श्री वल्लभाचार्य के शिष्य थे, किन्तु वे दीर्घजीवी हुए थे । 'अष्टछाप' की स्थापना के समय वे कदाचित् गोवर्धन में श्रीनाथ जी का कीर्तन करते थे क्योंकि उनका नाम अष्ट सखाओं में आया है ।[1] बाद में नन्ददास के आने पर उनको तो 'अष्टछाप' में सम्मिलित किया गया और विष्णुदास छीपा को गोकुल भेज दिया गया था ।[2]

अष्टछाप और कीर्तन साहित्य

पुष्टिमार्गीय संगीत के साहित्य का आदि श्रोत 'अष्टछाप' ही रहा है । लेकिन इस विषय में तीन बातें स्मरणीय हैं—

(1) अष्टछाप के कवियों की सभी रचनायें पुष्टमार्गीय कीर्तन में गाई जाती हों ऐसी बात नहीं है । उनमें से केवल वे ही रचनायें गाई जाती हैं जिनका विधान पुष्टिमार्गीय कीर्तन की प्रणालिकाओं में परम्परा से प्राप्त होता है । वैसे भी देखा जाए तो इन कवियों की सारी रचनाओं को गाये जाने का अवकाश भी कहाँ से मिलेगा । अकेले सूरदास जी ने ही कहते हैं कि सवा लाख पद लिखे हैं ।

(2) अष्टछाप की रचनाओं में से केवल ऐसी ही रचनायें गाई जाती हैं जो कि जन साधारण की पहुँच के बाहर न हो । साहित्यिक दृष्टि से दरिद्र व्यक्ति भी उस रचना को समझ सके, पदों के चयन में यही दृष्टि अपनाई गई है ।

(3) पुष्टिमार्गीय कीर्तन का साहित्य केवल अष्टछाप की रचनायें ही हों ऐसी बात नहीं है । उनके अलावा अन्य भक्त गायकों की रचनाएं भी गाई जाती हैं । ऐसे कवि गायकों की सूची आगे दी हुई है । यह बात सत्य है कि आधुनिक युग के किसी भी कवि की रचना पुष्टिमार्ग में गेय नहीं है ।

कीर्तन साहित्य के अन्य भक्त गायक प्रणेता

अष्ट छाप की परंपरानुसार इस कीर्तन साहित्य के अन्य सभी प्रणेताओं का संगीतज्ञ भी होना प्राय: निश्चित है । इन भक्त कवि-गायकों का नामोल्लेख इस प्रकार हैं—

गोस्वामी बालक श्री वल्लभाचार्य जी के वंशज

—श्री हरिरायजी—(संवत् 1647-संवत् 1772)

ये गोकुल में जन्मे तथा इन्होंने देशव्यापी यात्राऐं कीं । आपने संस्कृत के अतिरिक्त ब्रज भाषा में भी गद्य व पद्य रचना की । इनके लगभग 166 ग्रन्थ संस्कृत में तथा 52 ग्रन्थ

1. श्री गोवर्धन नाथ जी के.पा कट्य की वार्ता-पृ. 27 श्री द्वारकेश जी का छप्पय
2. ब्रजस्य वल्लभ संप्रदाय का इतिहास—प्रभूदयाल मीतल, पृ. 46

ब्रज भाषा में हैं । इनके रचे हुए अनेक पद कीर्तन साहित्य का अंग बने हुए हैं ।

श्री पुरुषोत्तम जी—(जन्म संवत् 1805 वि.)

छठे घर की द्वितीय उपग्रह शाखा में आपका जन्म हुआ । उनके रचे हुए ब्रज भाषा के लोक गीत विख्यात है जिनके कारण ये वल्लभ वंशीय गोस्वामियों में 'ख्याल वारे' के उपनाम से प्रसिद्ध रहे है । लोक रचनाओं के अतिरिक्त उन्होंने कीर्तन के अनेक पद रचे जो आज भी पुष्टिमार्ग के मन्दिरों में गाये जाते हैं ।

श्री कल्याण राय जी (जन्म संवत 1625 वि.)

ये वल्लभ सम्प्रदाय के द्वितीय घर में श्री विट्ठलनाथ जी के द्वितीय पुत्र श्री गोविन्द रायजी के ज्येष्ठ पुत्र थे । इनके व्यक्तित्व से ही प्रभावित होकर इनके पुत्र हरिरायजी एक सफल आचार्य के रूप को प्रदान कर सके । इन्होंने अनेक पद रचे जिनमें से कुछ आज भी कीर्तन में गाये जाते हैं ।

इनके अतिरिक्त श्री ब्रजपति, श्री ब्रज जीवन व श्री गोकुलपति आदि अनेक गोस्वामी बालकों ने कीर्तन साहित्य के संवर्धन में योग दिया ।

अन्य भगवदीय

राधोदास

श्री राधोदास जी अष्टछाप के प्रसिद्ध संगीतकार श्री चतुर्भुज दास जी के पुत्र थे । संगीत की शिक्षा आपको अपने पिता से ही प्राप्त हुई । इनके बाबा श्री कुंभनदासजी भी अच्छे संगीतकार थे तथा अष्टछाप के जाने-माने कवि गायक थे होने के साथ-साथ पुष्टिमार्गीय हवेली संगीत के प्रथम संगीतकार (कीर्तनकार) थे ।

वार्ता साहित्य में आपके विषय में इस प्रकार का उल्लेख मिलता है—

''और चतुर्भुजदास जी के पाछे चतुर्भुजदास जी के बेटा रधोदास हते । सो विनकूं भगवल्लीला को अनुभव भयौ जब राधोदासजी ने धमार गाई । सौ धमार—'ए चल जाँय जहाँ हरि क्रीडत गौपिन संगा' । ये धमार की जब दस तुक भई तब राधोदास की देह छूटी । सो भवल्लीला में प्रवेश भयौ ।''[1]

अनुमानत: आप अल्पायु में ही परलोकवासी हो गये थे । यदि आपने दीर्घ आयु प्राप्त की होती तो अवश्य आप द्वारा विरचित अनेक पद प्राप्त होते तथा आपकी ख्याति भी प्रचुर मात्रा में होती ।

श्री राधोदास जी ने अपने पूर्वजों से अर्जित संगीत ज्ञान को अपने पुत्र व पुत्रियों को प्रदान किया, प्रमाण स्वरूप वार्ता साहित्य में ही पूर्व प्रसंग में आगे इस प्रकार उल्लेख मिलता है ।

''..... राधोदास जी की बेटी ने डेढ तुक घर के धमार पूरी करी । वे चतुर्भुज दास

1. श्री गोकुलनाथ कृत अष्टछाप—सं. धीरेन्द्र वर्मा, पृ. 112

तथा विनके बेटा विनकी बेटी ये सब ऐसे कृपा पात्र हते ।''[1]

श्री भट्ट

इन्होने 50 पद श्री महाप्रभु वल्लभाचार्य जी की स्तुति में लिखे तथा लीला सम्बन्धी अनेक पदों की भी रचना की ।

स्वामी श्री हरिदास

ध्रुवपद को अमर बना देने वाले स्वामी श्री हरिदास जी के पद भी यहाँ गाये जाते हैं । इनके पद दो भागों में विभक्त हैं (1) केलिमाल के पद (2) सिद्धान्त के पद । इनका मत हरिदासी सम्प्रदाय कहलाता है ।

हित हरिवंश

राधा वल्लभीय सम्प्रदाय के आदि संत श्री हरिवंशजी ने विपुल पद साहित्य सृजन किया है । उनके भी पदों में से कुछ पद पुष्टिमार्ग में गाये जाते हैं ।

इनके अलावा धौंधीं, तानसेन, हरिनारायण स्यामदास, आसकरन, मुरारीदास, रसिक, ताज, मदनमोहन आदि अनेक भक्त गायकों के पद पुष्टमार्गीय कीर्तन में गाये जाते हैं ।

अकारादि क्रम से इस कीर्तन साहित्य के भक्त गायक रचयिताओं के नाम इस प्रकार हैं—

''श्री वल्लभ सम्प्रदाय में नित्य कीर्तन और वर्षोत्सव के उपलक्ष में नित्य प्रति सवेरे मंगला से लेकर रात्रि-शयन पर्यंत तथा भगवान श्री कृष्ण के जन्म से लेकर हिंडौले के उत्सव तक जो पद गाये जाते हैं उनमें अष्टछाप के कवियों को भी सम्मिलित करते हुए अन्य पद (कीर्तन) रचयिताओं की सूची, उनकी अपनी विविध छाप के अनुसार इस प्रकार है—''[2]

''अंग, अग्रदास (अगरदास), अलीवान, अलीदीन, अनुचरदास, आनन्द धन, आसकरण, इच्छाराम, उदयराम (उदय) ऋषीकेष (हषीकेष), कटहरिया, कल्याण, कल्याण (दूसरे मुकुन्द तात), कविराज भाट, कान्हर (कान्हरदास), किशोरीदास, कुंजविहारी, कुंभनदास (अष्टछाप), कृष्णा कमल, कृष्णजीवन लच्छीराम, कृष्णदास (अष्टछाप), कृष्णदास गगरी, कृष्णदासी, केशव किशोर, केशुकिशोरी, केसोराम (कैसो, केशव) गंग, गंगग्वाल, गंगादास, गदाधर, गदाधर मिश्र, गदाधर राय, गरीबदास, गिरिधर, गिरिधरजन, गिरिधरलाल, गुनरूप, गोकुल, गोकुलचन्द, गोकुलनाथ, (प्रख्यात वार्ता-रचयिता), गोकुलनाथ जू प्यारे । गोकुलपति, गोपाल, गोपालदास (मदन मोहन), गोपालदास (लघुगोपाल), गोवर्धन, गोवर्धनदास, गोवर्धनेश, गोविन्द, गोविन्ददास, गोविन्ददास (दूसरे), गोविन्द स्वामी (अष्टछाप), ग्वाल, घनस्याम प्रभु, घनश्याम सनाढ्य, चंचल (शशि), चतुर, चतुर विहारी, चतुरानन, चतुर्भुजदास (अष्टछाप), चरणदास, छविनाथ (छविनायक), कन्नौजिया, छीतस्वामी (अष्टछाप), जगजीवन

1. श्री गोकुलनाथ कृत अष्टछाप - सं. धीरेन्द्र वर्मा, पृ. 112
2. श्री जवाहरलाल चतुर्वेदी - मथुरा के कीर्तन संग्रह के अनुसार।

(जग), जगत जनक, जगदानन्द, जगन्नाथ कविराय, जगन्नाथप्रभु, जन, जनभगवान, जन हरिया, जयदेव, जुगल, ठाकुरदास, ताज, तानसेन, तुलसी, दयाराम भाई, दयाल प्रिय, दामोदर वल्लभ (पद किंकर), दामोदर हित, दास सखी (दास सरण) द्वारिका दास (दास), द्वारिकानाथ, द्वारिकेश, धर्मदास, धर्मराज, धीरज, धौंधी, नन्ददास (अष्टछाप), नवनीत, नवलसखी, नागरीदास (कृष्णगढ़), नाथ, नारायल, निजजन, निजजन कौ दास, निजदास, निजदासन, निजदासी, निर्भयराम, पद्मनाभदास, परमानन्ददास (अष्टछाप), छाप-परमानन्द, परमानन्ददास, परमानन्द स्वामी, पर्वत, पर्वतसेन, पियविहारी, पुरुषोत्तम, पुरुषोतमदास (लघु), पुरुषोतमप्रभु, पुरुषोतम सेठ, प्रभुदास (भाट), प्रर्वाण, प्रह्लाद, प्रान जीवन (प्रान), प्रेमदास, प्रेमप्रभुदास, वंशीधर, बलराम, बलिदास, बलिनन्द, बहादुरसिंह, (कृष्णगढ), बालकेश, बालकृष्ण (गोस्वामी), बालिकी, बिहारिनदास, ब्रह्म (ब्रह्मदास -महाराज बीषल) भगवानदास, भगवान हित रामराय, भीम (भीमा), मथुराजन, मथुरानाथ, मदनमोहन (श्याम), मधुकर, मधुप, मनोहरदास, मराल, महीपतिपांडे, माधुरीदास, माधौ, माधौदास, मानदास, मानिकचन्द, मुकुन्दप्रभु (माधौ), मुरली, मुरारीदास, मेहा, मोहन, यादवेन्द्र (जादों), रघुनन्दन, रघुनाथ (रघुनाथदास), रघुवीर, रतनारे, रसखान, रसिक (गोस्वामी श्री हरिरायजी प्रसिद्ध), रसिकदास, रसिकन, कौदास, रसिक बिहारी, रहसे, राघव (राघौ), दास, राजाराम, रामकृष्ण, रामदास, रामराय (रामराय के प्रभु), रूपमाधुरी, लच्छीदास, लच्छीराम, ललित, ललितादि, लालगुपाल, लालदास, लाल लडैती, वल्लभ (गिरिधरन), वल्लभ (वल्लभदास), वासुदेव (लाल कल्याण), विचित्र विहारी, विट्ठल, विट्ठल गिरिधरन, विट्ठलदास, विट्ठल विपिन बिहारी, विट्ठल विपुल, विष्णुदास, वैणुबाबा, वृन्दावन (वृन्दावन को चंद), वृन्दावन हित माधुरी, वैणी माधव, व्यास, ब्रजईश, व्रजजन (व्रजजन सिरताज), व्रजजीवन, ब्रजनाथ, ब्रजपति, ब्रजभूप, ब्रजभूषण, ब्रजराज, ब्रजाधीश, श्याम, श्यामघन, श्यामदास, श्यामदास हरिनारायण, श्याम सहाय, श्यामसुन्दर, श्री भट्ट, श्रुतिरूपा आमीर, सगुणदास, सरसरंग, सुन्दरदास, सुखसाज (सुजान), सुधरराय, सूरजपुर, सूरदास (अष्टछाप-सूर, सूरज, सूरजदास, सूरजप्रभु, सूरके प्रभु, सूरदास, सूरश्याम, सूरस्वामी आदि), सूरदास मदन मोहन, सूरसेन, हरि, हरिजीवन, हरिदास, हरिदास (हरिदास के स्वामी श्यामा कुंजविहारी), हरिनारायण, स्यामदास, हरिवंश, हरिवंश (व्यास), हित हरिवंश, त्रिपुरजन, त्रिलोकजन, ज्ञान, ज्ञानचन्द ।

इन कवियों अथवा कीर्तन कर्ताओं को वल्लभ सम्प्रदाय में आठ श्रेणियों में विभाजित किया गया है अर्थात् अष्टछाप के प्रत्येक कवि के अंतर्गत आठ अष्ठ कवि (पद रचयिता और गायक) अंग भाव से नियोजित किये गये हैं । जैसे[1]—

"**सूरदास (अंग)**—तानसेन, अलोखान, जगन्नाथ कविराय, हरिनारायण श्याम दास, मुरारीदास, मुकुन्ददास, जनभगवान, कृष्णजीवन लच्छीराम ।

कुंभनदास (अंग)— हित हरिवंश, हरिदास, रसखान, लघुगोपाल, किशौरी, माधुरी

1. श्री जवाहर लाल चतुर्वेदी—मथुरा के संग्रह अनुसार।

दास, दास (वैष्णव), रसिक ।

परमानन्द दास (अंग)—पद्मनाथदास, गोपालदास, आसकरण, गदाधरदास, सगुनदास, हरजीवनदास, मानिकचन्द, रसिक विहारी ।

नन्ददास (अंग)—हरिदास, ताज, कूटहरिया, रामदास, धौंधीं, भगवानहित- रामराय, रघुनाथ दास, जनहरिया ।

गोविन्द स्वामी (अंग) —हरिराय, काका वल्लभजी (दास छाप) द्वारिकेश, ब्रजाधीश, ब्रजपति, गंगाबाई (श्री विट्ठल गिरिधरन छाप), कृष्णदास (दूसरे), कल्याण के प्रभु ।

चतुर्भुजदास (अंग) —व्यासदास, मानदास, दामोदरहित, विचित्र विहारी, श्री भट्ट, प्रेम प्रभु, जगजीवन, विहारीदास ।

छीत स्वामी (अंग)— श्यामदास, सुधरराय, कैशकिशौरी, अग्रदास, भगवानदास, हषीकेश, माधुरीदास, जनगिरिधर ।

कृष्णदास (अंग)— रामराय, गोपालदास (भाईला), चतुरविहारी, जन त्रैलोक, दास माधो, जगजीवन, रूपमाधुरी, नागरीदास ।

अध्याय—3

पुष्टिमार्गीय मन्दिरों के संगीत का दैनिक व वार्षिक-क्रम

नाहं वसामि वैकुण्ठे योगिनां हृदये न च ।
मद् भक्ता यत्र गायन्ति तत्र तिष्ठामि नारद ।। (श्रीमद् भागवत्)

× × × ×

तस्माद् सर्वं परित्यज्य निरुद्धै: सर्वदा गुण: ।
सदानन्द परैर्गेया: सच्चिदानन्द तस्मत: ।।
गुणैष्वाविष्ट चित्तानां सर्वदा पुर वैरिण: ।
संसार विरह क्लेशी न स्यान्तां हरिवत्सुखम् ।।

(श्रीमदाचार्य—नि. ल. 9-12)

उक्त श्लोकों की भावनानुसार पुष्टिमार्गीय कीर्तन की व्यवस्था मनुष्य को हर क्षण भगवान का ही गुणगान कराने के लिये की गई है । प्रात:काल से सायं पर्यंत वह कीर्तन में ही लगा रहे तथा यह लगाव केवल एक ऋतु में ही सीमित न रह कर वर्ष भर बना रहे इसके लिये पुष्टिमार्ग में कीर्तन की सेवा का एक आवश्यक अंग घोषित कर उसको उसी प्रकार का स्वरूप प्रदान किया गया है । प्रतिदिन प्रात:काल से शाम तक का कीर्तनक्रम दैनिक क्रम कहलाता है तथा वर्ष भर के उत्सवों का क्रम इसका वार्षिक क्रम कहलाता है । अत: पुष्टिमार्गी य कीर्तन को दो क्रमों में विभाजित किया गया है ।

(1) दैनिक क्रम (नित्य कीर्तन)

(2) वार्षिक क्रम (वर्षोत्सव कीर्तन)

दैनिक क्रम में कीर्तन की प्रतिदिन की सेवा आती है । प्रात:काल की मंगला झाँकी से सायं शयन पर्यंत तक की सेवा का एक साधारण दिन या दैनिक विधान इस दैनिक-क्रम के अंतर्गत आता है । यदि किसी दिन कोई उत्सव न मनाया जाय तो उस दिन इसी दैनिक क्रम से सेवा होती है । इसे सामान्य रूप से नित्य सेवा तथा इसमें व्यवहृत कीर्तन पद्धति को नित्य कीर्तन कहते हैं । नित्य कीर्तन का स्वरूप साधारण होता है । इसके विपरीत उत्सवों के अवसरों पर विशेष आयोजन होता है । यह विशेष आयोजन सेवा के तीनों अंगों (श्रृंगार, भोग, राग) में होता है । कीर्तन में विशेष साज-सज्जा का प्रयोग होता है । उदाहरणार्थ होली के दिनों में तो मन्दिरों का सारा वातावरण सुबह से शाम तक संगीत के स्वरों से पूरी तरह आच्छादित हो जाता है । विभिन्न वाद्य-यंत्रों की घनघोर ध्वनि दर्शकों को आत्म विभोर किये बिना नहीं रहती । वृन्द-गान का यह स्वरूप झाँझ और पखावज के

साथ ऐसा समा बाँधता है कि संगीत के सामान्य रसिक तो क्या विद्वान योगी भी धन्य-धन्य कहने लगते हैं ।

(1) दैनिक क्रम (नित्य कीर्तन)

प्रतिदिन सम्प्रदाय के मन्दिरों में आठ झाँकियों की सेवा होती है । (यह बात अलग है कि प्रत्यक्ष में कहीं 4, कहीं 5 व कहीं 6 या 7 झाँकियां होती हैं लेकिन शेष झाँकियाँ जो प्रत्यक्ष में नहीं होती उनकी भावना से भीतर ही सेवा हो जाती है । और इस प्रकार सेवा-विधान में कोई अन्तर नहीं होता । जैसे नाथद्वारा में यह भावना है कि शाम को शयन करने के लिये भगवान गोवर्धन (जतीपुरा) जाते हैं, क्योंकि वहीं उनका निवास स्थान है । अत: वहाँ शयन की झाँकी नहीं होती । इसी तरह अहमदाबाद में श्री नटवर गोपाल के मन्दिर में प्रत्यक्ष में केवल 4 झाँकियाँ (मंगला, राजभोग, उत्थापन व संध्या आरती) ही होती है लेकिन भीतर (अप्रत्यक्ष रूप में) अर्थात् पर्दे के भीतर आठों झाँकियों के भाव से सम्पूर्ण सेवा होती है । इन आठ झाँकियों की कीर्तन सेवा पूर्ण करने के लिये गो. श्री विट्ठलनाथ जी ने अष्टसखाओं में से प्रत्येक को एक-एक झाँकी सुपुर्द की थी यथा—

(1) मंगला	परमानन्ददास
(2) श्रृंगार	नन्ददास
(3) ग्वाल	गोविन्द स्वामी
(4) राजभोग	कुंभनदास
(5) उत्थापन	सूरदास
(6) सन्ध्या भोग	चतुर्भुजदास
(7) सन्ध्या आरती	छीत स्वामी
(8) शयन	कृष्णदास

नाथद्वारा में आज भी इसी भाव से 8 कीर्तनियाँ कीर्तन करते हैं । अंतर केवल इतना ही है कि सभी कीर्तनियाँ सभी झाँकियों में साथ-साथ गाते हैं ।

एक स्पष्टीकरण आवश्यक है कि प्राय: यह समझा जाता है कि जब-जब भगवान के दर्शन खुलते हैं कीर्तन प्रारम्भ होता है तथा जब दर्शन बन्द हो जाते हैं तो कीर्तन भी समाप्त हो जाता है । लेकिन यथार्थ में ऐसा नहीं हैं । कीर्तनियाँ का कार्य मंगला के दर्शन खुलने से पहिले ही आरम्भ हो जाता है तथा शयन के दर्शन बन्द होने के बाद तक चलता रहता है । इसका कारण स्पष्ट है । पुष्टिमार्ग में जैसा कि पहिले ही कह आये हैं कीर्तन के पद केवल गायन कर प्रभु को रिझाने की ही वस्तु नहीं है अपितु यहाँ वे सेवा विधि में मन्त्रों के स्थानापन्न भी हैं । अत: इस कीर्तन के द्वारा ही भगवान की सेवा का सारा उपचार कराने वाले पंडित का भी कार्य कराया जाता है । कीर्तनियाँ मन्त्र स्वरूप अपने पदों को बोलता (गाता) जाता है, तथा उसी के आधार पर भगवान को स्नान, श्रृंगार, भोग आदि

कृत्य कराये जाते हैं। इस दैनिक क्रम में सुबह से शाम तक की कीर्तन सेवा का स्वरूप इस प्रकार है—

(पदों की संख्या स्थान भेद से अलग-अलग रहती है जैसे मंगला से पहिले श्री आचार्य जी के पद कांकरोली में एक, गोकुल में दो व चौपासनी में चार गाये जाते हैं)

मंगला—प्रातः काल सर्वप्रथम शंखनाद होता है। तदनन्तर कीर्तनियाँ भैरव राग की आलापचारी करके उसी राग में ताल मुक्त होकर अनिबद्ध गायन के रूप में श्री महाप्रभु वल्लभाचार्य जी की स्तुति में पद बोलता[1] है, यथा—

राग भैरव

श्री वल्लभ श्री वल्लभ श्री वल्लभ गुन गाऊँ ॥
निखत सुन्दर स्वरूप, बरसत हरिरस अनूप,
द्विजवर कुल भूप सदा, बलि-बलि-बलि जाऊँ ॥1॥
अगम निगम कहत जाहि, सूर नर मुनि लहैं न ताहि,
सकल कला गुन निधान, पूरन उर लाऊँ ॥
गोविन्द प्रभु नन्द नंदन, लक्ष्मण सुत जग वंदन।
सुमिरत त्रय ताप हरन, चरन रेनु पाऊँ ॥2॥[2]

इसके बाद राग भैरव में ही श्री गुसाईं जी की स्तुति में पद गाये जाते हैं यथा—

जय जय जय जय वल्लभ नन्दन ॥
सुरनर मुनि जाकी पदरज वन्दन ॥1॥
मायावाद किये जू निकंदन ॥
नाम लिये कांटत भव फंदन ॥2॥
प्रकट पुरुषोत्तम चरचत चन्दन ॥
कृष्णदास गावत श्रुति छंदन ॥3॥[3]

श्री गुसाई जी के पद गाने के बाद भगवान के स्वरूप (विग्रह) को जगाने हेतु पद बोले जाते हैं। यथा—

राग भैरव

जागो गोपाल लाल जननी बलि जाई ॥
उठौ तात प्रात भयौ, रजनी को तिमिर गयों,
टेरत सब ग्वाल बाल, मोहन कन्हाई ॥1॥

---

1. बोलने का अर्थ गाने से लेना चाहिये। सम्प्रदाय में पद गाने की अपेक्षा पद बोलना कहा जाता है।
2. कीर्तन प्रणाली कांकरौली, पृ. 1
3. नित्य कीर्तन, पृ. 7

उठो मेरे आनन्द कन्द, गगन चंद भयौ मंद,
प्रकट्यौ अंशुमान भानु, कमलनि सुखदाई ॥
सखा सबहि पुरतयेणु, तुमहि बिन न छूटे धेनु
उठौ लाल तजौ सैन, सुन्दर वरराई ॥2॥
मुख तें पट दूर कियौ, जसुदा कूं दरस दियौ,
और दधि-माँगि लियौ, विविध रस मिठाई ॥
जेंवत दोऊ राम स्याम, सकल मंगल गुन निधान,
थार में कछू जूठ रही, मानदास पाई ॥3॥[1]

भगवान को जगाने के लिये राग भैरव, रामकली अथवा विभास का प्रयोग होता है। उसके बाद राग विभास अथवा रामकली में ही यमुना जी के पद गाये जाते हैं। (कहीं-कहीं यमुना के पद जगाने के पदों से पहिले ही गाये जाते हैं) यथा

राग रामकली

श्री जमुनाजी तिहारौ दरस हौं पाऊँ ॥
श्री गोवर्धन श्री वृन्दावन ब्रजरज अंग लगाऊँ ॥1॥
दिन दस पाँच रहों श्री गोकुल ठकुरानी घाट नहाऊँ ॥
दासन ऊपर करौ कृपा संतन के संग आऊँ ॥2॥[2]

तदनन्तर इन्हीं रागों में अभ्यंग (स्नान) पद बोलकर फिर कलेवा के पद उपरोक्त रागों में ही बोले जाते हैं यथा—

राग विभास

करौ कलेऊ रामकृष्ण मिलि कहत जसोदा मैया ॥
पीछे बच्छ ग्वाल सब लैकें, चलौ चरावन गैया ॥1॥
पायस सिता घृत सुरभिन को रुचिकर भोजन कीजे ॥
जगजीवन ब्रजराज लाढिले, जननी कों सुख दीजै ॥2॥
सीस मुकट कटि काछिनी पीत बसन उर धारौ ॥
कर लकुटी लै मुरली मोहन, मन्मथ दर्प निवारौ ॥3॥
मृगमद तिलक श्रवण कुंडल मणि, कोस्तुभ कंठ बनावो ॥
परमानन्द दास कौ ठाकुर, ब्रज जन मोद बढावौ ॥4॥[3]

तत्पश्चात् शीतकाल में विशेष रूप से खण्डिता के पद गाये जाते हैं।

---

1. नित्य कीर्तन, पृ. 15
2. ,, ,, पृ. 11
3. नित्य कीर्तन, पृ. 28

राग ललित

मेरे आये भोर पियारे रेन कहाँ गमाई ॥
कौन त्रिया संग बंस परे मोहन जान परी चतुराई ॥1॥
बिनी हर बिन डोर विराजत नख क्षत देत दिखाई ॥
छीत स्वामि गिरिधर वाही पै जावक पाग रंगाई ॥2॥[1]

जिस दिन कोई उत्सव हो अथवा बाललीला के पद गाये जायें उस दिन खण्डिता के पद नहीं गाये जाते। इतना क्रम पूर्ण होने के पश्चात् 'जब मंगल भोग सरे', अर्थात् जब भगवान मंगल भोग ले चुकें तब गो. विट्ठलनाथ जी द्वारा रचित संस्कृत रचना गाई जाती है। इस रचना के गाए जाने के साथ ही सांथ मंगला झाँकी के दर्शन होते हैं।

मंगल-मंगलम् ब्रज भूमि मंगलम् ॥
मंगल मिह श्रीनन्द यशोदा नाम स्व कीर्तन में
तद् रुचिरोत्संग सुलालित पालित रूपम् ॥1॥
श्री श्रीकृष्ण इति श्रुति सारं नाम स्वार्तज नाशय
तापा पहमिति मंगल रायम् ॥
ब्रज सुन्दरी वयस्य सुरभी वृन्द मृगीगण निरूपम
भावाः मंगल सिंधु चबाय ॥2॥
मंगल मीषत्विमत युत मीरण भाषण मुन्नत नासापुट
गत मुक्ता फल चलनं ॥
कोमल चलदंगलीदल संगत वैणु निनाद विमोहित
वृन्दावन भुवि जाताः ॥3॥
मंगलमखिलं गोपी शितुरिति मंथर गति
विभ्रम मोहित रास स्थिति गानम् ॥
त्वं जय सततं गोवर्धन धर पालय निज दासान् ॥4॥[2]

इस संस्कृत रचना के बाद मंगल आरति के पद बोले जाते हैं यथा—

मंगल आरती गोपाल की माई ॥
नित्त प्रति मंगल होत निरख मुख, चितवन नयन बिसाल की ॥1॥
मंगल रूप स्याम सुन्दर कौ, मंगल भृकुटि सुभाल की ॥
चतुर्भुज दास प्रभु सदा मंगल निधि बानिक गिरिधर लाल की ॥2॥[3]

तब मंगला झाँकी के पट बन्द होते हैं। मंगला झाँकी के सारे क्रम में पखावज नहीं

---

1. ,, ,, पृ. 55
2. नित्य कीर्तन, पृ. 32
3. ,, ,, पृ. 33

बजती । गायन तालमुक्त रहता है । इसका कारण सम्प्रदाय में बाल स्वरूप की सेवा भावना है । बालक जागते समय मृदंग की ध्वनि से कहीं चौंक न जाय ।

श्रृंगार

मंगला के दर्शन बन्द होने के कुछ देर बाद भगवान को श्रृंगार कराने के लिये कीर्तन बोले जाते हैं । (अन्दर भगवान के श्रृंगार होते रहते हैं)

बिलावल

आवो गोपाल श्रृंगार बनाऊँ ॥
विविध सुगंधि कहं उबटनों, पउछे उष्ण जल लै जुन्हवाऊँ ॥1॥
अंग अंगोछ गहूँ तेरी बैनी, फूलन रुचि रुचि भाल बनाऊँ ॥
सुरंग पाग जर तारी, रत्न खचित सिरपेच बँधाऊँ ॥2॥
बागौ लाल सुनेरी छापो, हरि इजार चरनन विरचाऊं ॥
पटुका सरस बैजनी रंग कौ, हंसली हार हमेल बनाऊँ ॥3॥
गज मोतिन के हार मनोहर, बन माला लै उर पहिराऊँ ॥
लै दर्पन देखौ मेरे प्यारे, निरखि-निरखि उर नयन सिराऊँ ॥4॥
मधु, मेवा, पकवान मिठाई, अपने कर लै तुम्हें जिमाऊँ ॥
विष्णुदास को यही कृपाफल, बाल लीला हौं निसदिन गाऊँ ॥5॥[1]

तदनन्तर श्रृंगार के दर्शन खुलते हैं । तब ठाकुर जी के सन्मुख कीर्तनियों श्रृंगार वर्णन के पद ग्रीष्म ऋतु में विलावल में व शीत ऋतु में तोडी व आसावरी में बोलता है यथा—

(श्रृंगार सन्मुख कौ पद)

सोभा आज भली बनि आई ॥
जल सुत ऊपर हंस विराजत, तापर इन्द्र बधू दरसाई ॥
दधि-सुत लियौ दियौ दधि सुत में, यह छवि देख नन्द मुसकाई ॥
नीरज-सुत बाहन कौ भक्षण, सूर स्याम लै कीर चुगाई ॥2॥[2]

ऋतु अनुसार श्रृंगार बदलते हैं तथा श्रृंगार अनुसार पद व राग बदलते जाते हैं । उसके बाद दर्शन बन्द हो जाते हैं ।

ग्वाल

कुछ समय पश्चात् यह समझा जाता है कि ठाकुरजी के सखा ग्वाल बाल उनको अपने साथ गौ चराने के हेतु बुलाने आते हैं । तब ठाकुरजी अन्दर ही रहते हैं । कीर्तनियाँ

1. नित्य कीर्तन, पृ. ९४
2. नित्य कीर्तन, पृ. ९८

बाहर से घैया के पद बोलता है यथा—

राग विलावल

जसोदा मथमथ प्यावत घैया ॥
कर तल कड़ी धरत है आगे रुच सों लेत कन्हैया ॥1॥
बहोर धरत हरि लेत जात हैं पुन-पुन सुन्दर स्याम सुहैया ॥
औट्यौ दूध धरयौ बेला भर पीवत कान्ह कन्हैया ॥2॥
मन मोहन भोजन कौं बैठे, लेहु परोसत मैया ॥
षटरस के जु प्रकार धरे सब, निरखि रसिक बलि जैया ॥3॥[1]

तदनन्तर ग्वाल के दर्शन खुलते हैं । तब ग्वाल के पद गाए जाते हैं । यथा—

राग विलावल

खेलन जाऊ ग्वाल सब टेरत ॥
यंह सुनि कान्ह भये अति आतुर, द्वारे तन फिर-फिर जब हेरत ॥1॥
बार-बार हरि मातहि बूझत, कहि चौगान कहाँ है ॥
दधि मथनी के पाछे देखौ, लै हौं धर्यौ तहाँ है ॥2॥
लै चौगान आपने कर में, प्रभु पुनि आये बाहर ॥
सूरस्याम बूझत सब ग्वालन, खेलेगें किहि ठाहर ॥3॥[2]

कांकरौली में इस झाँकी में पलना के पद भी गाये जाते हैं यथा—

राग रामकली

नन्द को. लाल ब्रज पालने झूलै ॥
कुटिल अलकावलि तिलक गोरोचना
चरण अंगुष्ठ मुख किलक फूलै ॥1॥
नयन अंजन रेख, भेष अभिराम सुठ ।
कंठ केहरि किंकिणी कटि मूलै ॥
नन्द दासनि नाथ, नन्द नन्दन कुंवर
निरखि नागरी देह गेह भूलै ॥2॥[3]

ग्वाल झाँकी के दर्शन बन्द हो जाते हैं ।

राज भोग

ग्वाल की झाँकी के पर्याप्त समय बाद (क्योंकि इस समय में भोजन की सामग्री

1. नित्य कीर्तन, पृ. 118
2. नित्य कीर्तन, पृ. 112
3. नित्य कीर्तन, पृ. 131

बनाई जाती है) जब भोजन की सामग्री भगवान के समक्ष रखी जाती है तब उनसे भोजन करने के लिये बुलाने के भाव से (ठाकुरजी अन्दर, कीर्तनियाँ बाहर) पद गाये जाते हैं यथा—

राग धनाश्री

बोलत स्याम जसोदा मैया ॥
अति आनन्द प्रेम रस उमंगी, हंसि-हंसि लेत बलैयां ॥1॥
उर अंचल सों श्रम जल पोंछत, पुनि-पुनि अपने हाथ ॥
भोजन करौ लडैते मोहन, सब ग्वालन के साथ ॥2॥
सुत मुख चंद बिलौकि सजल ही, इन ही मित्र समाज ॥
परमानन्द प्रभु परम मनोहर, अति विचित्र ब्रजराज ॥3॥[1]

तत्पश्चात् भोजन करने के पद गाये जाते हैं। ये पद भी ऋतु अनुसार बदलते जाते हैं। यथा शीतकाल का पद—

राम धनाश्री

सुतहि जिमावत जसुदा मैया ॥
सानत कौर मधुर, मृदु, मीठौं दै मुख लेत बलैया ॥1॥
खेलन कों उठि-उठि भाजत है रावत है वौ होरैया ॥
आवौ चिरैया आवौ खुमरैया, ग्वालिन लेत बलैया ॥2॥
तुम जैमों मिलि संग लाल के, बहु विधि ख्याल बिलैया ॥
श्री विट्ठल गिरिधर मैया की प्रीति कही नहिं जैया ॥3॥[2]

राग धनाश्री

लाल कों रोटी और बरी ॥
हींग लगाय मिरच पुट दीन्हौं, बरुवै तेल तरी ॥1॥
आन कनिक दै विरियां छानी बेलन बेलि करी पतरी ॥
कटहरिया प्रभु कौं रुचि उपजी माखन सों चुपरी ॥2॥[3]

ग्रीष्म काल में

राग सारंग

भोजन भली भाँति हरि कीन्हों ॥
षटरस व्यंजन मठा सलौनों, मांगि-मांगि हरि लीन्हौं ॥1॥

1. नित्य कीर्तन, पृ. 133
2. ,, ,, पृ. 134
3. ,, ,, पृ. 136

हंसत लसत परसत नन्दरानी, बाल केलिरस मीनौ ॥
परमानन्द पनवारौ उवर्‌यो टेर सुबले कों दीन्हों ॥2॥[1]

भोजन कर चुकने के बाद (राज भोग सरें तब) मुख प्रक्षालन (अंचवाना) तथा बीड़ी (ताम्बूलादि) के भाव के पद गाये जाते हैं । यथा—

(आचमन का पद) **राग सारंग**

अचमन कीजै कृपानिधान ॥
यमुनोदक कंचन झारी भरि लाई चन्द्रावली सुजान ॥1॥
पनवारौ भक्तन कों दीजै नारद तुंबर गान ॥
जेंवत जुगल उठे जु परस्पर गावत जन कल्यान ॥2॥[2]

(बीड़ी का पद) **राग सारंग**

कृष्ण कों वीरी देत ब्रजनारी ॥
पान सुपारी काथौ गुलाबी, लोंगन कील संभारी ॥1॥
ब्रजनारी जो कुंज लों ठाढी कंचन की सीवारी ॥
लै लै वीरी करन कमल में ठाढ़ि करत मनुहारी ॥2॥
कहत लाढिले वीरी लीजै मोहन नन्द कुमार ॥
परमानन्द प्रभु वीरी आरोगत ब्रज के प्रान अधार ॥3॥[3]

इतना क्रम हो जाने के पश्चात् राजभोग, झाँकी के दर्शन खुलते हैं । तब कीर्तनियाँ राजभोग-सन्मुख के पद गाता है । ये पद भी ऋतु अनुसार परिवर्तनीय हैं । उदाहरणार्थ ग्रीष्म ऋतु में गाया जाने वाला पद—

राग सारंग

जाकों वेद रटत ब्रह्म रटत, शंभु रटत शेष रटत
नारद शुक व्यास रटत, पावत नहिं पार री ॥
ध्रुवजन प्रहलाद रटत, कुंती के कुंवर रटत
द्रुपद सुता रटत नाथ, अनाथन प्रति पाल री ॥1॥
गनिका गज गीध रटत, गौतम की नारि रटत,
राजन की रमणी रटत, सुतन दै दै प्यार री ॥
नन्ददास श्री गोपाल, गिरिधर धर रूप जाल,
जसुदा कौ कुंवरलाल, राधा उर हार री ॥2॥[4]

---

1. नित्य कीर्तन पृ. 140
2. ,, ,, पृ. 141
3. नित्य कीर्तन, पृ. 141
4. ,, ,, पृ. 156

इस प्रकार और भी पद गाये जाते हैं । झाँकी का समय अन्य झांकियों के समय की अपेक्षा अधिक होता है । झाँकी के अंत में आरती होने पर आरती का पद गाया जाता है यथा—

राग सारंग—आरती करत जसोदा प्रमुदित फूली अंग न समात।।

आदि-आदि[1]

तदनन्तर राजभोग की झाँकी के दर्शन सम्पन्न होते हैं तथा पटोक्षेप हो जाता है । भगवान विश्राम कर रहे हैं । ऐसा समझकर मन्दिर बन्द कर दिया जाता है तथा किसी व्यक्ति को अन्दर नहीं रहने दिया जाता है ।

उत्थापन—इस झाँकी के खुलने से पहिले भगवान को शंख-ध्वनि से जगाया जाता है, उत्थापन का एक पद इस प्रकार है—

राग नट

सुबल श्री दाम कहौ सखन सौं अर्जुन शंख वजैये ।।
घर जैवे की भई है बिरियाँ गिरिधर लाल जगैयें ।।1।।
ठौर-ठौर मधुरी धुन बाजे, मधुर-मधुर स्वर गैये ।।
कुंज सदन जागे नंद नन्दन, मुद्रित बीरा फल लै हैं ।।2।।
हरिदास वर्ष के पूरे मनोरथ, गोकुल ताप न सैहैं ।
लटकत आवत कमल फिरावत, परमानन्द बढैहैं ।।3।।[2]

उत्थापन की झाँकी खुलने पर प्रायः कीर्तन नहीं होता ।

भोग

भोग कराने के बाद इस झाँकी में मुरली, गाय व गोपी दशा के पद बोले जाते हैं यथा— (गोपी दशा का पद)

राग नट

प्रीतम प्रीत ही तें पैये ।।
यद्यपि रूपगुन सील सुधरता, इन बातन न रिझैहैं ।।1।।
सतकुल जन्म करम सुभलक्षण, वेद पुरान पढ़ैहैं ।।
गोविन्द बिना स्नेह सों आली, रसना कहा जु नचैहैं ।।2।।[3]

सन्ध्या आरती

पहिले गाय बुलाने के पद गाये जाते हैं । यथा—

राग पूर्वी

---

1. नित्य कीर्तन, पृ. 167
2. ,, ,, पृ. 176
3. ,, ,, पृ. 178

गोविन्द गिरि चढ़ टेरत गाय ।।
गाय बुलाई धौमर धौरी, टेरत वेणु बजाय ।।1।।
श्रवण नाद सुन मुख तृन धर सब चितई सीस उठाय ।।
प्रेम विवसह्वै हूक मार चहु दिसि तें उलटी धाय ।।2।।
चतुर्भुज प्रभु पट पीत लिये कर आनन्द उर न समाय ।।
पौंछत रेणु धेनु के मुख तें गिरि गोवर्धन राय ।।3।।[1]

तदनन्तर झाँकी में आवनी के पद गाये जाते हैं यथा—

राग पूर्वी

आगें गाय पाछें गाय, इत गाय उत गाय ।
गोविन्द कौं गायन में बसिवौ ही भावै ।।
गायन के संग धावै, गायन में सचुपावै
गायन की खुर रेनु, अंग लपटावे ।।1।।
गायन सों ब्रज छायौ वैकुण्ठहु बिसरायौ
गायन के हेत कर गिरि ले उठावै ।।
छीत स्वामी गिरिधारी विट्ठलेश. वपुधारी
ग्वारिया कौ भेष धरे, गायन में आवै ।।2।।[2]

आरती के लिये आरती के पद गाये जाते हैं यथा—

राग गौरी

लटकत चलत युवति सुखदानी ।।
सन्ध्या समय सखा मण्डल में सोभित तन गोरज लपटानी ।।1 ।।
मोर मुकुट गुंजा पीरौ पट मुख मुरली गुंजत मृदुबानी ।।
चतुर्भुज प्रभु गिरिधारी आये वन तें लै आरति वारत नन्दरानी ।।2।।[3]

तदनन्तर मुखारबिन्द का वर्णन करते हुए पद गाये जाते हैं यथा—

राग सोरठ

माधौ जू के बदन की सोभा ।।
कुटिल कुंतल कमल प्रति मानों मधुप रस लोभा ।।1।।
भृकुटी मेन धनुष कंज पर, दृष्टि चंचल मीन ।।
मकर कुण्डल किरन रवि तेन कस निकसत कीन ।।2।।

---

1. नित्य कीर्तन, पृ. 181
2. ,, ,, पृ. 181
3. ,, ,, पृ. 193

सुरभी रेनु पराग रंजित मुरली धुन अलि गुंज ॥
निरख सुभग सरोज मुदित मराल सिसु सम पुंज ॥3॥
दसन दामिनी विविध मिलि मानों जलद निकर प्रकास ॥
निगम बानी नेति कहे कोस के सूरज दास ॥4॥[1]

श्रृंगार की झाँकी सम्पन्न हो जाने के बाद ठाकुरजी का श्रृंगार बढाया (उतारा) जाता है । तब श्रृंगार बढाने के पद गाये जाते हैं । यथा—

राग गौरी

अंग अभूषन जननि उतारत ॥
दुलरी ग्रीव माल मोतिन की कैयुरलै भुज स्याम निहारत ॥1॥
क्षुद्रावली उतारत कटि तें धरत मही पर तन मन वारत ॥
रोहिनि भोजन करहु चढाई बार-बार कहि कर कर आरत ॥2॥
भूखे भये स्याम हलधर पै मन ही मन यह प्रेम विचारत ॥
सूरदास प्रभु मात जसौदा पटलै दुहन अंतर रज झारत ॥3॥[2]

शयन

शयन की झाँकी खुलने से पहिले गो दोहन के पद गाते हैं इसके बाद भगवान को ब्यारु (रात्रि का भोजन) कराई जाती है तब ब्यारु के पद बोले जाते हैं यथा—

राग ईमन

तोरे पैयां लागूं गिरिधर ब्यारु कीजै ॥
उलटत पलटत झंगुली भोजै खीजत खिजावे सुन्दरतन छीजै ॥1॥
फैनी पापर खुरमा खाजा, गुंजा मिश्री लड्डुवा लीजै ॥
बांट देत सब ग्वाल बालन कूं परमानन्द जननी कर लीजै ॥2॥[3]

भगवान को दूध पिलाया जाता है । पद

राग कान्हरा

दूध पियौ मन मोहन प्यारे ॥
बलि बलि जाऊँ गहेरु जिन कीजे कमल नयन-नयन के तारे ॥1॥
कनक कटोरा भर पीजै सुख दीजै संग लै बल मैया रे ॥
परमानन्द मोहे गोधन की सौं उठत ही प्रात करुं धैया रे ॥2॥[4]

फिर आचमन का पद बोला जाता है । यथा—

1. नित्य कीर्तन, पृ. 194
2. हस्त लिखित कीर्तन प्रति—जवाहरलाल चतुर्वेदी, मथुरा, पृ. 103
3. ,, ,, पृ. 104
4. ,, ,, पृ. 105

राग विहागरा

अचवत जुगल किसोर किसोरी ॥
भोजन कर चौकी पै बैठे, भली बनी यह जोरी ॥1॥
इक सखि पांय पलोटत ठाढी, इक सखि करत निहोरी ॥
कुंभ खीर लै कैं इक आई, इक बीरा भर झोरी ॥2॥
एक सखी लाई पिय बागौ, प्यारी जू की सुरंग पटोरी ॥
एक सखी दरपन लै ठाढी, एक जुगल चरनन रति जोरी ॥3॥
निज मन्दिर बैठे पिय प्यारी, कोऊ बार-बार तृन तोरी ॥
सबरी सखी श्री वल्लभ जूकी जूठन लैन कूं बहुत निहौरी ॥4॥[1]

इतने कीर्तन हो जाने के पश्चात् 'शयन' के दर्शन खुलते हैं । तब शयन सन्मुख के पथ गाये जाते हैं यथा—

राग कल्याण

मेरे तो गिरधर ही गुन गान ॥
यह मूरत खेलत नयनन में यही हृदय में ध्यान ॥1॥
चरन रेनु चाहत मन मेरौ यही दीजिये दान ॥
कृष्णदास के जीवन गिरिधर मंगल रूप निधान ॥2॥[2]

तथा

राग नायकी

मेरौ पिय रसिया सुन री सखी तेरौ दोष नहीं ॥
नवल लाल कों सब कोऊ चाहत, कोन कौन के मन बसिया ॥1॥
एकन सों नैना जोरे, एकन सों भोहं मरोरै, एक सों मुख हंसिया ॥
कृष्ण जीवन लच्छीराम के प्रभु माई, संग डोलत पूरन ससिया ॥2॥[3]

शयन की झाँकी सम्पन्न हो जाने के बाद भी कीर्तन का क्रम चलता रहता है । पहिले मान के, फिर शयन कराने के तथा फिर विनती व माहात्म्य के पद गाये जाते हैं यथा— (मान का एक पद)

राग केदारौ

मान न कीजे पिय सों बावरी ॥
बिनहों काज तू गिरिधर के मन पार तरी कित आवरी ॥1॥

---

1. हस्त लिखित कीर्तन संग्रह - श्री जवाहर लाल चतुर्वेदी, मथुरा पृ. 105
2. नित्य कीर्तन, पृ. 224
3. ,, ,, पृ. 237

तो हित काल ब्रजनृपति कुंवर कब के बैठे संकेत ठाम री ॥
गोविन्द प्रभु सुन्दर कर गूथत कुसुम बिबिध बिध लसत दाम री ॥2॥[1]

शयन कराने का एक पद — (शीतकाल का)

राग बिहागरौ

सखियन रुचि-रुचि सेज बनाई ॥
रंग महल में परि गये परदा, धरी अँगीठी सुखदाई ॥1॥
सीत समै ग्रीषम ऋतु कीन्हीं, अति सुन्दर वर राई ॥
श्री विठ्ठल गिरिधारी कृपानिधि पोढ़े ओढ़ रजाई ॥2॥[2]

विनती का एक पद—

राग विहाग

गायौ न गोपाल मन न लायो न निबार लाज
पायौ न प्रसाद साधु मंडली में जाय कें ॥
धायो न धमकि वृन्दा विपिन की कुंजन में
रह्यौ न शरण जाई विठ्ठलेशराय कें ॥1॥
श्रीनाथ जू कूं देखि छक्यौ न छबीली छवि
सिंह पौर परयौ नाही सीस कू नवाय कैं ॥
कहै हरिदास तो है लाजहून आई कछु
मानस जन्म पायौ कमायौ कहा आय कें ॥2॥[3]

माहात्म्य का पद—

राग विहाग

जापर कमला कंत ढरै ॥
लकरी घास कौ बेचन हारौ तासिर छत्र धरैं ॥1॥
विद्यानाथ अविद्या समरथ, जो कछु चाहै सोई करैं ॥
रीते भरे-भरे पुनि ढोरे, जो चाहे तो फेर भरैं ॥2॥
सिद्ध पुरुष अविनासी समरथ, काहू तें न डरे ॥
परमानन्द सदा यह सम्पत मन ते कबहुन टरे ॥3॥

1. नित्य कीर्तन, पृ. 253
2. ,, ,, पृ. 274
3. ,, ,, पृ. 282

विनती व माहात्म्य के पद गाये जाने के बाद अंत में आश्रय (आसरे) के पद गाये जाते हैं । जिनमें सर्वाधिक महत्व का पद इस प्रकार है—

राग विहाग

भरोसौ दृढ़ इन चरनन केरौ ॥
श्री वल्लभ नखचन्द्र छटा बिन, सब जग मांहि अंधेरौ ॥1॥
साधन और नाहिं या कलि में जासों होत निबेरौ ॥
सूर कहा कहै द्विविध आंधरौ, बिना मोल कौ चेरौ ॥2॥

उक्त पद पुष्टि मार्गीय मन्दिरों में सबसे अंत में गाया जाता है । तथा इसके गाये जाने के बाद अन्य कोई भी पद नहीं गाया जाता ।

इस प्रकार कीर्तन का दैनिक क्रम मंगला झाँकी के पहिले ही आरम्भ होकर शयन झाँकी के बाद तक चलता रहता है । इस दैनिक क्रम को सम्पन्न करने के लिये अलग-अलग स्थानों पर अलग-अलग साम्प्रदायिक निर्देश पाये जाते हैं । उदाहरणार्थ कांकरौली की नित्य की प्रणाली प्रस्तुत है—

''प्रथम श्री ठाकुर जी जागें तब नित्य श्री महाप्रभु जी को एक पद, और श्री गुसाईं जी को एक पद, ऐसे दो बिनती के पद गावने । पीछे एक जगावे को, और दो कलेवा के, एक जमुना जी कौ, और एक खंडिता कौ ऋतु अनुसार गावनों ।

बाल लीला और बधाई के दिन खंडिता को पद नहीं गवे ।

मंगल भोग सरे 'मंगल मंगलं ब्रज भुवि मंगल' गावनो । मंगला के दर्शन में, श्रृंगार समय, और श्रृंगार के दर्शन में ऋतु अनुसार पद गावने ।

ग्वाल बौलें धैया के पद गावने । बधाई के दिन होय तो बधाई । बसंत धमार के दिन होय तो बाके कीर्तन गावने । ग्वाल के दर्शन में एक पालना सदा गवे ।

राजभोग आये ऋतु अनुसार (शीत काल में घर भोजन के ब्रजभक्तन के घर भोजन के, उष्णकाल में छाक के चार गावने, ऐसे ही वर्षा में वर्षा की छाक के, बधाई के दिन में बड़ी होय तो एक बधाई, छोटी होय तो चार गवे । ऐसे ही बसंत और धमार में बसंत धमार चार गवे छोटी होय तो राजभोग सरे अचवायवे को एक पद गावनो तथा एक बीरी को पद गावनो ।

राजभोग दर्शन में, और संध्या के दर्शन में ऋतु अनुसार ।

साँझ कों ग्वाल बोले दो पद धैया के, बधाई के दिन में बधाई, बसंत धमार में बसंत धमार ।

शयन भोग आये दो पद ब्यारु के, दूसरे भोग में एक पद दूध कौ । शयन के दर्शन में एक पद ऋतु अनुसार । पोढवे में मान कौ और एक पोढवे कौ, ऐसे दो कीर्तन गावने । आश्रय के दो तामें एक श्रीमहाप्रभु जी कौ और एक श्री गुसाईं जी कौ गावनौ ।

राग विधान की दृष्टि से दैनिक क्रम (नित्य कीर्तन) का स्वरूप इसी प्रकार है । प्रात: कालीन झाँकियों में जहाँ ग्रीष्मकाल में विलावल, सारंग गाये जाते हैं वहाँ शीतकाल में तौड़ी व आसावरी राग गाये जाते हैं । अतिशय शीत में ललित मालकोंश पंचम व षट गाये जाते हैं । इसी प्रकार शाम की झाँकियों में उत्थापन व भोग के रागों में कोई अंतर नहीं है । पूर्वी व गौरी, नट का प्रयोग ही मिलता है । शयन में केदार, विहाग, गर्म राग व कल्याण, हमीर, अड़ाना ठंडे राग माने गये हैं ।

गायन के अतिरिक्त वीणा वादन का भी समय-समय पर दैनिक रूप से आयोजन रहता है । प्रात: कालीन झाँकियों में श्रृंगार होते समय, राजभोग के पश्चात् व शाम को शयन के अनन्तर वीणा वादन आवश्यक माना गया है ।

वार्षिक क्रम-वर्षोत्सव कीर्तन

इस क्रम में वर्ष के उत्सवों का क्रम रहता है । दैनिक क्रम साधारण दिनों के लिये होता है तथा वार्षिक क्रम वर्ष के उत्सवों के लिये होता है । इसलिये इसे वर्षोत्सव क्रम भी कहते हैं । उत्सवों पर सेवा के प्रत्येक अंग (राग, भोग, व श्रृंगार) का एक विशेष प्रयोजन रहता है । कीर्तन (संगीत) के स्वरूप में भी विशेष रूप का आयोजन रहता है । ऐसे विशेष आयोजनों की विशिष्टता इस प्रकार है—

उत्सवों पर कीर्तन की विशेषताऐं

(1) पखावज के साथ झाँझ आवश्यक रूप से बजाई जाती है । यदि किसी मन्दिर में झाँझ बज रही हों तो समझना चाहिये कि वहाँ कोई उत्सव मनाया जा रहा है ।

(2) एकल गायन के स्थान पर सामूहिक गायन होता है । मौलिक स्वरूप तो समाजगायन का ही है। अर्थ संकोचवश अब कहीं-2 एकल गायन भी होता है । इसमें कीर्तनियों का साथ देने के लिये अन्य व्यक्तियों (झेलनियों) की आवश्यक रूप से अपेक्षा रहती है । इस प्रकार नित्य कीर्तन एकल गायन की व वर्षोत्सव कीर्तन वृन्द गान की, पृथक-पृथक विधायें हैं ।

(3) उत्सव विशेष के क्रम से उसी उत्सव से सम्बन्धित विशेष पदों का पृथक विधान रहता है । जैसे वैशाख कृ. 11 को श्रीमहाप्रभुजी का जन्मोत्सव मनाया जाता है । उस दिन सभी झाँकियों में श्रीमहाप्रभुजी के ही पद गाये जाते हैं ।

(4) उत्सवों की भावना से प्रेरित होकर कभी-कभी मंगला की झाँकी में भी झाँझ व पखावज बजाई जाती है । यथा जन्माष्टमी तथा महाप्रभुजी उत्सव आदि ।

(5) दैनिक क्रम की झाँकियों के समय में भी हेर-फेर हो जाता है । दर्शन अपेक्षाकृत अधिक समय तक खुले रहते हैं । यथा होली, हिंडोले, आदि ।

प्रमुख उत्सव

इस क्रम में वर्ष के सभी मुख्य त्यौहार यथा दशहरा, दिवाली, जयन्तियाँ (सम्प्रदाय में कुल 4 जयन्तियाँ मनाई जाती हैं (1) श्री कृष्ण जन्माष्टमी (2) रामनवमी (3) नृसिंह चौदस (4) वावन द्वादसी) व आचार्य वल्लभ के वंशजों के जन्म उत्सव सम्मिलित रहते हैं। श्री कृष्ण जन्माष्टमी सम्प्रदाय का सर्व प्रमुख व सर्वाधिक वैभव का उत्सव (भाद्रपद कृ. 8 का) है।

श्री कृष्ण जन्माष्टमी महोत्सव— जन्माष्टमी की बधाई 8 दिन पहिले से (कहीं-कहीं 15 दिन पहिले से) शुरू हो जाती हैं। इस दिन का उत्सव क्रम सर्वाधिक विस्तार वाला होता है। उदाहरणार्थ एक प्राचीन पुस्तक की[1] प्रति के अनुसार जन्माष्टमी महोत्सव की कीर्तन प्रणालिका प्रस्तुत है। इसमें पद को संपूर्ण रूप में न लिख कर केवल प्रारंभ की पंक्ति ही संकेत रूप में दी हुई है।

॥ अथ उत्सव की कीर्तन विधि लिखते ॥

जन्माष्टमी के दिन शंखनाद होय ता समय समाज होय तब प्रथम मंगल मंगलं ब्रज भुवि मंगलं ॥ तापाछे <u>राग देव गंधार</u>—

(1) आज ब्रज भयौ सकल आनंद

(2) आज अति बाढ़यौ है अनुराग

(3) आज वनका उन्हे जिन जाऊँ

(4) फूले गोपी ग्वाल नंदराय

तापाछे समै होय तो <u>देवगंधार</u> की बधाई और गावनी। पाछे मंगला के दरसन में—

(1) नैन मरि देखौं नन्द कुमार

तापाछे पंचामृत के दर्शन में —

(1) ब्रज भयौ महरि के पूत।

पाछे टेरौ आवे -अभ्यंग होय तासमें बधाई चार—

रागधनाश्री

(1) सब मिलि मंगल गावौ माई।

(2) जसोदा आपु ही मंगल गायै।

(3) जसोदारानी सोवन फूले फली

(4) रानी तेरो चिरजीवौ गोपाल

ता पाछे बड़ी बधाई रही होय सो पूरी होय-

ता पाछे <u>राग विलावल</u>

---

1. कीर्तन प्रणाली संग्रह लेखक श्री त्रिभुवनदास पीताम्बरदास - नाडिवाद-सं.. 1983 (यह पुस्तक बहुत ही जीर्ण-शीर्ण दशा में रानी वाले मन्दिर पुष्कर जी से प्राप्त हुई)

(1) मोद विनोद आज गृह नंद

(2) महा महोत्सव श्री गोकुल धाम

(3) नन्द नंदन वृन्दावन चंद

(4) जन्म लीयो जादोकुल राय

ता पाछे राग आसावरी

(1) जुरी चली है बधावननन्द महर घर

(2) सुनि गोपी जन आनन्द भई हरीजू को जन्म बधाई ।

ता पाछे राग धनाश्री —

(1) आज सखी श्री गोकुल सोवन फूले फूल्यौ

ता पाछे राग आसावरी—

(1) प्रथम ही भादों मास अष्टमी

ता पाछे तिलक के दरसन में राग सारंग

(1) आज बधाई को दिन नीको

सो आरती पूरी होय तांई ।

ता पाछे आशीश के राग कान्हरौ

(1) रानी तिहारौ घर सुवस वसो

ता पाछे समाज उठै

पाछे राजभोग आवे तब राग आसावरी

जन्मसुत को होत ही आनन्द भयौ नंदराय

ता पाछे राग सारंग

(1) सुफल जन्म दिन आयौ नन्द कें ।

ता पाछे समय होय तो और सारंग ही होय

ता पाछे भोग सरें तब राग सारंग—

(1) आज महामंगल महराने

(2) आंगन नद के दधि कांदो

ता पाछे दरसन खुले तब राग सारंग

(1) आज नंदराय के आनन्द भयौ

(2) सब ग्वाल नाचें गोपी गावें

ता पाछे अनोसर होय ॥ पाछे साँझ के समय भोग संध्या में

राग मालव

(1) आज कहूं ते या गोकुल में अद्भुत बरखा आई ।

ता पाछे सेन भोग आवें तब राग गौरी—

(1) हेरी रे भैया हेरी-हेरी

ता पाछे सेन के दरसन में राग नायकी-

(1) आनन्द बधावनौ तथा राग विहाग

(1) रावल के कहें गोप ।

ता पाछे जागरन के दरसन में—

(1) गावत गोपी मधु मृदुवानी ।

(2) प्यारे हरि के विमल जस गावत गोपांगना ।

(3) धन्य रानी जसुमति ।

राग कान्हरो

(1) महानिसा भादों की आठें मथुरा प्रगट भये हरिराय ।

ता पाछे राग विहाग

(1) श्रवन सुन सजनी बाजे मंदिलरा

ता पाछे राग मारु

(1) हों बलबल तिहिकाल श्री गोपाल लाल गोकुल चले ।

ता पाछे जन्म के दरसन में पंचामृत समय

राग देवगंधार

(1) ब्रज भयौ महरि के पूत सो पूरी होय, तो पाछे टेरा आवै

और महाभोग आरती में राग धनाश्री-

(1) जसोदा रानी सो वन फूले फूली

ता पाछे छठी पूजा होय-

ता समै छठी के पद होंय राग सारंग में

(1) आज छठी जसुमति के सुतकी

(2) मंगल दिवस छठी को आयौ ।

राग कान्हरों—

(1) छटी विधोगती रात हरीजुकी

ता पाछे नंद महोत्सव के दरसन खुले तब मंद जसोदाजी पधारती

विरियाँ राग सारंग—

(1) आज नंदराय के आनन्द भयौ

सो नंदरायजी पधार चुके तहाँ ताईं होय ।।

ता पाछे गौदान के समय बड़ी बधाई की तुक तब नंददास

भये ठाढ़े अस कुस हाथ धरे ।. तहाँ सों सवन को पाय परे । तहाँ ताईं गावनी ॥ तापाछे गोप ग्वाल पधारत में बड़ी बधाई की तुक 'सुनि धाई' सबै ब्रजनारी, वहाँ ते लैकें सबै झाँझ मृदंग बजावत सब नन्द भवन गये, तहाँ ताई गावनी ॥ पाछें नन्द महोत्सव के समय राग सारंग—

(1) आज नन्द राय के आनन्द भयौ

(2) सब ग्वाल नाचे गोपी गावें

(3) आंगन नन्द के दधिकांधौ

(4) आज महामंगल महराने

(5) घर-घर ग्वाल देत हैं हेरी

(6) नन्द बधाई दीजै ग्वाल

(7) नन्द महोत्सव हो बड़ कीजै

राग धनाश्री

(1) जसोदा रानी सोवन फूलें फूली

(2) जसोदा जायौ है सुत नीको

(3) रानी तेरौ भाग्य सबन तें न्यारौ

पाछे पलना के पद होय राग रामकली

(1) मंगलं मंगलं

(2) प्रेंख पर्यंक शयनं

(3) अपने बाल गोपाल रानी जु

(4) झूलों पालने गोविन्द

राग विलावल

(1) पलना स्याम झुलावत जननी ।

राग रामकली

नंद कौ लाल ब्रज पालने झूलै ॥

राग आसावरी

(1) वारी वारी ब्रजकुंवर

(2) माई री कमल नैन स्याम सुन्दर

(3) तुम ब्रजरानी के लाला

राग विलावल

(1) हालरों हुलरावै माता

ता पाछे कीरतनियाँ उपरना ओढ़

ता समय बड़ी बधाई की तुक रोहनी अंबर मगाय ।

ए गावनौ ता पाछे आशीष ।

राग कान्हरौ–

(1) तिहारौ घर सुबस बसौ

ता पाछे नन्दरायजी पधारती विरियाँ आशीश राग धनाश्री

ग्वालन नीकसी देत असीस,

ग्वालन सब मिलि देत असीस ।

ता पाछे मंगल के दरसन में–तुंबुरा में

राग विलावल–

(1) फूली चायन हुलरावें

ता पाछे रागभोग आवें तब समाज में ढाढ़ी ।

राग धनाश्री–

1) नन्दजु मेरे मन आनन्द भयौ ।

राग भोग सरें तब राग सारंग

1) माई मेरौ गोपाल लडावनों ।।

राज भोग के दरसन में । तुम जो मनावत सोई दिन आयौ पाछे भोग संझा में राग गौरी । विमल जस वृन्दावन के चन्द कौ ।। ता पाछे सेन भोग आवें तब

राग कान्हरौ–

बल मोहन दोउ करत बियारू । सेन भोग सरे में राग अड़ानौ

चलौ मेरे लाढ़ले हो । सेन के दरसन में राग कान्हरो

तिहारौ घर सुबस बसौ । ता दिन मान के पद नहीं ।

पौढवे में राग नायकी । रानी जसोमत ग्रह गावत गोपी जन ।।

इति जन्माष्टमी की विधि ।

जैसा कि दैनिक क्रम में ही कहा जा चुका है सम्प्रदाय के मन्दिरों में स्थान भेद होने से कीर्तन (पदों) में किंचित भेद आवश्यक रूप से मिलता है । यह भेद पदों के चयन में, पदों की संख्या में व पदों के क्रम में मिलता है । उदाहरणार्थ जन्माष्टमी के उत्सव का जो क्रम पहिले दिया गया है उसमें और कांकरौली के होने वाले क्रम में अंतर को स्पष्ट करने के लिये कांकरौली का जन्माष्टमी महोत्सव क्रम प्रस्तुत है ।

उत्सव के पदन की सूची

पद संख्या	पद प्रतीक	राग
(1)	श्री वल्लभ 3 गुन गाऊँ	भैरव
(2)	जय-जय श्री वल्लभ प्रभु.	भैरव
(3)	जागिये ब्रजराजकुवंर	भैरव

(4)	छगन मगन प्यारे लाल	भैरव
(5)	जय-जय श्री सूरजा कलिन्द	भैरव
(6)	आज बड़ो दरबार देख्यो	भैरव
(7)	माइ सोहिलरा आज नन्द मंगल भोग सरे	रामकली
(8)	मंगल-मंगल ब्रज भुवि ।	विभास
	मंगल दर्शन	
(9)	नैन भरे देखो नंदकुमार	देवगंधार
	पंचामृत दर्शन	
(10)	ब्रज भयौ महरि के पूत	देवगंधार
	अभ्यंग समय	
(11)	आपुन मंगल गावे	धनाश्री
(12)	मिलि मंगल गाओ माई	धनाश्री
	तिलक के दर्शन	
	राग सारंग की अलापचारी	
(13)	आज बधाई को दिन नीको	सारंग
(14)	जसोदारानी जायो हो सुत नीको गोपी वल्लभ आये	धनाश्री
(15)	आज बन कोऊ वे जिनि जाय	देवगंधार
(16)	यह सुख देखो री तुम	देवगंधार
(17)	जनम फल मानत जसोदा	देवगंधार
(18)	झगरिन तें हौ बहौत	देवगंधार
(19)	जसोदा नाल न छेदन दैहों राजभोग आये (ढाढ़ी)	देवगंधार
(20)	हों ब्रज मांगनो जू	धनाश्री
(21)	नंदजू मेरे मन आनंद	धनाश्री
(22)	नंदजू तिहारे सुख दुख	धनाश्री
(23)	ब्रजपति माँगिये जू	धनाश्री
	राज भोग दर्शन	
(24)	(ए हो ए) आज नंदराय के	सारंग
	भोग दर्शन । तमूरा सूं (राग पूरबी)	
(25)	रानी जू जायौ पूत सुलच्छन	पूरबी
(26)	कन्हैया कब चलि है	पूरबी
	संध्या समय	
(27)	मेरे मन आनंद भयौ	गौरी
	सेन के दर्शन	

झाँझ-पखावज सूं राग मालव कौ अलाप

(28)	मोहन नंदराय कुमार	मालव
(29)	पद्य धर्‌यौ जन ताप	मालव
	जागरण के दर्शन	
(30)	धन रानी जसुमति गृह	कान्हरा
(31)	गावत गोपी मधु मृदु	कान्हरा
(32)	प्यारे हरि को विमल जस	कान्हरा
(33)	यह धन धर्म ही ते पायो	कान्हरा
(34)	एसो पूत देवकी जायो	कान्हरा
(35)	हरि जन्मत ही आनंद भयो	कान्हरा
(36)	आनंद बधावनो	नायकी
(37)	जन्म लियो सुभ लग्न	नायकी
(38)	रंग बधावनों हो ब्रज में	नायकी
(39)	आज तौ आनंद माई आज तो	नायकी
(40)	भादों की अति रैन अंधियारी	कान्हरा
(41)	अंधियारी भादों की रात	कान्हरा
(42)	आठें भादों की अंधियारी	कान्हरा
(43)	भादों की रात अंधियारी	कान्हरा
(44)	श्रवन सुन सजनी बाजे मंदिलरा	विहाग
(45)	रावरे के कहें गोप	विहाग
(46)	जसोदे बधाइयाँ	रायसा
(47)	श्री गोपाल लाल गोकुल चले जन्म समय	मारु
	.... ब्रज भयो महरि के पूत	देवगंधार
	छठी पूजन समय	
(48)	आज छठी जसुमति के सुत की	कान्हरा
(49)	मंगल द्यौस छठी को आयो	कान्हरा
	महाभोग के दर्शन (तमूरा सूं)	
(50)	ललना हों वारी तेरे या मुख पर	रामकली
	पलना खुले पहले टीकेत गावे ।	
	मंगल मंगल ब्रज भुवि (विट्ठल)	विभास
(51)	प्रेंख पर्यंक शयनं (विट्ठल)	रामकली

नंद महोत्सव के दर्शन

राग सारंग की आलापचारी

	(ए हो ए) आज नंदराय के	सारंग
(52)	सब ग्वाल नाचे गोपी गावे	सारंग
(53)	आंगन नंद के दधिकादों	सारंग
(54)	नंदजू तिहारे आयो पूत	सारंग
(55)	नंद बधाई दीजे हो	सारंग
(56)	आज महामंगल महराने	सारंग
(57)	घर-घर ग्वाल देत हैं हेरी	सारंग
(58)	नंदमहोत्सव हो वह बड़ कीजै	धनाश्री
(59)	तुम जो मनावत सोई दिन आयो	सारंग
	बैठ के गावनी ।	
	जसोदा रानी जायौ हो सुत	धनाश्री
(60)	जसोदारानी सोवन फूलन फूली	धनाश्री
(61)	रानी तेरो चिरजीवो गोपाल	धनाश्री
(62)	बधाई माइ आज	धनाश्री
(63)	बाला मैं जोगी जस गाया	आसावरी
(64)	झूलो पालने गोविन्द	रामकली
(65)	अपने बाल गोपाले	रामकली
(66)	नंद को लाल ब्रज पालने	रामकली
(67)	हालरो हुलरावत माता	विलावल
(68)	माई री कमलनैन स्याम	आसावरी
(69)	फूली चायन हुलरावे	विलावल
(70)	बारी मेरे लटकन पग	आसावरी
(71)	तुम ब्रजरानी के लाला	आसावरी
	आरती समय	
(72)	जसुमति तिहारो घर सुबस बसौ	कान्हरा
	(ढाढी ठाडे होय के नंदरायजी कूं संग ठाडे राग के गाये)	
	... नंदजू मेरे मन आनंद भयौ	धनाश्री
	हां ब्रज मांगनो जू.	धनाश्री
	नंदजू तिहारे सुख दुख	धनाश्री

धीरे - धीरे चलनो धनाश्री

ब्रजपति मांगिये जू.

(भये पुरंदर चले पुरन की यातुक सूं जगमोहन में पधारे तब)

जगमोहन के बाहर आय के ।

'ब्रजभयौ' में से 'मिल निकसी है देत असीस'

बैठक में आयके पूरो करनो । फेर—

(73) गहयौ नंद सब गोपिन सारंग

भाद्र कृ. 9 (श्री ब्रजभूषणजी महाराज को उत्सव) मंगल आरती ।

उपरोक्त जन्माष्टमी महोत्सव की भाँति ही वर्ष के अन्य उत्सव पर भी कीर्तन (संगीत) का विशेष आयोजन रहता है । कुछ प्रमुख उत्सवों का विवरण प्रस्तुत है ।

नन्द महोत्सव (भाद्र पद कृ. 9)

यह उत्सव श्री कृष्ण जन्माष्टमी के दूसरे दिन प्रात: काल से ही मनाया जाता है । इसमें गायन वादन के अतिरिक्त नृत्य की भी योजना रहती है । भगवान के जन्म होने की बात सुनकर ढाढ़ी और ढाढिन नन्द को बधाई देने आते हैं । इस भावना से प्रेरित होकर स्त्री-पुरुष वेष में युगल नृत्य का आयोजन रहता है । साथ ही श्रीकृष्ण जन्म होने पर सभी को अपार आनन्द हुआ होगा इस भावना को मूर्त रूप देने के लिये मन्दिरों में दर्शकगण भी सामूहिक रूप से नृत्य व गायन करते हुए दीख पड़ते हैं । यह उत्सव गोकुल (ब्रज) में विशेष धूमधाम से मनाया जाता है । शास्त्रीय संगीत के साथ-साथ लोक गीत व लोक नृत्यों की भी बाढ़ सी आ जाती है । चारों और हर्षातिरेक में जनसमूह मग्न हो जाता है । चारों ओर लोक संगीत के स्वरों में यह शब्द सुनाई देते हैं—

नन्द के आनन्द भये जै कन्हैया लाल की ।

हाथी दीये घोड़ा दीये और दीनी पालकी ।।

कहीं-कहीं कीर्तनियाँ भी नाच उठते हैं ।

कीर्तन में पालना के व ढाढ़ी के पद विशेष रूप से राग धनाश्री में बोले जाते हैं । सायं मालव विशेष रूप से गाया जाता है ।

राग विधान की दृष्टि से जन्माष्टमी व नन्दमहोत्सव में लगभग सभी रागों का (गर्म रागों को छोड़ कर) प्रयोग हो जाता है ।

राग विधान की दृष्टि से जन्माष्टमी व नन्दमहोत्सव में लगभग सभी रागों का (गर्म रागों को छोड़कर) प्रयोग हो जाता है ।

छठी (भाद्र पद कृ. 13)

इस उत्सव में छठी के पद गाये जाते हैं । पलना के पद विशेष रूप से गाये जाते

हैं । पलना के पद नन्द महोत्सव के पश्चात ही शुरू हो जाते हैं । तथा राधाष्टमी तक आवश्यक रूप से गाये जाते हैं ।

राधाष्टमी (भाद्र पद शु. 8)

सम्प्रदाय में राधा की विशेष मान्यता न होने के कारण यह उत्सव अधिक धूमधाम से नहीं मनाया जाता है । कीर्तनों में केवल राधा जन्म के पदों की योजना रहती है ।

दान एकादशी (भाद्र पद शु. 11)

इस उत्सव को विशेष रूप से मनाया जाता है । नित्य-क्रम में दान एकादशी के पद विशेष रूप से समाहित किये जाते हैं । इसके अतिरिक्त जब शयन की झाँकी सम्पन्न होती है । तो दान लीला के पदों को उसी गोपी ग्वाल भाव से गाया जाता है । मथुरा में इसका विशेष आयोजन होता है । इसे दान लीला का समाज कहते हैं । समाज दो भागों में विभक्त हो जाता है । एक ग्वाल पक्ष, दूसरा गोपी पक्ष ।

'श्री गोवर्धन की शिखर ते मोहन दीन्ही टेर' अथवा 'हमारौ दान देउ गुजरै री' आदि दान लीला के बड़े-बड़े पद जिनको प्रबन्ध भी कहा जाता है प्रारंभ होते हैं । ऐसा भी सुना गया है कि ऐसे पदों को गाते गाते सुबह हो जाती थी ।

बावन द्वादशी (भाद्र पद शु. 12)

सम्प्रदाय में कुल चार जयन्तियों में से यह एक है । इसको मनाने के लिये सम्प्रदाय में किसी विशेष आयोजन की बात देखने में नहीं आती । केवल कीर्तन के पदों में इस प्रसंग के पद विशेष रूप से गाये जाते हैं । यथा 'बलि के द्वारे ठाढ़े वामन' तथा 'मेरे क्यों आये विप्र वामन' आदि ।

दशहरा (आश्विन शु. 10)

इस दिन ग्वाल बोलने के साथ ही *राग विलावल की आलापचारी* होती है तथा फ़िर झांझ पखावज के साथ (जैसा कि सभी उत्सवों में होता है) पद गाये जाते हैं । सांयकाल में जब भोग के दर्शनों में ठाकुरजी जवारा धारण करें तब *राग नट की आलापचारी* के साथ-साथ 'आज दशहरा शुभ दिन नी कौ' पद गाया जाता है । शयन की झाँकी में राग मारु में 'आज रघुपति चढ़े लंक गढ़ लेन कों' विशेष रूप से गाया जाता है । कांकरौली व नाथद्वारा में यह पद केदार में गाया जाता है ।

शरद (रासोत्सव) आश्विन शु. 15

पुष्टिमार्गीय कीर्तन संगीत और रास व्यावहारिक रूप से पृथक-पृथक दिखाई देते हैं । लेकिन सिद्धान्त रूप से एक ही हैं । दूसरे शब्दों में कीर्तन में जो कुछ गाया जाता है वही सब रास में नृत्य व अभिनय के रूप में हमें देखने को मिलता है । रास का प्रारंभ

भी श्री वल्लभाचार्य व स्वामी श्री हरिदास जी द्वारा हुआ ।

"रास के प्रणेता के रूप में रासधारियों में प्रचलित है कि मथुरा में विश्रांत घाट पर रास के आरंभ का सर्वप्रथम निश्चय श्री वल्लभाचार्यजी तथा स्वामी हरिदास जी द्वारा किया गया और माथुर चतुर्वेदी ब्राह्मण भक्तों से आठ बालक माँग कर वहीं रास का शुभारंभ हुआ"[1] यद्यपि इस संबंध में ग्राउस महोदय श्री नारायण भट्ट को रास का प्रवर्तक मानते हैं लेकिन नारायण भट्ट की रचनाऐं, रास का प्रारंभ पहिले ही हो चुका था, इसका संकेत देती हैं । यथा 'ठौर-ठौर रास के विलास लै प्रवास किये ।"[2]

पुष्टिमार्गीय मन्दिरों में अब तक यह प्रथा है कि वहाँ कीर्तन तथा रास दोनों की व्यवस्था समान रूप से महत्वपूर्ण समझी जाती है । मथुरा के द्वारिकाधीश मन्दिर में तो आज से लगभग 25 वर्ष पहिले तक मन्दिर में एक रास मंडली रहती थी । उस रास मंडली का स्वामी (जो रास के स्वरूपों को संगीत व अभिनय की शिक्षा देता है) ही मन्दिर में कीर्तन करता था ।

अत: कीर्तन और रास को हम पुष्टिमार्गीय मन्दिर के अभिन्न अंग के रूप में पाते हैं । इन मन्दिरों में दिन में कीर्तन व रात में रास होने की प्रथा आज भी कतिपय स्थानों में देखी जा सकती है ।

ऐसी परम्परा वाले इन मन्दिरों में शरदपूर्णिमा के अवसर पर एक नहीं बल्कि कई मंडलियों को एक साथ मिला कर 'महारास' का आयोजन होता है (आजकल वैभव कम हो गया है) । इस रास कीर्तन के गाये गये पद, विशेष रूप से रास के पद गाये जाते हैं । कीर्तन में रास संबंधी विपुल साहित्य है जो कीर्तन की प्रकाशित पुस्तकों तथा हस्त लिखित अप्रकाशित पोथियों से देखा जा सकता है । कृष्णदास (अष्ट छाप) ने विशेष कर रास के पदों की रचना की है ।

दीपावली (कार्तिक कृ. 30)

इस दिन रात्रि में विशेष रूप से राग कान्हरा की आलापचारी होती है । तथा दीपावली से संबंधित पद गाये जाते हैं यथा—'आज अमावस दीप मालिका', 'आज दिपति दिव्य मालिका', 'देखो इन दीपन की सुधराई' आदि-आदि । इस दिन शयन के कीर्तन (पौढने के कीर्तन) नहीं होते ।

अन्नकूट (कार्तिक शु. 1)

दीपावली के दूसरे दिन ही यह उत्सव मनाया जाता है । यह गोवर्धन पूजा के नाम से अधिक प्रचलित है । कीर्तन में राज भोग आने पर विलावल राग का 'अपने-अपने टोल'

1. लेखक रासलीला का उदय और विकास—लेखक रामनारायण अग्रवाल पोद्दार अभिनन्दन ग्रन्थ, पृ. 14
2. भक्त मालवी टीका—टीकाकार प्रियादासजी

पद सामूहिक रूप से अत्यन्त मनोहारी ढंग से गाया जाता है । (स्वर लिपि द्वितीय अध्याय में दी गई है) । राजभोग दर्शन के समय गोवर्धन पूजा का भाव रहता है और कीर्तन में राग सारंग की आलापचारी होती है । आलापचारी के बाद उसी राग में सम्बन्धित पद गाये जाते हैं।

प्रबोधिनी (कार्तिक शु. 11)

इस उत्सव में श्रृंगार के समय राग विलावल की आलापचारी होती है तथा सम्बन्धित पद गाये जाते हैं । यदि देव शाम को उठें तो शाम को राग विलावल में ही आलापचारी का गायन होता है ।

शयन के दर्शनों में राग मालव की आलापचारी के पश्चात् माहात्म्य के पद गाये जाते हैं ।

जिस प्रकार जन्माष्टमी उत्सव में जागरण होता है उसी प्रकार इस दिन भी जागरण होता है, तब राग पूरबी से गायन प्रारंभ होता है तथा राग कल्याण, ईमन, कान्हरा, नायकी, अड़ाना, केदार, तथा विहाग रागों में कीर्तन गायन सम्पन्न होकर दूसरे दिन अर्थात् कार्तिक सु. 12 की मंगला के क्रम में मंगल भोग आने पर राग ललित में 'सखी मोहे सोनो सीतल लागौ' प्रारंभ किया जाता है । संगीत की दृष्टि से यह तिथि इसलिये महत्वपूर्ण है कि इस दिन से कीर्तन में गर्म रागों की अवतारणा होती है । राग ललित गर्म राग माना जाता है ।

गोस्वामी जी का जन्मोत्सव (पौष कृ. 9)

संगीत विधान की दृष्टि से इस दिन भी मंगला के पहिले अथवा मंगला में झाँझ पखावज बजाई जाती है । गोस्वामी विट्ठलनाथजी को सम्प्रदाय में श्रीकृष्ण का अवतार माना गया है । अत: इस उत्सव को 'नन्दोत्सव' के रूप में ही मनाने का प्रचार है ।

मकर संक्रान्ति

(कोई दिन निश्चित नहीं प्राय: पौष कृ. 30 के आस पास होती है)

संगीत की दृष्टि से यह उत्सव अधिक महत्वपूर्ण नहीं है । मकर संक्रान्ति के पद झाँझ पखावज के साथ गाये जाते हैं ।

वसन्त पंचमी (माघ सु. 5)

संगीत योजना की दृष्टि से यह तिथि विशेष महत्वपूर्ण है । इसके एक दिन पहिले राग सारंग की राग माला 'सारंग नैनी' सुबह राग भोग में गाई जाती है तथा शयन भोग में राग ईमन की राग माला 'ए मन मान मेरो कहौ' गाई जाती है । बसंत पंचमी के दिन श्रृंगार के समय राग भैरव की रागमाला 'भोर भयो जागे जाम लाल' गाई जाती है । इस दिन (राजभोग की झाँकी) से आठों झाँकियों में राग बसंत गाया जाता है । यह क्रम फाल्गुन शु. 1 तक चलता है ।

राजभोग से पहिले श्रृंगार की झाँकी में राग मालकोश, तोड़ी आसावरी के पश्चात् राजभोग की झाँकी में वसंत राग की स्वरावलियाँ आलाप रूप में अवतरित हो जाती हैं और फिर हर समय यही राग व्यवहार में आते-आते वातावरण में छा जाता है । इस दिन पौढने में भी उत्सव के कीर्तन होते हैं ।

कीर्तनों में बसंत के कीर्तन विपुल मात्रा में प्राप्त हैं । ये कीर्तन इतने अधिक हैं कि कीर्तन में ऐसे पदों को अलग रखा जाता है और इन्हें बसंत, धमार के पद कहते हैं । इनमें ब्रज भाषा के पदों के अतिरिक्त जयदेव की अष्ट पदियाँ, श्री विट्ठलनाथ जी की अष्टपदियां व अन्य संस्कृत रचनाएँ भी समाहित हैं ।

सम्प्रदाय में राग बसंत के कई रूप मिलते हैं । जिनकी चर्चा अगले अध्याय में की जायेगी ।

श्रीनाथ जी का पाटोत्सव (फाल्गुन कृ. 7)

इस दिन राजभोग दर्शन के समय राग आसावरी की आलापचारी होती है तथा संध्या समय भोग की झाँकी में राग काफी की आलापचारी होती है । शयन के अनन्तर पौढाते समय भी उत्सव के कीर्तन होते हैं ।

होलिकाष्टक (फा. शु. 8 से प्रारंभ)

राग वसंत का समय समाप्त हो चुकने के पश्चात् यह समय संक्रान्तिकाल होता है । प्राय: होली की भावना फाल्गुन शुक्ल से ही प्रारम्भ हो जाती है । तथा होरी धमार के कीर्तन गाये जाते हैं । होरी धमार की रचनाओं में संगीत की दृष्टि से अनेक सुगढ़ बंदिशें सुनने को मिलती हैं । इनमें से कुछ प्रमुख रचनाएँ द्वितीय भाग में स्वर लिपि रूप में दी गई हैं । इन दिनों में न तो अधिक ठंड होती है और न अधिक गर्मी अत: होरी धमार के कीर्तन दोनों प्रकार के रागों में गाये जाते हैं । भैरव, विभास, पंचम, षट, ललित, देवगंधार, सुधराई, रामकली, विलावल, आसावरी, तोड़ी, जैतश्री, धनाश्री, काफी, सारंग, नट, पूर्वी, मारु, सोरठ, गौरी, रायसौ, कल्याण, ईमन, हमीर, कान्हरो, नायकी, केदारों जयजयवंती तथा विहागरो आदि सभी रागों में होरी धमार के पदों से मन्दिरों में शीतोष्ण वातावरण रहता है । सभी तरह के वाद्य बजाये जाते हैं । ढफ, चंग व उपंग विशेष रूप से उल्लेखनीय हैं । नाथद्वारा में इन दिनों कीर्तन में भी विनोद (चारों और हास्य विनोद का वातावरण) रहता है । विनोद स्वरूप गालियाँ गाई जाती हैं- वहाँ की प्रणालिका से एक उदाहरण प्रस्तुत है ।

श्री नवनीतलाल जी के मन्दिर (नाथद्वारे) में संस्कृत तथा हिन्दी की गारी गवें—पहिले हिन्दी में गवतीं फिर आचार्यजी गोवर्धनजी ने संस्कृत रूप दियो संवत् 1967 में । सो हैं—(होरिकाष्टक में गवै)

वहिरे यपश्यतां द्राक् जनतां हरि दर्शनार्थ मायाताम् ॥

चित्रं मुखियाजी नां मधुमासे मानसे विकृतिः ॥
यथयंतो बल हीना निष्कारण मुच्छृलं तोड़मी
वंध्यते भीतरिया मत्स्या इव गाँग नीरस्था ।
आदि-आदि।

कुंज एकादशी (फाल्गुन शु. 11)

संगीत विधान की दृष्टि में इस दिन से अष्ट-पदियों का गायन समाप्त होता है तथा राजभोग दर्शन से देवगंधार राग की आलापचारी होती है । शाम को शयन दर्शन में राग हमीर, कल्याण का आयोजन रहता है । इस दिन का लोक नृत्य की दृष्टि से भी महत्व है क्योंकि शयन के दर्शन में आरती होने के पश्चात् जब अंदर से गुलाल की फूंक मारी जाती है तब निम्न पद गाकर नृत्य किया जाता है—

सखि अपनो बलम मोय माँग्यो दै । फागुन के दिन चार रहे ॥
मेरे पिछवाड़े बढ़ै घटै तो, बढ़ै पै तू ही लै ॥
हाथी लै चाहे घोड़ा लै पर अपनौ बलम मोहै माँग्यौ दै ॥
गहनो लै चाहे कपड़ा लै पर अपनो बलम मोहे माँग्यौ दै ॥
पेड़ा ले चाहे बर्फी ले पर अपनो बलम मोहे माँग्यौ दै ॥
आदि-आदि[1]

इस दिन भी पौढ़ाते समय उत्सव के पद गाये जाते हैं ।

होली (फा. शु. 15)

ब्रज की होली भारत में प्रसिद्ध है । इस अवसर पर पुष्टिमार्ग के मन्दिरों में बड़ा ही उल्लासमय वातावरण रहता है । संगीत (कीर्तन) का स्वरूप भी यहाँ मादक व मनोहारी रहता है । अबीर और गुलाल से कीर्तन का रंग और गहरा हो जाता है । कीर्तनियाँ इन दिनों में होरी धमार के पद तो गाते ही हैं साथ ही ब्रज का सर्वाधिक प्रसिद्ध लोक गीत रसिया भी मन्दिरों में प्रवेश पा जाता है । भगवान के सम्मुख कीर्तनियाँ अनेक लोक संगीत स्वरूप रसियों का गायन करता है । (स्वरलिपि द्वितीय भाव में देखें) इसका यह भी अर्थ है कि भावातिरेक की दशा में मनुष्य लोक संगीत का ही आसरा लेता है ।

होली के दिन सुबह से शाम तक होली के ही पद गाये जाते हैं । यहाँ तक कि शयन दर्शन में भी 'कोउ भलौ बुरौ जिनमानो आज रंग होरी है' आदि भाव के पद गाये जाते हैं ।

डोल उत्सव (चैत्र कृ. 1)

रंग का ढंग समाप्त कर के राजभोग दर्शन से डोल के पद गाये जाते हैं । आश्चर्य

1. कीर्तन प्रणाली के पद—कांकरौली, पृ. 225

की बात यह है कि एक दिन पहिले तक इतना रंग रहता है कि चारों तरफ रंग ही रंग दिखाई देता है लेकिन एक दिन के बाद ही मन्दिर एकदम स्वच्छ कर दिये जाते हैं। दीवारों पर एक भी धब्बा (रंग का) दिखाई नहीं देता। इस सबका अभिप्राय यह है कि ये पुष्टिमार्गीय मन्दिर अपने परंपरा-निर्वाह में किसी प्रकार भी कमी नहीं आने देते। डोल का क्रम देवगंधार राग से प्रारंभ होता है तथा भोग आने तक चलता है।

संवत्सरोत्सव (चैत्र शु. 1)

वर्ष का प्रथ्‌म दिवस होने के कारण राग सारंग में 'चैत्रमास संवत्सर परिवा वरस प्रवेस भयौ है आज' अवश्य गाया जाता है। संगीत की दृष्टि से यह उत्सव विशेष महत्व नहीं रखता।

गनगौर (चैत्र शु. 3)

गनगौर का मेला विशेष रूप से राजस्थान में लगता है। यह मेला गौर (पार्वती) के पूजन अर्पण हेतु मनाया जाता है। चैत्र शु. 3 से 6 तक चार दिन रहता है। पहिले राजा महाराजों की सवारी निकलती थी आगे नृत्य गान होता चलता था। श्री द्वारिकाधीश के मन्दिर (कांकरौली) से भी ठाकुरजी की सवारी निकलती थी तथा आगे नृत्य व गान होता था। अब उस प्रथा के अवशेष रूप में केवल गनगौर का गायन ही रह गया है। ये राजस्थानी भाषा का पुट लिये हुए हैं। प्राय: नूर सारंग राग पर आधारित रहती है। शेष मन्दिरों में केवल सम्बन्धित पद गाये जाते हैं।

रामनवमी (चैत्र शु. 9)

कीर्तन साहित्य में श्री राम से सम्बन्धित भी अनेक पद हैं जिनमें से जन्म व पलना से सम्बन्धित पद इस दिन गाये जाते हैं। यथा—

नौमी चैत की उजियारी ॥
दसरथ के गृह जन्म लियौ है मुदित अयोध्या नारी ॥
राम लखन अस भरत सत्रुहन भूतल प्रकटे चारी ॥ आदि तथा
'श्री रघुनाथ पालने झूले कौसल्या गुन गावै हो ॥

इस प्रकार रामनवमी के अवसर पर राम के पद गाने का स्पष्ट अर्थ यह है कि सम्प्रदाय में उदारवृत्ति से काम लिया जाता है। अन्य सम्प्रदाय के सेव्य स्वरूप का भी उत्सव मनाना राष्ट्रीयता की भावना को पुष्ट करता है।

संगीत की दृष्टि से यह उत्सव विशेष महत्व नहीं रखता।

---

1. आचार्य जी बधाई का अर्थ है वे पद जो आचार्यजी के जन्म अथवा उनके महात्म्य से संबंध रखते हैं।

महाप्रभु जी का जन्मोत्सव (वैशाख कृ. 11)

पुष्टिमार्ग के प्रवर्तक आचार्य श्री वल्लभ का जन्म महोत्सव बड़ी धूमधाम से मनाया जाता है । आचार्य जी की बधाई चैत्र कृ. 11 से शुरू हो जाती है । इस दिन प्रारम्भ से ही झाँझ पखावज के साथ आचार्य महाप्रभु की बधाईयाँ[1] गाई जाती हैं तथा सायं पर्यन्त आचार्य जी की स्तुति में पद गाये जाते हैं । कहीं-कहीं शयन के पश्चात् विशेष बैठक का आयोजन किया जाता है जिसमें श्री आचार्य जी की बधाईयाँ गाई जाती हैं । बधाईयों की संख्या स्थान भेद से अलग-अलग रहती है ।

अक्षय तृतीया (वैशाख शु. 3)

यह उत्सव राग विधान की दृष्टि से महत्वपूर्ण है । इस दिन से राजभोग में सारंग राग व संध्या आरती में हमीर शुरू होता है । ये राग रथयात्रा तक यथावत् चलते हैं ।

नृसिंह जयंती (वैशाख शु. 14)

नृसिंह जयंती सम्प्रदाय में वामन की जयन्ती की भाँति विष्णु स्वामी सम्प्रदाय से ही आयी है । इसमें भगवान के कल्याण कारी स्वरूप की स्तुति रहती है । शाम को पंचामृत के समय राग कान्हरा में आलापचारी होती है तथा आलापचारी के पश्चात् उसी राग में सम्प्रदाय का प्रमुख रूप से प्रचलित पद 'यह वृत माधौ प्रथम लियो' गाया जाता है ।

स्नान यात्रा (ज्येष्ठ शु. 15)

इस दिन स्नान के दर्शन होते हैं और उस समय राग विलावल की आलापचारी होती है । यमुना की स्तुति में अनेक पद श्रृंगार की झाँकी में गाये जाते हैं । इस दिन से रथ यात्रा तक प्रातः सुहा सुधराई व साँय सोरठ राग गाया जाता है ।

रथयात्रा (आषाढ़ शु. 2)

राग विधान की दृष्टि से यह तिथि भी महत्वपूर्ण है । यहाँ से आगे आषाढ़ शु. 15 तक सभी झाँकियों में राग मल्हार गाया जाता है । कांकरौली की कीर्तन प्रणाली के अनुसार इस दिन सूहा सुधराई व सौरठ प्रारम्भ होते हैं । इसके अनुसार मल्हार राग कसुंभी छठ (आषाढ़ शु. 6) से प्रारम्भ होता है ।

हिंडोले (श्रावन कृ. 1 से श्रा. शु. 15 तक)

हिंडोले श्रावण कृ. 1 से ही प्रारम्भ हो जाते हैं तथा राग विधान की दृष्टि से मल्हार राग के साथ-साथ अन्य राग भी खुल जाते हैं । अर्थात् सभी रागों (ठंडे) का व्यवहार प्रारम्भ हो जाता है ।

हिंडोले में कीर्तन की व्यवस्था से संबंधित एक उक्ति संम्प्रदाय में प्रचलित है । (हिंडौले कीर्तनियाँ के हाथ में रहे अर्थात् कीर्तनियाँ अपना सम्पूर्ण कौशल पंदर्शित करने

के लिये स्वतंत्र रहता है। वह जितने समय तक चाहे गा सकता है और दर्शन खुले रहेंगे।

अधिक मास

एक वर्ष के अंतर से हर तीसरे वर्ष 'अधिक मास आता है। जिस महीने में यह अधिक मास रहता है वह दो माह का होता है। तब प्रारम्भ के 15 दिनों व अंत के 15 दिनों में तो उस माह का ही क्रम चलता है तथा मध्य के 30 दिनों में वर्ष भर के उत्सव व मनोरथ होते हैं और उन उत्सवों व मनोरथों की भावनानुसार कीर्तन का क्रम चलता है। कहीं-कहीं यह क्रम 15 दिन ही चलता है। विविधता की दृष्टि से इस मास का आयोजन देखते ही बनता है। संगीत योजना भी प्रति दिन परिवर्तित होती रहती है।

इस प्रकार पुष्टिमार्गीय कीर्तन का वार्षिक क्रम सम्पन्न होता है।

वर्ष भर की राग-योजना

राग विधान की दृष्टि से निम्न तिथियां महत्वपूर्ण हैं—

(1) रथयात्रा (आषाढ़ शु. 2) से सभी झाँकियों में राग मल्हार प्रारम्भ होता है। (2) श्रावण कृ. 1 से हिंडौले प्रारम्भ होते हैं। मल्हार के साथ-साथ अन्य ठंडे राग भी प्रयोग में आने लगते हैं।

(3) श्रीकृष्ण (भाद्र पद कृ. 8) जन्माष्टमी—इस दिन सभी राग (ललित, को छोड़) व्यवहार में आते हैं।

(4) आश्विन शु. 1 से नौ दिन तक नव विलास के पद राग मालव में (शयन में) गाये जाते हैं।

(5) कार्तिक शु. 11 (प्रबोधिनी) से गर्म रागों का गाया जाना प्रारम्भ होते हैं। इस दिन केवल राग ललित प्रवेश करता है।

(6) मार्ग कृ. 1—वृतचर्या के पद प्रारम्भ होते हैं। सभी स्थानों पर गर्म रागों का व्यवहार प्रारम्भ होता है। सारंगादि राग बंद हो जाते हैं।

(7) मकर संक्रान्ति (लगभग पौष कृ. 30) से विशेष रूप से खंडिता के पदों में राग ललित व मालकोश प्रारम्भ होते हैं जो पौष शु. 15 तक चलते हैं।

(8) बसंत पंचमी (माघ शु. 5) से फाल्गुन कृ. 30 तक सब झाकियों में राग वसंत चलता है।

(9) फाल्गुन शु. 1 से पुन: सभी ठंडे राग खुल जाते हैं।

(10) अक्षय तृतीया (वैशाख शु. 3) से राज भोग से सारंग व संध्या आरती में हमीर विशेष रूप से प्रयुक्त होते हैं।

(11) स्नान यात्रा (ज्येष्ठ शु. 15) से रथयात्रा तक प्रात: खंडिता के पदों में सूहा सुधराई तथा सायं भोग और सं. आरती में सोरठ राग चलता है।

गर्म व ठंडे राग

इस प्रकार हम पुष्टिमार्गीय कीर्तन प्रणाली में रागों की गर्म व ठंडी प्रकृति के दर्शन करते हैं । परम्परा में वर्तमान व्यवहार के अनुसार रागों का वर्गीकरण सामान्यत: इस प्रकार है—

ठंडे राग

प्रात:कालीन — भैरव, रामकली, देवगंधार, विलावल, विभास, मारु, सारंग, धनाश्री, सूहा एवं मल्हार आदि ।

सायंकालीन— पूरबी, मौरी, नट, कल्याण एवं ईमन, सोरठ, कान्हरा, अड़ाना, जैजैवंती, मल्हार आदि ।

गर्म राग

प्रात:कालीन — ललित, मालकोश, पंचम, षट, तोड़ी, आसावरी, मालव, बसंत आदि ।

सायंकालीन — नायकी, केदार, विहाग, विहागरो, रायसौ, जैतश्री, काफी, वसंत आदि ।

नोट—1. भैरव तथा पूर्वी लगभग पूरे वर्ष क्रमानुसार सुबह व शाम को गाये जाते हैं ।

2 कामवन (राजस्थान) में राग सारंग बारहो महीने गाया जाता है ।

3. राग मालव के नव विलास के पद शयन में गाये जाते हैं ।

अध्याय—4

पुष्टिमार्गीय मन्दिरों के संगीत में प्रयुक्त रागों व तालों के स्वरूप व उनकी समीक्षा

प्रस्तुत प्रणाली के प्रवर्तकों में रागों की सर्वाधिक संख्या में जानकारी सूरदास को थी जैसा कि उनकी रचनाओं में रागनाम उल्लेखों से ज्ञात होता है। सूर-सारावली में एक ही प्रसंग के अंतरगत कुल चौदह पंक्तियों में लगभग चालीस रागों के नामों का उल्लेख मिलता है। यथा—

'ललिता ललित बजाय, रिझावति मधुर बीन कर लीने ।
जानि प्रभात राग पंचम षट, मालकौंस रस भीने ।।
सुर हिंडोल, मेष, मालव पुनि सारंग सुर नट जान ।
सुर सावंत भुपाली, ईमन, करत कान्हरौ गान ।।
ऊँछ अडाने के सुर सुनियत, निपट नायकी लीन ।
करत विहाग मधुर केदारौ, सकल सुरीन सुख दीन ।।
सोरठ, गौड मल्हार, सोहिनी, भैरव ललित बजायौ ।
मधुर विभास, सुनत बेलाबल, दंपति अति सुख पायौ ।।
देवगिरी देसाख देव पुनि, गौरी श्री सुखरास ।
जैत सिरी अरु पुरवि तोडी, आसावार सुखराल ।
रामकली, गुनकली, केतुकी, सुर सुघराई गावे ।
जैजैवंती जगत मोहिनी, सुर सों बीन बजाये ।।
सुआ सरस मिलत प्रीतम सुख सिंधु वीर रस मान्यौ ।
जानि प्रभात प्रभाती गायो, भौर भयौ दोउ जान्यो ।।

सूर सारावली—1012–1018

सूर सागर—दो भाग (काशी नागरी प्रचारिणी सभा द्वारा सं 2009 में प्रकाशित) के अनुसार पदों की राग तालिका इस प्रकार है—

(1) विलावल	(2) कान्हरौ	(3) मारु	(4) धनाश्री
(5) रामकली	(6) नट	(7) सारंग	(८) केदारौ
(9) मल्हार	(10) परज	(11) विहागरौ	(12) गौरी
(13) सोरठ	(14) आसावरी	(15) देवगंधार	(16) सूहा विलावल
(17) टोडी	(18) झिंझौटी	(19) गूजरी	(20) कल्याण

(21) जैतश्री (22) अहीरी (23) नट नारायण (नारायणी)
(24) मुल्तानी धनाश्री (25) खुभावती (26) विभास (27) भोपाली
(28) नायकी (29) काफी (30) जैजैवंती (31) गौड मल्हार
(32) सूहौ (33) श्री हरी (34) ललित (35) गौड
(36) पूर्वा (37) सुधराई (38) मेघमल्हार (39) श्री
(40) अडानौ (41) परासी (42) विलावल रामकली (43) हमीर
(44) गुन सारंग (45) पूरिया (46) राझी हठीली
(47) विलावल आल्हैया (48) देव साख (49) ईमन
(50) गंधारी (51) अल्हैया (52) संकरा भरन (53) कुरंग
(54) संकीर्ण (55) कर्नाटी (56) वैराटी (57) सानुत
(58) राझी श्री हठी (59) राझी रामगिरी (60) राझी मल्हार (61) बसंत
(62) होरी (63) देस कार (64) देवगिरी (65) षटपदी

उक्त तालिका में संपादन की त्रुटि ज्ञात होती है क्योंकि इसमें अनेक रागों के नाम संदेहास्पद हैं यथा षटपदी, होरी, राझी, श्री हठी व उसके प्रकार, सानुत, संकीर्ण, कुरंग राझी हठीली व राझी के अन्य प्रकार ।

सूर सारावली व सूर सागर में प्राप्त लगभग साठ राग प्रस्तुत प्रणाली में उस समय अवश्य गाये जाते होंगे । लेकिन आज हमें यहाँ प्रयुक्त रागों की संख्या लगभग चालीस ही दिखाई देती है । उनमें से भी पंचम, षट, श्री शंकराभरन, कर्णाटकी, विहागडा, परज, जंगला व झिंझौटी आदि अनेक रागों को लुप्त प्राय: ही समझना चाहिये क्योंकि इन रागों में मुश्किल से एक बंदिश प्राप्त होती है तथा राग स्वरूपों की दृष्टि से भिन्न-भिन्न स्थानों पर इतना मत भेद मिलता है कि परम्परा के नाम पर इनके बारे में कुछ भी नहीं कहा जा सकता ।

वर्तमान समय में पुष्टिमार्गीय वैष्णव संगीत में प्रयुक्त रागों व तालों के स्वरूप व उनकी समीक्षा

प्रस्तुत अवस्था में पुष्टिमार्गीय वै. मन्दिरों के संगीत अथवा पुष्टिमार्गीय कीर्तन में व्यवहृत रागों के नाम इस प्रकार हैं—

प्रमुख राग

देवगंधार, रामकली, भैरव, मालकौंस, विलावल, ललित, सूहा, तोडी, आसावरी, धनाश्री, सारंग, नट, पूर्वा, गौरी, जैतश्री, खमाज, सोरठ, ईमन, कल्याण, कान्हरा, नायकी, हमीर, केदार, अड़ाना, मारु, मालव, बसंत, मल्हार, काफी, जैजैवंती, रायसा, विहाग ।

अन्य राग

गौरी, श्री, पंचम, षट, शंकराभरण, कर्णाटक, विहागडा, परज, सुघराई, जंगला, झिंझौटी आदि रागों की उपर्युक्त सूची में एक बात ध्यान देने की है कि इनमें से अनेक रागों के विभिन्न प्रकार भी गाये जाते हैं लेकिन उन प्रकारों का कोई पृथक नाम नहीं है। जैसे राग गौरी के अंतर्गत कई प्रकार की अलग-अलग बंदिशें हैं लेकिन वे सब गौरी ही कहलाती हैं।

वैसे यह परम्परा स्वयं में एक प्रमाण है लेकिन फिर भी रागों के स्वरूपों की साक्षी के रूप में श्री भातखंडे जी के ग्रन्थों को तथा राजानवाब अली द्वारा रचित 'मारिफुन्नगमात' को लिया गया है क्योंकि ये ग्रन्थ वर्तमान युग के प्रतिनिधि ग्रन्थ माने जाते हैं। जिन रागों के स्वरूप इन ग्रन्थों में भी नहीं मिलते उनके स्वरूपों की साक्षी अन्य प्राचीन ग्रन्थों से ली गई है। इसके लिये हमें हिन्दी ग्रन्थों के अतिरिक्त गुजराती व बंगाली ग्रन्थों का सहारा लेना पड़ा है। उन ग्रन्थों के नाम यथा स्थान दिये गये हैं।

अब हम प्रत्येक राग के स्वरूप को स्पष्ट करेंगे। प्रत्येक राग के सर्वाधिक प्रचलित पदों को जिनका उल्लेख प्रत्येक राग के साथ किया गया है स्वर लिपि बद्ध करके द्वितीय भाग में संकलित किया गया है। अतः प्रत्येक राग की प्रतिनिधि बन्दिशों को वहाँ से देखा जा सकता है।

राग-देवगंधार

सम्प्रदाय में यह राग प्रातःकालीन बेला में गाया जाता है। इस राग का महत्व इसी से जाना जा सकता है कि सम्प्रदाय के सर्वाधिक महत्व के दिन अर्थात् श्रीकृष्ण जन्माष्टमी के अवसर पर सबसे पहिले इसी राग में श्रीकृष्ण की बधाइयाँ होती हैं। यथा 'ब्रज भयौ महर के पूत' तथा 'नैन भरि देखो नन्दकुमार' आदि-आदि।

भैरव थाट के इस राग का स्वरूप राग भैरव के ही अधिक निकट है। चलन में तार सप्तक की ओर झुकाव अधिक है। स्वरलिपि (ब्रज भयौ महर के पूत) को देखने से ज्ञात होता है कि स्थाई में भी तार सप्तक का षडज महत्वपूर्ण स्थान प्राप्त किये हुवे हैं। अतः तार षडज यदि वादी नहीं तो संवादी स्वर अवश्य है। कोमल धैवत को वादी कह सकते हैं। क्योंकि सम इसी स्वर पर है। प ध़ सां, प ध़ रें सां, सां रें ग रें सां मुख्य स्वर संगतियाँ हैं। राग स्वरूप सम्पूर्ण जाति का ही ज्ञात होता है किन्तु निषाद दुर्बल है। सम्प्रदाय के सुधीजनों का कथन है कि स्वरों की दृष्टि से भैरव, रामकली व देवगंधार एक ही हैं परन्तु चलन में अंतर है। भैरव में नीचे के स्वरों की रामकली में मध्य के स्वरों की तथा देवगंधार में ऊँचे स्वरों की प्रमुखता रहती है। इस राग में तार सप्तक के कोमल गंधार का भी किंचित प्रयोग होता है।[1]

'राग कल्पद्रुमांकुर' में इसे आसावरी थाट का बताया गया है।[2]

1. स्वरलिपि 'ब्रज भयौ महर के पूत' का अंतरा
2. राग कल्पद्रुमांकुर—श्लोक 35

श्री भातखंडे जी ने इस राग के दो स्वरूप बताये हैं ।[1] ये दोनों ही स्वरूप आसावरी थाट से जनित हैं । श्री पटवर्धन जी के अनुसार 'गांधारी' में जैसे दो ऋषभ लिये जाते हैं वैसे ही देवगंधार में दो गंधार लेकर इसका स्वरूप आसावरी से अलग किया जाता है ।[2] लेकिन इस प्रणाली के देवगंधार में दो गंधारों का प्रयोग करके इसका स्वरूप राग भैरव से अलग किया जाता है । इसके भैरव निकटस्थ स्वरूप का प्रचार आज से लगभग 100 वर्ष पूर्व तक गुजरात प्रान्त में था जैसा कि सूरत के श्री नरहर राम नर में राग मुंशी रचित सन् 1892 में प्रकाशित 'गायन दर्पण' ग्रन्थ से पता चलता है ।[3] इस ग्रन्थ में देवगंधार में आसावरी (कोमल ऋषभ), रामकली तथा भैरव का मिश्रण इस प्रकार बताया गया है—

रे म प प ध प म ग रे स म प (आसावरी)

म ग म ध प म ग म् रे स (रामकली)

म ग म प ध - प ध - ध नि सां रे सा सा ध प (भैरव)

उक्त विवरण में राग रामकली के अंतरगत मध्यम हलंत (म्) करके लिखा गया है । संभवत: यह तीव्र मध्यम की सूचना देता है । हो सकता है कि पुष्टिमार्ग के मन्दिरों में भी देवगंधार में क्वचित् तीव्र मध्यम लगता हो लेकिन कालान्तर में सूक्ष्म दृष्टि के अभाव में वह लोप हो गया हो ।

राजा नवाब अली द्वारा लिखित 'मारिफुन्नगमत' में इस राग का जिक्र करते हुए लिखा गया है कि 'किसी-किसी ग्रन्थ में देवगंधार भैरवी के ठाठ पर है जिसमें गंधार और निषाद वर्ज्य हैं । पंचमवादी है । षडज न्यास का स्वर है । कुछ संगीत ग्रन्थों में इस राग को काफी ठाठ पर लिखा है किन्तु आजकल कोमल धैवत रिवाज में है ।[4]

उक्त कथन में दो बातें प्राप्त होती हैं— (1) इसका स्वरूप भैरवी थाट का था जिसमें ग, नि वर्ज्य थे (2) इसका दूसरा स्वरूप काफी थाट का था लेकिन उसमें तीव्र ध के स्थान पर कोमल 'ध' प्रचार में था ।

प्रस्तुत देवगंधार का स्वरूप उक्त कथन के अनुरूप ही बैठता है क्योंकि (1) यदि भैरवी थाट में ग, नि को वर्ज्य कर दिया जाया तो वह भैरव थाट भी हो जाता है । (2) प्रस्तुत स्वरूप में ग, नि का अधिक महत्व भी नहीं है ।

कहीं-कहीं (विशेष रूप से नाथ द्वारा में) देवगंधार गाते समय तार सप्तक में तीव्र रे लगाते हैं । इससे यह काफी थाट वाले स्वरूप से मेल खाता है तथा 'ध' इसमें भी कोमल लगता है ।

---

1. हि. सं. पु. क्रमिक पुस्तक मालिका—छठा भाग, पृ. 303
2. राग विज्ञान - पंचम भाग - पृ. 23
3. गायन दर्पण, पृ. 34
4. मारिफुन्नगमात (प्रथम भाग) पृ. 210

अत: प्रस्तुत देवगंधार का स्वरूप असंदिग्ध रूप से प्राचीन है ।

राग–रामकली

इस राग का स्वरूप साधारणत: राग भैरव से मिलता-जुलता है । जैसा कि राग देवगंधार के विषय में लिखते समय इस राग की चर्चा आई थी, सम्प्रदाय में यह माना जाता है कि देवगंधार, रामकली व भैरव में स्वर एक से ही लगते हैं । केवल चलन का अंतर है । देवगंधार में ऊँचे स्वर, रामकली में बीच के स्वर तथा भैरव में नीचे के स्वर प्रधान रूप से लगते हैं । रामकली व भैरव में कुछ इसी प्रकार का अंतर श्री भातखंडेजी[1] ने बताया है । वे लिखते हैं 'गुणीजन एक साधारण नियम यह बताते हैं कि भैरव राग का मुख्य विस्तार मन्द्र व मध्य स्थानों में होता है और रामकली का विस्तार मध्य व तार स्थान में किया जाता है । श्री भातखंडेजी के ही अनुसार इस राग के आरोह में 'म' और 'नि' नहीं लगने चाहिये । उन्होंने इसके लिये शास्त्रीय आधार भी बताया है । इस बात की पुष्टि प्रस्तुत प्रणाली के रामकली स्वरूप से होती है । इस राग की सबसे अधिक प्रचलित बदिशों 'प्रेंखपर्यंक शयनं' व 'आजनन्दलाल मुखचन्द्र नैनन निरख' आरोह में 'म' व 'नि' को बिल्कुल महत्व नहीं देती ।

राग रामकली में तीव्र मध्यम व कोमल 'नि' का प्रयोग श्री भातखंडेजी के अनुसार ख्याल गायकों की देन है ।

यह राग प्रात: काल के समय मंगला की झाँकी में विशेष रूप से गया जाता है ।

राग–भैरव

प्रात: काल सबसे पहिले राग भैरव में आलापचारी करके श्री महाप्रभुजी के पद इसी राग में तालमुक्त रूप से गाये जाते हैं । अर्थात् पुष्टिमार्गीय संगीत का दैनिक क्रम इसी राग से प्रारम्भ होता है । इसका स्वरूप आजकल प्रचलित भैरव के स्वरूप जैसा ही है इस राग में गो. विट्ठलनाथ जी द्वारा रचित संस्कृत रचना मंगल मंगलं ब्रज भुवि मंगलं' प्रति दिन मंगला की झाँकी में आवश्यक रूप से गाई जाती है । उक्त पद के गायन के साथ ही मंगला के दर्शन खुलते हैं तथा इस झांकी की आरती के समय 'मंगल आरती गोपाल की माई' भी इसी राग में गाई जाती है ।

वादी संवादी रे॒ ध॒ पर आन्दोलन एवं चलन आदि सभी बातें यहाँ प्रचलित भैरव के समान ही हैं ।

मारिफुन्नगमात[2] के अनुसार 'अच्छे गायक पहिले इन्हीं स्वरों को साधते हैं । पुष्टिमार्ग में भी यही राग सबसे पहिले गाया जाता है ।

---

1. चौथी पुस्तक, पृ. 312
2. मारिफुन्नगमात–प्रथम भाग, पृ. 107

राग विभास

यह राग प्रातकाल मंगला, श्रृंगार आदि में गाया जाता है । सम्प्रदाय में इस राग का स्वरूप भैरव थाट का न होकर विलावल थाट का है । अर्थात् इसमें 'रे ध' कोमल न होकर शुद्ध हैं । यह राग आजकल प्रचलित देशकार से मिलता-जुलता है । बल्कि कुछ लोग इसे देशकार कहना अधिक उपयुक्त समझते है । लेकिन (1) देशकार नाम प्राचीन ग्रन्थों में नहीं मिलता । इस बात को श्री भातखंडे जी ने भी अपने ग्रन्थ 'लक्ष्य संगीत' (गुजराती) में माना है । ''देशकार ने हाल प्रचार माँ प्रातर्गेय रागों पै की एक समझे हैं । '' इसमें 'हाल' शब्द इसी ओर संकेत करता है । (2) देशकारी तु सम्पूर्ण षडजन्यास ग्रहांशिका, मूर्च्छना प्रथमा ज्ञेया वैराटी मिश्रिता भवेत ॥—संगीत दर्पण—द्वितीय अध्याय श्लोक 78 के अनुसार देशकरा एक सम्पूर्ण राग होना चाहिये । यही बात ''राग विवोध'' में भी कही गई है—

'सांशादयन्ती उन्होंन्त: कम्प्रमनि र्देशकृत्पूर्ण:

देशकार्यां गनि तीव्रो पांशो धादिक मूर्च्छना । ।372 । ।

श्री भाव भट्ट भी इसी मत को प्रतिपादित करते हैं—

तृतीय गति निगमा देशिकार स्व मेल के ।

देशिकारो परा स्यात् सत्रि: सम्पूर्ण को भवेत । । अनूप विलास 477

सम्प्रदाय के राग विभास के स्वरूप को श्री आदित्य राम जी ने अपने ग्रन्थ 'संगीतादित्य' में उपयुक्त कहा है तथा उसमें मनि वर्ज्य, औडव जाति, शुद्ध थाट व सूर्योदय समय का विधान दिया है ।

सन् 1892 में मुद्रित एक गुजराती ग्रन्थ् 'गायन दर्पण'[1] में विभास का शुद्ध मेल जन्य स्वरूप ही मिलता है ।

राग विभास का मध्यस्थ स्वरूप 'नादविनोद ग्रन्थ'[2] में मिलता है । इसमें धैवत शुद्ध व रिषम कोमल है । इस स्वरूप से इस बात का आभास मिलता है कि शुद्ध थाट का विभास किस प्रकार भैरव थाट की ओर आगे बंढ़ा ।

निदान पुष्टिमार्गीय विभास का स्वरूप प्राचीन है और अपने साथ संप्रदाय में व्यवहृत अन्य रागों के स्वरूपों को प्रामाणिक मानने के लिये ठोस आधार प्रस्तुत करता है ।

इस राग में 'खिलावन आवेंगी ब्रज नारी' पद अधिक प्रचलित है ।

मालकोंश

इस राग का स्वरूप आजकल प्रचलित स्वरूप से श्रुतिश: मिलता हुआ है । <u>ग</u>, <u>ध</u>,

1. गायन दर्पण - लेखक नरहरराम, नरमेराम मुन्शी - पृ. 29 (प्रकाशित सन् 1892)
2. पन्नालाल पुत्र चुन्नीलाल वृत्त नांद विनोद ग्रन्थ (प्रकाशित सन् 1896) संगीत कार्यालय—हाथरस के अप्राप्य ग्रन्थालय से प्राप्त।

नि कोमल व शुद्ध म वादी स्वर के रूप में व्यवहार में आते हैं । सम्प्रदाय में इस राग को गर्म रागों की श्रेणी में माना गया है । यहाँ इसे प्रात:काल की मंगला, श्रृंगार की झाँकियों में ही गाते हैं । प्रचार में यह रात्रि कालीन राग है । इसमें खंडिता के पद विशेष रूप से गाये जाते हैं । 'आवन कहि गये अजहु न आये' तानसेन का यह पद इस राग में अधिक प्रचलित है ।

बिलावल

यह प्रात:कालीन झाँकियों में गाया जाता है । इस राग के विभिन्न स्वरूप मिलते हैं लेकिन नाम सबका बिलावल ही है । जैसा कि पहिले ही कहा जा चुका है कि रागों के प्रकार तो सम्प्रदाय में हैं लेकिन उनके पृथक नाम नहीं हैं । उन प्रकारों को मूल राग का ही नाम दिया जाता है । प्राय: पदों की प्रारम्भिक पंक्ति ही राग प्रकारों के नाम हैं । राग बिलावल के अंतर्गत पाये जाने वाले विभिन्न स्वरूप इस प्रकार हैं—

(1) गोकुल घर-घर होत बधाई	यह स्वरूप आधुनिक प्रचलित अल्हैया बिलावल के समान है
(2) गोवर्धन की सिखरतें	बिलावल के साथ-साथ राग सोरठ के भी स्वर दिखाई देते हैं । सम्प्रदाय के सुधीजन इसे सामेरी बिलावल कह कर भी पुकारते हैं ।
(3) सुन्यो स्याम चितलाय	इसमें बिलावल के साथ-साथ नट का भी मिश्रण प्रतीत होता है । प्राय: कीर्तनियाँ इसे नट-बिलावल कहते हुए सुने गये हैं । आधुनिक नट-बिलावल से बहुतांश में मिलता है ।
(4) नन्दराय लला ब्रज राय लला	यह स्वरूप मध्यम को षडज मान कर गाया जाता है । इसमें ऊँचे स्वरों का चलन नहीं है । इसमें खमाज व झेंझोटी की झलक स्पष्ट रूप से दिखाई देती है । कुकुभ की भी झलक दिखाई देती है ।
(5) फाग खेलन ब्रज सुन्दरी	इसमें कोमल 'ध' का भी क्वचित प्रयोग होता है तथा मध्यम को षडज मानकर गाया जाता है ।
(6) नागरी निपुन छबीली	इसमें आद्योपान्त सोरठ का ही स्वरूप है । ताल वैविध्य से चौकडा भी गाये जाते हैं । इसको बिलावल क्यों कहते हैं इसका कारण स्पष्ट रूप से समझ में नहीं आता । कुछ लोग इसे सामेरी कहते हैं ।
(7) जय जगदीश हरे	जयदेव की यह अष्टपदी विशेष रूप से मथुरा में बिलावल में गाई जाती है । इसमें शुद्ध मध्यम

प्रबल रूप में लिया जाता है । शुक्ल बिलावल की झलक देखने में आती है ।

वैसे बिलावल का 'अल्हैया बिलावल' स्वरूप ही अधिक प्रचार में है ।

ललित

पंचम वर्ज्य मारवा थाट के इस राग में सदैव शुद्ध धैवत ही प्रयोग में आता है । आजकल ललित में (विशेष रूप से ख्याल गायन में) कोमल धैवत लगाने का प्रचार हो गया है ।[1] लेकिन शुद्ध धैवत के ललित को ही श्री भातखंडेजी ने भी अधिक उपयुक्त बताया है । सम्प्रदाय में इसे गर्म राग माना जाता है और यह शीतकाल में प्रात: मंगला, श्रृंगार में ही गाया जाता है । इसमें खंडिता के पद गाये जाते हैं । इस राग का सर्वाधिक प्रयुक्त पद 'मेरे आये भोर प्यारे' है । मध्यम वादी दोनों मध्यम का प्रयोग <u>रे</u> कोमल व ग, नि तीव्र आदि सभी बातें श्री भातखंडे जी के ललित के ही समान हैं ।

सूहा

यह राग सम्प्रदाय में प्रात:कालीन झाँकियों में विशेष रूप से स्नान यात्रा से रथयात्रा तक मंगला में गाया जाता है । यहाँ के सूहा का स्वरूप आधुनिक मिंया मल्हार से मिलता है । केवल स्थाई के मुखड़े में अंतर है जो इस प्रकार गाया जाता है ।

स रे <u>नि</u> स रे म म रे <u>ग</u> <u>ग</u> म रे स

अंतरे में दोनों निषादों का प्रयोग मिया मल्हार की ही तरह होता है । शेष स्वरूप भी जैसे <u>ग</u> म रे सा, <u>नि</u> प म प, <u>ग</u> म म रे स आदि मियां मल्हार की ही भाँति रहते हैं ।

इस राग में सर्वाधिक प्रयुक्त पद ''सुहातेरी सोने चोंच मढ़ाऊं'' है ।

कुछ लोग सूहा-सुघराई एक ही राग मानते हैं तथा इसी स्वरूप को सूहा-सुघराई के नाम से व्यवहार में लाते हैं ।

प्रचलित सूहा से पूर्वांग में तो इसकी संगति बैठती है लेकिन उत्तरांग में बिल्क़ुल भिन्न हो जाता है ।

तोड़ी

यह राग सम्प्रदाय में शीत ऋतु में प्रात:कालीन राजभोग की झाँकी में गाया जाता है । यहाँ तोड़ी का मात्र एक ही स्वरूप प्रचार में है । जिसे आधुनिक प्रचार में मियां की तोड़ी कहते हैं । वही स्वरूप यहाँ केवल 'तोड़ी' अथवा 'टोड़ी' के नाम से प्रसिद्ध है । यहां की तोड़ी में पंचम स्वर का प्रयोग प्रचुर मात्रा में होता है । आधुनिक प्रचार में पंचम का प्रयोग न्यून होता जा रहा है । यहाँ ऐसी भी बन्दिशें हैं जिनका सम पंचम पर है ।

1. चौथी पुस्तक, पृ. 490

यथा 'छोटों सो कन्हैया' । तेरौ. कोऊ है रे कहैया सुनैया कन्हैया पद तोड़ी में खूब गाया जाता है ।

आसावरी

यह राग भी तोड़ी की भाँति शीतकाल में राजभोग की झाँकी में गाया जाता है । सम्प्रदाय में वैसे तो लगभग सभी रागों में ऊँचे स्वरों की प्रधानता रहती है । इसका कारण दर्शकों के शोरगुल में पद को स्पष्ट रूप से सुनाने का प्रयत्न है लेकिन आसावरी में विशेष रूप से उठान तार सप्तक के स्वरों से ही उठती है । जैसै 'तुम ब्रजरानी के लाला' ।

यहाँ आसावरी के आरोह में कोमलनि का प्रयोग होता है । यथा 'हों जुरिचली है बधावन नन्द महरि घर' । प्रचलित आसावरी की ही भाँति इसमें गंधार, धैवत व निषाद कोमल व शेष स्वर शुद्ध लगते हैं । गायन समय भी दिन का द्वितीय प्रहर माना गया है । यहाँ भी आसावरी राजभोग झाँकी में गायी जाती है । ''सोंधे न्हाय बैठी'' ये बन्दिश चार ताल में खूब गाई जाती है । इस राग में ऐसी भी बन्दिशें पाई जाती हैं जिनका सम कोमल निषाद पर होता है जो कि विरला ही देखने में आता है । यथा ''बैठी रानी जसुमति लाल झुलावें'

धनाश्री

यह राग इस प्रणाली में राजभोग की झाँकी में गाया जाता है । यह राग स्वरूप प्रचलित राग स्वरूप से भिन्न है । प्रचार में इसे काफी थाट का माना गया है[1] तथा इसके आरोह में रे, ध वर्ज्य करके प वादी व स संवादी माना गया है । दूसरे शब्दों में आज की भीम पलासी में मध्यम के स्थान पर पंचम को वादी मान लें तो आज का धनाश्री राग हो जायेगा ।

लोकिन सम्प्रदाय में इसमें कोमल धैवत का प्रयोग होता है । तीव्र निषाद का प्रयोग भी प्रचुर है । उठान ऊपर से ही है । यथा 'सबै मिल मंगल गावो माई'' । 'रंगीले छबीले नैना रस भरे' पद भी इस राग में बहुतायत से गाया जाता है ।

धनाश्री का यह प्राचीन स्वरूप ज्ञात होता है । श्री भातखंडेजी ने भैरवी थाट की धनाश्री का भी जिक्र किया है ।[2] भैरवी में क्वचित शुद्ध 'रें' सभी लगा लेते हैं । ऐसी स्थिति में यह राग स्वरूप उसी भैरवी के स्वरूप से मिल जाता है ।

इस राग स्वरूप के अस्तित्व के विषय में संदेह इसलिये नहीं हो सकता क्योंकि आजकल का राग पूरिया धनाश्री इसी स्वरूप से निकला प्रतीत होता है । नहीं तो पूरिया में तथा आजकल की धनाश्री दोनों में तीव्र धैवत का प्रयोग होता है । तब पूरिया धनाश्री

---

1. छठी पुस्तक, ले. भातखंडे, पृ. 144
2. ,, ,, पृ. 144

में कोमल धैवत कहाँ से आया? इस प्रश्न का सीधा और सरल उत्तर पुष्टिमार्गीय कीर्तन प्रणाली की धनाश्री है ।

सारंग

यह राग राजभोग की झाँकी के समय गाया जाता है । शीतकाल में यह नहीं गाया जाता है । जैसा कि पहिले ही कहा जा चुका है इस राग के अंतर्गत भी इसके अनेक विविध स्वरूप देखने को मिलते हैं लेकिन नाम की जहाँ बात आती है वहाँ सभी को 'सारंग' कहा जाता है । पदों की पहिली पंक्ति बोलकर ही राग के विभिन्न प्रकार का बोध होता है । इधर कुछ दिनों से सम्प्रदाय के सुधी कीर्तनियाँ उन स्वरूपों को पृथक नामों से भी पुकारने लगे हैं । विभिन्न प्रमुख राग स्वरूप इस प्रकार हैं—

(1) 'वेद रटत ब्रह्म रटत' — यह स्वरूप आधुनिक प्रचलित वृन्दावनी सारंग का है । स रे म प नि सां / सां नि प म रे स आरोहावरोह स्वरूप है ।

2) 'मोहन खेलत होरी' — इस बंदिश के अंतरे में प्रचलित 'लंक दहन सारंग' की भाँति बल्कि उससे भी अधिक मात्रा में तीव्र धैवत का प्रयोग होता है लेकिन म ग रे स नहीं आता । सम्पूर्ण बंदिश में मध्य सप्तक का षडज प्राय: आता ही नहीं है । स्थाई, अंतरा, संचारी आदि सभी अंग तार सप्तक के आसपास ही रहते हैं । इस बंदिश में ताल वैविध्य भी है अत: इसे ताल प्रबंध भी कहा जाता है । इस राग में वादी स्वर श्री भातखंडेजी के अनुसार व सामान्य प्रचार में मध्य सप्तक का रे है । लेकिन सम्प्रदाय के स्वरूप को देखने से ऐसा प्रतीत होता है कि यहाँ इसका अर्थ तार सप्तक का रे से लिया गया है क्योंकि प्राय: स्थाई व अंतरा तार सप्तक की ओर ही झुके रहते हैं । यथा 'पहुप वृष्टि होत' व 'अहो मैया हो हे री आज नन्द राय के' तथा अन्य ।

(3) 'आज दधि मीठौ मदन गोपाल' — होली के दिनों में यह बंदिशें सारंग राग में गाई जाती है । यह बंदिश ब्रज के रसिया की प्राचीन धुन का ही स्वरूप है । सम्प्रदाय में इसे 'नूर सारंग' के नाम से भी संबोधित करते हैं । 'नूरसारंग' नाम का कोई सारंग प्रकार प्रचार में दिखाई नहीं देता । हमारा अनुमान है कि होली के दिनों में

इस राग स्वरूप के माध्यम से गायन का एक अनोखा व मदमस्त रूप (नूर) सामने आता है इसलिये इस राग स्वरूप को 'नूर सारंग' की संज्ञा दी गई होगी ।

(4) 'होंनी के जानत री' — यह राग स्वरूप प्रचलित गौड सारंग से शत प्रतिशत मिलता है । केवल कहीं-कहीं अंतरे में नि ध नि सां ले लेते हैं । मैं समझता हूँ कि दोनों नि लेने व दोनों नि के बीच शुद्ध धवैत ले लेना ऊपर के षडज को जोर से कहने के लिये लेते होगें ।

(5) 'टीक दुपहरी की विरियाँ' — यह राग स्वरूप प्रचलित 'सामंत-सारंग' से मेल खाता है । लेकिन धैवत अपेक्षाकृत अधिक है व इसके लगाने का ढंग भी कुछ अलग है । प्रचलित सामंत का ढंग भी कुछ अलग है । प्रचलित सामंत सारंग में प, प, म, नि ध प की भाँति ही धैवत का प्रयोग है जबकि यहाँ इसकी बंदिश धैवत से ही प्रारंभ होती है तथा ध, नि ध नि प, नि ध, प ध नि सं इस प्रकार धैवत प्रयुक्त होता है ।

6) 'सुरंगी होरी खेलै' — सारंग के इस स्वरूप में धैवत (शुद्ध) व कोमल नि का अन्य प्रकार से प्रयोग होता है । धैवत लेने का यह ढंग 'खमाज' का स्मरण करा देता है । रे म प, प ध नि ध प की भाँति प्रयोग एक नये स्वरूप का द्योतक है ।

नट

यह राग सायं गेय है । 'मारिफुन्नगमात' द्वितीय भाग (पृष्ठ 68) में नट का एक ध्रुपद दिया हुआ है । सम्प्रदाय का नट इस स्वरूप से बिल्कुल मिलता है । केवल कोमल निषाद कहीं-कहीं विवादी स्वर के नाते ही लिया जाता है । कही-कहीं क्वचित तीव्र म भी दिखाई देता है । हमारी समझ से ऐसा अज्ञानतावश ही है ।

सम्प्रदाय में इस राग में गाया जाने वाला सर्वाधिक प्रचलित पद प्रीतम प्रीत ही सों पैये है ।

पूर्वी

यह राग सांयगेय है तथा प्राय: उत्थापन, भोग व श्रृंगार में गाया जाता है । पूर्वी

राग का कोमल धैवत स्वरूप प्रचार में है परन्तु नाथद्वारा के पुष्टिमार्गीय मन्दिरों में तीव्र धैवत वाली पूर्वी गाई जाती है । यह प्राचीन स्वरूप है । कलकत्ते में प्राय: सभी उस्ताद पहिले तीव्र धैवत वाली पूर्वी ही सिखाते हैं । इसका जिक्र हमें श्री भातखंडे जी के ग्रन्थ में भी मिलता है ।[1] वे लिखते हैं ''उत्तर भारत की ओर तीव्र धैवत का प्रयोग इस राग (पूर्वी) में कहीं-कहीं दिखाई पड़ता है । कोई गायक इसमें दोनों धैवत लगाते हैं ।''

नाथद्वारा के अलावा अन्य मन्दिरों में कोमल धैवत की पूर्वी व्यवहार में लाई जाती है अत: पुष्टिमार्गीय मन्दिरों में दोनों प्रकार की पूर्वी प्रचार में है ऐसा कह सकते हैं ।

शेष नियम प्रचलित पूर्वी की ही भाँति है । वादी, संवादी चलन आदि सभी बातें समान हैं ।

इस राग में सबसे अधिक गाया जाने वाला पद 'आगे गाय पाछे गाय' आवनी के समय पर गाया जाता है ।

गौरी

यह राग यहाँ सायंकालीन झाँकियों में विशेष रूप से शयन से पहिले ही गाया जाता है । यहाँ गोरी राग के भी विभिन्न स्वरूप प्राप्त होते हैं । जो इस प्रकार हैं—

(1) 'हेरी रे भैया हेरी हेरी रे भैया' गौरी के इस स्वरूप में तीव्र मध्यम की ही प्रधानता रहती है तथा पूर्वी अंग प्रचलित गौरी से ही मिलती है लेकिन इसकी चाल में कुछ अंतर है इसमें मंद्र सप्तक की अपेक्षा मध्य सप्तक की नि पर अधिक बल है ।

(2) 'ए गोरी-गोरी गुजरिया' गौरी के इस प्रकार में तीव्र मध्यम के साथ-साथ कोमल मध्यम भी लगता है तथा इस मध्यम की जगह बड़ी सुन्दर लगती है । इस प्रकार यह भैरव अंग तथा पूर्वी अंग दोनों अंगों को अपने में समाहित किये हुए हैं । तार सप्तक के रे पर सम होने से कभी-कभी श्री का अभ्यास होता है लेकिन जैसे ही बन्दिश मध्य सप्तक के शुद्ध म को स्पर्श करती है, श्री का ढंग अलग हो जाता है ।

'अहो विधना तो पै अंचरा पसारि मागौ', यह बंदिश भी इसी राग स्वरूप के अंतरगत आती है । गौरी के प्रचलित प्रकारों में आरोह में ग ध़ वर्ज्य रहते हैं लेकिन गौरी के इन प्रकारों में प्राय:

---

1. दूसरी पुस्तक पृ. 234

मं ध नि रें सं रहता है ।

(3) 'ऋतु बसंत सुख खेलिये हो' — इस स्वरूप में शुद्ध मध्यम ने तीव्र मध्यम को एकदम दबा सा लिया है । यद्यपि तीव्र मध्यम इस प्रकार में लगता है लेकिन म ग रे स, प मं ध प, तक ही सीमित रहता है । कह सकते हैं कि यह प्रकार भैरव अंग का ही प्रकार है तीव्र मध्यम का विवादी स्वर के नाते प्रयोग होता है ।

(4) 'सब ब्रज कुल के राय लाल मन मोहना' — गौरी के इस प्रकार में पूर्णत: भैरव अंग की गौरी के दर्शन होते हैं । लेकिन ऊँचे स्वरों का बाहुल्य इसे उस राग की चीजों से अलग सा कर देता है । दूसरे इसमें ग प ग रे कभी नहीं आता । जैसा कि श्री भातखंडेजी की एक बंदिश में मिलता है ।[1] यहां तार सप्तक के कोमल रे को प्रधानता प्राप्त है ।

(5) 'अरी चल नवल किसोरी' — गौरी का यह प्रकार प्रचलित किसी भी प्रकार से नहीं मिलता. । इसमें खमाज गौड मल्हार और गौरी का अद्‌भुत सम्मिश्रण हुआ है । इसके स्वरों में कहीं भी कोमल रे नहीं है सभी स्वर खमाज थाट के अर्थात् स रे ग म प ध नि हैं ।

(6) 'ए चलि जांय' — गौरी का यह प्रकार बहुत विचित्र है । इसमें गौरी का काफी से ऐसा मेल किया गया है कि सुनते ही बनता है । कुशल गायक के अभाव में तो इसका गाया जाना भी मुश्किल है । बंदिश काफी के स्वरों में ध म प ध नि से प्रारम्भ होती है तथा सं रें गं रें सां नि ध प ध नि स्वरों से काफी के रंग को और गहरा कर दिया जाता है और तब ध नि सां, ध प मं प ध, मं ग स्वर संगीत से गौरी में प्रवेश किया जाता है और मं ग रे स, स रे स आदि स्वरों से गौरी का रंग गहरा होता है ।

इस प्रकार पुष्टिमार्गीय कीर्तन (संगीत) में गौरी राग का अपना अलग वैभव है । इसका कारण हमारी समझ से गौरी शब्द का राधा व गोपी से अर्थ साम्य हैं । इसी

---

1. पांचवी पुस्तक, पृ. 412

अर्थ-साम्य के कारण जिन पदों में गौरी अथवा गौरी आया है उन पदों का लालित्य अन्य पदों से अनूठा करने के लिये ही गौरी के इतने प्रकार अस्तित्व में आये होंगे ।

खमाज

यह राग शाम की झाँकी श्रृंगार आदि में गाया जाता है । यहाँ खमाज का स्वरूप प्रचलित खमाज के स्वरूप जैसा ही है । किसी भी प्रकार का कोई अंतर दृष्टिगोचर नहीं होता । लेकिन इस राग को यहां कोई महत्व नहीं दिया गया है । खमाज के नाम पर कीर्तनियाँ केवल एक ही पद गाते सुने गये हैं । वह पद 'मन मोहन रंग हिंडोला' है । कहते हैं कि यह राग सम्प्रदाय में अधिक प्राचीन नहीं है बल्कि मथुरा वाले गोस्वामी श्री गोपाल लालजी ने सम्प्रदाय में इसे प्रवेश दिलाया था । अत: अभी यह राग यहाँ अपने शैशवावस्था में ही है ।

जैतश्री

यह राग सायंकालीन झाँकियों में गाया जाता है । यह राग भी अत्यन्त महत्व का नहीं समझा जाता । सम्प्रदाय में एक कहावत है कि श्री व जैतश्री आदि गौरी में ही गवै । लेकिन कुछ स्थानों पर इसका स्वरूप दिखाई दिया । विशेष रूप से मथुरा में इसे अलग ढंग से गाया जाता है । इसका स्वरूप आरोह में आजकल के पटदीप से मिलता-जुलता है । यद्यपि आजकल प्रचलित जैतश्री का स्वरूप इससे बिल्कुल भिन्न है ।[1] लेकिन तब भी इसकी प्राचीनता पर इसलिये संदेह नहीं होता कि एक तो 'पटदीप' नाम प्राचीन नहीं है दूसरे बंगाल की तरफ जैतश्री का यही स्वरूप दर्शाते हुए बन्दिशें प्राप्त होती हैं जैसा कि इन मन्दिरों में है ।

इस राग में 'नन्द कुंवर खेलत राधा संग' पद अधिक गाया जाता है ।

सोरठ

यह राग भोग व सन्ध्या आरती की झाँकियों में गाया जाता है । यह राग राजस्थान में लोक गीत के रूप में प्रचलित है । वहाँ की भाषा में जिस प्रदेश को हम सौराष्ट्र कहते हैं उसे वे सोरठ कहते हैं । सोरठ नामक लोक गीत के ध्वनि अंकित रिकार्ड 'संगीत नाटक अकादमी जोधपुर में सुरक्षित हैं । ठीक वैसा ही प्रकार पुष्टिमार्गीय कीर्तनों में प्राप्त होता है । श्री भातखंडेजी के ग्रन्थ में भी इसी प्रकार का स्वरूप वर्णित है ।[2]

सम्प्रदाय में यह राग स्नान यात्रा से रथ यात्रा तक शाम को भोग व श्रृंगार में गाया जाता है । मथुरा में इस राग का प्रचलित पद 'अब मुख मांडोगी' है ।

---

1. पांचवी पुस्तक—पृ. 452
2. ,, ,, पृ. 311

कल्याण तथा ईमन

ये राग सम्प्रदाय में सायंकालीन झांकियों में विशेष रूप से श्रृंगार शयन में गाये जाते हैं । सम्प्रदाय में कल्याण व ईमन अलग-अलग प्रचलित हैं । प्रचार में यमन कल्याण नाम से दोनों का मिश्रित रूप ही है । पुरानी पुस्तकों में कल्याण व ईमन अलग-अलग दिये हुए मिलते हैं । संगीत चन्द्रिका जो कि श्री गोपेश्वर बनर्जी द्वारा संकलित लगभग 800 प्राचीन ध्रुपदों का बंगाली भाषा का महत्वपूर्ण ग्रन्थ है, में कल्याण, ईमन व ईमन कल्याण इस तरह तीन राग हैं । कल्याण में तीव्र म तथा नि का प्रयोग कम है । प्राय: ग प कह कर मं को छोड़ने का संकेत है । म यदि तीव्र में लिया भी गया है तो वह ध म प के रूप में अल्प मात्रा में ही प्रयोज्य है । इसके विपरीत ईमन में सीधे ग म प, रे ग म प आदि लिखा हुआ है । ईमन कल्याण में कल्याण तथा ईमन को मिलाकर शुद्ध मध्यम का भी क्वचित प्रयोग किया हुआ मिलता है ।

तात्पर्य यह है कि पहिले कल्याण व ईमन अलग-अलग थे । इसी के परिणाम स्वरूप पुष्टिमार्गीय संगीत में ये दो अलग-अलग राग मिलते हैं । ऐसा लगता है कि कल्याण ही आगे चलकर शुद्ध कल्याण हो गया होगा तथा दोनों के मध्यम लगने वाला स्वरूप केवल तीव्र मध्यम वाले स्वरूप से मधुर लगता है इसलिये ईमन का स्थान ईमन कल्याण ने ले लिया होगा । ठा. जयदेव सिंहजी ने तो यह अनुमान लगाया है कि यहाँ का प्राचीन राग कल्याण ही था । यवनों के सम्पर्क में आकर इसीका नाम ईमन हो गया होगा क्योंकि फारसी शब्द के अनुसार ईमन का अर्थ कल्याण होता है ।

पुष्टिमार्ग में कल्याण राग की एक बन्दिश सभी स्थानों पर ठीक एक ही प्रकार से गाई जाती है । वह है 'श्री गोवरधन राय लाला' । इसमें तीव्र म का अल्प प्रयोग (श्री गोपेश्वर बनर्जी के अनुसार) मिलता है । तथा प ध सां रे ग में नि का न लेना भी अल्प मात्रा का द्योतक है । इस राग की दूसरी चलन वाला स्वरूप 'तोरे पैया लागू गिरधर ब्यारू कीजै' है । इस बन्दिश को आगरा घराने के प्रमुख गायक उ. फैयाज खां भी इसी तरह से गाते थे । आगरा घराने वाले इसे भोग-कल्याण का नाम देते हैं ।

ईमन में चूंकि दोनों मध्यम नहीं लगते इसलिये यह अपने प्राचीन स्वरूप स रे ग मे प ध नि सां स नि ध प मे ग रे स में ही विद्यमान है । वादी संवादी ग व नि ही हैं तथा अन्य सभी नियम प्रचलित यमन कल्याण के ही हैं । ईमन में अधिक गाया जाने वाला पद 'आलीरी का सिंगार' है ।

कान्हरा

यह राग सायंकालीन झाँकिगों में विशेष रूप से शयन में गाया जाता है । प्रचलित संगीत में कान्हरे के प्रकार तो प्राप्य हैं लेकिन कान्हरा प्राप्त नहीं है । पुष्टिमार्गीय संगीत में कान्हरे का स्वरूप देखा जा सकता है । चूँकि कान्हरे का एक ही स्वरूप सब स्थानों पर प्रचलित है । इसलिये यहाँ इसे 'कान्हरे का प्रकार' नहीं कह सकते ।

'गायन दर्पण'[1] नामक प्राचीन गुजराती ग्रन्थ में इस राग का वही स्वरूप मिलता है जो यहाँ मन्दिरों में प्राप्य है । उसमें लिखा है कि इसमें ग व नि कोमल तथा रे और ध तीव्र लगते हैं । आरोह में क्वचित् तीव्र नि भी लग जाती है । प्रधान स्वर कोमल नि है लेकिन अधिकतर न्यास गंधार पर होता है । ग म रे स क्रम से गंधार वक्र होकर अवरोहित होता है । सारांशत: सभी बातें पुष्टिमार्गीय कान्हरे के स्वरूप से मेल खाती हैं ।

लोग इसे 'बागेश्री कान्हरा' कहते हैं लेकिन इसमें पंचम का प्रचुर मात्रा में प्रयोग इसे उस राग से अलग कर देता है । ठा. जयदेव सिंह भी इसमें पंचम के ऐसे प्रयोग से इसका मौलिक स्वरूप होने की बात कहते हैं ।

इस राग का प्रतिनिधित्व करने वाले पद की प्रथम पंक्ति 'अंधियारी भादों की रात' है ।

नायकी

यहाँ नायकी सांय गेय रागों के साथ विशेष रूप से शयन की झाँकियों में गाई जाती है । जो बात कान्हडे के लिये थी वही बात नायकी के लिये भी है । प्रचार में नायकी कान्हडा तो प्राप्य है लेकिन केवल नायकी के नाम पर प्रश्न चिन्ह ही रहता है । यहाँ इस प्रणाली में नायकी का स्वरूप दृष्टव्य है ।

'नायकी' का यह पृथक रूप है इसीलिये इसमें शुद्ध धैवत का प्रचुर मात्रा में प्रयोग होता है । पुष्टिमार्ग का सर्वाधिक प्रचलित पद 'मेरो पिया रसिया' जो कि यहाँ इसी नायकी में गाया जाता है । 'अल्ला दिया खाँ साहब को इसका मूल रूप ध्रुपद स्वरूप में ही प्राप्त हुआ था । बाद में उन्होनें उसे ख्याल में परिवर्तित कर दिया ।[2]

नि प, म प, ग म रे स, ध नि प, म प नि ध नि सां,

नि ध प नि ध नि, ध प म प ध ग रे स रे म, नि, प,

यह इस राग का सामान्य स्वरूप है ।

हमीर

यह राग ग्रीष्म कालीन संध्या की झाँकियों में गाया जाता है । पुष्टिमार्गीय कीर्तन (संगीत) में प्रयुक्त हमीर प्रचलित हमीर जैसा ही है । सभी विशेषताऐं उसी रूप में यहाँ भी विद्यमान हैं । इस राग को विशेष रूप से ठंडा राग कहकर संबोधित किया जाता है । इसीलिये यह ग्रीष्म ऋतु की सायंकालीन झाँकियों में प्रयुक्त होता है । इस राग में स्वामी श्री हरिदासजी द्वारा रचित पद 'चलो चों न देखे ठाड़े दोऊ कुंजन की परछाईं' विशेष रूप से गाया जाता है । बंदिश की सरलता के लिये 'रंगन रंग हो हो होरी है' पद श्रवणीय

---

1. ले. नरहरराय व नरभेराम मुंशी—प्रकाशित सन् 1892 ई. पृ. 14
2. श्री ना. रा. पटवर्धन (वनस्थली) की जानकारी के अनुसार।

है ।

केदार

यह राग सायंकालीन शयन की झाँकी में विशेष रूप से गाया जाता है । इस राग का स्वरूप भी प्रचलित केदार के स्वरूप जैसा ही है । विशेष रूप से रास के पद राग केदार में गाये जाते हैं । यथा 'अद्‌भुत नटभेष धरे' तथा 'सुन धुन वेणु बाजे' आदि ।

अडाना

यह राग विशेष रूप से शयन की झाँकी में गाया जाता है । यहाँ इस राग में शुद्ध धैवत का प्रयोग किया जाता है । कहीं-कहीं (यथा पोरबन्दर में) धैवत बिल्कुल नहीं लिया जाता । शेष सब नियम प्रचलित अडाने के ही हैं । इसमें तीव्र धैवत के प्रयोग की बात श्री भातखंडेजी ने भी कही है यथा 'कोई कोई ग्रन्थकार इस राग में तीव्र धैवत लगा कर इसकी उत्पत्ति काफी थाट से मानते हैं ।[1] 'मारिफुन्नगमात' में तो इसमें शुद्ध धैवत के प्रयोग को स्पष्ट रूप से प्राचीन परम्परानुगत माना है । यथा 'ग्रन्थों के अनुसार इस राग में कोमल धैवत नहीं है, लेकिन आजकल रिवाज में धैवत कोमल है ।[2] इसी में आगे लिखा है—

''मद्रास प्रान्त में इसको अडाना राग कहते हैं और इसका ठाट खमाज मानते हैं ।''

अत: अडाने में शुद्ध धैवत का प्रयोग प्राचीन परम्परानुसार ही है । इस राग में 'गावत धमार आई ब्रज की नार' पद अधिक गाया जाता है । यह राग यहाँ सायकालीन झाँकियों में विशेष रूप से शयन की झाँकी में गाया जाता है ।

मारु

मारु राग भी पुष्टिमार्गीय संगीत का प्रचलित राग है । प्रचार में मारु राग का स्वरूप कहीं सुनने को व देखने को नहीं मिलता । यह राग स्वरूप भी इस प्रणाली में परम्परागत रूप से चल रहा है । 'गायन दर्पण'[3] व 'नाद विनोद'[4] दोनों ग्रन्थों में (जो आज से लगभग गत एक शताब्दी की सूचना देते हैं ।) इस राग का ठीक उसी रूप में वर्णन मिलता है जिस रूप में यहाँ इस सम्प्रदाय में प्राप्त है । इसके स्वर भैरव थाट के हैं तथा चलन तार सप्तक की ओर अधिक है ।

बंदिशों को देखने से प्रतीत होता है कि इसके आरोह में रे नहीं लगता तथा शुद्ध नि का विशेष महत्व है । सां नि ध़ नि, प ध़ सां, म ग प प ध़ प, प ध़ नि इस प्रकार कभी प ध़ सां तो कभी प ध़ नि इसमें अधिकतर लिया जाता है ।

1. चौथी पुस्तक, पृ. 700
2. मारिफुन्नगमात ले. राजा नवाब अली, पृ. 219
3. नरहरराम नरभेराम मुशीकृत 'गायन दर्पण' पृ. 26
4. गो. पन्नालाल चुन्नीलाल कृत 'नादविनोद'

इस राग में मुख्यत: 'आज रघुपति चढ़े', 'हो बलि-बलि तिहि काल' व 'हो लछमन सीता कौन हरी' है । यह राग यहाँ सायंकालीन झाँकियों में विशेष रूप से शयन की झाँकी में गाया जाता है ।

मालव

मालव राग भी पुष्टिमार्गीय कीर्तनों के अतिरिक्त देखने को नहीं मिलता । श्री भातखंडेजी के ग्रन्थों में भी मालवी तो मिलता है लेकिन मालव नहीं मिलता । इस राग का स्वरूप भूपाली व देशकार से मिलता-जुलता है । इसका स्वरूप कुछ-कुछ इस प्रकार समझा जा सकता है कि भूपाली नीचे, देशकार मध्य में तथा मालव की स्थिति ऊँची है । सां ध प, ग प ध प, गं रें सं रें गं रें सं, इस प्रकार इसकी उठान प्रारम्भ होती है । ग ग, प प, प ध, रें सां, प ध सां इस प्रकार तार सप्तक की ओर ही रुझान रहता है । इस राग में जयदेव के गीतगोविन्द की अष्टपदी 'प्रलय पयोधि जले धृतवानसवैदं' तथा नव विलास के पद यथा 'प्रथम विलास कियौ स्यामाजू' विशेष रूप से गाये जाते हैं । यह राग सम्प्रदाय में सायं व प्रात:कालीन झाँकियों में विशेष रूप से श्रृंगार में गाया जाता है ।

बसंत

यह राग बसंत पंचमी (माघ शु. 5) के दिन से प्रारम्भ होकर श्रीनाथजी पाटोत्सव (फाल्गुन शु. 8) तक पुष्टिमार्ग के मन्दिरों में आठों झांकियों में गाया जाता है । इस प्रकार यह राग लगभग एक माह की अवधि तक सुबह से शाम तक निरंतर गति से चलता रहता है । अन्य कोई भी राग इस बीच में नहीं गाया जाता । इसी से सम्प्रदाय में इस राम के महत्व के बारे में समझा जा सकता है ।

यहाँ बसंत राग में दोनों मध्यम तथा धैवत तीव्र लगाकर पंचम को वर्ज्य करते हैं । श्री भातखण्डे जी ने इस स्वरूप को भी स्वीकारा है ।[1] स्थूल रूप से इसका स्वरूप इस प्रकार है—

स, म म म, म॑ म ग, म॑ ध, म॑ ध सां, सां, सां सां,
नि नि ध ध, ध ग ग, नि नि ध ध, म॑ ग रे॒ स । इस राग में भी विभिन्न स्वरूप मिलते हैं । जो इस प्रकार हैं—

(1) ब्रज युवती शतसंगे हरिरिह'	इसमें बसंत का उक्त स्वरूप ही है
(2) केसर सों भी जौ बागों	यह स्वरूप स्थाई व अंतरा में प्रचलित सोहिनी के स्वरूप से बिल्कुल मिलता हुआ है लेकिन संचारी के आते ही राग बसंत प्रबल हो जाता है ।
(3) श्री वल्लभ प्रभु करुणा सागर	इसमें तार सप्तक में शुद्ध रे के प्रयोग के साथ-साथ मध्य सप्तक में पंचम का प्रयोग मिलता है ।

1. चौथी पुस्तक, पृ. 373

मल्हार

बसंत की भाँति मल्हार राग भी यहाँ महत्वपूर्ण माना गया है। यह राग भी रथ यात्रा अर्थात् आषाढ़ सु. 2 से आषाढ़ सु. 15 तक सुबह से शाम तक आठों झाँकियों में गाया जाता है। इसके भी विभिन्न स्वरूप प्राप्त होते हैं जो इस प्रकार हैं—

(1) *'ससक-ससक रही'*	प्रचलित मियां मल्हार में यदि गंधार शुद्ध कर दिया जाय तो ये स्वरूप हो जायेगा। गुणीजन इस स्वरूप को शुद्ध मल्हार कहते हैं।[1]
(2) *'गोवर्धन तें आई गाय सब'*	इसमें सोरठ और प्रचलित गौड मल्हार का बड़ा स्वस्थ मेल मिलता है। यह स्वरूप प्रचलित किसी भी स्वरूप से नहीं मिलता।
(3) *'तुम घन से घन स्याम'*	यह प्रकार प्रचलित गौड मल्हार से एक दम मिलता है।
(4) *मान न कर री गौरी*	इसमें सारा स्वरूप तो गौड़ मल्हार के समान नहीं है लेकिन शुद्ध धैवत पर सम इसकी अन्य बदिशों से अलग ले जाकर पटक देता है।

काफी

यह राग होलियों में श्रृंगार भोग व सँध्या आरती में विशेष रूप से गाया जाता है। यह राग तो स्वयं में एक वैविध्य पूर्ण राग है जिसमें प्रकारांतर से लगभग सभी स्वर भेदों का प्रयोग हो जाता है।

यहाँ भी काफी की अनेक अपने ढंग की बंदिशे प्राप्त होती है। जिनमें से प्रमुख इस प्रकार हैं—

(1) *एरी सखी प्रगटे हैं कृष्ण मुरारि'*	इस बंदिश में दोनों गंधारों का विलास देखने योग्य है।
(2) *'आज हरि ब्रज जुवतिन पकरे'*	यह स्वरूप आज के प्रचलित स्वरूप से मेल खाता है।
(3) *'श्री गोकुल राज कुमार लाल रंग भीने हो'*	*इसमें काफी के स्वरों के साथ सं, रे ग म* स्वरों के माध्यम से कुछ-कुछ गोड मलार की झलक आ जाती है।
(4) *तुम आवो री तुम आवौ*	इसमें दोनों निषादों का वैभव देखते ही बनता है।

---

1. उ अलाउद्दीन खां साहब का 'शुद्ध मल्हार' का रिकार्ड जो अक्टूबर १९७२ के एक संगीत के अखिल भारतीय कार्यक्रम में बजा था।

जैजैवंती

यह राग सायंकालीन झाँकियों में शयन में गाया जाता है । सोरठ अंग से गाई जाने वाली प्रचलित जैजैवंती से यहां की जैजैवंती मिलती है लेकिन इसमें कहीं भी कोमल गंधार नहीं लगता । यथा 'एरी माई आज तो गोकुल गाँव कैसो रह्यौ फूल कें' इसमें ध म ग रे सोरठ अंग में ध नि रे दिखा कर जैजैवंती बना दी जाती है ।

जैजैवंती का कोमल गंधार वाला स्वरूप भी मिलता है । यथा 'आज की बानिक' (स्वरूप प्रचलित जैजैवंती के ही समान है अत: स्वरलिपि नहीं दी गई है ।)

रायसा

यह राग फूलों के हिंडोले के समय विशेष रूप से गाया जाता है । मारु, मालव आदि रागों की भाँति रायसा भी आधुनिक प्रचार में सुनाई नहीं देता । यह राग ब्रज में सावन में गाये जाने वाले लोक गीत से ही यहाँ आया प्रतीत होता है । 'देखौ री मुकुट झोका ले रह्यो' आदि लोक गीत के स्वरों पर आधारित ही इसका स्वरूप है । इसमें और उस लोक गीत में किंचित भी अंतर दिखाई नहीं देता ।

इस राग को ऊँचे स्वर से (अर्थात् मध्यम को षडज मान कर) गाते हैं । कारण स्पष्ट है कि इसमें तार सा से अधिक विस्तार के लिये अवकाश नहीं है । इसमें मुख्य रूप से दो पद गाये जाते हैं । (1) फूलन चल्यौ है हिंडोरना तथा (2) 'सकल कुंवर खेलन चले'

बिहाग

यह राग प्रचलित मान्यतानुसार ही शयन की झाँकी में गेय माना गया है । शयन के दर्शन हो जाने के बाद मान पौढावनी के पदों को प्रमुखत: राग विहाग ही में गाया जाता है ।

राग का स्वरूप, राग के नियम व उपनियम सभी प्रचलित विहाग जैसे हैं । यह राग शीत ऋतु के अधिक अनुकूल माना गया है । शीत काल में इस राग में 'रुचि-रुचि सेज बनाई सखियन' पद आवश्यक रूप से गाया जाता है ।

नित्यक्रम के अंत में इस राग में आश्रय का पद 'भरोसो दृढ इन चरनन केरो' (स्वर लिपि 'रुचि-रुचि सेज बनाई के समान) अवश्य गाया जाता है । तदन्तर फिर कोई संगीत रचना नहीं गाई जा सकती । गायन समाप्त होने पर वीणा पर भी प्राय: विहाग के स्वर ही चलते हैं ।

अन्य राग

उपरोक्त रागों के अतिरिक्त अन्य अनेक राग हैं जिनका उल्लेख हमें प्राचीन हस्त लिखित कीर्तन की पोथियों में मिला है परन्तु उनके व्यावहारिक स्वरूप लुप्त प्राय: हो गये

हैं । ऐसे रागों के नाम इस प्रकार हैं—

पंचम, षट श्री, शंकराभरण, कर्नाटक, परज, सुधराइ, जंगला, झिंझोटी एवं विहागडा

इन रागों की कहीं भी ठीक प्रकार से जानकारी नहीं है । अत: इनके बारे में अधिकार पूर्वक कुछ भी कहना उपयुक्त नहीं है । तथापि जिन रागों का स्थाई व अंतरा भी प्राप्त हो गया है चाहे यह किसी एक ही व्यक्ति से प्राप्त हुआ हो उनको स्वर लिपि अध्याय के अंत में दे दिया गया है ।

एक बंदिश

मथुरा की कीर्तन प्रणाली में एक बंदिश 'दान मांगे रे हो' ऐसी है जिसका राग अभी तक निश्चित नहीं हो पाया है । अत: हमने भी उसे परम्परा का आग्रह मान कर उसी रूप में स्वर लिपि अध्याय में दे दिया है ।

इस प्रणाली में व्यवहृत प्रमुख ताल
ध्रुवौ, मठो, रुपकश्य, झंपा, त्रिवट एवच ।
अडता लैकतालश्च सप्त ताला प्रकीर्तिता । ।

वुरहानपुर के मृदंगाचार्य श्री गोविन्द देवरावजी के अनुसार उक्त श्लोक की सात तालें इस प्रकार हैं । (1) धृव (आडा चार ताल) (2) मठ (सूल) (3) रूपक (रूपक), (4) झंपा (झपताल), (5) त्रिवट (तीन ताल), (6) अड (चार ताल), (7) एक ताल (एक ताल) । पुष्टिमार्ग में भी प्रकारांतर से कुल सात ही तालें प्रमुख रूप से प्रयोग में आती हैं ।

चार ताल

यह ताल धनाक्षरी छंद वाले पदों में विशेष रूप से प्रयोग की जाती है । इसका स्वरूप प्रचलित चार ताल के स्वरूप जैसा ही है यथा—

मात्रा	1	2	3	4	5	6	7	8	9	10	11	12
बोल	धा	धा	दिं	ता	किट	धा	दिं	ता	तिट	कत	गद	गिन
ताल चिन्ह	×		0		2		0		3		4	

धमार

आजकल शास्त्रीय संगीत के अंतरगत जिस प्रकार तीन ताल सबसे अधिक लोकप्रिय है तथा तीन ताल का प्रयोग सर्वाधिक रूप में होता है । उसी प्रकार पुष्टिमार्गीय संगीत में विशेष रूप से ब्रज में धमार ताल सबसे अधिक प्रयोग में आती है । यहाँ तीन ताल का प्रयोग अपेक्षाकृत द्रुत लय में किया जाता है । सामान्य लय में प्राय: धमार ताल में ही गाते है । धमार ताल का स्वरूप प्रचलित स्वरूप के समान ही है यथा—

मात्रा	1	2	3	4	5	6	7	8	9	10	11	12	13	14
बोल	क	धि	ट	धि	ट	ध	ऽ	ग	ति	ट	ति	ट	ता	ऽ
ताल चिन्ह	×					2		0			3			

आडाचारताल

जिस प्रकार ब्रज में धमार ताल का सर्वाधिक प्रयोग होता है उसी प्रकार नाथद्वारे में आडाचार ताल का प्रयोग अधिक होता है। वहाँ किंचित द्रुत लय में इस ताल का प्रयोग होता है। परिणामत: 14 के स्थान पर 7 मात्रा ही रह जाती हैं और पखावज पर आजकल प्रचलित 'तेवरा' ताल के बोल बजाये जाते हैं।

यथा—

मात्रा	1	2	3	4	5	6	7
बोल	ध	दि	ता	तिट	कत	गद	गन
ताल चिन्ह	×	2		3		4	

आदि ताल (तीन ताल)

इस ताल के दो स्वरूप देखने में आते हैं। पहिले स्वरूप में 16 मात्राऐं स्पष्ट रूप से रहती है। लय अपेक्षाकृत विलंबित रहती हैं तथा दूसरे स्वरूप की लय द्रुत होती है अत: 8 मात्राऐं ही रह जाती हैं। यथा—

पहिला स्वरूप

मात्रा	1	2	3	4	5	6	7	8	9	10	11	12	13	14	15	16
बोल	धा	धिट	धिट	धा	धा	धिट	धिट	धा	क	तिट	तिट	धागे	त्रक	धिकि	टधा	ऽन
ताल चिन्ह	×				2				0				3			

दूसरा स्वरूप

मात्रा	1	2	3	4	5	6	7	8
बोल	धा	धिट	धिट	धा	—	तिट	तिट	ता
ताल चिन्ह	×		2		0		3	

झप ताल

ब्रज में इसे झपताल तथा नाथद्वारे में इसे चर्चरी कहते हैं। इसका स्वरूप प्रचलित झपताल जैसा ही है। पखावज पर बजने के कारण झपताल के बोल पृथक होते हैं। मन्दिरों में इसके ठेके के दो रूप मिलते हैं—

(1)

मात्रा	1	2	3	4	5	6	7	8	9	10
बोल	धा	धिट	धा	दिं	दिं	ता	त्रक	धिधि	टधा	ऽन
ताल चिन्ह	×		2			0		3		

(2) धा धेधे तिट कत गन तागे त्रक धिधि टधा ऽन

सूल ताल

यह ताल भी 10 मात्रा की ही है लेकिन वजन के अनुसार इसके विभाग दो-दो मात्राओं के होकर व्यवहार में आते हैं । इसका स्वरूप प्रचलित 'सूरफाकताल' जैसा ही है । इसके दो ठेके प्रयोग में आते हैं—

(1)	मात्रा	1	2	3	4	5	6	7	8	9	10
	बोल	धा	ऽ	दिं	दिं	ता	ऽ	तिट	कत	गद	गन
	ताल चिन्ह	×		0		2		3		0	
(2)		धा	धा	दिं	ता	किट	धा	तिट	कत	गद	गन
		×		0		2		3		0	

झूमरा

इसका जो स्वरूप बड़े ख्यालों में प्रयुक्त किया जाता है वही स्वरूप यहाँ भी प्रयोग में आता है । लय उतनी विलम्बित नहीं रहती । मध्य लय व्यवहार में आती है । इसका स्वरूप इस प्रकार है । पखावज होने के नाते प्राय: धिं का स्थान धा ले लेता है ।

मात्रा	1	2	3	4	5	6	7	8	9	10	11	12	13	14
बोल	धा	धा	तिरकिट	धा-	धा	धागे	तिरकिट	ता	ता	तिरकिट	धा	धा	धागे	तिरकिट
ताल चिन्ह	×			2				0			3			

चलती

यह झाँझ व पखावज के साथ ही वर्षोत्सव क्रम में व्यवहार में लाई जाती है । इसमें लय द्रुत कर दी जाती है । द्रुत के स्वरूप को यहाँ चलती कहते हैं । यह सभी तालों में पाई जाती है । जो ताल प्रयोग में आती हो उसको ही द्रुत कर देने को चलती कहते हैं । अधिकतर जब पद का अन्तिम भाग आता है तब लय को कुछ तेज कर दिया जाता है । झाँझ पखावज के साथ चलती का यह रूप देखते ही बनता है । तीन ताल की चलती स्वाभाविक रूप से कहरवा की चाल में परिवर्तित हो जाती है । कहीं-कहीं तो इस चलती में उत्तरोत्तर लय बढ़ाते जाते हैं और अंत में तिहाई अथवा मुखड़ा बोल कर या तो पहिली लय व ताल में आ जाते हैं और या गायन समाप्त कर दिया जाता है ।

चलती के दूसरे रूप में पहिली ताल व लय दोनों को छोड़ देते हैं तथा तीन ताल की चलती अर्थात् कहरवा की चाल में द्रुत लय पकड़ लेते हैं । जब अंतिम तुक सम्पन्न हो जाती है तो मुखड़ा बोलकर चलती समाप्त होने के साथ-साथ गायन भी समाप्त हो जाता है ।

संगीत की दृष्टि से प्रस्तुत प्रणाली के दो प्रमुख केन्द्र हैं—1. मथुरा (ब्रज), (2) नाथद्वारा (राजस्थान) । राग - स्वरूप समान होते हुए भी गाने के ढंग की दृष्टि से ब्रज तथा नाथद्वारा में कुछ अंतर पाया जाता है ।

मथुरा (ब्रज) तथा नाथद्वारा (राज.) प्रणाली में अंतर

सिद्धान्ततः ये एक ही प्रणाली के दो रूप हैं अतः इनके स्वरूपों में कोई मौलिक अंतर नहीं है । तथापि स्थान भेद के कारण कुछ अंतर आ गये हैं । जो इस प्रकार हैं—

प्रमुख अंतर

(1) ब्रज की प्रणाली में अपेक्षा कृत लय धीमी रहती है । इसके विपरीत नाथद्वारा प्रणाली में लय सामान्य रूप से बढ़ी हुई रहती है । ब्रज की बोलचाल भी राजस्थान की अपेक्षा कुछ धीमी गति में ही रहती है । राजस्थान का व्यक्ति ब्रज के व्यक्ति की अपेक्षा कुछ द्रुत गति में शब्दों को कहता है । वहां की भाषा में एक विशेष प्रकार का वेग है । शायद इसी के परिणाम स्वरूप वहाँ के गायन में भी गति कुछ तेज रहती है । (2) ब्रज की परम्परा में मध्य व तार दोनों सप्तकों का समान रूप से प्रयोग होता है । यद्यपि मध्य की अपेक्षा तार सप्तक की ओर ही विशेष प्रवृत्ति पाई जाती है । लेकिन नाथद्वारा प्रणाली में तार सप्तक की ओर ही अधिक बल रहता है । लगभग सभी बंदिशें ऊपर के ही स्वरों से आरंभ होती हैं । उदाहरणार्थ राग गौरी के एक पद की स्थाई प्रस्तुत है—

ब्रज का स्वरूप

आदि ताल में

म ध नि सां रें — सां सां नि नि सां सां नि ध प मॅ ग
अ हो बि धि ना तो पे जै च रा प ऽ सा र मां गो
× 2 0 3 × 2 0 3
— गगु मॅ गम स स रे स — पप प प मॅ धु मॅ ग
जन म जऽ न ध दी जौ याही ब्र ज वासि बौ
× 2 0 3 × 2 0 3

नाथ द्वारा स्वरूप

चार ताल में

नि नि - सां - सां रें सां - ध - प
अ हो ऽ वि ऽ धि ना ऽ ऽ तो ऽ पै
× 0 2 0 3 4

मं	मं	—	पा	—	ध	रें	सां	सां	ध	प	प
अं	च	ऽ	रा		प	सा		र	मां		गों
नि	नि	—	सां	—	सां	रे	सां	—	ध	—	प
ज	न	ऽ	म	ऽ	ज	न	म	ऽ	दी	ऽ	जो
मं	—	मं	प	—	ध	नि	—	नि	सां	—	सां
या	ऽ	ही	ब्र	ऽ	ज	व	ऽ	सि	बो	ऽ	ऽ
×		0		2		0		3		4	

सामान्य अंतर

(1) राग सम्बन्धी यथा— 'बधायौ ब्रजराज के रानी जायौ है मोहन पूत' यह पद ब्रज में राग काफी में गाया जाता है लेकिन नाथ द्वारा में यह पद राग गौरी में गाया जाता है ।

(2) ताल सम्बन्धी यथा— 'अहो विधिना तोपे अंचरा पसारिमांगौ' यह पद ब्रज में आदि ताल में गाया जाता है लेकिन नाथ द्वारा में चार ताल में गाया जाता है ।

(3) पद सम्बन्धी यथा— ब्रज में 'ब्रज युवतिन पकरे' यह राग काफी में गाया जाता है लेकिन नाथद्वारा में यह पद कभी गाया ही नहीं जाता ।

(4) उच्चारण सम्बन्धी यथा— ब्रज में - आनन्द बधावनौं नाथद्वारा में आनंदि बधाउनौ आदि ।

शेष स्थानों की प्रणाली

पुष्टिमार्गीय मन्दिरों के प्रमुख स्थानों का उल्लेख द्वितीय अध्याय के अंत में कर दिया गया है । जैसा कि इस सम्प्रदाय का विस्तार क्रम देखने से पता चलता है यह सम्प्रदाय ब्रज में प्रकट हुआ, राजस्थान में पला तथा गुजरात में पुष्ट हुआ । अत: गुजरात में और विशेष रूप से गुजरात के उस भाग में जिसे सौराष्ट्र कहते हैं इस सम्प्रदाय के मन्दिर विपुल मात्रा में व वैभवशाली रूप में अस्तित्व में आये । जामनगर, भावनगर, जूनागढ़, पौरबन्दर, राजकोट स्थानों पर इस सम्प्रदाय का विशेष वैभव दिखाई देता है । इनके अतिरिक्त अन्य स्थानों पर भी ऐसे मन्दिर हैं यथा धांगध्रा, वेरावल, द्वारिका आदि । इन सभी स्थानों में पुष्टिमार्गीय संगीत प्रणाली का निर्वाह आज भी यथा शक्ति हो रहा है ।

प्रणाली के प्रवाह की दृष्टि से इन स्थानों की प्रणाली को 'मिश्र प्रणाली' कहा जा सकता है क्योंकि इन स्थानों में किसी मन्दिर में ब्रज प्रणाली का आभास होता है तथा किसी मन्दिर में नाथद्वारा का ढंग प्रतीत होता है ।

गुजरात प्रदेश की राजधानी अहमदाबाद में एक मन्दिर में नाथद्वारा प्रणाली के प्रति विशेष आग्रह है तो दूसरे मन्दिर में ब्रज के प्रति विशेष लगाव मिलता है । किसी-किसी स्थान पर तो एक ही मन्दिर में ब्रज तथा नाथ द्वारा दोनों प्रणालियों का स्वरूप देखा जा सकता है ।

बम्बई (महाराष्ट्र) तथा उसके आसपास के मन्दिरों में राग वसंत में दोनों धैवत व पंचम लगाते हुए कीर्तन होते हैं । इसे यहाँ परम्परा के प्रति अपेक्षित भाव का अभाव ही कहा जायगा ।

इसी प्रकार किशनगढ़ (राजस्थान) में ध्रुपद धमार का स्थान शनैः शनैः ख्याल गायकी लेती जा रही है । इसके लिये वहाँ का राज घराना ही उत्तरदायी है ।[1]

कतिपय विधि निषेध

सम्प्रदाय में कतिपय संगीतिक व साहित्यिक निषेधों का विधान जिनका कठोरता से पालन होता है । यथा —

(1) संगीत सम्बन्धी निषेध

(अ) सम्प्रदाय में भैरवी राग कभी नहीं गाया जाता । इसका कारण यह बताया जाता है कि यहाँ भैरवी को हल्का और बाजारू राग माना है । इस सम्बन्ध में ठा. जयदेव सिंह जी के विचार यह हैं कि भैरवी एक सशक्त राग है तथा इसमें और रागों की अपेक्षा दूसरों को शीघ्र प्रभावित करने की क्षमता है । इस राग से आत्म विस्मृति शीघ्र हो जाती है तथा यह भी सम्भव है कि इसका इतना अधिक प्रभाव पड़े कि श्रोतामूर्छित हो जाये । ऐसे प्रभावशाली राग भैरवी में हो सकता है कि सम्प्रदाय के किसी आचार्य को मूर्च्छित अथवा अत्यधिक विह्वल कर दिया हो और तब उन आचार्य महोदय ने भैरवी को त्याज्य घोषित कर दिया हो ।

(आ) जितने राग जिस रूप में गाये जाते रहे हैं उनमें किसी भी प्रकार का परिवर्तन नहीं हो सकता ।

(2) साहित्य सम्बन्धी निषेध

(अ) मीरा बाई के पद नहीं गाये जाते । इसका कारण मीरा को मर्यादा मार्गी

1. यहाँ के वर्तमान कीर्तनियाँ श्री अमरचन्द्र के पिता श्री देवीलाल कीर्तनियाँ को महाराज किशनगढ स्व. श्री मदनसिंह जी ने सन् 1902 ई. में ख्याल गायन सीखने के लिये श्री विष्णु दिगवंरजी के पास लाहौर भेजा था। श्री देवीलाल वहाँ 7 वर्ष तक ख्याल सींखते रहे तथा किशनगढ आने पर ख्याल के ढंग से गाना प्रारम्भ कर दिया। उसी ख्याल के ढंग से श्री अमरचन्द्र कीर्तन करते हैं। यद्यपि पखावज बजती है लेकिन उस पर ठेके सब तबले के ही बजते हैं।

कवियत्री बताया गया है । मीरा के साथ-साथ अन्य किसी भी मर्यादा मार्गी कवि की रचनाएं नहीं गाई जातीं ।

(आ) अष्ट छाप आदि के भी केवल वे ही पद गाये जाते हैं जिनका उल्लेख प्राचीन प्रणालिकाओं में प्राप्त है ।

(इ) आजकल के किसी भी कवि की रचना चाहे वह कितना श्रेष्ठ क्यों न हो, नहीं गाई जा सकती क्योंकि इनका उल्लेख परम्परानुसार नहीं है ।

अध्याय—5

पुष्टिमार्गीय मन्दिरों के संगीत के वाद्य

संगीत में वादन का महत्व

सिद्धान्ततः समूचा संगीत वाद्यमय है। संगीत के तीनों अंगों गायन, वादन व नृत्य में गायन को प्रधानता दी गई है लेकिन यह गायन शारीरी वीणा से ही सम्भव हो पाता है। अन्तर केवल इतना है कि शारीरी-वीणा ईश्वर की बनाई हुई है तथा वाद्यों के अन्य प्रकार मनुष्य कृत हैं।[1] परिणाम स्वरूप शारीरी वीणा में स्वर व ताल के साथ-साथ शब्दों का भी प्रयोग संभव है। जबकि मनुष्य कृत वाद्यों में केवल स्वर व ताल ही संभव है।

व्यवहार में मनुष्यकृत वाद्यों के प्रयोग को वादन कहते हैं तथा ईश्वर कृत वीणा के प्रयोग को गायन कहते हैं। अब प्रश्न यह है कि गायन के होते हुए वादन का आविष्कार क्यों हुआ? इस प्रश्न का सीधा सा उत्तर है कि आवश्यकता ही आविष्कार की जननी है। जब मनुष्य ने अनुभव किया होगा कि शारीरी वीणा की भी कुछ सीमायें हैं यथा स्वरों का ऊँचा-नीचापन व छोटा-बड़ापन, स्वर का गुण वैविध्य आदि तो मनुष्य को वाद्यों की आवश्यकता हुई। परिणामस्वरूप विभिन्न स्वर वाद्य अस्तित्व में आये तथा गति को सुस्पष्ट व आकर्षण युक्त बनाने के प्रयोजन से ताल वाद्यों का निर्माण हुआ।

वाद्यों के विभिन्न प्रकार

भरत नाट्य शास्त्र के अनुसार वाद्यों को चार वर्गों में विभाजित किया है जो कि सर्वथा उपयुक्त है यथा

> ततं चैवावनद्धं च धनं सुषिर मेव च।
> चतुर्विधं तु विज्ञेयमातोद्यं लक्षणान्वितम्।।
>
> — भ. ना. शा. 28/1

अर्थात तत्, अवनद्ध, धन व सुषिर इन चार वर्गों में सभी वाद्य वर्गीकृत किये जा सकते हैं। उन्हीं के अनुसार तत को तन्त्री, अवनद्ध को पुष्कर, घन को ताल व सुषिर को वंश शब्दों से लक्षान्वित किया गया है।[2] अतः प्रत्येक वर्ग का नाम व लक्षण इस प्रकार है—

---

1. एकं ईश्वर निर्मितं नैसर्गिकम् अत्यच्चतुर्विधं मनुष्य निर्मित चेति पंचप्रकाश महावाद्यानाम् — नारदीय शिक्षा, द्र. संगीत चड़ामणि बड़ोदा संस्करण, पृ. 69

2. ततं तन्त्रीकृतं ज्ञेयमवनद्धं तु पौषरम्।
धनं तालस्तु विज्ञेय, सुधिरो वंश उच्यते।। — भरत नाट्य शास्त्र 28/2

नाम	लक्षण
(1) तत् वाद्य	तन्त्र (तार अथवा तांत) लगाकर बजाये जाने वाले वाद्य जैसे वीणा, सितार आदि ।
(2) अवनद्ध-वाद्य	ढके हुए अर्थात् चमड़े से मढ़े हुए वाद्य जैसे मृदंग, तबला आदि ।
(3) धन-वाद्य	ठोस पदार्थ से निर्मित वाद्य जैसे घंटा, झाँझ आदि ।
(4) सुधिर-वाद्य	बांस की तरह पोला वाद्य जो वायु से संचालित हो जैसे बंशी, शहनाई आदि ।

प्रस्तुत प्रणाली में वाद्यों का प्रयोजन

प्रस्तुत प्रणाली दो रूपों में चलती है । (1) साधारण रूप (2) विशेष रूप ।

इसके दैनिक क्रमों (नित्य कीर्तन) में संगीत योजना का साधारण स्वरूप रहता है तथा वार्षिक क्रम (वर्षोत्सव कीर्तन) में विशेष स्वरूप रहता है । अत: प्रत्येक क्रम की संगीत योजना तथा उसके प्रयोजन का कारण समझ लेना चाहिए ।

(1) दैनिक क्रम (नित्य कीर्तन) की वाद्य योजना

मंगला की झाँकी से पहिले शंख-ध्वनि से मंगला की झाँकी तक केवल तानपूरा (तंबूरा) अपेक्षित रहता है । इसका कारण यह है कि इस समय गायन आलापचारी के रूप में (तालमुक्त) होता है । भगवान की बाल भावना से सेवा होती है । अत: भगवान को जागते समय श्रम न हो अत: इस समय के संगीत में ताल-वाद्य का विधान नहीं है ।

तदनन्तर श्रृंगार से शयन तक गायन तालयुक्त रहता है और तंबूरे के साथ पखावज का होना आवश्यक होता है ।

इस प्रकार दैनिक क्रम के लिये तंबूरा और पखावज ही पर्याप्त रहते हैं । गायन का साथ करने वाला कोई स्वर-वाद्य हो जाय तो उसे शामिल कर लिया जाता है लेकिन इस प्रकार के वाद्यों की भीड़ न हो जाय इसका ध्यान रखा जाता है ।

वार्षिक क्रम (वर्षोत्सव कीर्तन) की वाद्य-योजना

वर्ष भर के उत्सवों के इस क्रम में वाद्यों का विशेष रूप से आयोजन होता है जिसका प्रयोजन भरत मुनि के अनुसार ही है यथा—

उत्सवे चैन याने च नृपाणां मंगलेषु च ।
शुभ कल्याण योगे च विवाह करणे तथा ॥18॥
उत्पाते सभ्रमे चैव संग्रामे पुत्र जन्मनि ।
ईदृ शेषु हि कार्येषु सर्वोतोद्यानि वादयेत् ॥19॥

—भरत नाट्य शास्त्र अ 34

वर्ष भर के इस क्रम में श्रीकृष्ण जन्माष्टमी तथा अन्य जयन्तियाँ पुत्र-जन्म के अंतर्गत तथा भगवान की लीलाओं सम्बन्धित अन्य प्रसंग अन्य प्रकार के मंगल कार्य व उत्सवों के रूप में बड़ी धूम-धाम से मनाये जाते हैं । अत: प्रफुल्लता ज्ञापन हेतु विभिन्न वाद्यों का आयोजन रहता है । इस क्रम में पखावज के साथ झाँझ होना अति आवश्यक रहता है । इसके अतिरिक्त अन्य प्रकार के वाद्यों का जितना वैभव हो जाय उतना ही शुभ माना जाता है । उत्सव कीर्तन का स्वरूप होली के दिनों में विशेष रूप से आकर्षक रहता है ।

प्रस्तुत प्रणाली के वाद्य

प्रस्तुत प्रणाली में किन-किन वाद्यों का प्रयोग होता आया है इसकी जानकारी हमें कीर्तन साहित्य व वार्ता साहित्य से प्राप्त होती है । होली का वर्णन करते हुए ब्रजपति ने वाद्यों का नामोल्लेख करते हुए लिखा है—

चल री सिंह पौर चांचर मची जहं खेलत ढोटा दोय ।
जो न पत्याय सुने किन श्रवनन, हो हो हो हो होय ॥
अपने नैन निरखि हौं आई, कहत न बात बनाय ।
तो सों मोहन सेन देखि मन धीरज धर्यों न जाय ॥
एकन किये बनाय तिलौना, एक अरगजा भी ने ।
एकन करी खोर चन्दन की, चौबा पैंदी दीने ॥
बाजत बीन, रवाब, किन्नरी, अमृत कुण्डली जंत्र ।
अधर सुधा जुत बांसुरी, हरि करत मोहिनी मंत्र ॥
सुर मंडल, पिनाक अरु महुवरि जल तरंग मन मो है ।
मदन भेरि अरु राय गिड गिडी, सहनाई सुर सो है ॥
कठतार तार कर तारी दे दे बजत चुटकिन चुटकारें ।
झाँझ झनक खंजीर बजे, भई झालर की झनकारें ॥
एक श्रृंग शंख ध्वनि पुर रही, अधर धर मुख चंग ।
कर ले डफहि बजावही, इक डिम-डिम ढोल मृदंग ॥
घुरैं निसान नगारे की धुन, रहयों घोष एक गाज ।
दुंदुभि देव बजाय ही सब व्योम विमानन साज ॥

—कीर्तन संग्रह भाग -2
(बसंत कीर्तन) पृ. 139

वार्ता साहित्य के अंतर्गत हमें सर्वाधिक वाद्यों का उल्लेख चतुर्भुजदास कृत 'षट ऋतु वार्ता' में प्राप्त होता है । इसमें हमें 36 वाद्यों का नामोल्लेख मिलता है । वाद्यों के नाम इस प्रकार है—

वीना, चीन, मुरली, अमृत कुण्डली, जल तरंग, मदन भेरी, धौंसा, दुंदुभी, निसान, नगाड़ा, शंख, घंटा, मुहचंग, सिंगी, खंजरी, ताल, षट ताल, मंजीरा, महुवरि, धारी, ढौल, ढप, डिमडिम, झाँझ, मृदंग, गिडगिड, पिनाक, रवाब, जंत्र, सहनाई, श्रीमण्डल, सारंगी, दूधारी, करताल, तुरही, और किन्नरी ।

षट ऋतु की वार्ता -पृ. 12

इस प्रकार हमें वाद्यों के अनेक नामों का उल्लेख मिलता है यथा चंग, उपंग, किन्नरी, क्षुद्र घंटिका, मुरज, शंख आदि लेकिन मात्र नामोल्लेख से वाद्य का स्वरूप स्पष्ट नहीं होता । इन मन्दिरों से प्राप्त स्वरूपों के संकेतों के अनुसार हम उन वाद्यों को सुविधापूर्वक सभझ सकते हैं । अत: हम इन मन्दिरों में व्यवहृत वाद्यों के परंपरागत स्वरूपों पर प्रकाश डालेगें ।

तत वाद्य

वीणा—

वीणा भारत का प्राचीन वाद्य है । इसका वर्णन तैत्तरीय संहिता (6, 1, 4, 1) काठक संहिता (34, 4) और मैत्रायिणी संहिता (3, 6, 8) में मिलता है । शतपथ-ब्राह्मण (3, 2, 46, 13, 5, 1) में शततंत्री वीणा का वर्णन आया है ।

संगीत रत्नाकर में वीणा के दस भेद माने हैं यथा—एक तंत्री, नकुल, त्रितंत्री, चित्रा, विपंची, मत्तकोकिला, आलापिनी, किन्नरी पिनाकी, निसंक ।

संगीत पारिणात में वीणा के आठ भेद लिखे हैं यथा—रुद्रवीणा, ब्रह्म वीणा, तुंबुरु, स्वरमंडल, पिनाकी, किन्नरी, दंडी तथा रावण हस्त ।

अष्ट छाप के कवियों ने वीणा का उल्लेख अनेक स्थानों पर किया है लेकिन वीणा के भेद कहीं पर दिखाई नहीं देते । यद्यपि किन्नरी व पिनाक का उल्लेख है लेकिन किन्नरी का अर्थ यहाँ पर झाँझ, झालरी, किन्नरी,[1] के प्रसंग में एक ताल देने वाला धन वाद्य है जिसका यहाँ प्रयोग होता है तथा पिनाक अलग से वाद्य माना गया है जिसका उल्लेख आगे दिया गया है ।

किन्नरी शब्द वीणा के अर्थ में केवल एक स्थान पर मिलता है यथा

'किन्नरी बीन आदि बाजे साजें गिनत न आवें'

कीर्तन संग्रह भाग 2

(बसंत धमार) पृ. 125

लेकिन मन्दिरों में किन्नरी वीणा का न तो कोई स्वरूप मिलता है और न कोई संकेत । वीणा वाद्य का उल्लेख अनेक स्थानों पर मिलता है यथा—

---

1. कीर्तन संग्रह भाग दो—बसंत धमार, पृ. 72

'बाजत बीन, रवाब, किन्नरी, अमृत कुण्डली जंत्र, सारावली 1073

'बेनु, बीना, ताल, उघटता, मुरज, मृदंग, रवाब' आदि कुंभनदास, 120

पुष्टिमार्गीय मन्दिरों में वीणा के दो प्रकार देखने में आते हैं (1) वीणा जिसमें आकार व प्रकार सब रुद्र वीणा जैसा ही होता है, केवल परदों के ऊपर चार के स्थान पर एक ही तार होता है। इसे नाथद्वारा में तथा कांकरौली में विशेष रूप से बाजाया जाता है। (2) रुद्र वीणा—रुद्र वीणा के दण्ड की लम्बाई लगभग 12 मुठी होती है जिसकी परिधि दस अंगुल होती है। यह दंड पोले बांस का बना होता है। दंड के दोनों ओर तीन-तीन मुठी छोड़ कर दो तूंबे लगे रहते हैं जिनके नीचे की ओर चार अंगुल का छेद होता है। इन तूंबों की गर्दन पतली बोतल की नार की भाँति होती है। ये तूंबे ध्वनि विस्तारक यंत्र का कार्य करते हैं। दंड के ऊपर पीतल अथवा तांबे के परदे लगे रहते हैं। दंड के ऊपर चार तार, बाईं ओर एक तार तथा दाहिनी ओर दो तार होते हैं। बाईं ओर पीतल का षडज वाला तार भी रहता है।

रेखाचित्र

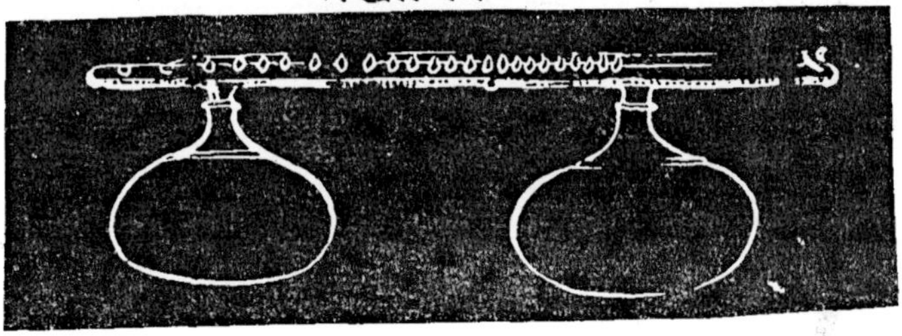

स्वर मण्डल

इस वाद्य का उल्लेख अनेक स्थानों पर मिलता है यथा—

'मदन भेरि अरु राय गिड़ गिड़ी, सुर मंडल झनकार' सारावली—2895

'सुरमंडल, डफ, झाँझ, ताल अस बाजत मधुर मृदंग' कीर्तन संग्रह —भाग 2, पृ. 100

'सुरमंडल, पिनाक अरु महुवरि, जलतरंग मन मोहै' कीर्तन संग्रह —भाग 2, पृ. 140

प्राचीन काल में इसे शर मंडल कहते थे जैसा कि 'यतिमान पाद खंड' में लिखा है। स्वर मंडल में लगभग 35 तार होते हैं। इसका आकार छोटा व बड़ा दोनों प्रकार का होता है। प्राय: इसकी लम्बाई तीन फुट, चौड़ाई डेढ फुट तथा ऊँचाई सात इंच होती है। आकार प्राय: पाँच कोण का होता है। पहिले इसमें लकड़ी की खूटियाँ रहती थीं लेकिन अब धातु की रहती हैं। श्री मंडल भी इसी का दूसरा नाम प्रतीत होता है।

पाश्चात्य संगीत का प्यानो वाद्य हमारे यहाँ के स्वर मंडल का ही परिष्कृत रूप है।

रेखाचित्र

पिनाक

उल्लेख—'अरु पिनाक किन्नरी, श्रीमंडल मधुर जंत्र बाजत मुख चंगा'

आदि—ऋतु 86

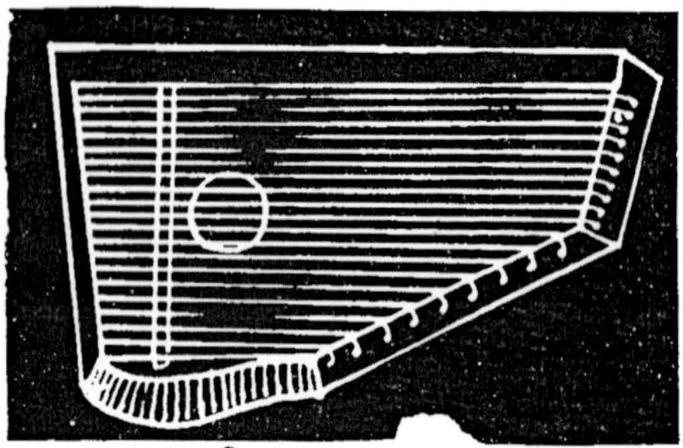

पिनाक

पिनाक वीणा का ही एक प्रकार है जिसका दंड लगभग 41 अंगुल होता है। सिरे पर एक अंगुल चौड़ा व मध्य में दो अंगुल चौड़ा रहता है। इसके दोनों सिरों पर पौने-दो अगुल चौड़े दो मोहरे लगे रहते हैं। इन मोहरों के ऊपर मध्य में एक तांत बंधी रहती है। दंड के निचले भाग में तीन तूंबा इस प्रकार बंधे रहते हैं कि वादक की बैठी हुई स्थिति में निचला तूंबा दोनों पैरों के बीच में, मध्य का तूंबा बगल में तथा अंतिम तूंबा कंधे पर आ जाता है। चूंकि यह दूर से धनुष (पिनाक) जैसा लगता है अत: इसे पिनाक कहते हैं। यह कमान से बजाई जाती है। इसमें स्वरों के परदे नहीं होते।

सारंगी

उल्लेख— 'गज, मुरज, आवज, सारंगी यंत्र किन्नरी बाजे।'—परमानन्द दास

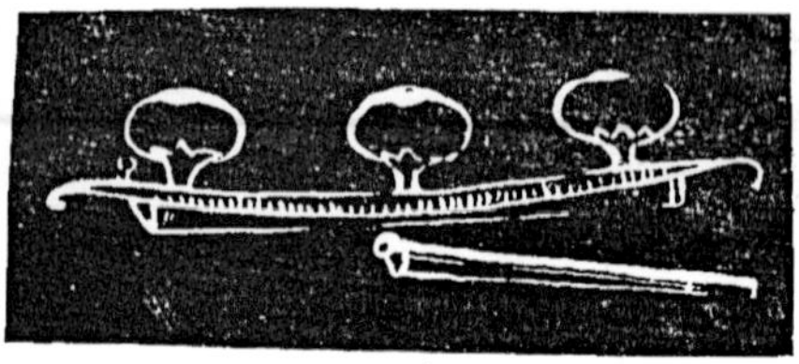

सारंगी

सारंगी के दो रूप मिलते हैं (1) बिना तरब वाली (2) तरब वाली । राजस्थान में इसी का दूसरा रूप 'रावण हत्था' कहलाता है। यह लगभग दो फुट लंबी होती है । इसमें तूंबें के स्थान पर खैर की लकड़ी का बना हुआ पेट होता है। जो नीचे से चपटा व ऊपर से डमरु के आकार का होता है। यह लकड़ी को खोदकर बनाया जाता है तथा चमड़े से मढा हुआ होता है। इस पेट के मध्य में घुडच होती है जिस के ऊपर से तार कसे होते हैं। तरबों के लिये इसके नीचे अलग घुडज होती है। इसको कमान (गज) की सहायता से बजाया जाता है।

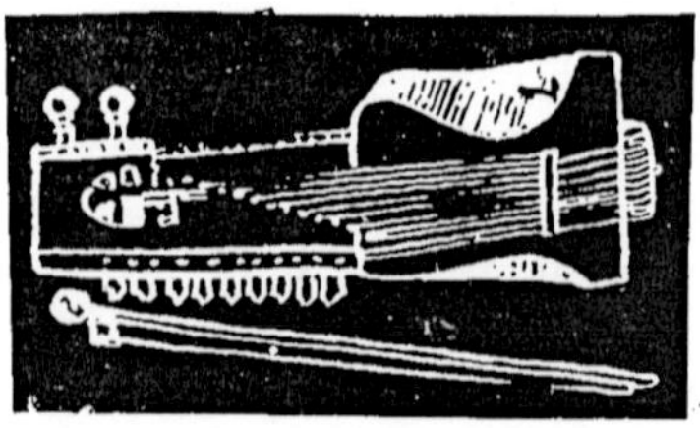

रवाब

रवाब

उल्लेख— 'बाजत बीन रवाब किन्नरी, अमृत कुंडली जंत्र' आदि।

—सार. 1073

ऐसा लगता है कि इसका प्रचार अहोबल

के समय में हो गया था। अहोबल ने रवाब का अर्थ लिखते हुए कहा है "रवं वहति वद्यस्मात्त तो रवावह: स्मृत:" रवाब सारंगी की ही तरह का वाद्य है किन्तु इसका पेट सारंगी से कुछ अधिक लंबा तथा ड्यौढ़े के बराबर गहरा होता है। पेट के ऊपर का दंड सारंगी से पतला परन्तु उससे कुछ लंबा त्रिभुजाकार होता है। यह अंग्रेजी के अक्षर 'वी' की भाँति मुड़ा होता है। इसमें सात तांते लगी रहती हैं। किसी-किसी स्थान पर केवल चार व तीन ही तांते लगाई जाती हैं।

अमृत कुंडली

उल्लेख— 'अमृत कंडली अरु सुरमंडल,
आउझ सरस उपंग' आदि।

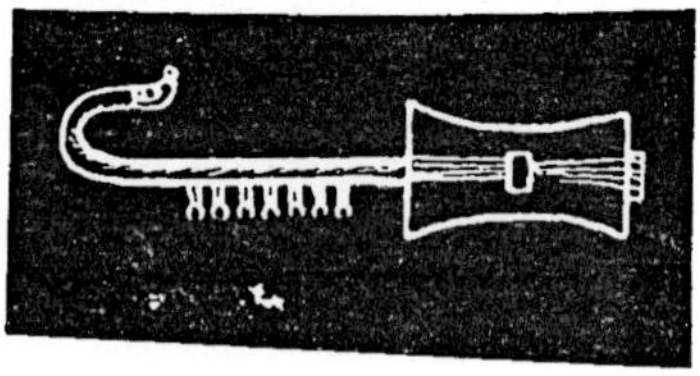

—सार. 2916

अमृत कुंडली वाद्य का उल्लेख संगीत के प्राचीन ग्रन्थों में नहीं मिलता। अत: यह वाद्य ब्रज का अपना वाद्य है ऐसा कह सकते हैं। यहाँ प्राप्त संकेतों से इसके स्वरूप का पता चलता है कि यह सर्प के फन की भाँति खड़ा हुआ स्वर मंडल है जिसकी गुडरी में तूंबा लगे रहते हैं। सर्प विध कुंडली है। इसकी आवाज कानों को अमृत के समान लगती है। अत: अमृत कुंडली कहते हैं।

जंत्र

उल्लेख—'गज मुरज, आवज, सारंगी, जंत्र किन्नरी बाजे'—परमानन्द

शब्द से ऐसा प्रतीत होता है कि यह अलग से कोई वादय् नहीं है बल्कि वाद्य यंत्र शब्द का ही सूक्ष्म रूप है किन्तु वास्तव में ऐसा नहीं है। इस वाद्य का उल्लेख आइने अकबरी (भाग 3, पृ. 268) में भी हुआ है। इसके दंड में जो कि प्राय: एक गज लम्बा होता था ऊपर-नीचे दो आधे तूंबे लगे रहते थे। इस दंड पर सोलह पर्दे रहते थे। पाँच तार लगते थे तथा स्वरों को ऊँचा नीचा करने के लिए इन परदों को खिसकाया जा सकता था।

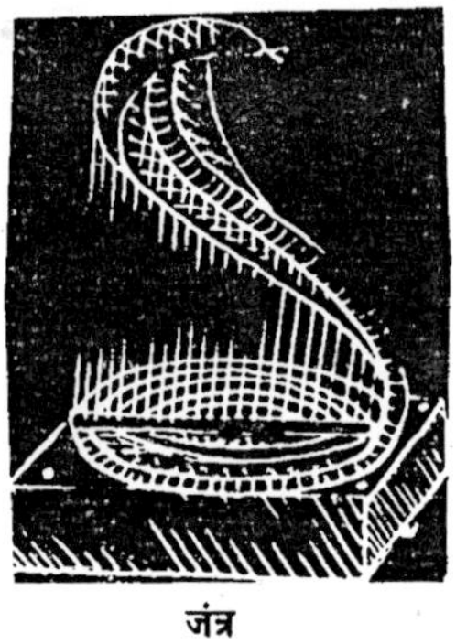

जंत्र

यंत्र के बजाने वाले को जंत्री कहते थे। आजकल यह वाद्य कहीं भी प्राप्त नहीं है तथा अपूर्ण संकतों के कारण कोई स्वरूप स्थिर करना भी कठिन है।

तानपुरा अथवा तंबूरा

उल्लेख—'मुरली इक उपंग इक तंबुरा, इक रवाब भाँतिन सों बजावै'

—आदि सारा. 2886

तानपुरा या तंबूरा नाम का प्रयोग कम ही मिलता है । इसका कारण स्पष्ट है कि इसमें और वाद्यों के समान स्वरों का आरोहावरोह संभव नहीं है । यह स्वर को आधार रूप में निरन्तर प्रस्तुत करने वाला वाद्य है और इस दृष्टि से महत्वपूर्ण भी है ।

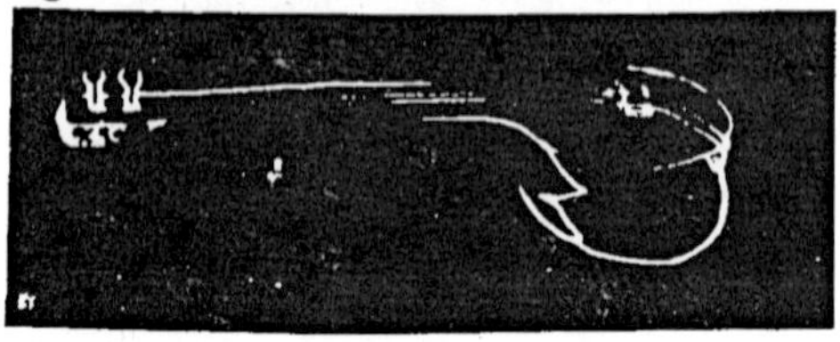

सुषिर वाद्य

बाँसुरी

जैसा कि नाम से ही स्पष्ट है कि यह बाँस की बनी होती है । मन्दिरों में इसके तीन स्वरूप प्राप्त होते हैं । (1) सीधी बजने वाली (2) आड़ी बजने वाली इसे यहाँ मुरली अथवा वेणु कहते हैं । (3) सीधी बजने वाली, लेकिन दो बांसुरी एक साथ दोनों हाथों में एक-एक लेकर बजती है । इस युगल स्वरूप बांसुरी को 'अलगोजा' कहते हैं । अलगोजा विशेष रूप से लोक गीतों के अवसर पर बजाया जाता है ।

बांसुरी अथवा मुरली का उल्लेख कीर्तन साहित्य में सर्वाधिक रूप में मिलता है । यथा—

'महुवरि चंग बांसुरी बाजत, गिरिधर लाल केलिरस' आदि । परमा. 334

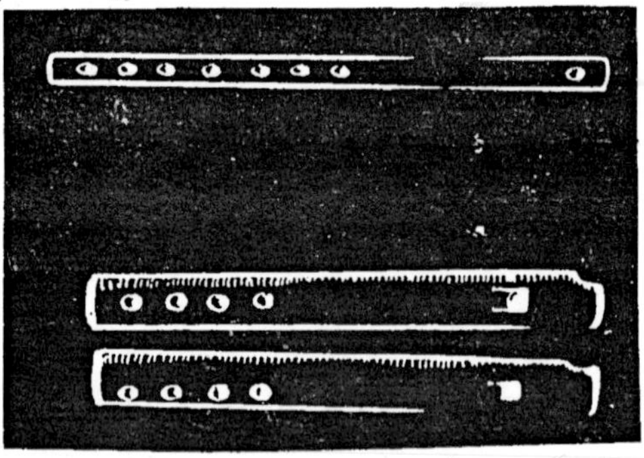

शहनाई

यह वाद्य मुस्लिम संस्कृति की देन है ऐसा माना जाता है । शायद इसीलिये संस्कृत ग्रन्थों में इसका नाम नहीं मिलता ।

कीर्तन साहित्य में शहनाई का उल्लेख विशेष रूप से होली प्रसंग में मिलता है यथा—

'मोहन संग डफ दुंदुभी सहनाई सरस पुनि राजें'

कीर्तन संग्रह (बसंत धमार) भाग 2, पृ. 125

ब्रज भाषा में 'श' को 'स' कह कर बोलते हैं अत: सहनाई व शहनाई समानार्थी शब्द हैं।

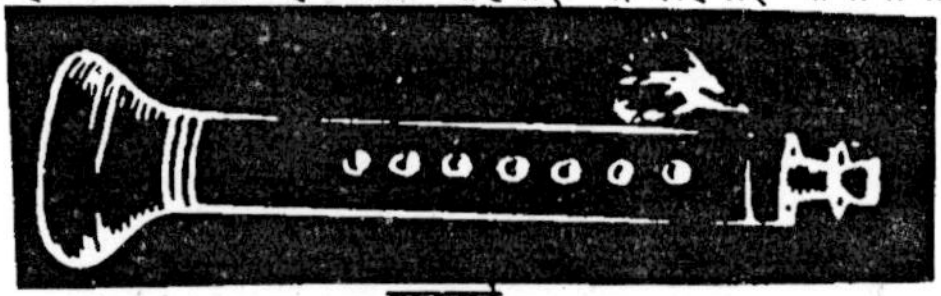
शहनाई

शहनाई लगभग एक हाथ लंबी लाल चन्दन की बनी होती है। आधे घेर के बीच के आकार वाले एक-एक अंगूठे के अंतर पर आठ छिद्र होते हैं। इसका मुख चार अंगुल का होता है जिसमें स्वर उत्पन्न करने वाले दो इमली के पत्ते के आकार वाले पत्ते लगे रहते हैं।

महुवरि

देश में लगभग सभी स्थानों पर साँपों को खिलाने वाले संपेरे इस वाद्य का प्रयोग करते हैं। इसका दूसरा नाम बीन भी है। संगीत पारिजात में इसी से मिलता-जुलता वाद्य 'नागसर' है जिसका वर्णन हमें 'अथ नागसरे च पूरयत' (2, 48-49) श्लोकों में मिलता है।

कीर्तन साहित्य में इसका उल्लेख यथास्थान मिलता है यथा —

'महुवरि, बाँसुरी, चंगलाल, रंगभीजी, ग्वालिन' ˜घ्उप्ऊ॰ —सूरदास
'सुर मंडल, पिनाक, महुवरि अस जल तरंग मनमोहे' —कृष्ण दास

इस वाद्य का आकार मध्य में 'गंगा जली' पात्र जैसा होता है। ऐसे आकार का तुंबा लेकर उसके नीचे दो छोटी-छोटी बाँसुरी के आकार की छिद्र सहित नलियाँ रहती हैं जिनके सिरों पर रीड (स्वर उत्पन्न करने वाला यंत्र) लगे रहते हैं। किसी-किसी महुवरि में दो नलियों के साथ-साथ एक पीतल की नली भी लगी रहती है।

महुवरि

मुख चंग

ब्रज भाषा में इसे मुहचंग अथवा 'मौहचंग' कहते हैं। प्राचीन ग्रन्थों में इसका कोई उल्लेख नहीं मिलता।

'संगीत पारिजात' में चंग वाद्य मिलता है जिसका त्रिशूलवत आकार बताया जाता है।

यह लौह-निर्मित और ताल को अति सुन्दर ढंग से प्रदर्शित करने वाला सुधिर वाद्य है। इसका त्रिशूल स्वरूप के कांटे जैसा है। दो पुष्ट शंकुओं के बीच बिच्छु के डंक के समान ऊपर को पूँछ उठाये हुए एक पाता होता है। इस पाते को मुंह से संचालित करते हैं।

मुंह चंग के गोलाकार पैंदे को बायें हाथ में दबाकर उसके दोनों शंकुओं को मुंह में रखकर विशेष रूप से बजाया जाता है।

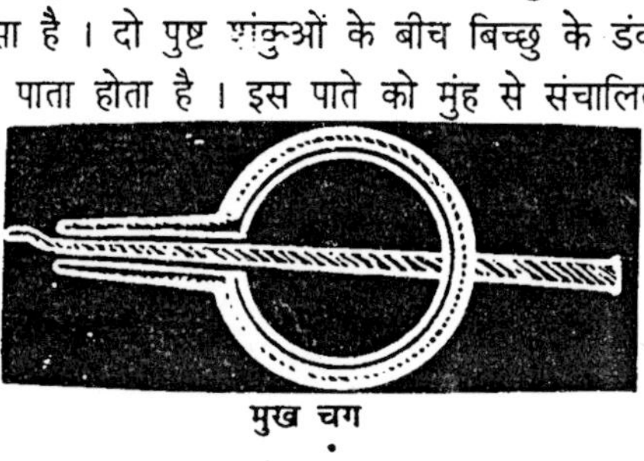
मुख चग

तूर या तुरही

यहाँ इसको तुरई कहकर संबोधित करते हैं । इसको 'तूर' रूप में कृष्णदास के पद में इस प्रकार देखा जा सकता है ।

'वाजत ताल मृदंग डफ तूर भेरि सहनाही' —कृष्णदास

तूर या तुरही

यह लगभग चार हाथ लम्बा वाद्य है । धातु विशेष कर पीतल अथवा तांबे का बना होता है । उत्सवों में विशेष कोलाहल करने के लिये उपयोग में लाया जाता है ।

सिंगी अथवा श्रृंगी

'सृंग वेत्र मुरली महुवरि नीके सब्द सुनायें' —परमानन्द दास 334

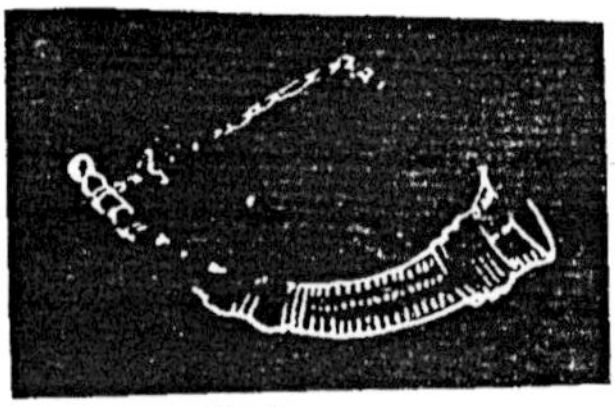

सिंगी

यह वाद्य सींग से बनाया जाता है । इसके दो रूप हैं भैंसे के सींग से बना विषाण कहलाता है ! तथा हिरन के सींग से बना हुआ वाद्य 'सिंगी' कहलाता है । इसमें भी तुरही के समान केवल एक या दो स्वर ही निकलते हैं । विशेष कोलाहल निर्मित करने के लिये प्रयोग में लाया जाता है ।

शंख

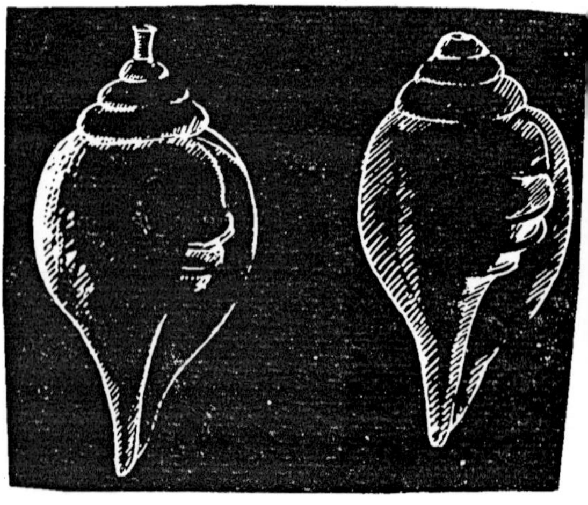

शंख

यह सामुद्रिक जीव का ढाँचा है । कहते हैं कि भगवान ने शंखासुर को मार कर उसे अपने कर कमलों में स्थान दिया । तभी से उनके चार आयुधों में से एक शंख की गणना होती है । महाभारत के युद्ध प्रसंग में विभिन्न प्रकार के शंखों का वर्णन मिलता है । सूरदास के पदों में शंख का वर्णन जन्मोत्सव प्रसंग में तथा कृष्णदास के पदों में होली के प्रसंग में मिलता है ।

शंख ऐसे भी होते हैं जिनसे सात स्वर निकाले जा

सकें । संगीत पारिजात में ऐसे वाद्योपयोगी शंख को बारह अंगुल का बताया गया है । उसमें मुख के ऊपर पतली धातु का कलश लगा कर बजाते हैं ।

मैसूर राज्य के राज्य गायक तथा मथुरा के रहने वाले स्वर्गीय पं. प्रभुदयाल ने कांकरोली के गोस्वामी श्री ब्रज भूषणलालजी के सम्मुख इस वाद्य का प्रयोग किया था तथा उसमें सब रागनियाँ निकाल कर सुनाई थीं । यह बात मथुरा में प्रसिद्ध है ।

पुष्टिमार्गीय मन्दिरों में शंख का प्रयोग दैनिक रूप से सुबह-शाम भगवान को जगाने के लिये होता है । वर्षोत्सव क्रम में 'पंच शब्द' वाद्यों का प्रयोग किया जाता है जिसमें शंख की गणना की गई है ।

अवनद्ध वाद्य

अवनद्ध वाद्यों का घोर विशेष रूप से श्री कृष्ण जन्माष्टमी व होली के अवसर पर सुनाई देती है । पुष्टिमार्गीय मन्दिर इन वाद्यों के घनघोर शब्द से इतने गुंजायमान रहते हैं कि साधारण रूप से वार्तालाप संभव नहीं होता । दैनिक व वार्षिक दोनों क्रमों में जो वाद्य महत्वपूर्ण है उसको सर्वप्रथम लिया गया है ।

मृदंग अथवा पखावज

मृदंग वाद्य को उल्लेख सर्वप्रथम रामायण (वाल्मीकि) में आया है ।[1] महाभारत में भी मृदंग व मुरज दो अलग-अलग नाम मिलते हैं ।

शारंग देव ने मुरज, मर्दल व मृदंग तीनों को समानार्थी माना है ।[2] उन्होंने यह भी कहा है कि भरत के अनुसार मृदंग को पुष्कर कहते थे ।[3]

भरत के नाट्यशास्त्र से भी इस बात की पुष्टि होती है ।[4] मृदंग के तीन अंगों के रूप में तीन प्रकार के पुष्कर थे । धीरे-धीरे उनमें से एक रह गया तथा मिट्टी से बना होने के कारण मृदंग कहलाया होगा ।

मृदंग का मिट्टी का अंग अधिक स्थिर न रहने के कारण बाद में इसे काष्ठ का बनया गया होगा और तब इसका नाम पक्षवाद्य (दोनों पक्षों यानी बगलों से बजने वाला वाद्य) रहा होगा और कालान्तर में भाषा विज्ञान के नियम के अनुसार क्रमश: इसका नाम पखावज हो गया होगा । यथा—

पक्षवाद्य, पखाउज, पखावुज, पखावज,

लेकिन आकृति में समानता होने के कारण मृदंग और पखावज शब्द आजकल समानार्थी रूप में प्रयुक्त होते हैं । श्री टी. एन. मुखर्जी ने मृदंग व पखावज के आकार में

---

1. सुन्दरकाण्ड—संगीत श्लोक 5,6
2. संगीत रत्नाकार, वाद्याध्याय 1027
3. संगीत रत्नाकार 6/1027
4. भरत नाट्य शाखा, 34-278

कुछ अंतर स्थापित किया था[5] और कहा था कि पखावज मृदंग से आकार में कुछ बड़ी होती है । लेकिन यह अंतर व्यवहार में कोई भेद उत्पन्न न कर सका । पोपले ने श्री मुखर्जी का ही समर्थन किया है और पखावज को उत्तर भारत में तथा मृदंग को दक्षिण भारत में प्रचलित वाद्य बताया है ।[6]

पुष्टिमार्गीय कीर्तन साहित्य को देखने से भी यही प्रतीत होता है कि मृदंग व पखावज में कोई भेद नहीं माना गया है । दोनों ही शब्दों का प्रयोग समानार्थी रूप में हुआ है । जहाँ मृदंग शब्द है वहाँ पखावज नहीं है और जहाँ पखावज शब्द है वहाँ मृदंग नहीं है । छंद की सुविधानुसार एक ही वाद्य के दो शब्दों का प्रयोग हुआ है ऐसा प्रतीत होता है । यथा

'वेणु मुरज डफ बांसुरी बाजत ताल मृदंग'

—कीर्तन सं. (बसंत धमार) पृ. 112

'बाजत ताल पखावज सारंगी मुख चंग

—कीर्तन सं. (बसंत धमार) पृ. 152

यह वाद्य लगभग दो फीट लंबा व दो मुखवाला होता है । इसके पेट की परिधि दो फीट से अधिक होती है । दोनों मुख चमड़े से मढ़े होते हैं तथा चमड़े के तस्मों से जिन्हें बध्दी या दुआल कहते हैं, कसे रहते हैं ।

पुष्टिमार्ग के मन्दिरों में मूलत: यह वाद्य खड़े होकर बजाया जाता है । क्योंकि कीर्तनियाँ मूलरूप में भी खड़े होकर ही कीर्तन करते हैं । अनेक स्थानों पर आज भी इसी रूप में खड़े-खड़े कीर्तन सेवा होती है । अत: पखावज को या तो गले में लटका कर बजाते हैं और या इसके लिये काठ का बना हुआ प्रसाधन (स्टेण्ड) प्रयोग करते हैं । जहाँ बैठकर बजाते हैं वहां इसके दाँये ओर तथा कहीं-कहीं दोनों ओर काठ की टिकटी का प्रयोग करते हैं जिससे पखावज हिलने-डुलने से बच जाती है । कहीं-कहीं पर इसे गोद में लेकर बजाते हैं ।

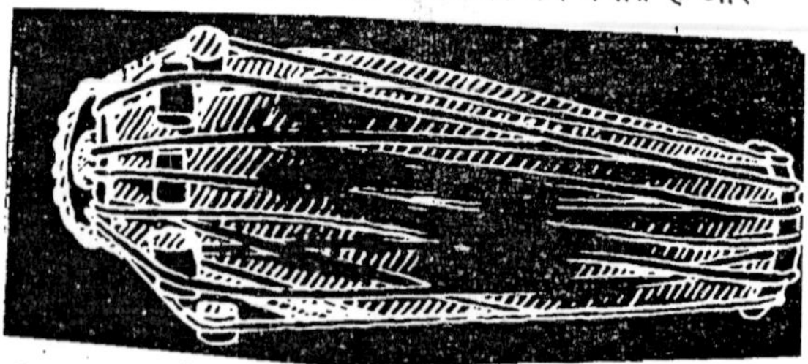

मदिलरा

यह वाद्य ब्रज का लोक वाद्य है । गाँवों में विशेष रूप से होली के दिनों में स्त्रियाँ नाचती हैं तथा पुरुष गाते व बजाते हैं । उस समय बजाने के लिये वे बम (एक बहुत बड़ा अवनद्धवाद्य जो कि एक भैंसे की पूरी खाल से बनता है) को बजाते जाते हैं । साथ

5. आर्ट मैन्यूफैक्चर्स ऑफ इंडिया, पृ. 93
6. म्यूजिक ऑफ इण्डिया, पृ. 125

ही मिट्टी के घड़े के ऊपर एक कांसे की थाली उल्टी रख कर उसे बाँसों की खपच्चियों से बजाते हैं । ढोलक भी साथ-साथ बजती है । वाद्यों के इस सामूहिक रूप को मदिलरा कहते हैं । यह जन्मोत्सव मनाने पर विशेष रूप से बजाया जाता है ।

पुष्टिमार्ग के मन्दिरों में बड़े बम की जगह नगाडा प्रयोग में लाते हैं । अत: यहाँ मदिलरा का रूप थोड़ा छोटा हो जाता है । कहीं-कहीं केवल घड़े पर थाली रखकर बजाने को ही मदिलरा कहते हैं ।

मदिलरा शब्द का उल्लेख भारतीय शास्त्रीय संगीत की रचनाओं में अनेक स्थानों पर मिलता है जैसे राग शुद्ध कल्याण का ख्याल 'बाजो रे बाजो मदिलरा' तथा दरबारी कान्हडा की धमार 'मदिल ढफ बाजन लागे री आयो फागुन मास' आदि ।

पुष्टिमार्गीय कीर्तनों में भी इसका उल्लेख प्रचुर मात्रा में मिलता है यथा कृष्णदास का पद 'गिड़गिड़ तां धि तां मदिलरा बाजै' आदि-आदि ।

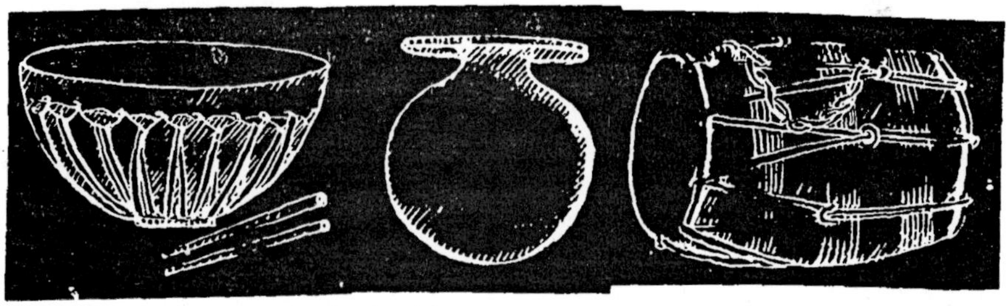

मुरज

यह वाद्य मृदंग से ही मिलता-जुलता है । अंतर केवल आकार में है । यह लगभग एक फुट का होता है तथा दाहिने व बायें मुख में विशेष अंतर नहीं होता । दायां मुख बायें मुख से किंचित छोटा होता है । कहीं-कहीं इसके बांये मुख पर ढोलक की भाँति लेप लगा हुआ होता है । यह गले में लटका कर बजाया जाता है ।

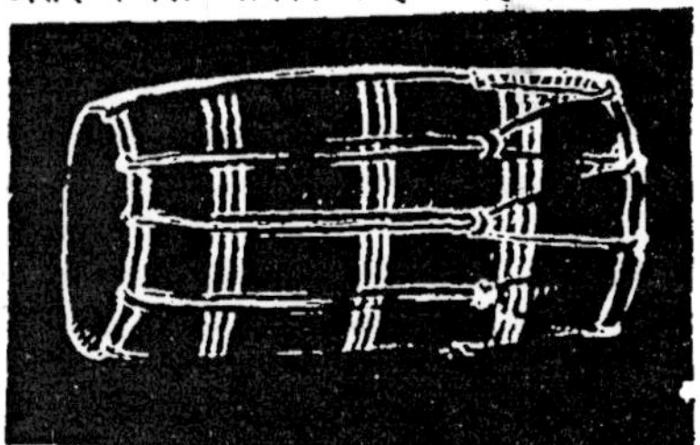

रूंज

काष्ठ अथवा धातु का आकार दोनों ओर चमड़े से मढ़ा होता है तथा लकडी से बजाया जाता है ।

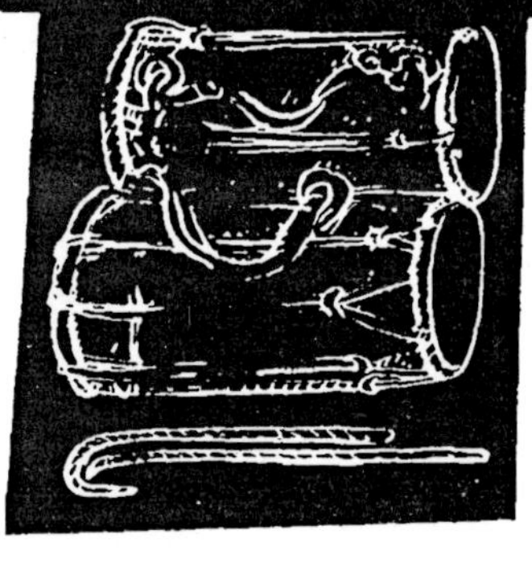

---

1. जायसीकृत पद्मावत का संजीवनी माघ, पृ. 564
2. संगीत रत्नाकार— 6, 1, 875

आवज

डा. वासुदेव शरण ने आवज को ढोल जैसा मढ़ा हुआ वाद्य माना है ।[1] तथा इसे 'आतोद्य' शब्द का तद्भव रूप माना है । आतोद्य शब्द नाट्यशास्त्र में भी मिलता है । संगीत रत्नाकर में आवज को हुडका का पर्याय माना है ।[2] हुड़का आजकल पर्वतीय प्रदेशों में प्रचलित है इसे बड़ा ढोल कह सकते हैं जो लकड़ियों की सहायता से बजाया जाता है । यह भी हो सकता है कि आवज के रूप को ही परिष्कृत कर पखावज वाद्य बना हो क्योंकि पखावज शब्द की सन्धि विच्छेद करने पर पख + आवज दो शब्द स्पष्ट रूप से सामने आते हैं । संगीत पारिजात (2, 110-119) के अनुसार यह वाद्य सोलह अंगुल लम्बा तथा बीच में से कुछ पतला होता है । इसके मुख आठ अंगुल व्यास के होते हैं जो चमड़े की डोरियों से कसे रहते हैं आदि ।

पुष्टिमार्गीय कीर्तनों में भी आवज का उल्लेख अनेक जगहों पर मिलता है लेकिन इसका स्वरूप आज भी विवादग्रस्त है । कुछ लोग इसे डमरू के समान ही उससे कुछ बड़ा मानते हैं । उनकी इस मान्यता को 'आइने अकबरी' का साक्ष्य भी प्राप्त है

दुंदुभि

पुष्टिमार्गीय मन्दिरों में ब्रज की परंपरानुसार इसे नागाड़ा कहते हैं । दुंदुभि का उल्लेख ऋग्वेद (1, 28, 5, 6, 47, 29 तथा 31) में तथा अथर्ववेद (5, 20, 1, 5, 21, 7, 5, 31, 7, 6, 38, 4, 92, 1, 41) में प्राप्त होता है तथा उपनिषदों में भी इसका जिक्र आया है यथा वृहदारण्यक उपनिषद (2, 4, 6) आदि ।

कुछ लोगों के मतानुसार दुंदुभि, नगाड़ा तथा धौंसा समानार्थी है लेकिन ब्रज में नगाडा अलग वाद्य है तथा धौंसा अलग यथा

'इतहू बाजे लागे बाजन दुंदुभि धौंसा गाजे' —परमानन्द दास

इस वाद्य के दो अंग होते हैं । एक छोटा व एक बड़ा । इसका प्रयोग मदिलरा के प्रसंग में भी किया जाता है ।

भेरि

भेरि का स्वरूप ब्रज के इन मन्दिरों में विवादास्पद स्थिति में है । कुछ इसे अवनद्ध वाद्य बताते हैं तथा कुछ इसे सुषिर वाद्य कहते हैं । वैसे ब्रज में विशेष कर चतुर्वेद समाज में विवाह आदि के अवसरों पर आगे-आगे एक वादक एक हाथ लम्बे पोले बांस अथवा धातु की नालिका में से एक स्वर निकालता हुआ चलता है । कुछ लोग इसे भेरिया कहते है । कदाचित् भेरी का सम्बन्ध इसी प्रकार के वाद्य से हो ।

निसान

मदिलरा के वर्णन में जिस वाद्य को 'बम' कहा गया है । उसी का नाम सभ्य समाज में 'निसान' है ।

ढोल तथा ढोलक

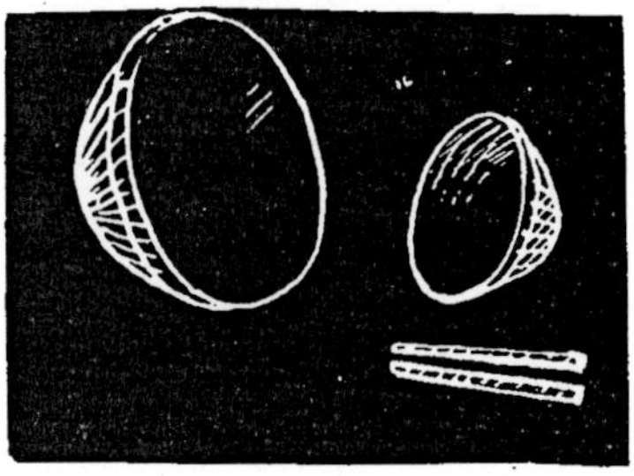

ढोलक से ढोल का आकार बड़ा होता है । बड़ा होने का कारण ढोल में गांभीर्य अधिक होता है । ये दोनों ही वाद्य होली के अवसर पर विशेष रूप से बजाये जाते हैं ।

खंजरी, चंग, ढप

चंग वाद्य गोल चक्र पर खाल को मढने से बना है । चक्र लगभग 3 या 4 इंच चौड़ा होता है तथा केवल एक ओर से मढ़ा होता है—

चंग का छोटा रूप खंजरी कहलाता है । जिसमें कभी-कभी धातु के छल्ले भी लगा दिये जाते हैं तथा इसी चंग का बड़ा रूप ढप, डफ अथवा ढफ कहलाता है । ढप होली के दिनों में विशेष रूप से बजाया जाता है । खंजरी, चंग व ढप के उल्लेख कीर्तन साहित्य में अनेक स्थानों पर मिलते हैं ।

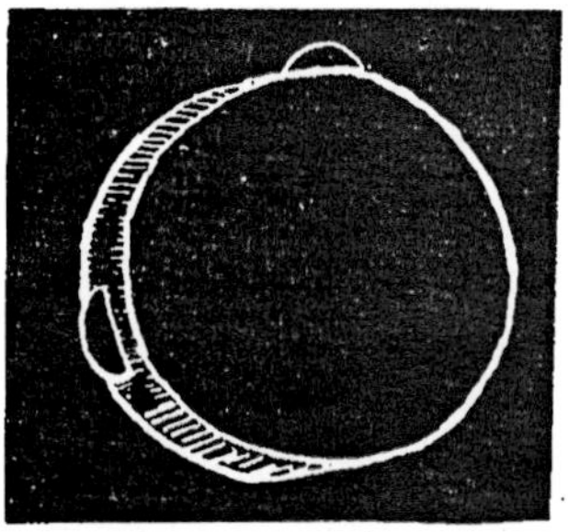

उपंग

यह वाद्य ब्रज के मन्दिरों में विशेष रूप से देखने में आता है । इसका आकार दूर से देखने में डमरू जैसा लगता है लेकिन डमरू दोनों ओर मढ़ा हुआ रहता है लेकिन उपंग एक ही ओर मढ़ा होता है । मढ़े हुए भाग के बीच में एक छिद्र करके उसमें एक तांत लगा दी जाती है । इस तांत का दूसरा सिरा जो कि एक लकड़ी के छोटे टुकड़े से बंधा रहता है बांये हाथ से पकड़ लिया जाता है तथा दायें हाथ से किसी भी वस्तु से प्रहार करके बजाया जाता है । इस तांत के कसाव को कम व ज्यादा करके इसका स्वर नीचा व ऊँचा किया जाता है । जिससे विभिन्न प्रकार की गमक निकलती हैं । यह वाद्य बगल में दबाकर बजाया जाता है ।

कीर्तन साहित्य में उपंग का उल्लेख बहुतायत रूप से हुआ है ।

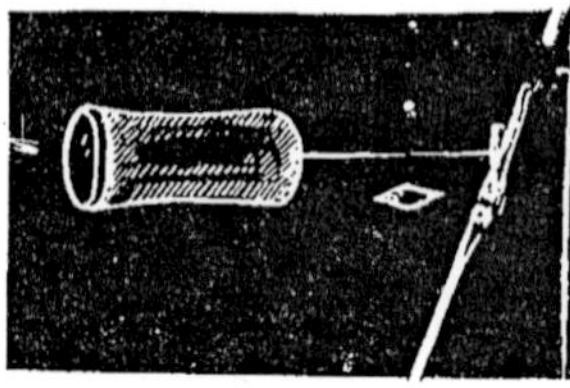

उपंग गिड़गिड़ी डम्ड़

उपरोक्त वाद्यों के अतिरिक्त डमरू, राय गिड़गिड़ी, डिमडिमी आदि वाद्यों का भी प्रयोग किया जाता होगा जैसा कि कीर्तन साहित्य में उल्लेख मिलता है लेकिन आजकल इन वाद्यों को मन्दिरों में स्वल्प मात्रा में भी देखा जाना संदिग्ध है ।

घन वाद्य

घन वाद्यों का वादन मन्दिरों में अवनद्ध वाद्यों के साथ ही चलता है । कीर्तन साहित्य के अनुसार जिन घन वाद्यों का उल्लेख मिलता है प्राय: वे सभी पुष्टिमार्गीय मन्दिरों में उत्सव क्रम में प्रयुक्त होते हैं ।

झाँझ

उत्सवों में पखावज के साथ आवश्यक रूप से बजाई जाती है । अत: पुष्टिमार्गीय मन्दिरों में पखावज और झाँझ आवश्यक रूप से प्राप्त होती है । यहाँ झाँझ और पखावज का इतना गहरा सम्बन्ध है कि बिना झाँझ के उत्सव का रंग अधूरा ही समझा जाता है । श्री कृष्ण जन्माष्टमी से प्राय: आठ दिन पहिले से ही जन्म की बधाइयाँ प्रारम्भ हो जाती हैं । कहीं-कहीं पहिले चार दिनों में फीकी तथा बाद के चार दिनों में मीठी बधाई गायी जाती है । इसका अर्थ झाँझ के प्रयोग से ही सम्बन्ध रखता है । जिन बधाइयों में झाँझ नहीं बजाई जाती वे बधाइयाँ फीकी व जिनके साथ झाँझ बजाई जाती है वे मीठी बधाई कहलाती हैं ।

झाँझ

ताल

ब्रज के मन्दिरों में इन्हें 'तार' कहते हैं तथा चतुर्वेदी समाज (मथुरा) में इनका प्रयोग बड़े ही आकर्षक ढंग से होता है ।

यह ताल वाद्य छ: अंगुल व्यास के गोल कांसे के बने हुए होते हैं । बीच में लगभग 4 इंच गहरे होते हैं । ताल वाद्यों के साथ ताल देने के प्रयोग में लाये जाते हैं ।

ताल

कठताल

काठ के बने हुए डंडे ही ब्रज में कठताल भी कहलाते हैं। ब्रज में इन्हीं डंडों के प्रयोग करने के कारण गणेशचौथ को डंडा-चौथ कहते हैं। ताल वाद्यों के साथ इन डंडों का स्वर भी देखते ही बनता है। कुछ वादक हाथ में लोहे के कड़े डाल लेते हैं तथा इन डंडों से आघात करके उनमें से झनकार उत्पन्न करते हैं। इनकी लम्बाई लगभग एक फुट होती है।

झालरि (बेला) घंटा

इसे ब्रज में घड़ियाबल कहते हैं। यह घंटे से छोटी होती है। लेकिन स्वरूप घंटे जैसा ही है। कांसे की बनी होती है तथा व्यास लगभग 8 इंच से 12 इंच से अधिक नहीं होता। इसे भी घंटे की भाँति काठ की मोगंरी से बजाया जाता है। घंटा आकार में इससे बड़ा व प्राय: पीतल का होता है।

हस्त घंटा अथवा घंटारी

आरती आदि करते समय इसे भगवान के समीप में ही आवश्यक रूप से बजाया जाता है। इसकी ध्वनि अपनी अलग होती जो कि घंटनाद में से भी सुनाई दे जाती है।

किन्नरी

यहाँ किन्नरी वीणा को कम अपितु इस ताल वाद्य को अधिक कहते हैं। यह लोहे की ठोस तान से त्रिभुजाकार रूप में बनाई जाती है। तथा इसको टंकारने के लिये लोहे का ही एक टुकड़ा लिया जाता है। इस वाद्य पर लय के विभिन्न प्रकार बड़ी सरलता से प्रदर्शित किये जा सकते हैं।

मँजीरे

जिस तरह पखावज के साथ झाँझ का अनन्य सम्बन्ध है उसी प्रकार ढोलक के साथ मंजीरों का अनन्य सम्बन्ध है। पुष्टिमार्गीय मन्दिरों में भी मंजीरें ढोलक के साथ ही बजाये जाते हैं। विशेष रूप से लोक नृत्यों के आयोजनों में (जन्माष्टमी नन्दोत्सव आदि पर) ढोलक व मंजीरे बजते हुए बड़े अच्छे लगते हैं। ये आकार में झाँझ से बहुत छोटे होते हैं। दोनों हिस्से एक डोरी से बंधे रहते हैं।

जलतरंग

इसमें छोटे-बड़े क्रम से प्यालों को लिया जाता है तथा उनमें पानी भर कर लकड़ी के टुकड़ो से टंकोरा जाता है। ऐसा करने से प्यालों में जल की तरंगें उठती हैं और स्वर की तरंगों में विलीन हो जाता है। अत: इस वाद्य को जलतरंग कहते हैं।

कीर्तन साहित्य में यद्यपि जल तरंग का उल्लेख अनेक स्थानों पर है और पहिले यह वाद्य बजाया भी जाता रहा है लेकिन आजकल इस वाद्य के दर्शन इन मन्दरों में प्राय: नहीं होते।

इस प्रकार वर्गों के अनुसार विभिन्न वाद्यों का प्रयोग इन मन्दिरों में खूब होता है। इनमें से अनेक वाद्य आजकल मन्दिरों में देखने को नहीं मिलते। आजकल इन मन्दिरों में हारमोनियम का प्रयोग प्रचुर मात्रा में होता है।

पंच शब्द बाजे

जन्मोत्सवों पर (यथा जन्माष्टमी एवं गोस्वामी बालकों के जन्मोत्सव) भगवान के स्वरूप का तिलक करते समय 'पंच शब्द बाजे' बजते हैं तथा कीर्तन में 'आज बधाई कौ दिन नीको, पद की "पंच शब्द बाजे बाजत है घर-घर ते आयौ टीकौ" पंक्ति विशेष रूप से बार-बार दुहराई जाती है।

पंच शब्द बाजों का प्राचीन स्वरूप क्या था यह ज्ञात नहीं है। आजकल इनमें शंख, झाँझ, पखावज, शंख एवं नगाडा वाद्यों को बजाया जाता है।

अध्याय–6

पुष्टिमार्गीय मन्दिरों के संगीत का साहित्यिक मूल्यांकन

भारतीय संगीत की परम्परा में गायक को स्वर व ताल के साथ-साथ साहित्य का भी ज्ञान होना सदैव से अपेक्षित रहा है । भरत ने इसी के समर्थन में कहा है—

गान्धर्वमिति विज्ञेयं स्वर ताल पदाश्रयम् ।

गान्धर्वं त्रिविधं विद्यात् स्वर ताल पदात्मकम् ॥ (ना. शा. 26, 8, 12)

अर्थात् गान्धर्व (गायक) को स्वर, ताल व पद तीनों का सम्यक रूपेण ज्ञान होना परमावश्यक है ।

अत: स्वर ताल व वाद्यों के साथ प्रस्तुत प्रणाली के साहित्यिक पद पर भी विचार करना आवश्यक है ।

अन्य कलाओं के समान साहित्य के भी दो पक्ष होते हैं । (1) भाव पक्ष (2) कला पक्ष । भाव पक्ष में कवि का भाव, कल्पना व रस आदि सम्मिलित रहते हैं तथा कला पक्ष में छंद, अलंकार, भाषा व शैली आदि आते हैं । अत: प्रस्तुत प्रणाली के साहित्य का इसी क्रम से विवेचन करना उपयुक्त होगा ।

भाव पक्ष

प्रस्तुत प्रणाली के साहित्य[1] हस्तलिखित कीर्तनों की पोथियों में इस साहित्य का पर्याप्त अंश अब भी अप्रकाशित पड़ा हुआ है । निर्माताओं का मूल भाव भक्ति का ही रहा है । सभी रचनाऐं इसी भक्ति भाव से प्रेरित होकर रची गई है । अत: भक्ति के क्षेत्र में इनका अपना महत्व है । भगवान को साक्षात् अपने सम्मुख समझ कर सभी रचनाएं उन्हीं को रिझाने के लिय हुईं । परिणामत: ये रचनाएं लौकिक वासना से एक दम दूर होकर अलौकिक आनन्द की वस्तु बन कर रह गई हैं ।

प्रस्तुत कीर्तन में साहित्य में भक्त कवियों ने भगवान की लीलाओं का भावपूर्ण वर्णन किया है । प्रसंग वैविध्य के कारण इसमें वात्सल्य, सख्य, माधुर्य व दास्य आदि सभी तरह के भावों का स्वरूप प्राप्त होता है ।

वात्सल्य

इस भाव की रचनाएं अपेक्षाकृत अधिक हैं । इसके दो कारण हो सकते हैं —

---

1. हस्तलिखि कीर्तनों की पोथियों में इस साहित्य का पर्याप्त अंश अब भी अप्रकाशित पड़ा हुआ।

(1) पुष्टिमार्ग में भगवान की सेवा बाल भाव से होती है (2) अपेक्षाकृत अन्य अवस्थाओं के सभी को बचपन अधिक सुन्दर लगता है ।

सूरदासजी की वात्सल्य भाव की रचनाएं तो सम्पूर्ण विश्व में अपना सानी नहीं रखतीं । उनको वात्सल्य भाव का सर्वश्रेष्ठ मर्मज्ञ माना गया है । बाल सुलभ चेष्टाओं का जितना मार्मिक चित्रण हमें यहाँ मिलता है, अन्यत्र दुर्लभ ही है । 'जसोदा हरि पालने झुलावै' तथा 'मैया में नहिं माखन खायौ' आदि पदों ने सूरदास को हिन्दी जगत का सर्वश्रेष्ठ कवि बना दिया है । महाकवि सूरदास के अतिरिक्त अनेक अन्य कवियों की रचनाऐं भी वात्सल्य भाव के अनौखे उदाहरण हैं यथा—

'माई री प्रातःकाल नन्दलाल पाग बंधावत, बाल दिखावत दर्पण भाल रह्यौ लसि'[1] में बच्चे की प्रदर्शन करने की भावना का स्वाभाविक चित्रण हुआ है ।

बालक की अपेक्षा बाल भाव का प्रभाव माता पर अधिक पड़ता है । यथा—

पलना झुलत नन्द कौ लाला ।।
अति आनन्द नन्द की रानी, झुलरावति मधुबाला ।।
गावत परम प्रीति दै लोरी जिह्वा को तुतराई ।
श्रवनन सुन-सुन के मनमोहन हाथ उठावत माई ।।
सब्द करत दुधरा अति नीके, सुख पावत महितारी ।
पुन-पुन निरखि मोद मन उपजै देत पान धन वारी ।।[2]

बालक कृष्ण का सौन्दर्य न केवल माँ जसोदा को ही आकर्षित करता है अपितु ब्रज की गोपियाँ गाँव-गाँव से आकर बाल कृष्ण के दर्शन करती हुई अघाती नहीं ।

रानी आनन्द सों हसि देत ।।
गाम-गाम तें ग्वालिन आईं तिनकौ आदर लेत ।।
ऐसौ हू दिन कर्‌यौ विधाता बहोरि जन्म कों आई ।
हरद दूध अक्षत थारन में सोभित करि धर लाई ।।
माथे तिलक करत लालन के दोहरी बजत बधाई ।
श्री विट्ठल गिर धरन लाल कौ मुख देखत न अघाई । ।[3]

तथा अपने बच्चे को हंसता हुआ देखकर माँ भाव-विभोर हो जाती है—

'अपने बाल गुपालें रानी पालने झुलावें ।।
बारम्बार निहारि कमल मुख प्रमुदित मंगल गावै ।।
लटकन भाल भृकुटि मसि बिदुका, कठुला कंठ बनावै ।।

---

1. नित्य कीर्तन संग्रह, पृ. 95
2. वर्षोत्सव पद संग्रह - लालदास जी कृत
3. वर्षोत्सव पद संग्रह - नारायण दास आदि कृत

सद माखन मधुसानि अधिक रुचि अंगुरिन करि कें चटावै ।।
कबहुक सुरंग खिलौना लै लै नाना भाँति खिलावै ।
देखि-देखि मुसकाय सांवरौ, द्वैदंतियां दरसावै ।
सादर कुमुद चकोर चंद ज्यों रूप सुधारस प्यावै ।
चतुर्भुज प्रभु गिरिधरन लालकों हंसि-हंसि कंठ लगावै ।।[1]

इस प्रकार बालक की स्वाभाविक चेष्टाओं का तथा उन चेष्टाओं के माँ पर पड़ने वाले प्रभाव का अनेक स्थानों पर बड़ा ही मनोरम वर्णन प्राप्त होता है ।

भगवान थोड़े बड़े हुए, उनको खेलने के लिये खिलौने चाहिये । बालक खिलौनों को सर्वाधिक रूप से प्रिय समझते हैं अत: खिलौनों का लोभ देकर उनसे दूर कुछ भी कार्य कराया जा सकता है ।

गिरधर लाल हेत रथ लाई ।।
नव चंदन कौ चित्र विचित्रित इक रंग साज सजाई ।।
उबटा बेगि श्रृंगार धरायौ, कूल्हे बागों अमलाई ।
पटुका सुरंग जार गाढे रंग नूपुर पग लगवाई ।
मोतिन जटित अभूषन अंग-अंग बेनी कुसुम गुथाई ।[2] आदि-आदि ।

बालकृष्ण थोड़े और बड़े हुए । ग्वाल मण्डली बनी । अब संग के सखा ही सर्वस्व हो गये । उनके लिये सब कुछ करने के लिये तत्पर कृष्ण माँ से झूठ भी बोल देते हैं । गोपी माँ यशोदा से शिकायत करती हैं ।

अपनो गाम लेउ नन्दरानी ।।
सखा भीर लै पैठत घर में आप खाय तौ सहिये ।।

तब कृष्ण कहते हैं ।

सुन मैया याके गुन मोसो इन मोहि लियौ बुलाई ।
दधि में परी सहत की चेंटी मोपै सबे कढाई ।। आदि

बाल सुलभ उक्तियाँ इस साहित्य में विपुल मात्रा में प्राप्त हैं ।

बाल और श्रृंगार की मिश्रित भावना

वल्लभ सम्प्रदाय में वात्सल्य तथा श्रृंगार दोनों की मिश्रित भावना इसका अपना अनूठापन है । बालकृष्ण गोपियों से दान माँगते हैं । इस प्रसंग में अनेक स्थानों पर वात्सल्य के साथ माधुर्य भाव के दर्शन किये जा सकते हैं ।

रंचक चारवन दै री दह्यौ ।।

---

1. वर्षोत्सव पद संग्रह नारायण दास आदि कृत
2. गो. वल्देव कृत कु. पद सं.—पद 118, पृ. 77

अद्भुत स्वाद श्रवन सुनि मोपै नाहिन परत रह्यौ ॥ आदि

इस पर गोपी कहती है—

मोहन तुम कैसे हौ दानी ।

सूधै रहौ गहौ अपनी पत तुम्हरे जिय की जानी ॥[1] आदि-आदि ।

यहाँ मधुर भाव की अधिष्ठात्री श्रीराधा हैं । श्रीकृष्ण और राधा का बाल्यकाल ही से सम्बन्ध देखा जाता है । दान के पदों में यह माधुर्य भावना अति गहरे रंग में दिखाई देती है ।

बरसाने सों आवत आज ॥
राधा संग सकल ब्रज रानी अद्भुत वन्यौ समाज ॥
उमड़ि चली चटकीली छवि सों दधि मटकी सिर धारि ।
लटकत आई खोर सांकरी लीन्हें स्याम निहारि ॥
झगरत दोनों ओर परस्पर हरि माँगत दधि दान ।
खिजत हंसत पुनि बदन दुरावत हित रस महासुजान ॥
ललिता उरहिं मिलाए दोऊ कानन करत विलास ।
'केवल' निरखि निरखि सुध पायौ फैल परयौं रस रास ॥[2]

कृष्ण और राधा व गोप और ग्वालाओं का यह मधुर सम्मिलन आगे चल कर अनेक लीलाओं का कारण बना है । यथा नटलीला, गौचारन, दानलीला, गोवर्धन लीला, रास लीला आदि ।

पुष्टिमार्ग के वर्षोत्सव क्रम में कृष्ण की सभी लीलाओं का दर्शन किया जा सकता है ।

श्रृंगार चित्रण

रसों में श्रृंगार रस को रस राज कहा जाता है । इसमें नायक-नायिका के विलास का वर्णन रहता है । यहाँ नायक श्रीकृष्ण व नायिका श्री राधा हैं । इसके अतिरिक्त गोपियाँ भी इस इस भाव को विस्तृत रूप देने में समर्थ हुई हैं ।

श्रृंगार रस के भी दो भेद हैं (1) संयोग श्रृंगार (2) वियोग श्रृंगार । संयोग श्रृंगार में नायक-नायिका के मधुर मिलन का वर्णन रहता है तथा वियोग श्रृंगार में नायिका का नायक से विछोह होने पर विरहावस्था का वर्णन रहता है ।

इस कीर्तन साहित्य में श्रृंगार के दोनों प्रकार प्राप्त होते हैं ।

---

1. वर्षोत्सव कीर्तन
2. वल्देव जी कृत पद-संग्रह

संयोग

श्रृंगार के इस रूप में हमें कृष्ण-राधा की अनुरागमयी लीलाऐं प्राप्त होती हैं । इस अनुराग का सर्वाधिक गहन रूप हमें होली व बसंत के प्रसंग में मिलता है ।

इस अनुराग की प्रतीति श्रवण व दर्शन दोनों माध्यमों से होती है । दर्शन से पूर्व श्रवन की अवस्था का चित्र देखिये—

श्री राधा सुन मेरी विनय ॥
देख्यौ अनुपम रूप अधिक छवि रम्य नन्द को तनय ॥
विधु कलंक, सूरज कहँ तापक सम नहिं काम अनूप ।
मेध धूम मय तड़त माल वह वपु सिंगार कौभूप ॥
शंख कठोर नाग की विष धर सूकत कदली कमल ।
अंगन की उपमा नहिं बनिये ए मलीन वे निरमल ॥[1]

श्रवण के माध्यम से जो अनुराग जागृत हुआ वह दर्शन पाकर ही तृप्त होता है । लेकिन इसकें मध्य की एक और तीव्रतर दशा है कि जब नायिका से कहा जाय कि नायक तुझे बुला रहा है ।

चलि राधे तोहि स्याम बुलावै ॥
वह सुनि देखि बेन मधुरे सुर तेरौ ही नाम लै लै गावै ॥[2] आदि

और तब नायिका अपने पूरे वेग से नायक का सामुख्य स्वीकार करती है । वह अंदर ही अंदर फूली नहीं समाती और उसका यह भाव बलात् प्रकट हो ही जाता है । तब दर्शक कह उठते हैं ।

खेलि-खेलि हौ लड़ैती श्री राधे, तोहि को फल्यौ है बसंत ।
सुनि भामिनि दामिनि सी हौ तुम पायौ स्याम धन कंत ॥
जमुना के तट श्रीवृन्दावन परम अनुपम ठाऊँ ।
कुंजन-कुंजन केलि करौ मिलि सुबस बसौ बलि जाऊँ ॥
मदन गुपाल लाल रसिया कौ रस तैंही लै जान्यौ ।
अपनौ मन और वा मोहन कौ, एकमेक करि सान्यौ ।
उडत गुलाल धुंध मधि राजत, राधा अंग लपटानी ।
कहि भगवान हित राम राय प्रभु, यह छवि ह्रदय समानी ॥[3]

राधा और कृष्ण के साथ-साथ गोपी व ग्वालों के समूह उस अनुराग के स्वरूप को और विस्तार देते हैं—

1. विरह भेद विवरण 2/2, पृ. 2
2. बसंत धमार, पृ. 12
3. बसंत धमार पृ. 12

राधा घर खेलत होरी ॥
नन्द गाम के ग्वाल इतै, उत बरसाने की गोरी ॥
ढफ कर ताल बजावत गावत, केसर कुम-कुम घोरी ।
परस्पर रंग में वोरी ॥[1] आदि

फिर तो होली का ऐसा रंग उमड़ता है मानों स्वयं मेघ ने रंग की झड़ी लगा दी हों—

ब्रज में हरि होरी मचाई ॥
इततैं आई सुघर राधिका उततैं कुंवर कन्हाई ॥
हिल मिल फाग परस्पर खेलत सोभा बरनी न जाई ।
नन्द घर बजत बधाई ॥
बाजत ताल मृदंग बासुरी बीना ढप सहनाई ।
उड़त अबीर गुलाल कुमकुमा, रह्यौ सकल ब्रज छाई ॥
मानों मघवा झरि लाई ॥[2] आदि

यह संयोग की कामना और अधिक प्रखर हो उठती है जबकि नायिका मान करके बैठ जाती है । यह दूर होकर और अधिक निकट आना चाहती है । उसकी सखियाँ मान छोड़ देने के लिये कहती हैं लेकिन निष्फल ही रहती हैं । वे आकर कृष्ण से कहती हैं

कहत-कहत सब रैन गई नहिं मानत पिय प्यारी हो ॥
समझाये समझत नहिं ठाड़ी और निठुर देखे भारी हो ॥
छल बल बुद्धि हांकेते कीन्ही मेरी तो रसना हारी हो ।
अब नाहीं और उपाय कछु आपन चलिये जू गोविन्द प्रभु विहारी हो ॥[3]

सखी कृष्ण का संदेश लेकर पुनः राधा के पास जाती है । और कहती है—

तोहि मिलन कों बहुत करत है मोहन लाल गोवर्धन धारी ॥
उतर बैगि देहौ किन भामिनि कहि धो कहाँ लगि बात तिहारी ॥[4]

लेकिन राधा मान त्यागने के लिये तत्पर नहीं दिखाई देती । सखी पुनः कृष्ण के पास आती है । उनकी बात फिर राधा तक पहुँचाती है । अंत में वह राधा के सन्मुख आकर कह देती हैं—

'आवत जात हौं तो हार परी री'

कृष्ण सखी का वेष धारन कर राधा को मनाने जाते हैं तब राधा कहती है—

काहे को तुम सखि भेष कीन्हो'

1. बसंत धमार पृ. 230
2. ,, ,, पृ. 231
3. ,, ,, पृ. 251
4. नित्य कीर्तन, पृ. 254

तब कृष्ण उतर देते हैं—

'रूसकौ को नेम नित्य प्यारी तुम लीन्हों ।
ताही के कारन हम सखी भेष कीन्हों ।।[1]

खण्डिता नायिका

स्त्रियों के इस मान का आधार उनके पति द्वारा उनको छोड़कर अन्यत्र चले जाना है । पति का ऐसा आचरण पत्नी को स्वप्न में भी अच्छा नहीं लगता । सुबह होने पर जब उसका पति घर आता है तो वह प्रमाण देख कर तिलमिला उठती है और खूब-खरी खोटी सुनाती है । इसी भाव के अनेक पद प्रस्तुत कीर्तन साहित्य में प्रचुर मात्रा में मिलते हैं जो विशेष रूप से शीतकाल में राग ललित व मालकोंश में गाये जाते हैं । यथा—

मेरे आये भोर प्यारे रैन कहाँ गँवाई ।।
कौन त्रिया संग बस परे मोहन जान परी चतुराई ।।
बिना हार बिन डोर विराजत, नख क्षत देत दिखाई ।। आदि[2]

अन्यश्च

'तही' जाओ जहां रैन बसे'[3] तथा 'जरी के जराइये कूं ताहि तन ताइवे कूं, कटि लौन लाइवे कूं द्वार भोर ठड़े हो[4] आदि ।

इस प्रकार मान व खण्डिता के पदों में श्रृंगार की उज्जवल अभिव्यक्ति के दर्शन प्राप्त होते हैं ।

खण्डिता नायिका के अतिरिक्त अन्य अनेक नायिका भेदों को भी इस साहित्य में देखा जा सकता है यथा—

रुप गर्विता

ठाड़ी है आँगन मधि रसिक रसीली ।
रूप सुधा की सीख छैल छबीली ।।
दरपन कर लीन्है बदन निहारे ।
मानो मदन के जूथ कोटि इक वारे ।।
अंग-अंग प्यारी छवि बरनि न जावे ।
केवल चलहु लाल देखे बनि आवै ।।[5]

---

1. नित्य कीर्तन, पृ. 256
2. ,, ,, पृ. 55
3. ,, ,, पृ. 59
4. ,, ,, पृ. 60
5. फुट कर पद संग्रह सं. 20

स्वाधीन पतिका

सिखवत हरि को मुरली बजावन ॥
सप्त रन्ध्र पर धरत अंगुरि दल कंध वाहु धरि मधुरे गावन ॥
सरस भेद जाति राग कान्हरै गति विलास वर नयन नचावन ।
कृष्णदास बलि बलि वैभव की, गिरिधर पिय प्यारी मन भावन ॥[1]

अभिसारिका

पिय सन्मुख गवनत गज गामिनि ॥
साज सिंगार पहरि पट भूषन, नखसिख अंग-अंग अभिरामिनि ॥
जमुना पुलिन सुभग वृन्दावन, तैसी ही सुभग सरद की जामिनि ।
कुंज-कुंज प्रफुलित द्रुभ बेली, देखत प्रेम के बस भई भामिनि ॥
अति उदार गिरिधरन रसिक पिय, भुज भर भेंटत बहु विधि कामिनि ।
चत्रभुज प्रभु गिरिधर ऐसे सोमित मानों नव धन दामिनि ॥[2]

वासक सज्जा

प्राण नाथ बिन काल विरह ने मृत्यु हेतु प्रगटाये ॥
पिय अइवे की आस छूटि तो सन्निपात मुरछाये ।
जागत मग देखत छिन-छिन में इत मुरछा बौराये ॥
सीतल वायु तुषार परे सिर संगम सिव उठि धाये ।
कृष्ण कन्हैया स्वामिनि को लखि हरिजन ध्यान धराये ॥[3]

मुरली

संयोग श्रृंगार के अंतरगत मुरली के पद भी आते हैं । कृष्ण मुरली के माध्यम से गोपियों को बुलाते हैं । यह मुरली एक नायिका के रूप में भी वर्णित की गई है । यथा— मुरली का स्वाधीन पतिका रूप देखिये—

मुरली हरितें नहि छूटत है ॥
वाही के बस भये निरंतर, कह अधरन रस लूटत है ॥ आदि[4]
मुरली हरिकों नाच नचावत ॥
एते पै यह बाँस बंसुरिया नन्द नदन कों भावत ॥

---

1 वर्णन वर्षोत्सव भाग-1 पृ. 349
2. वर्षोत्सव कीर्तन भाग-1, पृ. 343
3. विरह भेद विवरण अष्टम पीठ
4. वर्षोत्सव कीर्तन भाग -1 पृ. 288

ठाढ़े रहत अधीन ताकै ह्वै सकुच न बोलत बात ।।
वह निधरक आज्ञा करवावत, नेकहु नहीं लजात ।।
जब जानत आधीन भये हरि, देखत ग्रीव नवावत ।
पौढत अधर चलत कर पल्लव रंध्र चरन पलटावत ।। आदि[1]

मुरली के प्रति इतना प्रगाढ़ प्रेम देख कर गोपियों के मन में द्वेष की भावना आ जाती है । वे उससे कह बैठती हैं—

बैरिन बांसुरी तोय बजत न आवै लाज ।।
जल थल अनिल धकित भये तें पायौ है सुखराज ।।
इतनों सौ पोंगा बांस कों री निकस्यौ धरती फोरि ।
जो मैं ऐसी जानती तौ डारती तौर मरोरि ।। आदि[2]

इस प्रकार संयोग श्रृंगार के सभी रूपों का दर्शन इस कीर्तन साहित्य में किया जा सकता है ।

वियोग

विरह को मिलन से भी अधिक महत्व दिया जाता है क्योंकि संयोग से तो संभव है कि कुछ क्षण के लिये प्रिय का विस्मरण हो जाए लेकिन विरहावस्था में तो सोते, जगते, उठते, बैठते आदि सभी क्रियाओं में प्रिय का ध्यान बना रहता है । विरह को मिलन की जागृत अवस्था भी कहा गया है ।

डा. हरवंश लाल ने विरह के विषय में कहा है—

"यह वह सात्विक अवस्था है जिसमें मानव ह्रदय से दुराव का आवरण हट जाता है और वह अपने स्वाभाविक निर्मल रूप में उक्तियों के साथ लिपटा चला जाता है । पशु-पक्षियों और लता-पतादि के साथ भी सम्बन्ध जोड़ देने वाला यह भाव धन्य है ।"[3]

प्रस्तुत कीर्तन साहित्य में श्रृंगार का यह पक्ष न्यून मात्रा में ही प्राप्त होता है । शायद इसका कारण यह रहा है कि यह सम्प्रदाय ऐतिहासिक रूप से ऐसे समय में उदित हुआ था जबकि तत्कालीन धार्मिक भावना शनैः शनैः कुण्ठित होती जा रही थी । कर्म काण्ड का रूखा मार्ग उसे शक्तिहीन बनाये दे रहा था । ऐसे समय में श्री वल्लभाचार्य आदि आचार्यों ने जनता के सामने धर्म का एक मनोहारी रूप रखा । परिणामतः विरह भावना को कम स्थान मिला ।

विरह के पद न मिलने का प्रमुख कारण यह भी है कि पुष्टिमार्ग में कीर्तन भगवान के सम्मुख होता है । सम्मुख होने के नाते संयोग (श्रृंगार) भाव के पद ही गाये जाते हैं । भक्ति

1. वर्षोत्सव कीर्तन भाग -1 पृ. 290
2. वर्षोत्सव कीर्तन पृ. 295
3. सूर और उनका साहित्य, पृ. 339

भावना के अनुसार जब भगवान स्वयं (नायक) साक्षात् रूप से विराजमान हैं तब वियोग का प्रश्न ही नहीं उठता । अत: वियोग श्रृंगार के पद सम्प्रदाय में स्वल्प मात्रा में ही पाये जाते हैं । प्राय: ऐसे पद मल्हार के पदों में हैं यथा—

(1) 'विरहनी मेह देखि सत छाड़ै ॥
ज्यों-ज्यों मन बौरावत अपनौ, अधिक अधिक वह बाढ़ै ॥
राखत कान मूंद अपने दोऊ जबहि पपैह्या बोलै ।
सिगरे दिन क्यों हू नंद नन्दन अब वह आंखिन खौले ॥
जब ही घन गरजे तब बरसै, उठि-उठि बाहर आवै ॥
श्री विट्ठल गिरिधर ब्रज सुन्दरि क्यों हूं चैन न पावै ॥[1]

(2) भामिनी घन गरजै डरपावै ॥
चौंकि परी सुनते हि श्रवनन में कछुक रही मुरझावै । ।
भरि उसास पूछत सखियन तें ये बरखा ऋतु आई ।
ये वन दूर मन्दिर में अकेली, क्यों धीरज ठहराई ॥
तैसेहि बोलत मोर पपैया जाते विरह बढाई ।
श्री विट्ठल गिरिधर कुंवर तुम समुझहि करौ सहाई ॥[2]

(3) सखि अब मोपै रहौ न जाय ॥
चल री सखी उन ही पै जैहैं जहाँ चरावत गाय ॥
अंग-अंग की सबसुधि भूली देखत नन्द किसोर ।
मेरौ मन हर लियौ तब ही तें जब चितये इहि ओर ॥
नन्हीं-नन्हीं बूंद परत बादर की नैकहु, घर न सुहाय ।
श्री विट्ठल गिरिधर लाल कों अब कें आनि मिलाय ॥[3]

मल्हार के अलावा राम सम्बन्धी पदों में भी विरह के पद मिलते हैं यथा—

(4) परदेसीन नारि अकेली ॥
बिन रघुनाथ और नहिं कोऊ, मात पिता न सहेली ॥
रावण रूप धरयौ तपसी को, कित में भिक्षा मेली ।
आज्ञा नहीं, हीन मति मेरी, राम रेख पद पेली ॥
विरह ताप तन अधिक जरावत जैसे द्रुम वन बेली ।
सूरदास प्रभु बेगि न मिलि हैं, प्राण जात हैं खेली ॥[4]

---

1. वर्षोत्सव कीर्तन भाग -2 पृ. 211
2. वर्षोत्सव कीर्तन भाग-2, पृ. 211
3. ,, ,, पृ. 210
4. ,, ,, भाग -1 पृ. 300

सामान्यत: नायक के लिये नायिकाओं का विरह देखने में आता है लेकिन राम के पदों में नायक राम नायिका सीता के विरह में अधीर हो रहे हैं ।

''हो लछमन सीता कौन हरी ॥
यह जु मढी बैरिन भई हमकों कंचन मृग जो छरी ॥
जो पै सीता होय मढी में, झाँकत द्वार खरी ।
सूनी मढी देखि रघुनन्दन, आवत नयन भरी ॥
इक दुख हतौ पिता दसरथ को, दूजो सीय करी ।
सूरदास प्रभु कहत भ्रातसों बन में विपत्ति परी ॥[1]

उक्त पद सम्प्रदाय में प्रचुर मात्रा में प्रचलित है । विरह की भावना सम्प्रदाय के शीतकालीन 'हिलग' के पदों में भी प्राप्त होती है ।

वात्सल्य व श्रृंगार के अतिरिक्त अन्य रसों को भी इस कीर्तन साहित्य में देखा जा सकता है । यथा वीर, रौद्र, अद्‌भुत, भयानक, करुण, व शांन्त रस आदि-आदि ।

वीर रस

ऐसे पद दो प्रसंगों में प्रमुख रूप से देखे जाते हैं (1) करवा के पद (2) इन्द्रमान भंग के पद । करवा का शाब्दिक अर्थ उत्तेजना होता है । अत: इन पदों को वीर रस के पद भी कहते हैं । राम संबन्धी इन पदों में हनुमान व राम का यश वर्णन है । उदाहरणार्थ करवा के पदों में हनुमान की उक्ति—

''जो पै राम रजा हों पाऊ । ।
करों न संक लंक गढ़पति की लंकहि खोद बहाऊँ ।
बढ़ें सरीर पैठ परमित कर, सकल कटक पहुचाऊँ ।
कहों तौ रावण कुल समेत, सब बाँधि चरण तर लाऊँ ॥
हौं सेवक हरि ऐसौ तुम्हरौ, कहा एक मुख गाऊ ।
सुर औ असुर सब जुरि आयें, रण नहिं पीठ दिखाऊँ ।
रावण मारि सिया घर लाऊँ, तब तुम दास कहाऊँ ।
सूरदास कारज बिनुकीन्हे, मुख नहिं आन दिखाऊँ ॥[2]

निम्नांकित पद में वीर रस के अनुकूल शब्दों का चयन दर्शनीय है—

कपि चल्यौ सीय सुधि कौं पुनि पांयन तन लटकि कैं ॥
रिपुकौ कटक विकट ताकौ चौथो ऊंस पटकि कैं ॥

---

1. ,, ,, पृ. 306
2. वर्षोत्सव कीर्तन भाग -1, पृ. 306

रथ सों रथ भटन सों भट चट पटीसी चटक कें ।
जोरि कें गढ लंक विकट रावण मुकट झटक कें ॥
कितेक छैल तंदुल से छरे लै लै मूसल मटक कें ।
गिरिसों गज गेंदहि सौ डार्‌यौ भूमि भटक कें ॥ आदि आदि[1]

अन्यश्च

आज रघुपति चढे लंक गढ लैन कौ ।
अवनि चंचल भई, सेस सधु बुध गई, कमठ की पीठ फट मिल गई रैनकौ ॥
होत अन्दोलन सागर सप्त दिगपाल, भये भयभीत अति उड़ि चले गैन कौं ।
कहत मंदोदरी सुनहुँ दस कंध पिय, लै मिलों सीय राजीव दल नैनकौं ॥
वे तो जगदीश तो ईसकौ बल कहा एक बन चर आय जारि गयौ ऐनकों ॥
हरिनारायण स्यामदास के प्रभु सों वैर कर कंथ पावे न सुख चैन कौं ॥[2]

रोद्र रस

गिरि पर कोपिकें उठ्यौ इन्द्र रिसाय ॥ध्रु. ॥
अपने जु व्रत के काज कारन मन में अति अकुलाय ॥
काट बंधन देउ सबके लगौ गिरि सों जाय ॥
उमड़ि मधवा चहुं दिसितें ब्रजै देउ बहाय ॥ आदि[3]

अद्‌भुत रस

महाकाय गोवर्धन पर्वत एक ही हाथ उठाय लियौ ॥
देवराज कौ गर्व हर्‌यो हरि, अभय दान ग्वालन कुं दियौ ॥
तोर्यौ सकट पूतना मारी तृणावर्त दानव संहार्यौ ॥
श्रीजमुना जल निर विष कीयौ, काली नागहि वहिर निकार्यौ ॥ आदि[4]

भयानक रस

माधौ जू कांपत डर ते अधिक हियौ ॥
तुम जु इन्द्र की पूजा मेंटी, तातें कोप कियौ ॥
दामिनि खडग बूंद सायक जन धन योधा लिये संग ।

---

1. ,, ,, पृ. 306
2. वर्षोत्सव कीर्तन भाग-1 पृ. 312
3. ,, ,, पृ. 50
4. ,, ,, पृ. 53

दामिनि खडग बूंद सायक जन धन योधा लिये संग ।
सरसर बहै समीर दसों दिसि, धनुष धुजा बहु रंग ॥
बरखत प्रलय पेय धन अंबर डरपत गोकुल गाऊं ।
समरथ नाथ सरन तुम बिन हम और कौन पै जाऊँ ॥ आदि

शान्त रस

बिनती व वैराग्य के पद इस रस की कोटि में आते हैं यथा—

तरहटी श्री गोवर्धन की रहियै ॥
नित प्रति मदन गुपाल लाल के, चरन कमल चित लैये ॥
तन पुलकित ब्रज रज में लोटत, गोविन्द कुण्ड में न्हैयें ।
रसिक प्रीतम हित चित की बातें गिरिधारी सों कहियै ॥[1]

वैराग्य का पद

मन रे तू भूल्यौ जनम गवावै ॥
खबरि नाय तेरे सिर ऊपर काल सदा मंडरावै ॥
खानपान अटक्यों निसि वासर, जिभ्या लाढ लढावै ॥
ग्रह सुख देखि फिरत फूल्यौ सौ, सपने मन भटाकवै ॥ आदि[2]

इस प्रकार इस कीर्तन साहित्य में लगभग सभी रसों का आनन्द प्राप्त होता है ।

सौन्दर्य बोध

काव्य में सौन्दर्य की उपासना होती है । कवि को जहाँ कहीं भी सौन्दर्य दीख पड़ता है वह उसके काव्य का अंग हो जाता है । प्रस्तुत साहित्य के रचयिता भक्ति रस में सरावोर थे अत: इनके लिये सबसे अधिक सौन्दर्य भगवानस्वरूप में ही था ।

उन्होंने भगवान के स्वरूप को अखिल सौन्दर्य का केन्द्रबिन्दु समझा था । अत: भगवान का रूप सौन्दर्य वर्णन विपुल मात्रा में मिलता है । साथ ही भगवान की लीला से सम्बन्धित अन्य स्थान जैसे गोकुल, गोवर्धन, वृन्दावन, जमुना, वरसाना, नन्दगाँव आदि का भी सौन्दर्य वर्णन किया गया है । भगवान के रूप सौन्दर्य का किसी वस्तु से स्पर्श भी हो गया है तो भक्तों के लिये ऐसी वस्तुऐं भी सौन्दर्य मय हो उठी हैं । सौन्दर्य वर्णन में कवि का आन्तरिक भाव भी महत्वपूर्ण होता है । उल्लासित हृदय को आकाश के तारे सितारे मालूम होते हैं और निराशा से भरे हृदय को वे ही तारे अंगारे नजर आते हैं । अत: काव्यगत सौन्दर्य को निम्न प्रकार विभाजित किया जा सकता है ।

---

1. नित्य पद सं. पृ. 290
2. ,, ,, पृ. 291

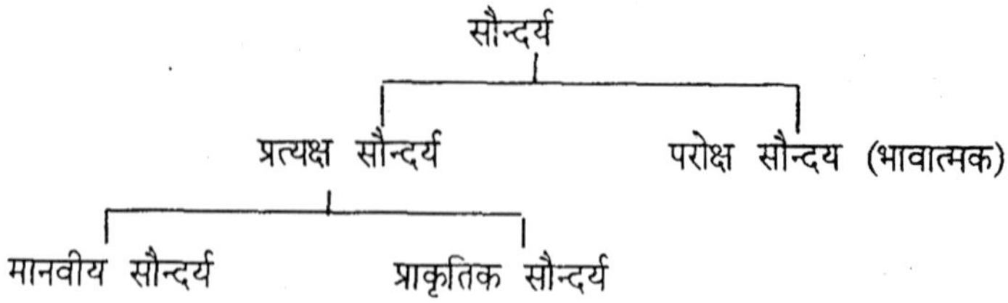

प्रत्यक्ष सौन्दर्य

प्रत्यक्ष सौन्दर्य में पहिले हम मानवीय सौन्दर्य को लेते हैं । इसमें प्रेमी व प्रेमिका के सौन्दर्य का निरुपण होता है । सम्प्रदाय में प्रेमी के रूप में श्रीकृष्ण व प्रेमिका के रूप में श्री राधा की मान्यता है ।

श्रीकृष्ण के सौन्दर्य का निरुपण अनेक स्थानों पर मिलता है । विशेष रूप से श्रृंगार के पदों में इस प्रकार का वर्णन उल्लेखनीय है यथा—

'आज कौ सिंगार सुभग, साँवरे गुपाल जू कौ
कहत न बनि आवै, देखहि बनि आवै ।।
भूषन बसन भाँति-भाँति अंग-अंग छवि कही न जात ।
लट पटी सुदेस पाग, चित्त कों चुरावै ।।
मकर कुण्डल तिलकभाल, कस्तूरी अति रसाल,
चितवन लोचन बिसाल, कोटि काम लजावै ।।
कंठ सरी वन माल, फैंटा कटि छोरन छवि
निरखत त्रिभुवन प्रिया धीर न मन लावै ।।[1] आदि

तथा

आज और काल्ह और, दिन प्रति और और
देखिये रसिक श्री गिरिराज चरन ।।
छिन प्रति नई छवि, बरनै सो कौन कवि,
नित्य कौ सिंगार बागो बरन बरन ।।
सोभा सिन्धु अंग-अंग, मोहत कोटिक अनंग ।
छविकी उठवत तरंग, बिस्व कौ मन हरन ।।
चतुर्भुजदास प्रभु गिरिधर कौ स्वरूप सुधा पान कीजै,
जीजै रहिये सदा ही सरन ।।[2]

1. नित्य कीर्तन, पृ. 96
2. ,, ,, पृ. 95

नख सिख वर्णन

श्री राधा के स्वरूप वर्णन का उदाहरण इस प्रकार है

हंस गमनी, मृग लोचनी, सोभित सहज सिंगार ।
चमकत चंचल चीकने सिर लटकारे बार ॥
घूघर बारे बारन ऊपर सोभित सुन्दर साल ।
चंद के छंद परै अहिनन्दन, उरसे कंचन जाल ॥
अत लखकौ लहंगा अति गाढौ, दरिआई की अंगिया पीत ।
नुरज सुभट कंवल कवच सजि आये रति रण जीत ॥
कृश कटि केहरि देखि दुरै हरि, जेहर लेहर पाय ।
गजगमनी कमनी अबनी रवनी रति लेत बलाय ॥
करौ चुरौ ललकै झलके पलकें न लगे छवि देख ।
अंगुरिन मूदंरि पहुचिन गजरा बाजूबन्द विसेष ॥
चंपकली चौकी चमकें दमकें दुलरी पिय पोति ।
चितकों लेत चुराय बाहि कें बदन चन्द की जोति ॥
असन अधर दमकत वसनाबलि स्याम चपलता सार ।
कमल कोस में बैठी पंगति मानों भृंग कुमार ॥
बेसर कौ मोती लटकें मटकें खटकै प्रिय प्रान ।
श्रवन बनी रुचि बनी कनक की तनक तरूकुली कान ॥
पिय तृष मोचन रति रस रोचन चंचल लोचन नार ।
कुंवर किसोर चकोर चहेंदुवा पढ़त चंद घटसार ॥
अलि कुल गंजन रति रस रंजन, नयनन अंजन दीन ।
क्रीड़त सुधा सरोवर महियाँ मनु मनसिज के मीन ॥
समय सहायक नव रस नायक सायक धायक नैन ।
कुंवर कुरंग सुरंग कमल कानन सों ठानत ठैन ॥
कारी झपकारी मारी बरुनी वरनै कवि कौन ।
भ्रोहें सुठि सोहें मोहैं मनु हाव भाव के मौन ॥
सुभ बिरियां दुपहरिया फूलन बिन्दी दीनी भाल ।
इंद बधू मनु नवल चन्द कों आय मिली तत्काल ॥
सीस फूल सोहैं मोहै बनि तनक कनक की आड़ ।
चिबुक चारु मुसिकाय हँसत जब परत कपोलन गाड़ ॥
यह विधि छवि आगाधा, साधा, राधा सखियन माँझ ।
बिटियाँ बहुत जु गोपिन की संग खेलत साँझी साँझ ॥[1]

---

1. वर्षोत्सव कीर्तन भाग-1, पृ. 268

प्राकृतिक सौन्दर्य

श्रीकृष्ण और राधा के विहार स्थल प्रमुखतः वृन्दावन, गोवर्धन आदि माने गये हैं। वृन्दावन का एक रूप चित्र इस प्रकार है—

देखौ वृन्दावन श्री कमल नैन ॥
आयौ आयों मदन गुन गुदर दैन ॥ध्रु ॥
द्रुम नवदल सुथन अनेक रंग, प्रति ललित लता संकुलित संग ॥
कर धरा धनुष कटि कसि निषंग, मनु बने सुभट सजि कवच अंग ॥
कोकिला कुंज रहे हंस मोर, रथ सैल सिला पदचर चकोर ॥
वर ध्वज पताक तरू तार केर, निर्झर निसान बजे भ्रमर भेर ॥
जहाँ नेम सुमति अति मलयवात, मनु तेज वसन वाने उड़ात ॥
रुचि राजत विपिन विलोलपात, धपि धाय धरत अति तुरत गात ॥

आदि[1]

इस प्रकार के प्राकृतिक सौन्दर्य वर्णन अनेक स्थानों पर प्राप्त हैं।

षट ऋतु वर्णन

विभिन्न ऋतुओं में प्रकृति अपना विभिन्न रूपों से श्रृंगार करती है। पदों में ऋतुओं के साथ-साथ लीला वर्णन रहता है।

वसंत

प्यारी नवल वन नव केलि ॥
नवल विटप तमाल अष्टमी, मालती नव बेलि ॥
नव बसंत हसंत द्रुमगन जरा जार पेलि ॥
नवल मिथुन विहंग कूजत मची ठेला ठेलि ॥
तरुणि तनया तट मनोहर, मलयपवन सहेलि ॥
बकुल कुल मकरंद लंपट, रहे अलिगन झेलि ॥[2] आदि

तथा

नवल वसंत नवल वृन्दावन, नवलहि खेलत गोवर्धन धारी ॥
हलधर नवल नवल ब्रज वालिक, नवल बनी गोकुल की नारी ॥
नवल जमुन तट नवल विमल जल, नौतन मंद सुगंध समीर ॥
नवल कुसुम नव पल्लव साखा कूजत नवल मधुप पिक कीर ॥

---

1. बसंत धमार - 13
2. बसंत धमार - 24

नव मृगमद नव अरगजा वंदन नौतन अगर सु नवल अबीर ।
नव चंदन नव हरद कुमकुमा, छिरकत नवल परस्पर नीर ।।[1]

इस बसंत के रंग में गोपी ग्वाल भी नवल दिखाई देते हैं यथा—

नवल बसंत नवल वृन्दावन नवलहि फूले-फूल ।।
नवलि कान्ह नवल बनी गोपी, निर्तत एक ही तूल ।।
नवल गुलाल उडे रंग बूंका, नवल बसंत अमूल ।।[2] आदि

ग्रीष्म

बैठे लाल फूलन की चौखंडी ।।
चंपक, बकुल, गुलाब निवारौ, राय बैलि श्रीखंडी ।।
जाई, जुही, केवरों कुंजो, कनक, कनेर सुरंजी ।।
चतुर्भुज प्रभु गिरधर जुकी बानिक दिन-दिन नवरंगी ।।[3]

तथा

मंगल जेष्ठा जेष्ठ पून्यौ स्नान करत गोवर्धन धारी ।।
दधि अरु दूध मधु लै सखीरी,केसर घट जल डारत प्यारी ।।
चोबा, चंदन, मृगमद सौरभ, सरस सुगन्ध कपूरन न्यारी ।।
अरगज अंग-अंग प्रतिलेपन, कालिन्दी मधि केलि विहारी ।।
सखियन जूथ-जूथ मिलि छिरकत, गावत तान तरंगन भारी ।।
नवल किसोर सकल सुख दाता, श्री वल्लभ नन्दन बलिहारी ।।[4]

पावस

मल्हार के पावस ऋतु के वर्णन के अनुपम उदाहरण हैं यथा—

गरज-गरज रिमझिम-रिमझिम बूंदन लाग्यौ बरसन
घन प्रीतम प्यारी राजे रंग महल ।।
बोलत चातक मोर दामिनी दमकि आवै, झूमझूम बादर अवनी परसन ।।
तैसोई हरियारौ, सावन मन भावन, इन्द्र वधू ठौर-ठौर आनन्द उपजावन ।।
पिय बिहारी प्रिया संग गावत मल्हार राग, ललित लता लागी
सुन-सुन सरसावन ।।[1]

---

1. बसंत धमार, पृ. 24
2. ,, ,, पृ. 23
3. वर्षोत्सव कीर्तन, भाग-2, पृ. 131
4. ,, ,, पृ. 190
5. ,, ,, पृ. 208

अन्यश्च

ब्रज पर नीकी आज घटा ॥
नन्हीं नन्हीं बूंद सुहावनी लागत चमकत बीजु छटा ।
गरजत गगन मृदंग बजावत नाचत मोर नटा ।
तैसोही सुर गावत चातक पिक, प्रगट्यौ मदन भटा ॥
सब मिलि भेंट-भेंट नंद लालहि, बैठे ऊँच अटा ।
कुंभन दास गिरिधरन लाल शिर कसुंभी पीत पटा ॥[1]

शरद

कीर्तनों के पदों में रास के पद शरद ऋतु वर्णन से ओत-प्रोत हैं क्योंकि भगवान श्रीकृष्ण ने शरद रात्रि को महारास किया था । ये पद प्राय: कृष्णदास द्वारा रचित हैं । यथा—

खेलत रास रसिक नंदलाल ॥
जमुना पुलिन सरद निसि सोमित रुचि मंडल ठाढ़ी ब्रजबाल ॥
ततथेई थेई तत थेई-थेई उघटन बाजत झाँझ पखावज ताल ।
जम्यो सरस ही राग परस्पर गुंजत कोमल वेणु रसाल ॥
सन्मुख लेत है उरप तिरप दोऊ राधा रसिकन मदन गोपाल ।
मानों जलद दामिनी पूरन कनक लता मनु स्याम तमाल ॥
सुरपुर नारिऩिहारि परम रस, रति पति मनमें भयो विहाल ।
थकित चंद गति मंद भयौ अति, चूके मुनिन्ह ध्यान तिहिकाल ॥
परम विलास रच्यौ नटनागर बिलसति उर सिमनो असिमाल ।
कृष्णदास लाल गिरिधर गति पावत नाहिन हस्ति मराल ॥[2]

शरद की मनोरम छटा का एक दूसरा पद इस प्रकार है—

मोहन रास रच्यौ वृन्दावन, भानु सुता के कूलै जू ॥
शरद चन्द्र विकसित मनुहारी, कुंजलता द्रुम फूलैं जू ॥
ठोर-ठोर कुसुमन के गुच्छा, छवि पावत अति झूलैं जू ॥
बाजत ताल मृदंग चंग वर, बसी वट के मूलै जू ॥
नाचत गावत मंडल कीयें, सखियन मधि अति ठूलें जू ॥
सुनि धुन मुरली अति मनुहारी, सिव विरंचि सुधि भूलैं जू ॥

---

1. वर्षोत्सव कीर्तन भाग -2 पृ. 209
2. ,, भाग -1 पृ. 327

जय जय जय जदुराय मनोहर, सुरमुनि बरखत फूलैं जू ॥
वृन्दावन प्रभू कौ सुख निरखत, मिटत सकल तन झूलैं जू ॥[1]

सिसिर तथा हेमंत

बनिठनि भीगी रस विलसनि कौं, भोर भवन ठाढ़े पिय प्यारी ॥
ओढि कबा फरगुल जु परस्पर, सीत समैं सुन्दर सुखकारी ॥
ऋतु हेमंत सिसिर दोऊ ठाढ़ी, लैकर सौंझ विविध रुचिकारी ॥
कृष्णदास प्रभु को मुख निरखत, अति आतुर चातुर ब्रज नारी ॥[2]

× × × × ×

नीकी ऋतु लागे सीत की ॥
अंसन दै पिय प्यारी जु पौढ़े बात करत रस रीत की ॥
बनि गई एक रजाई भीतर होत परस्पर जीत की ।
गदाधर प्रभु हेमंत मनावत, चाह बढ़ी नवप्रीत की ॥[3]

× × × × ×

सखियन रुचि रुचि सेज बनाई ॥
रंग महल में परि गये परदा, धरी अंगीठी सुखदाई ॥
सीत समै ग्रीषम ऋतु कीन्हीं, अति सुन्दर बरराई ।
श्री विट्ठल गिरिधारी कृपा निधि, पौढे ओढ़ रजाई ॥[4]

× × × × ×

हिम औ सिसिर ऋतु अति सुख दाई ॥
प्यारी जू कें फरगुल सोहै , प्रीतम ओढ़ै सरस कबाई ॥
परि गये परदा ललित तिवारी, धरी अंगीठी अति सुखदाई ।
जरत अंगार धूम अंवर लौं सरस सुगंध रह्यौ तहं छाई ॥
जब जब मधुर सीत तन व्यापत, बैठत अंग सों अंग मिलाई ।
श्री वल्लभ पद रज प्रताप तें, रसिक सदा छबिपै बलि जाई ॥[5]

भाव पद

इस साहित्य के रचयिताओं का सर्वत्र व सर्वतोभावेन एक ही भाव रहा है । वह परम भाव है 'भक्ति भाव' । परिणामस्वरूप किसी भी भाव का चित्रण करते हुए भक्ति

---

1. वर्षोत्सव कीर्तन भाग -1, पृ. 327
2. कीर्तन प्रणाली कांकरौली, पृ. 140
3. कीर्तन प्रणाली कांकरौली, पृ. 141
4. नित्य कीर्तन, पृ. 274
5. कीर्तन प्रणाली कांकरौली, पृ. 150

भाव सर्वोपरि रहा है अत: उसी भाव की प्रेरणा प्रदान करने में ये भक्त कवि गायक अप्रतिम रूप से सफल रहे हैं । श्रीकृष्ण की लीला गान करते समय यद्यपि अनेक भाव यथा वात्सल्य, सख्य, दास्य, व रति भाव आदि अवतीर्ण हुए हैं लेकिन सबके मूल में एक ही भाव भक्ति-भाव प्राप्त होता है ।

भक्ति-भाव पूर्ण क्षितिज से नीचे की ओर देखने पर हमें यहाँ अनेक सहज भावों के दर्शन होते हैं । यथा अभिलाषा, उत्सुकता, उत्साह, पर्व, शंका, मोह, व्याधि, चिन्ता देन्य व धैर्य आदि ।

इन सहज भावों को प्रत्यक्ष कराने में अनुभाव सहयोगी के रूप में आते हैं । ये अनुभाव भी इस साहित्य में यत्र, तत्र, सर्वत्र देखे जा सकते हैं । अनुभाव दो प्रकार के होते हैं ।

अनुभाव

सात्विक कायिक

सात्विक अनुभाव

अंत:करण के निश्छल सविशेष धर्म सत्व से समुद् बुद्ध आंगिक विकृति ही सात्विक भाव होते हैं जिनकी संख्या 9 है ।

स्तम्भ, स्वेद, रोमांच, स्वर-भंग, वैपथु, वैवर्ण्य, अश्रु, प्रलय और जृम्भा ।

स्तम्भ

जीवन प्रक्रिया में गतिरोध हो जाना, स्तब्धता आ जाना ही स्तम्भ है । ब्रज की गोपियां मुरली की धुन सुनकर स्तब्ध हो जाती हैं । सुध-बुध भूल जाती हैं ।

ये बंसी नाद सुर साधि कें बजाई .... मधुर धुन ।
घरी घरी घूमत सुध न रही, कछु कल न परत मेरे तन मन ।। आदि[1]

स्वेद

'हर्ष, लज्जा, भय, क्रोध के कारण श्रम जन्य स्वेद कणों का छलकना ही स्वेद सात्विक अनुभाव है ।

कुंज भवन में जोरी बनी ।।
स्यामा स्याम अंग पर धारत उपमा कछु जावत न बनी ।।
हितु उपजावन धेनु बजावत मधुर मधुर सुर धुन जुठनी ।।

---

1. वर्षोत्सव कीर्तन भाग-1, पृ. 289

उपजावन धेनु बजावत मधुर मधुर सुर धुन जुठनी ॥
रीझि परस्पर गावत कान्हरी गरजत मनु दामिनी धनी ॥
प्रेम विवस रस झलकत श्रम कन मुकता मोद कनी ॥[1]

स्वर-भंग

हृदय के भावोद्रेक का वर्णन करने में वाणी विवश हो जाती है तब स्वर भंग हो जाना स्वाभाविक ही है । यशोदा कृष्ण जन्म पर अपने भाग्य को सराहती है—

रानी जू कों यह दिन लगत सुहायौ ॥
जै दिन चिंतित रहै उर अंतर आज करत मन भायौ ॥
कहत न बनै कछुवा सुख की प्रेम मगन है गायौ ॥ आदि[2]

वेपथु

'हर्षातिरेक अथवा भय व क्रोध जन्य कम्प को वेपथु कहते हैं । भय जन्य वेपथु की अवस्था इस प्रकार है—

आगम गहेरी गरज सुन घोर मेघ औचकी बाल सलौनी ॥
प्यारी के अंक में दुरिरही ऐसें जैसे केहरि कंदर मंदिर में
ध्वनि सुन मृगी के अंक मृग छौनी ॥
नैक न धीरज धरे, हियौ थर-थर करे सोचत मन ही मन जैसे मुखमोनी ॥
नंददास प्रभु बेगि चली क्यो न भई जो कहा आगे होनी ।[3]

वैवर्ण्य

'मन की अनुकूल स्थिति जहाँ नहीं मिलती, हृदय की भाव प्रतिक्रिया मुख पर विवर्णता के रूप में प्रकट हो जाया करती है ।' ऐसे अनुभाव का चित्रण शब्दों में स्पष्टतः न करके प्रायः उक्ति की ध्वनि से किया जाता है । प्रस्तुत कीर्तन साहित्य में खण्डिता के पदों में इस अनुभाव का अनुभव किया जा सकता है । यथा—

कौन के भुराये भोर आये हो भवन मेरे
ऊँची दृष्टि चों न करौ कोन ते लजाने हौ ॥
जाही कौ भवन भावै ताही कें सिधारौ कान्ह
ऐसी कौन घाट परी कौन गहि आने हौ ॥
भोरी-भोरी बतियन मोहि भुरवन आये

---

1. केवलराम जी कृत कु. प. सं. पद सं. 21
2. वर्षोत्सव कीर्तन भाग-1, पृ. 14
3. ,, भाग-2 पृ. 215

तुम गिरिधारी जू निपट सयाने हौ ।।
कृष्णदास प्रभु मोहन नागर हौं
लालन नीके करि जाने हौं ।[1]

अश्रु

'अपरिमित हर्ष व दुख अश्रुपात का कारण होते हैं ।'

दूसरे शब्दों में हर्षातिरेक अथवा दु:खातिरेक में अश्रु उमड़ ही आते हैं ।

पाछें ब्रजभूषन के भूषन तपत आली
भूषन पियास देहि भूषन से जरी हैं ।
सरसे कुसुम स्याम सर से भये री मोहि
सरसे भए री दृग आँसू डार डरी है ।।
निसिहुन सोईं हौं सोई दुख व्यापत है
ऐसी विधना न विधि काहू सों करी है ।
मोतिन को हार तोरि मोतिन निहार अब
मोतिन की लरी अब मोतिन सों लरी है ।[2]

प्रलय

'भाव में तल्लीनता की अवस्था ही प्रलय है जिसमें मन समस्त इच्छाओं से विरत होकर तादात्म्य स्थापित कर लेता है ।' मुरली सुनकर गोपियों की ऐसी दशा हो जाती है । यथा—

नैनन नींद गई री आली निस दिन अखियाँ लागी ही रहत हरि कौ ।।
जब तें मोहन मुरली धुन कीन्ही, सुधि न रही कछु नाहिं डर घर कौं ।।
छतियाँ उसांस लेत, ननदिया गारी देत सास तकत मेरे पायन कौ खरकौं ।।
कैसेंक जाऊँ कैसेंक दरसन पाऊँ प्रभु कल्याण गिरिधर
को मेरौ हाथ भयौ पाथर तर कौ ।।[3]

अन्यश्च

मुरली सुनत भई मति बौरी ।।
घर-घर तें कारज तजि अपने निकसि मग दौरी ।।
नैन सिंदूर, मांग अंजन दै श्रवन बिजौरा साजै ।।

1. पु. मा. नित्य कीर्तन भाग-3, पृ. 49
2. फुट कर पद संग्रह - पद सं. 76
3. वर्षोत्सव कीर्तन भाग -1, पृ. 301

सीस तरौना माल गुही कच झूमक नाक विराजै ॥
एक छाँडि पय पान करावत अपने सुतहि चली ॥
निरखि निरखि प्रफुलित ब्रज चन्दहि ज्यौं नव कुमुद कली ॥[1]

कायिक अनुभाव

जौ कटाक्ष, भ्रूभंग आदि आंगिक चपलताओं से हृदय के अतिरंजित भावों का प्रकाशन करें कायिक अनुभाव कहलाते हैं । इस तरह के अनुभाव के अनेक उदाहरण कीर्तन साहित्य में मिलते हैं यथा—

1. जसुमति तुम्हरौ पूरन भाग ॥
2. रोम-रोम प्रफुलित नंद रानी सुन्दर बदन फुलाये ॥[2]
3. नंद रानी ने ढोटा जायौ ॥
4. पायन परत फरत नौछावरिं, फिरि फिरि लेत बलाई ॥[3]
5. जुरि चली है बधावन नन्द महरि घर सुन्दर ब्रज की बाला ॥
   कंचन थार हार चंचल छवि कही न परत तिहिं काला ॥
   डहडहै मुख कुम कुम रंगरंजित, राज तरस के ऐना ।
   कंजन पर खेलत मानों खंजन, अंजन दुत घनै नैना ॥
   आतुर गति मानों चंद उदित भयो धावत तृषित चकौरी । । आदि[4]
6. सुरपति क्रोध कियौ अति भारी ॥
   फरकत अधर नयन रतनारी ॥[5]

इस प्रकार प्रस्तुत कीर्तन साहित्य में भाव पक्ष का विपुल वैभव प्राप्त होता है ।

कलापक्ष

भक्ति भावना के क्षेत्र में मात्र कौशल-प्रदर्शन के लिये कोई स्थान नहीं है । भक्ति प्रेरित यह कीर्तन साहित्य भावों का सहज व सरल प्रवाह है । कलापक्ष भाव पक्ष की अपेक्षा उपेक्षित ही रहा है तथापि भावों के प्रवाह में कला का भी सहज व स्वाभाविक निर्वाह हो गया है । अत: इस साहित्य की कलागत विशेषताओं पर भी विचार करना अपेक्षित है । कला पक्ष के विशेष रूप से तीन अंग हैं—

(1) अलंकार (2) छंद (3) भाषा शैली ।

---

1. वर्षोत्सव कीर्तन भाग-1, पृ. 303
2. ,, ,, पृ. 13
3. ,, ,, पृ. 14
4. ,, ,, पृ. 29
5. ,, भाग-2 पृ. 34

अलंकार

भाषा को अलंकृत करना ही अलंकरण तथा इस क्रिया की संज्ञा अलंकार है । अलंकार दो प्रकार के होते हैं (1) शब्दालंकार (2) अर्थालंकार । शब्द के रूप में अलंकरण शब्दालंकार तथा शब्द के अर्थ रूप में अलंकरण अर्थालंकार कहलाता है ।

प्रस्तुत साहित्य में दोनों प्रकारों के अलंकार पर्याप्त मात्रा में प्राप्त होते हैं । जो क्रमशः इस प्रकार हैं— (सभी उदाहरण अष्टमपीठ के कीर्तन साहित्य से लिये गये हैं)

शब्दालंकार

शब्दालंकारों में अनुप्रास सर्वप्रमुख है । अनुप्रास के भी अनेक भेद हैं । अनुप्रास के भेद प्रस्तुत कीर्तन प्रणाली के उदाहरण सहित इस प्रकार हैं—

(1) उपनागरिका वृत्यानुप्रास—

अँखियाँ पिय सौं लागि रही ।
लोक लाज कुलकान न मानत निस दिन रूप चही ।

(2) परुधा वृत्यानुप्रास—

भव मोते नर सूर सुजान
प्रण अस इष्ट विधे दृढ़ नित प्रति सदा रहत सब धान ।
कोट कृत्य तज आरस निद्रा धजन विधे अति निपुन निधान ।।

(3) कोमला वृत्यानुप्रास—

चरन सरन ब्रज राज कुवंर के ।
हौं विष अविध कछु नहिं समझत राख भरोसे मुरली धर के ।।

छेकानुप्रास

लटक चलत मटकावत नैना हटक रहतना किनसों ।
भटक जात बीथी हरि ब्रज मनु चटकावत तिनसों ।।

श्रुत्यानुप्रास

मोर मुकुट मकराकृति कुण्डल उर शोभित मोतिन की माल ।
'प्रदुम्न' गिरधर के दरसन पर तन मन धन बारत ब्रजबाल ।।

लाटानुप्रास

नित्य नवीनी लाढली नित्य नवीन कुंआर ।
केवल नित्य नई लगन, नित्य नवीन विहार ।।

अन्त्यानुप्रास

प्रायः सभी तुकान्त रचनाओं में अंत में प्राप्त होता है ।

यमक

'पट सो पाट कपाट पाट को बसन दूर कर दरसन'

श्लेष

नन्द महर कौ लाडलो खेले जमुना तीर ।
देखन मों मन मोहिया भूल गई घट चीर ।।

वक्रोक्ति

मधुकर, मधु कर विष मोहि प्याई ।

वीप्सा

हो हो होरी हो हो होरी हो हो होरी ।
सखी संग लिये ठाढ़ी कुंज न मांहि किसौरी ॥

पुनरुक्ति

मन तोसों कहाँ वारि वारि ॥
कान क्रोध विकार छाढो चलो हरि की पारि ॥

अर्थालंकार

उपमा

पूर्णोपमा

सदन में ठाढी घटा सी सुन्दर नवल किसोरी ॥
अंग अंग छवि चपला जैसे भामिनि राजत है चहुं ओरी ॥

लुप्तोपमा

प्यारी प्यारी चन्द चाँदनी गावत राग केदारी ।

गुण लुप्तोपमा

'हंस गज गामिनी दामिनी सी भामिनी ॥'

रूपक

आयो आगम नरेस देस देस में आनन्द भयौ मन्मथ
अपनी सहाय कूं बुलायौ ॥
मोरन की टेर सुनि कोकिला कुलाहल तैसौही दादुर हिलमिल सुर गायौ ॥
चढ्यो घनमत्त हाथी, पवन महावत साथी अंकुस बंकुश
दै दै चपल चलायौ ॥
दामिनि ध्वजा पताका फरहरात सोभा बाढ़ी, गरज गरज
धो धों दमामा बजायौ ॥
आगें-आगें धाय धाय बादर वरखत जाय, व्यारन करन की बहुकन ठौर-ठौर
छिरकायो हरी हरि धूम पर बढन की सोभा बाढ़ी,
बरन बरन रंग बिछौना बिछायो ॥

बाँधे है बिरही चोर कीन है जतन रोर, संजोगी साधन सों
मिल अति सचुपायौ ॥
नन्ददास प्रभु नन्दनंदन के आज्ञाकारी अति सुखकारी ब्रजवासिन मन भायौ ॥

निरंग रूपक

स्याम सरीर कंवलदल लोचन माथे मुकट बनायौ

परम्परित रूपक

मोहन लाल स्याम तमाल मनावत आवत
कनिक लता प्यारी हो परे ते नाहि न्यारी काहे एसी रिस उपजावत ॥

रूपकातिशयोक्ति

दैखो चन्द हिंडौले झूलत माई ॥

अनन्वय

तोसी छवि तो ही सोहै तेरी सों पिय प्यारी
केवल उजारी दुति मदन को लजाये हैं ।

प्रतीप

सरद ससि नक्षत्र प्रक़ासी जामुनी लो स्याम ॥

स्मरण

स्याम घटा चितवत राधा रिदि ध्यान धरी ।.

सन्देह

सरद रैन उजियारी, स्याम सारी तन हिरत
न सुधि परत निसा है कवन ॥

उत्प्रेक्षा

वस्तुत्प्रेक्षा

सोधें भीजे स्याम कच गुंथित कुसुम बनाय
मानें दधि सुत निसुविषे संग तारा छवि पाय ॥

हेतुत्प्रेक्षा

कानिपसुत कौ हार उर मनि चौकी छवि देत ।
केवल मानों दधि चल्यौ उमडि अपुन सुत हेत ॥

फलोत्प्रेक्षा

अलक परी विसि पलक पै नैन नीर छवि देत ॥
केवल छड़ना नागनी इन्दु अमी द्रिग लेत ॥

दीपक

रहन रीझीरी माई देखत हरि कौ रास ।
जमुना थकित भई द्रुम बेली सम चलि पुनि अंचल अकास ।।

दृष्टान्त

ब्रह्मा की लटकनि में आली अटकि रह्यौ मोरी अँखियाँ ।
अलि उठि जो परि पंकज मुख उपरि कैसे रहत नहिं रखियाँ ।।

शंकर

जगमग झलकत नीलमणि उर मोतिन को हार ।
मानो दुतियाँ ससि विषे राहु लियौ अवतार ।।
(उत्प्रेक्षा और विरोधाभास का मिश्रण)

परिकर

तुम तन मन प्रान तुम ही सब गुन निधान
सरवस तुम ते कछू और न भावत ।।
केवल रसीली रसि कीजिये अपनिवसि
तेरौ प्यारौ प्यारी तेरे गुन गावत ।।

अपन्हुति

कहा कहौ कछु कहन न आवे ।।
तोरी सों वृषभानु नन्दिनी तव मुख समछवि चन्द न पावै ।
छिन-छिन में दुरि जात घटा में निकसत सकुचत हेरि लजावै ।।

ऐसे ही अन्य अलंकार भेदों को भी इस साहित्य में देखा जा सकता है ।

छन्द

छन्दोबद्ध रचना संगीत के लिये अधिक उपयुक्त रहती है । विभिन्न मात्राओं के छंद संगीत रचना में विभिन्न मात्राओं की तालों के लिये सुविधाजनक रहते हैं । प्रस्तुत प्रणाली के साहित्य में संस्कृत की अष्ट पदियों के अतिरिक्त अन्य छन्दों की विविधता भी दर्शनीय है । इनमें से प्रमुख छन्दों का उदाहरण सहित रूप इस प्रकार है—

हरि पद

इस छन्द के प्रत्येक चरण में 16, 11 की यति पर 27 मात्राऐं होती हैं ।

सरन तेरी आयौ सुनो पुकारि ।
दीन दयाल दया निधि माधव कृपा कटाक्ष निहारि । ।

विलास

मन मोहन नव रंग नन्दलाल (इसमें 17 मात्राऐं होती हैं ।) **विष्णु पद**

इस छंद में 16, 10 की यति पर 26 मात्राऐं होती हैं । अंत में गुरु होता है ।

जागौ गोपी नाथ भोर भई ।
तुम्हरे हित नवनीत जुकाढ्या दधि मथन कर लई । ।

शंकर

इस छन्द में 16, 10 की यति पर 26 मात्राऐं होती हैं । अंत में गुरु लघु होता है ।

नाना भाँति खिलौना खेलत बलदाऊ गोपाल ।।
मोरन के पाछें डोलत है नूपुर बजत रसाल ।।

सरसी

इसमें 16, 11 की यति पर 27 मात्राऐं होती हैं ।

वन में खेलत है नंदलाल ।।
कारी धौरी धेनु बुलावत करत मनोहर ख्याल ।।

चवपैया

इसमें 10, 8, 12 की यति पर 30 मात्राऐं होती हैं और अंत में दो गुरु होते हैं ।

कहाँ-कहाँ खेले वन में प्यारे लाला ।।
बात कहौ मुखसों, कहाँ रहे हौ, सुन्दर नैन बिसाला ।।

चौपाई

इसमें 16 मात्राऐं होती हैं । युगल स्वरूप में व्यवहृत होता है ।

नन्द कह्यौ का माँगे स्वामी । तुम जानत सब अंतरजामी ।।

मत्तसवैया

15, 16 की यति पर 32 मात्राऐं (प्रत्येक चरण में) होती हैं ।

भलौ बुरौ प्रभु सरन तुम्हारी । ।
दीन दयाल दया करि माधौ जिउ किउ राखों लाज हमारी ।।

कुण्डल

इसमें 12, 10 की यति से 22 मात्राऐं होती हैं ।

हरिजन सों रोष करे विषई भव मांही ।

रूपमाला

इस छन्द में 14, 10 की यति से 24 मात्राऐं होती हैं । अंत में दो गुरु होते हैं ।

हरि साँचे हैं सहनसील जग ठगुरे भाई ।
कहन कथन बहु भेष माँहि हरि ठगौ न जाई । ।

सुखदा

इसमें 12, 10 की यति से 22 मात्राऐं होती हैं । अंत में यगण होता है ।

जाग हो गुपाल लाल भोर मोर बोले ॥
ग्वाल बाल कौतिक सो आस पास डोले ॥

घनाक्षरी

इसमें 8, 8, 8, 7 के क्रम से एक चरण में 31 अक्षर होते हैं । यह संगीतान्तर्गत 'चौताल' में सुविधापूर्वक गाया जाता है क्योंकि इसकी प्रत्येक विदारी के पहिले, तीसरे, पाँचवे और सातवें अक्षर का एक-एक मात्रा कर्षण करके प्रत्येक विदारी का मान 12 मात्रा बन जाता है । यथा—

ससक ससक रही,मोरन की कूंक सुन
अजहुन आये पिय मुरझानी मन में ॥

दोहा

इस छंद में 13, 11 की यति पर 24 मात्राऐं होती हैं । प्रस्तुत प्रणाली में दानलीला का प्रसिद्ध पद 'गोवरधन की सिखरते' इसी छंद में रचित है । प्रत्येक दोहे के अंत में 'नागरि दान दे' अथवा 'मोहन जान दै' आदि जोड़ देते हैं । यथा—

'गोवर्धन की सिखर तें, मोहन दीनी टेर ।
अंतरंग सों कहत हैं, ग्वालिनि राखौ घेर ॥ नागरि दान दे

इस प्रकार प्रस्तुत कीर्तन साहित्य में विभिन्न प्रकार के अन्य अनेक छन्दों को भी देखा जा सकता है । कुछ छंदों के उदाहरण इस प्रकार हैं जिनके नाम ग्रंथों में अवलोकनीय हैं—

(1) नइन मृग तरुन अलि मीन मन चहन सुदूरि कीए ।

(2) मिलि मधुप करहि कलोल कौतुक कोकिला कल चुनि रटी ॥

(3) कनिक लता तमाल द्रुम जिउ उसाउर लपटावहीं ।

(4) करत थई गान कौतुक कुंज पुंज आनंदु भयो ।

(5) इन्दुबदनि तुम सिन्धु सुधा को सुभ समूह उपजावे ।

भाषा

जैसा कि हमने देखा कि प्रस्तुत प्रणाली ब्रज से उद्‌भूत हुई है अत: इसकी भाषा ब्रजभाषा है केवल कुछ अष्ट पदियाँ संस्कृत में हैं । सम्प्रदाय में यह देव भाषा, पुण्य भाषा व धर्म भाषा के नाम से पुकारी जाती है ।

ब्रज भाषा के ये पद राजस्थान, गुजरात, महाराष्ट्र आदि अन्य प्रदेशों में भी इसी रूप में गाये जाते हैं ।

ब्रज भाषा की सर्वश्रेष्ठ रचनाऐं इस कीर्तन प्रणाली का अंग हैं । सूरदासादि अष्ट छाप के अमूल्य रत्न ब्रज भाषा के कभी न बुझने वाले नक्षत्र हैं । इन्होंने ब्रज भाषा को अपनी रचनाओं के लिये इसलिये भी अपनाया क्योंकि यह भाषा उनके इष्ट श्रीकृष्ण की भाषा थी । वैसे भी ब्रज भाषा अपने लालित्य व माधुर्य के लिये प्रसिद्ध है ।

माधुर्य का कारण इसमें कड़े अक्षरों का सरल पर्याय ज्ञात होता है । जैसे इसमें 'ड़' को 'र' बोला जाता है जैसे 'पानी पड़ने लगा को' पानी परिवे लग्यौ बोला जायेगा । इसमें न सिर्फ 'ड़' को 'र' किया गया अपितु 'र' में इकार का आरोप कर उसे और मधुर बना दिया गया है । क्रिया का आकार हमेशा ओ अथवा ओं में बदला हुआ रहता है जैसा कि 'लगा' का रूप लगौ अथवा लग्यौ हो जाता है । इसमें 'श' को सदैव 'स' बोला जाता है । 'स' के उच्चारण में जो माधुर्य है वह 'श' में नहीं है । इसी प्रकार सम्बन्ध कारक 'का' 'कूं' में परिवर्तित मिलता है तथा अनुस्वार लगाते ही शब्द झनकारने सा लगता है । प्रायः संयुक्ताक्षर नहीं बोले जाते यथा मक्खन को माखन, नृत्यत को निरतत, द्युति को दुति बोला जाता है ।

ब्रज भाषा में इतना माधुर्य क्यों है यह अपने में एक पृथक विषय है । यहाँ पर तो हम इस विषय के निष्कर्ष को ही ले रहे हैं कि ब्रज भाषा में अन्य भाषाओं की अपेक्षा अधिक माधुर्य उपलब्ध होता है ।

मुहावरों व सूक्तियों का इतनी अधिक मात्रा में प्रयोग हुआ है कि यहाँ उन्हें यथावत् अंकित कर पाना असंभव नहीं तो अत्यन्त कठिन कार्य है ।

शैली

'भाव वस्तु विशेष के अभिव्यक्ति करण की विधि को शैली कहा जा सकता है जिसमें कवि की कुशलता, बहुज्ञता, भावुकता का मूल्यांकन होता है ।

इन भक्त कवि गायकों की शैली के अंतरगत अपने इष्ट के रूप-वर्णन में वर्णनात्मक व भावात्मकता दोनों आपस में घुली-मिली दृष्टिगोचर होती हैं ।

कहीं कहीं जहाँ उपदेशात्मकता है जैसे जहाँ माहात्म्य के पद व वैराग्य के पद हैं वहाँ-वहाँ किंचित रूखापन अवश्य आ गया है लेकिन इस प्रकार के पद परिमाण में बहुत थोड़े हैं इसलिये प्रणाली का साहित्य रुक्ष नहीं हो पाया है । इसके विपरीत भगवान श्रीकृष्ण की मनोहारी व श्रृंगार प्रधान लीलाओं का सरस व भाव पूर्ण वर्णन प्रणाली को सर्वरूपेण मनोरंजक बनाने में सफल हुआ है । सरलता इन पदों की अपनी विशेषता है क्योंकि इनके पीछे भक्त कवियों का सरल, आडम्बरहीन व संवेदनशील हृदय है ।

अध्याय–7

पुष्टिमार्गीय मन्दिरों के संगीत की भारतीय संगीत को देन

पुष्टिमार्गीय वैष्णव देवालय संगीत में भारतीय संगीत परम्परा का प्राचीन गायन स्वरूप (प्रबन्ध व ध्रुव पद) यथा संभव रूप में आज भी प्राप्त है । इसके अतिरिक्त इसमें आधुनिक गायन प्रकारों (ख्याल व ठुमरी) के श्रोत भी देखे जा सकते हैं ।

प्रबन्ध

प्रस्तुत प्रणाली का जन्म तब हुआ था जबकि भारतीय संगीत के इतिहास में प्रबन्ध गायन व ध्रुवपद गायन का संक्रान्तिकाल चल रहा था । ग्वालियर के राजा मानसिंह, जिनको ध्रुवपद-गायन का प्रमुख प्रचारक व किन्हीं के अनुसार आविष्कारक माना जाता है इसी काल में विद्यमान थे । उन्होने संस्कृत के प्रबन्धों को ब्रजभाषा के ध्रुवपदों में रूपान्तरित करके जन साधारण के समक्ष रखा था । पुष्टिमार्ग के प्रवर्तक महाप्रभु श्री वल्लभाचार्यजी व उनके प्रमुख कीर्तनकार शिष्य श्री कुंभनदास व सूरदासादि जो कि बहुत ही सूक्ष्म अंतर से राजा मानसिह के समकालीन ही थे, ने इसी प्रवृत्ति को सफलतापूर्वक आगे बढ़ाया । परिणामत: जो कुछ राजा मानसिह के कृतत्व के लिये कहा जाता है उसको प्रत्यक्ष रूप से इस प्रणाली में देखा जा सकता है । श्री वल्लभाचार्य जी व उनके द्वितीय पुत्र गौ. विट्ठलनाथ जी ने श्री मद्‌भागवत में से (विशेष कर दशमस्कंध से) श्री कृष्ण लीला सम्बन्धी संस्कृत के श्लोकों को लिया तथा उनको ब्रजभाषा में रूपान्तरित करवा करके गायन की सामग्री बनाया । इस प्रकार अनेक पद संस्कृत पदों से बिल्कुल मिलते हैं—

संस्कृत श्लोक	ब्रजभाषा पद
तत्रा रंभत गोविन्दो	रास विलास गहे कर पल्लव
रास क्रीडा मनुवतै	एक-एक भुज ग्रीवा मेली । ।
स्त्री रत्नैं रन्वित:	द्वै द्वै गोपी विच विच माधौ
प्रीतैरन्यौ न्यावद्ध बाहुभि:	निरतत संग सहेली
रासोल्सव सम्प्रवृतो	टूट परी मोतिन की माला
गोपी मंडल मण्डित:	ढूंढत फिरत सकल ग्वारी । ।
योगेश्वरेण कृष्णेन	विगलित कुसुम भालकच विलुलित
तांसा मध्यो द्वयोर्धयो:	निरखि हंसे गिरिवरधारी ॥

सरद विमल नभ चन्द विराजत
निरतत नन्द किसोरा
परमानन्द प्रभु बदन सुधा निधि
गोपी नैन चकोरा ।।

(श्रीमद् भागवत) दशम स्कंध - 33/2, 3

(2) विभृद वेणुं जठर पद्यौ सिंह
वेत्रे चकक्ष
वामे पोणो मसिश्र कवलम् तत्फला
न्यंगु लीषू
तिष्ठेन मध्ये स्वपद सुह्रदौ
हासयन नर्मभि: स्वै:
स्वर्गोलोके भिषति बुभुजे
यज्ञ भुज्ञ बालकेली ।।

(श्रीमद भागवत दशम स्कंध)

विराजत ग्वाल मंडली अहौ
बलमोहन छाक खात ।।
सिला ओढन जंघन रोटी
अंगुरिन बीच फल धरे
और गोरस के पात
....
रामदास प्रभु की लीला लख कहत
सिंव ब्रह्मादिक हम न भये अहीर ब्रज में
यों कहि कहि पछितात ।।

(छाक के पद)

'जय देव का गीतगोविन्द' सूड प्रबन्ध का प्रमुख उदाहरण है ।[1] इसकी अनेक अष्टपदियां आज भी पुष्टिमार्ग के कीर्तनों में गाई जाती हैं । अत: प्रबन्ध गायन की विधा को पुष्टिमार्ग के इन मन्दिरों में आज भी देखा व सुना जा सकता है । संभवत: जयदेव के गीत गोविन्द से प्रेरणा पाकर ही गो. विट्ठलनाथ जी ने स्वयं संस्कृत की रचनाएं बनाईं तथा उनमें से अनेक को कीर्तन का अंग बनाया । उनके द्वारा रचित संस्कृत रचना 'मंगल मंगलं ब्रज भुवि मंगलं प्रति-दिन झाँकी में गाई जाती है । गायन का स्वरूप अनुमानत: प्राचीन ही है क्योंकि यहां परम्परा के लिये विशेष आग्रह पाया जाता है ।

बसंत पंचमी के दिन से माघ शुक्ल 15 तक सभी झाँकियों में बसंत ऋतु के पद राग बसंत में गाये जाते हैं । बसंत के पदों का यह क्रम श्री जयदेव व विट्ठलनाथ जी दोनों के द्वारा रचित अष्ठपदियों के गायन से प्रारम्भ होता है तथा इन अष्टपदियों को इन दिनों बीच-बीच में भी गाया जाता है ।

पुष्टिमार्ग के मन्दिरों में इस प्रकार का संस्कृत साहित्य अनेक अवसरों पर गाया जाता है । प्रमुख रचनाऐं व उनके गाये जाने का समय इस प्रकार है—

रचना संकेत	समय
1) मंगल मंगलम् ब्रज भुवि मंगलम्	मंगला की झाँकी (प्रति दिन)

---

1. भावरंग लहरी (प्रथम भाग) ले. डॉ. कु. प्रेमलता शर्मा, पृ. 21

2) ब्रजानन्द कन्दय ,, (व्रतचर्या में)
3) प्रेंख पर्यंक शयनम् पालने में
4) लालयति दोलिका मंच शयनं ,,
5) हरिरिह ब्रजयुवती शतसंगे बसंत में
6) ललित लवंग लता परिशीलन (जयदेव कृत) बसंत में
7) स्मर समरोचित विरचित वेशा (जयदेव कृत) बसंत में
8) विरचित् चाटु वचन रचनं (जयदेव कृत) ,,

ध्रुवपद

कुछ रचनाऐं इस अर्थ में मनोरंजक हैं कि उनको संस्कृत के प्रबन्ध तथा ब्रज भाषा के ध्रुव पद के बीच की वस्तु कहा जा सकता है। ऐसा प्रतीत होता है कि प्रारम्भ में संस्कृत के पद संस्कृत निष्ठ रूप में ही ब्रज भाषा में आये होंगे।

ऐसे कुछ पद दर्शनीय हैं यथा

(1) जयति जयति हरिदास वर्य धरणे ॥
वारि वृष्टि निवार घोष आरति टार देव पति अभिमान भंग करणे ॥
जयति पट पीत दामिनि रुचिर वर मृदुंल अंग श्यामल सजल जलद वरणे ॥
कर अधर वेणु घर गान कलरव शब्द सहज ब्रजयुवती जन चित्त हरणे ॥
जयति वृन्दाविपिन भूमि डोलन अखिल लोक वंदन अंबुज असित चरणे ॥
तरणि तनया तट बिहारनन्द गोप कुमार कहत कुंभनदास त्वमसि शरणे ॥[1]
स्मरणार्थ निवेदन है कि श्रीकुंभनदास इस परम्परा के सर्वप्रथम गायक थे।

(2) जयति जयति श्री गोवर्धन उद्धरण धीरे ॥
वृष्टि दुस्तर तरण ब्रजकुल अभय करण देवपति दर्प हरण श्यामल शरीरे ॥
जयति वारिज वदन रूप लावण्य
सदन शिर श्री खंड चंद कटि सुपट पीरे ॥
मुरली कलगान ब्रजयुवती मन आकर्षण
संग विहरत सुभग यमुना तीरे ॥
जयति रसरास सुविलास वृन्दाविपिन
सकल सुख पुंज मलयज समीरे ॥
चतुर्भुज दास गोपाल नट वेष सोई राधिका कंथ सब गुण गंभीरे ॥[2]

(3) नमो देवेन्द्र दर्पहर श्री मुरारी ॥

---

1. वर्षोत्सव कीर्तन भाग-2, पृ. 55
2. वर्षोत्सव कीर्तन भाग-2, पृ. 55

विदित अद्भुत चरित्र गिरिराज उद्धरण, गो गोप गोपीजन तापहारी ।।

नमो नवल बाल विनोद अखिल गोधन मोद वाम भुज बल वारि वृष्टि टारी ।।

युवती मुख पद्म मकरंद लंपट मधुप कमल लोचन कंज मालधारी ।।

नमो सकल सौभाग्य राधिका प्राण पति घोष पति मुरलिका रव विहारी ।।[1]

इस सम्प्रदाय की यह विशेषता रही है कि श्रेष्ठ वस्तु जहां से भी प्राप्त हो सकती थी इसमें ले ली गई, परिणामत: ध्रुवपद के क्षेत्र में भी स्वामी श्री हरिदास, तानसेन व घौंघी आदि के ध्रुवपद भी बिना किसी सम्प्रदायिक भेद भाव के ग्रहण किये गये हैं । इस प्रणाली में आकार प्रकार से ध्रुवपद व धमारों के विविध रूप मिलते हैं जिनका वर्णन आगे किया जावेगा ।

भारत में प्राचीन काल से ही गायन दो प्रकारों में व्यवहृत रहा है यथा 'अतालञ्च सतालञ्च द्विप्रकारं तदुच्यते' ।[2] इस परम्परा में भी गायन के दोनों प्रकारों का आयोजन रहता है । इनको क्रमश: अनिबद्ध गान व निबद्ध गान कहा जाता है ।

अनिबद्धगान

दैनिक क्रम में मंगला झाँकी के खुलने से पूर्व ही अनिबद्ध गान के रूप में पदों को गाया जाता है । इसे हम आलापचारी का ही रूप कह सकते हैं ।

इसके अतिरिक्त वार्षिक क्रम में उत्सवों के अवसरों पर आलापचारी का विशेष आयोजन रहता है । ऋतु अनुसार विभिन्न रागों की आलापचारी करने का विधान रहता है । पहिले राग में आलापचारी की जाती है तत्पश्चात् उसी राग में पद गाये जाते हैं । आलापचारी करने के लिये इन मन्दिरों में निरर्थक शब्दों जैसे 'त' 'न' 'तारे' 'दारे' 'दिर' 'दीम' 'तोम' आदि को व्यवहार में नहीं लाया जाता बल्कि इनके स्थान पर सार्थक शब्दों को लिया जाता है । ये शब्द भगवान के ही विभिन्न नाम व विशेषण रहते हैं जैसे—श्री गिरिराज धरन वर धीर गाइयै । श्री लाढलौ ललन वर गाइयै । श्री आनन्द की निधि वर गाइयै । श्री मदन मोहन लाढलौ ललन वर गाइयै । आदि-आदि ।

इस प्रसंग में यह कह देना अनुचित नहीं होगा कि आलापचारी में सार्थक शब्दों के प्रयोग से राग अवतारणा में कोई बाधा नहीं पड़ती क्योंकि यहां का गायक भक्ति रास में डूबा रहता है । उसके मुँह से जाने व अनजाने में हमेशा प्रभु का नाम ही निकलता है अत: सार्थक शब्दों के चयन हेतु कोई श्रम नहीं करना पड़ता । स्वत: ही कीर्तनियाँ के गले से ऐसे शब्द प्रवाहित होते रहते हैं ।

आलापचारी के प्रमुख आयोजन जिन उत्सवों व तिथियों में होते हैं उनका विवरण तृतीय अध्याय में वार्षिक क्रम के अंतरगत् देखा जा सकता है ।

---

1. वर्षोत्सव कीर्तन भाग-2, पृ. 55
2. भरत नाट्य शास्त्र 32/29

निबद्ध गान

इसके अंतर्गत ध्रुपद व धमारों की विभिन्न बंदिशें आती हैं जिनके बारे में कुछ जानने से पूर्व हम कुछ ऐसी बंदिशें लेते हैं जिनमें काव्य रचना सम्बन्धी विशेष कौशल प्राप्त होता है जैसे राग माला, राशि माला व वर माला आदि । इनमें राग मालाऐं संगीत की दृष्टि से महत्वपूर्ण हैं क्योंकि इनमें जल्दी-जल्दी राग बदलते हैं ।

राग माला

विभिन्न अवसरों पर राग मालायें गायी जाती हैं । बसंत आगमन की खुशी में, माघ शु. 4 को तथा हिंडोलों के प्रसंगों में राग मालाऐं विशेष रूप से गाई जाती हैं । इन रागमालाओं में प्राय: रागों के नामों का साहित्यिक अर्थ भी निहित रहता है ।

राग माला जो सर्वाधिक रूप से सम्प्रदाय में गाई जाती है वह इस प्रकार है—

(स्वर लिपि द्वितीय भाग में दी गई है ।) रागों के संकेत रेखांकित किये गये हैं ।

सारंग नयनी री काहे को कियौ एतोमान ।
गौरी गहेरु छाड़ मिलि लालें मन क्रम वचन यातें होत कल्यान ।।
जिन हट करै री तू नट नागर सों भैरों ही देवगान ।।
मुरली तान कान्हरौ गावत सुन लैरी कान ।।
रंग रंगीली सुधर नायकी तू जिय में न अडान ।।
नंददास केदारौ करिकें यो ही विहाय गयौ मान ।।[1]

इसके अंत में 'विहाय गयौ' में राग विहाग बनाकर गाते हैं । इसके अतिरिक्त अन्य राग मालाऐं इस प्रकार हैं—

(1) भोर भयौ जागे जामलाल हो अब रामकली उदै भयौभान ।।
गुन की कली गुन पूरन प्यारी कहा अब होत देवगान ।।
भयौ विभास आभास सब देखियत बलि-बलि जाऊ तु सुन लेरी का ।।
आसा न करितू अपने प्रीतम की सोरठ समझ लै मन ही मन आन ।।
सारंग नाम जाकौ ताके पास जाय आली सोनट भयौ कहा करै अभिमान ।।
चितवत चित पूरबमुख बैठी मधुमाध मद भयौ तो कूं आन ।।
ये क्रोध कियौ भयौ गोरी कोन गुनन तें ए मन कहा करों कहा कहूं आन ।।
केदारुन दुख मिट गयौ कान्हर तेरौ जीवन प्रान ।।
रैन विहाय गई प्यारी पिय पास गई मदन मोहन पिय अति ही सुजान ।।

---

1. कीर्तन प्रणाली - कांकरौली, पृ. 149

चलत हिंडोल अकमाल सोभा वन ठन हरिदास के स्वामी स्यामा
कुंज बिहारी ललित चरन चित धरु ध्यान ॥[1]

× × × × ×

(2) ए मन मान मेरी कह्यो काहे को रिसानी प्यारी तू ॥
प्रथमरी भैरों गुन जन गाईये याही तें सुधराई होत ॥
मालकोंस की तानन लै लै राजत रूप विहाग ॥
द्वारकेश प्रभु बसंत खिलावत याही ते बढत सुहाग ॥[2]

× × × × ×

(3) इस राग माला में 6 राग व 6 ताल क्रम से बदलते हैं । राग के साथ ताल भी बदल जाता है । यह राग माला विशेष रूप से नाथद्वारा में गाई जाती है । (स्वर लिपि द्वितीय भाग में दी हुई है ।)

झूले स्यामा प्यारी झुलावत लाल बिहारी ॥
रमक झमक झोटा देत भारी ॥
मणिन के खंभ दोऊ डाँडी चार सुहाई ।
जानकी मल्हार तान झमकाई ॥ राग मल्हार ताल—चार ताल
परत चल धार धन गगन गरजन करै
दामिनी दम के मारुत जो धावै । ।
देखि के प्यारी छवि दामिनी की दमक
तरप घन स्याम कों उर ही लावें । राग – मारु
ताल – झपताल (चचरी)
मधु रे सुर सों रटत पपिहरा उतदादुर झनकारी ॥
सारस हंस कोकिला कूंजत कूंजत अलि सुनकारी ॥ राग—सोरठ
ताल—धमार।
मालव राग रस भरौ गावत, श्रवनन झलकत झाला ॥
कदम्ब तें उतरि स्यामा प्यारी तब झुलावत मदन गुपाला राग—मालव
ताल—त्रिताल
झुलवन कों आई ब्रज बनिता, बोलत वचन रसाला ॥
झोंटा देत सखी ललितादिक हंसि काफी सुर गावत बाला ॥ राग—काफी
ताल—सूलताल

---

1. कीर्तन प्रणाली - कांकरौली, पृ. 150
2. ,, ,, पृ. 150

देखिये ऋतु सावन मन भावन पहिरें दिप तरंग चीर ॥

कल्याण के प्रभु गिरिधर संग यह विधि, क्रीडत जमुना तीर राग-[1]कल्याण

ताल—दीपचन्दी

(4) संग त्रियन वन में खेलत रविजा तट मुरलीधर मध्य रास

नृत्यकला गुन निधान ॥

सप्त सुरन तीन ग्राम, गायके बजाइके, आरोही अवरोही, ढरन

मुरन सम प्रमान ॥

प्रथम राग भैरव गाय मन मोह लिये, चलते अचल मये, अचलते चल मये ॥

माल कोंस की तान लैं लै बान बेधत प्रान हिंडोल मन कि लोल

मीठे बोल लेत मन मोल ॥

मेघ ज्यों बरखत रस बुदनि धुमिड विरहिन के मन हरे उमड़ ॥

श्री राग गावत नैन नचावत सोरठ गाइये हो सुन्दर स्याम धुन सुन

जागत तन मन काम ॥

नवल केदारौ गावत राग लेत सुलप गति सुधर सुजान ॥

ब्रजाधीश प्रभु सरद रेन सुख विलास मदन मोहन पर वारौ तन मन प्रान ॥[2]

राशि माला

कांकरोली के कीर्तन पोथियों से इस प्रकार के पद मिले हैं । इनमें राशियों के नाम अपने साहित्यिक अर्थ को भी संजोए हुए हैं । यथा—

(1) मेख सी अँचल कहाँ बैठी वृष्भान आली मिथुन के काज

तोहि स्याम सुधि करी है ॥

करकै सिंगार राज सिंह है चलो री प्यारी

कन्या ऋतु मान कें कहां गुमान भरी है ॥

तुलरें कान वृच्छ तर ठाढे आन धन मकर

करै आली यही सुमधुरी है ॥

कुंभ ले मिलौगी जाय, व्याकुल कान्ह कुंजन में

मीन जैसे तडपत सुधि करै धरी धरी है ॥

सूरदास मदन मोहन सुमिरत है निसि दिन-मन

दादस राशि रूप कृष्ण चरण जाइ परी है ॥[3]

ऐसा ही एक अन्य पद इस प्रकार है—

1. नाथ द्वारा कीर्तनकार पन्नालाल का पद संग्रह
2. कीर्तन प्रणाली - कांकरौली, पृ. 308
3. कांकरौली कीर्तनकार (हारमोनियम वादक) का पद संग्रह

राग केदारे में

'मेख सी है रही अति वृष मति तेरी आली
मिथुन के काजै हमारी कान कीजै
करक मिटाओ आछे सिंह के सरन आऔ
कन्या कौ सुझाव सो तौ बैगि तजि दीजै ॥
तुला तो अतुल रूप वृश्चिक को विष मेटि
धन घन स्याम जू के चरन गहि लीजै ॥
मकर न कीजै आछे कुंभ के गुनन है कैं
नन्ददास मान मति मीन गति लीजै ॥[1]

वार माला

ऐसे पदों में सप्ताह के सातों दिनों के नाम रहते हैं । प्रत्येक दिन (वार) का नाम अपने साहित्यिक अर्थ को भी धारण करता चलता है । यथा–

राग विहाग में

आदिति अपनी छाँडि स्वामिनी
सोम भाव मंगल मन माही ॥
बुधि विचारि गुरु की सहराई ॥
सुकर मान सनि चली सयानी ॥।
कुंज की गुंज में बैठे कन्हाई ॥
सात बार समुझाइ हो उठि चलि
आये दास गुपाल मिलाई ॥

इस प्रकार इस परम्परा के पदों में रागों की, तालों की, रासि व वार आदि की विविध मालाऐं कीर्तन की शोभा बढाती हैं ।

विभिन्न प्रकार की बन्दिशें

संगीत रचना की दृष्टि से विविध प्रकार की बंदिशें इस परम्परा में गाई जाती हैं । इनमें से प्रमुख बन्दिशें उनकी विशेषता सहित इस प्रकार हैं (सभी की स्वर लिपियाँ द्वितीय भाग में दी गई हैं ।)

राग	पद	विशेषता
(1) धनाश्री	मंगल गावो माई	1) समय अनुसार प्रफुल्लता सूचक ऊंचे 2) प्रफुल्लता सूचक गति (तीन ताल)

1. कांकरौली कीर्तनकार (हारमोनियम वादक) का पद संग्रह

(2) सारंग	बधाई कौ दिन नी कौ	1) साहित्यिक दृष्टि से नीको शब्द के नी पर सम । 2) स्वर संयोजन की सरलता ।
(3) सारंग	आजनन्द राय के आनन्द	(1) बन्दिश को आकर्षित बनाने के लिये अहो भैया हो जोड़ा गया है । (2) स्थाई = धमार में अंतरा = चलती में (कहरवा) प्रसन्नता सूचक
(4) आसावरी	होजुरि चली है	(1) मध्य सप्तक के 'ध' से तार सप्तक के 'ग' तक पहुँच कर सम पकड़ना । (2) सम पर विशेष बल
(5) काफी	प्रकटे कृष्णमुरारि	(1) स्थाई व अंतरा का समान रूप (2) 'ऐरी सखी' 'हाँ अब हाँ' जोड़ कर सौन्दर्य में बृद्धि ।
(6) मल्हार	बधाई री बाजत	(1) तार सप्तक के पंचक तक का स्पर्श
(7) मारु	हौ बलि बलि तिहिकाल	(1) मध्य सप्तक का षडज व ऋषम न लेते हुए भी स्थाई, अंतरा, संचारी व आभोग पूर्ण ।
(8) गौरी	हेरी रे मैया	(1) सौंन्दर्य वर्ध्दन हेतु 'हेरी रे मैया' की अनेक बार पुनरावृत्ति ।
(9) कान्हरा	'अंधियारी भांदौं की रात'	(1) भावानुकूल अंधेरा व निराशा प्रदर्शन हेतु ऊँचे स्वरों से प्रारम्भ कर स्थाई का नीचे स्वरों मे समाप्त होना ।
(10) कान्हरा (प्रकार)	गावत गोपी	(1) स्थाई में 'गावत गोपी' को गाने के दो प्रकार होने से सौन्दर्य में वृद्धि ।
(11) मारु	आज रघुपति चढे	(1) वीर रस अनुकूल द्रुतगति में झपताल का व्यवहार । (2) प्रारम्भ से अंत तक ऊँचे स्वरों का ही व्यवहार ।
(12) मारु	हो लछमन सीता कौन हरी'	(1) भावानुकूल धीमी गति में धमार ताल का प्रयोग
(13) मालव	'प्रथम विलास कियौ स्यामजू'	(1) हर्षातिरेक अत: द्रुत लय तीन ताल में बद्ध ।

		(2) सरल स्वर संयोजन
(14) ?	'दान मांगे	(1) आकर्षक स्वर विन्यास (2) स्थाई अपने आप में इतनी पूर्ण कि अंतरा आदि के लिये नये स्वरों की आवश्यकता नहीं, अत: स्थाई के स्वरों में ही अंतरा आदि का गाया जाना ।
(15) विलावल	गोवरधन की सिखरते	(1) विलावल व सोरठ के स्वरों का बड़ा ही आकर्षण पूर्ण समन्वय (2) दोहा जैसे साधारण छंद की आकर्षक स्वर योजना ।
(16) सारंग	आज दधि मीठौ मदन गुपाल	(1) मध्यम को षडज मान कर गाने से ठुमरी का सा प्रभाव उत्पन्न ।
(17) मारु	चलि चलि ठाढी विलम्बन कीजै ।	(1) पद का मनौवैज्ञानिक अध्ययन स्थाई की अंतिम पक्ति 'कीरति कन्या जाई' की प्रसन्नता ज्ञापन के रूप में पुनरावृत्ति ।
(18) मल्हार	ससक ससक रहे	(1) कोमल नि व तीव्र 'नि' का वास्तव में ससकने जैसा ही प्रयोग ।
(19) मल्हार	गोवरधन तें आई	(1) मल्हार व देश राग के स्वरों का आकर्षण पूर्ण संयोजन ।
(20) बिलावल	सुनो स्याम चितलाय	(1) स्थाई तीन ताल में तथा अंतरा उसकी चलती लय में उत्सुकता का द्योतक । (2) 'ईस' शब्द को आठ मात्रा तक बढ़ाना ।
(21) नायकी	ढरारे प्रीतम तेरे नैन	(1) भावानुकूल संगीत रचना ।
(22) सारंग	'पहुप वृष्टि होत '	(1) तार रे पर सम पद के भाव के अनुकूल ।
(23) सारंग	'तरनि तनया तीर'	छंद के अनुसार ताल चयन
(24) सारंग	'विहसि कहत'	सरलता, स्थाई व अंतरा में केवल एक स्वर का अंतर ।

(25) काफी	'होरी हो ब्रजराज दुलारै'	अंतरा के बाद उत्साह वृद्धि दर्शक कहरवा की चलती का प्रयोग
(26) सारंग	'मोहन खेलत होरी'	(1) बंदिश में विभिन्न तालों का प्रयोग स्थाई – धमार अंतरा – तीन ताल अंतरे के बाद – कहरवा में चलती (2) भावानुकूल स्वर योजना
(27) मालकोस	'आवन कहि गये'	(1) छंदानुकूल ताल (2) सम – एकदम स्पष्ट
(28) कल्याण	'गोवरधन राय लाला'	(1) 'अहो प्यारे, लाल तिहारे' में सरस स्वर संयोजन (2) स्थाई व अंतरा अदृश्य रूप से गोकुल (3) हाँ, हो हो आदि जोड़ने से बंदिश आकर्षक (4) अंत में धमार से एकदम कहरवा (चलती) में आने से अनायास विशेष आनन्द का संचार ।
(29) मल्हार	''तुम घन से घनश्याम''	(1) सम सुस्पष्ट (2) गरज गरज उपयुक्त स्वरों में बद्ध ।
(30) केदार	'अद्‌भुत नट भेष धरे'	(1) अपेक्षित गांभीर्य का सुन्दर निर्वाह । (2) छंद उपयुक्त ताल
(31) गोरी	'अहो विधिना'	पुकार के अनुकूल स्वर योजना
(32) विलावल	'नागरि नवल छबीली' (चौकडा)	(1) स्थाई के पश्चात् अंतरा शुरु होते ही चौकड़े में लय व ताल दोनों का बदल जाना ।
(33) रायसौ	'सकल कुंवर'	(1) मध्यम को षडज मान कर गाना । (2) स्थाई व अंतरा आदि सभी का रूप समान ।
(34) सारंग	'सबन सौं कहत जसोदा रानी	(1) अंतरे में तीन ताल की तीन आवृत्ति
(35) गौरी	'ऋतु बसंत सुख खेलिये हो'	(1) स्वर संयोजन चित्ताकर्षक (2) ताल योजना मनोहारी
(36) बसंत	हरिरिह बज युवती रात संगे	संस्कृत साहित्य

(37) रामकली	प्रेंख पर्यंक शयबं	नं का १० मात्रा तक बढ़ाना
(38) गौरी	'ब्रज कुल के राय'	मनमोहन की पुनरावृत्ति संगीत रचना की दृष्टि से महत्वपूर्ण ।
(39) विलावल (प्रकार)	'फाग खेलन ब्रज सुन्दरी'	(1) प्रत्येक पंक्ति को दो बार दो तरह के स्वरों में दुहराना । (2) सभी पंक्तियां स्थाई के समान ।
(40) आसावरी	धन धन नंद जसोमति	'छबीले हो ललना' की पुनरावृत्ति रक्ति दायक व बन्दिश की पूर्णता में सहायक
(41) सारंग	'सुरंगी होरी खेलै'	स्थाई व अंतरे के स्वरों में विरोधाभास
(42) सारंग	'ऐसौं खेल होरी कौ'	स्थाई के पश्चात अंतरे का पूर्वार्द्ध तालमु
(43) काफी	'श्री गोकुल राज कुमार'	मुखड़ा अति ही आकर्षक स्वरों में बद्ध
(44) काफी	बाँधवर ओढ़े सावरौ	(1) ताल वैविध्य स्थाई धमार में गाने के बाद अंतरा तीन ताल में । (2) अंतर स्थाई को पकड़ने में ताल व लय दोनों का परिवर्तन वैचित्र्य प्रदायक ।
(45) गौरी	'ए चलि जाय'	गौरी व खमाज के स्वरों का अनुपम व आकर्षक समन्वय ।
(46) काफी	'तुम आवोरी तुम आवो'	(1) बंदिश में स्वरों का उतार चढाव दर्शनीय । (2) सभी पंक्तियाँ समान स्वरों में ।
(47) सारंग	'ब्रज की तोहे लाज मुकट बारे'	ब्रज लोक गीत के दर्शन
(48) हमीर	'रंगन रंग होरी'	भावानुकूल स्वर का ताल योजना
(49) काफी	'बधायो ब्रजाराज कें'	तीव्र गंधार का सरल प्रयोग
(50) आसावरी	'बैठी रानी जसुमति'	कोमल नि पर सम ।
(51) आसावरी	'बारी मेरे लटकन'	बारी मेरे लटकन की पुनरावृत्ति
(52) सारंग	'करत हरि नृत्य'	छंदानुकूल ताल योजना ।
(53) विलावल	'आज प्रात ही'	स्थाई -- चार ताल में तीन आवृत्ति ।
(54) केदार	'बनठन कहाँ'	स्थाई का ताल के बीच से उठना ।

चूकिं यह प्रणाली एक दिन अथवा एक महिने की न होकर सम्पूर्ण वर्ष की है और पूरे वर्ष नित्य नवीन बन्दिशें गाई जाती हैं । अत: सभी को यहाँ स्थान दे पाना यदि असंभव

नहीं तो मुश्किल अवश्य है तथापि इन रचनाओं के अतिरिक्त कुछ अन्य अच्छी बदिशों को स्वर लिपि रूप में ग्रन्थ के द्वितीय अध्याय में देखा जा सकता है ।

ख्याल गायकी का स्रोत

यद्यपि यह प्रणाली अपने मूल रूप में ध्रुवपद धमार के ही रूप में है । लेकिन काल प्रवाह के प्रभाव से कुछ बंदिशों में व उनके गाने के ढंग में परिवर्तन आया है । निष्कर्षत: प्रस्तुत प्रणाली में ख्याल गायकी के स्रोत बिन्दु इस प्रकार हैं—

(1) इस प्रणाली मे झूमरा ताल में भी कुछ बंदिशें हैं तथा उनको गाने का ढंग भी कुछ ख्याल जैसा ही है । जैसे 'अनत न जैये' (राग सारंग)

(2) ख्याल के गायन प्रकार में कोई दरबारीपन दिखाई नहीं देता जैसा कि इसे दरबारी प्रभाव से युक्त बताया जाता है ।

(3) बहुत से ख्यालों के बोल इसी प्रणाली के साहित्य में से लिये गये हैं तथा उन्ही रागों में ख्याल के रूप में गढ़ दिये गये हैं । यथा—

(1) इस प्रणाली का राग केदार का ध्रुवपद 'वन ठन कहां जु चले' भातखंडेजी की क. पु. मा. भाग -3 पृ. 154 पर राग केदार के बड़े ख्याल के रूप से मिलता है ।

(2) इस प्रणाली में गाया जाने वाला विहाग राग का पद 'तेरे सिर कुसुम बिथुर रह्यौ भामिनि' भातखँडेजी की क्र. पु. मा. भाग -3 (पृ. 205) में राग विहाग के छोटे ख्याल के रूप में मिलता है । आदि-आदि ।

ठुमरी का स्रोत

जैसा कि 'विभिन्न प्रकार की बंदिशों' में हमने देखा कि अनेक बंदिशें ऐसी हैं जो कि धमार ताल में प्रारम्भ होतीं हैं, फिर तीन ताल में गाई जाकर कहरवा की चलती में व्यवहृत होती हैं । कहरवा की चलती के बाद दूसरी तुक उठाने के लिये पुन: स्थाई वाले स्वरों में तथा धमार ताल में वापिस आ जाती हैं ।

यह सब विधान ठुमरी गायकी में भी रहता है । अत: कहा ज़ा सकता है कि ठुमरी का स्रोत भी इसी प्रणाली में है ।

दूसरे ठूमरी के साहित्य का स्रोत तो निश्चित रूप से इसी प्रणाली का साहित्य है । प्राय: सभी ठुमरियों के बोल यहां के किसी न किसी पद से अथवा उसकी पंक्ति से मेल खाते देखे जा सकते हैं । प्रस्तुत प्रणाली के अनेक बंदिशों में बोल बनाव का ढंग भी देखा जा सकता है । जैसे—श्री गोकुल राजकुमार लाल रंग भीने हों' (राग काफी) । आदि-आदि

संगीतज्ञों के लिये आकर्षण की वस्तु

भारतीय संगीत के गायकों व वाग्गेयकारों ने अनेक रचनाओं, विशेष रूप से रचनाओं

के साहित्य को इसी प्रणाली से लिया है । श्री भातखंडेजी ने ऐसे ही गुणिजनों से चीजें एकत्रित करके अपनी पुस्तकों (हिन्दुस्तानी क्रमिक पुस्तक मालिका भाग-1 से भाग-6 तक) में प्रकाशित की थी । उनकी पुस्तकों में ऐसी अनेक रचनाऐं मिलती हैं जो प्राय: अपूर्ण व कहीं-कहीं अशुद्ध रूप में संग्रहीत हैं । जिनका पूर्ण विशुद्ध रूप प्रस्तुत प्रणाली में प्राप्त है । उदाहरणार्थ—

रचना	राग	क्र.पु.मा.	पृष्ठ	प्रस्तुत प्रणाली में इसका उल्लेख	
				राग	समय
1. आज और काल और	अल्हैयाविलावल	भाग-2	108	विलावल	श्रृंगार
2. आज का सिगार सुभग	,,	,,	113	,,	,, पाठभेद
3. ब्रज में हरि होगी मचाई	काफी	,,	345	काफी	होली
4. अबकी टेक हमारी	काफी	,,	347	काफी	होली
5. मेरी अंखियन के भूषन गिरिधारी	आसावरी	,,	363	आसावरी	श्रृंगार
6. पलकन सों मग झारू	यमन कल्याण	47	खमाज	संध्या समय	
7. सूर आयौ सीसपर	सारंग भाग-3	545	सारंग	कुंज में	
8. आवन कहि गये (अपूर्ण व अशुद्ध)	मालकोंस ,,	737	मालकोंस	खण्डिता में तानसेन कृत	
9. जागिये गोपाल लाल	देशकार भाग-4	273	भैरव	जगाइवे में सूरज कृत	
10. कहो तुम साँची कहाँ ते (अपूर्ण)	ललित पंचम भाग-5	363	ललित	खंडिता में कृष्णदास कृत	
11. चिरैया चूह चुहानी (अपूर्ण)	विभास ,, (भैरव जन्य)	396	भैरव	जगाइवे में नन्ददास कृत	

संगीत सम्बन्धी साहित्य

संगीत से सबन्धित साहित्य इस परम्परा के पदों में विपुल मात्रा में मिलता हैं । इस प्रकार के साहित्य से संगति सम्बन्धी अनेक सूचनाऐं सूत्र रूप में प्राप्त होती हैं । उदाहरणार्थ कुछ पदों के अंश प्रस्तुत हैं—

(1) पंच शब्द दरबार मधुर धुनि गाज ही । । (निजजन)

(2) बाजत ताल पखावज, आवज झाँझन झमक लगाई । । (आस करन)

(3) एक गावत एक मृदंग बजावत एक नाचत दै दै तारी (जगन्नाथ)

(4) वे गावत मंगल गीत ऊँचे स्वर घोर पैं.

(5) बाजत पणव निसान पंचविधि रुंज मुरज सहनाई ।

(6) पायन नूपुर छुद्र घंटिका

(7) ऊँचे स्वर मधुरे किन गावो

(8) मं मं मं मं पप पप पप पप तत् तत् तत् तत् तत् ता थे ई यह विधि लाड लडावै ।। (सूरदास)

(9) उघटत मुख संगीत ललित गति देसी कर दिखरावै हो (नन्ददास)

(10) सहस फन पर निरत कीन्हो सप्त ताल बजाय । सूरदास

(11) पढत वेद धुनि कहत सुकंठन गावत मधुरे रागन ।
सुनत राग मन लागत नी कौ बालक गनियत जागन ॥

(12) .... तीन ग्राम स्वर भेद भरे । रसिकदास

(13) सुन मुरली कौ गान आछी मीठी नीकी तान । सूरदास

(14) तीन ग्राम इक्कीस मूर्च्छना उगुन पचास कोटि तान ।। सूरस्याम ।

(15) तानन के तीखे तान लागत मोय मैन बान

(16) स्वर अति तान बन्धान मूर्च्छना अमित अनागत लावत ।। सूरदास

(17) त त थे ई त त थे ई त त ता थे ई भैरों राग मिलि मुरली बजावै ।
नाचत नव वृषमान दुलारी अब घर में गति उप जावै । कृष्णदास

(18) बलय नुपुर किंकणी कटि झनकत त त थे ई थे ई
उघटत मुख शब्दा वलि ग्रीव भुज पिली ।
बाजत मधुरे मृदंग ताधिलांग गति सुगंध
संग लेत देत ताल रास मंडली ॥ मानदास

(19) नाचत गोपाल लाल मिलवत झपताल चाल
गुंजत अति मत मधुप कामिनी अनी।। रसिक

(20) मदन मोहन कमल नयन नर्तत रास रंगे ॥
त त थे ई त त थे ई थे ई थे ई गति अनेक लेत मान गान
करत रुप सहज सरस अति सुधंगे ॥ गोविन्द

(21) सुधंग नाचत नवल किसोरी ।
थे ई थे ई करत चाहत प्रीतम दिसि बदन चंद मानों तुषित चकोरी
तान बंधान मान में भामिनी रीझ स्याम कहत हो हो री

हित हरिवंश

(22) अदभुत नट भेष धरे नाचत गिरधरन लाल

उघटत संगति त त थे ई थे ई थे ई ता थे ।।
लेत उरप मान लाग डाट सुधर तान आन
आन गन न न न न न न गति बंधान साधे ।। रामकृष्ण हित दामोदर

(23) ततथेई ता ता थे ई शब्द सकल घट
उरप तिरप गति पग की पटक ।। नन्ददास
हसि परस्पर तान गावत करत पिय आधीन । सूरदास
सुर प्रभु करती सखी कर नृत्य लेत उठाय ।।

(24) उरप निरप लाग डाट उघटत संगीत शब्द त त थे ई थे ई थे ई
बोलत जगत वन्दिनी ।।
नाचत स्वर ताल मृदंग लेत युवती सुधंग कोकिला निपुण सरस कामकंदिनी
भुकुन्द
उरप तिरप ताल लेत नट नागर गंधर्व गुनी रसाल 'परमानन्द'
तैसे ईं सप्त स्वरन साँचे ।। 'रसिक प्रीतस'

(25) गावत सप्त सुर तीन ग्राम ताल जंत्र उघटित शब्द गति परत परन ।।
'आनन्द धन'

(26) उपजत तान संधान सप्त स्वर बाजत ताल मृदंग बीन रट
सन्मुख है नाचत पिय प्यारी लेत सुधंग चाल गति अटपट 'कृष्णदास'

(27) तान बंधान तीन मूर्च्छना देखत वैभव काम कम्यौ 'कृष्णदास'
चरचरी ताल राग सारंग सुची 'कृष्णदास'
ता थे ई ता थे ई त त ता थे ई थे ई धुगनि धुगनि तर्यकत तारी
श्री राधा इक तरजत मिलवत लेत अलाप सप्त स्वर भारी । 'कृष्णदास'
ग्रग्रता ग्रग्रता धुंग धुंग दोत छंद भारी । 'रामदास'

(28) सरीगमपधनि अलाप करत रस उपजत तान सरंग
निर्तत मत जत लेत ग्र ग्र त त त किट धिम क धिलाँग धोंग बाजत मृदंग
'गोविन्द'

(29) आलग लागन उरप तिरप गति नचवत ब्रजललना रासे
अब घर तान मान बंधाने मोहत विश्व चरण न्यासे
राग सान मान सहित केणु गान सावा
.... मालव राग रस भरयौ गावै
अब घर तान बंधान सप्त स्वेर मधुर-मधुर मुरलिका बजायै ।।
कमलन मन प्यारी अब घर तान जानै

अलग लाग सुराग रागिणी बहुत अनागत आनै आद । आदि-आदि

परिणाम स्वरूप इस प्रकार के असंख्य उद्धरण इस प्रणाली के भरे पड़े हैं ।

रागों के स्वरूप

प्रस्तुत प्रणाली में अनेक रागों के प्राचीन स्वरूप आज भी देखे जा सकते हैं । राग विभास, धनाश्री, कान्हरा, मारु, मालव आदि अनेक रागों के प्राचीन स्वरूपों जिनकी चर्चा पीछे की जा चुकी है, पर विश्वासपूर्वक मत स्थिर किया जा सकता है ।

साहित्य का सौन्दर्य

प्रस्तुत प्रणाली साहित्य की दृष्टि से भी समृद्धशालिनी है । इसे हमने अध्याय 6 में भलीभाँति देखा है । इसमें सभी प्रकार का साहित्य प्राप्य है । साहित्य का कोई भी अंग अछूता नहीं रह सका है । सभी प्रकार की भाव व्यंजना इसमें देखी जा सकती है । ऋतुओं के वातावरण अनुसार पदों की योजना जैसी यहाँ मिलती है अन्यत्र दुर्लभ है । जैसा कि हम पीछे देख आये हैं यहाँ साहित्य के दोनों पक्ष भाव पक्ष व कला पक्ष समुचित रूप से सौन्दर्य वृद्धि करते हुए दृष्टिगोचर होते हैं । समय-समय पर लोक गीत का सहज ढंग से आयोजन जनमानस को अतीव रूप से प्रफुल्लित कर देता है ।

आध्यात्मिकता

भारतीय संगीत के अंतरगत आध्यात्मिक पक्ष उसकी स्वयं की विशेषता है । इस परम्परा के व्यवहार को देखकर व सुनकर दर्शक व श्रोता स्वाभाविक रूप से अध्यात्म सागर में अवगाहन कर स्वतः ही रस मग्न हो जाता है ।

परम्परा प्रवाह

इस प्रणाली में परम्परा के लिये प्रगाढ़ निष्ठा व आदरपूर्ण आग्रह है । आज से लगभग 500 वर्ष पूर्व अष्ट छाप के भक्त गायक खड़े होकर कीर्तन (संगीत) करते थे तो वही रूप इन मन्दिरों में कहीं-कहीं, गोकुल (मथुरा), कामवन (भरतपुर), तथा नाथद्वारा व कांकरौली (उदयपुर) में कीर्तन खड़े होकर होता है, आज भी देखा जा सकता है । सम्प्रदाय के प्रमुख मन्दिरों में आज भी कीर्तनियाँ खड़े होकर कीर्तन करते हैं । कीर्तन करने का प्राचीन वैभव पूर्ण ढंग नाथद्वारा, कांकरौली, कामवन व गोकुल में आज भी उसी तरह विद्यमान है ।

इसी प्रकार रागों के स्वरूप, पदों के गाने का ढंग व विधि निषेध आदि सभी में प्राचीन परम्परा के प्रति अपूर्व लगाव पाया जाता है । इस लगाव का प्रत्यक्ष लाभ यह हुआ है कि इस परम्परा के वर्तमान स्वरूप से इसके अतीत की तथा इसके साथ भारतीय संगीत के पूर्व रूप की कल्पना सरलता से कर सकते हैं ।

निष्कर्षतः प्रस्तुत परम्परा की भारतीय संगीत को अपूर्व व अनूठी देन है ।

निष्कर्ष

इस प्रकार हमने प्रथम अध्याय में देखा कि पुष्टिमार्गीय वैष्णव मन्दिरों के संगीत की यह परम्परा भारतीय दार्शनिक विचारधारा 'पुष्टिमार्ग' अथवा 'वल्लभ सम्प्रदाय' से सम्बन्द्ध है । न केवल साधारण रूप से सम्बन्द्ध है अपितु धार्मिक कृत्य का एक आवश्यक अंग है । अतः हम इसमें भारतीय दर्शन की स्पष्ट झाँकी पाते हैं । अध्यात्मिकता जो भारत की अपनी थाती है एवं जिसके लिये भारतीय मनीषियों ने न जाने कितना पुरुषार्थ व त्याग समर्पित किया है प्रस्तुत प्रणाली में संचार शक्ति का कार्य करती है । लौकिक प्रदर्शन की भावना जिसे छू तक नहीं गई है ऐसी यह परम्परा अपने आप में आलोकिक है तथा प्रत्येक भारतवासी के लिये गौरव की वस्तु है ।

द्वितीय अध्याय से ज्ञात होता है कि यह परम्परा भारतीय संगीत की प्राचीन ध्रुवपद धमार को किस प्रकार प्रारम्भ से ही अपने अंग में समाहित किये हुए है । दैनिक व वार्षिक क्रम के माध्यम से किस प्रकार वर्ष भर नित्य नवीन होकर जन-मन में आनन्द का संचार करती रहती है । उत्सवों के अबसरों पर इस परम्परा में संगीत के विशेष आयोजनों से किस प्रकार वातावरण में विशेष उल्लास व प्रफुल्लता छा जाती है ।

चतुर्थ अध्याय से रागों के अनेक प्राचीन स्वरूपों की जानकारी होती है । परम्परा निर्वाह के अटूट आग्रह से इन स्वरूपों पर विश्वास करना ही पड़ता है । अनेक रागों की अनेक चलन प्राप्त होती हैं । जिनसे उन रागों के अनेक प्रकार भेदों का अनुमान किया जा सकता है ।

पंचम अध्याय के अनुसार परम्परागत विभिन्न वाद्य यंत्रों के बारे में पता चलता है । इन वाद्यों को इन मन्दिरों में व्यवहृत होते देख कर इसका व्यावहारिक ज्ञान भी प्राप्त किया जा सकता है ।

षष्टम अध्याय में प्रणाली के साहित्य के विषय में पाते हैं कि प्रस्तुत प्रणाली का साहित्य अपने में अद्वितीय है । भाव पक्ष तथा कला पक्ष दोनों दृष्टियों से यह सम्पन्न ही नहीं अपितु साहित्य के क्षेत्र में पर्याप्त रूप से प्रतिष्ठित व प्रशंसित है ।

सप्तम् अध्याय के अनुसार इस परम्परा ने भारतीय संगीत को अतुलनीय योगदान दिया है ।

प्रबन्ध और ध्रुवपद का संक्रान्ति रूप भी देखने को मिलता है । संगीत रचना की दृष्टि से विभिन्न प्रकार की विशेषताओं से युक्त बन्दिशें प्राप्त होती हैं ।

अंत में धारणा यही बनती है कि यद्यपि संगीत की यह परम्परा लगभग पाँच शताब्दियाँ पार कर चुकी है और काल परक असावधानियों की संभावना पर किसी भी प्रकार का सन्देह स्वाभाविक प्रतीत होता है। तथापि इस सम्प्रदाय का संगीत सम्बन्धी धार्मिक आग्रह (रागों व बन्दिशों के पारम्परिक स्वरूप से कोई छेड़ छाड़ न हो) हमको सर्व प्रकारेण आश्वस्त करता है कि पुष्टिमार्गीय वैष्णव मन्दिरों की यह संगीत परम्परा (हवेली संगीत) भारतीय संगीत-जगत में प्राप्त प्राचीनतम, पुष्ट व प्रशंसनीय परम्परा है ।

द्वितीय भाग
प्रस्तुत प्रणाली में प्रयुक्त रागों का प्रतिनिधि-स्वरूप बंदिशों की स्वरलिपियाँ

सूचना

पुष्टिमार्गीय वैष्णव देवालय संगीत का उद्‌भव ब्रज से हुआ है तथा उद्‌भव काल से आज तक ब्रज में यह परम्परा अक्षुण्य रूप में अपने पूरे वेग से चलती आ रही है अतः यहाँ ब्रज (मथुरा) प्रणाली को प्रमुखतः आधार माना गया है।

प्रस्तुत रचनाऐं 'भारतखंडे स्वर लिपि पद्धति' में लिपिबद्ध की गई है। यद्यपि कहीं-कहीं स्वरलिपि के साथ संपूर्ण पद दे दिया गया है लेकिन अधिकांशतः पदों की वृहदाकृति के कारण उनको पूर्ण रूप में अंकित नहीं किया जा सका है। जहां तक हो सका है ऐसे ही पदों को स्वर लिपि बद्ध किया गया है जो कि इस प्रणाली के प्रकाशित कीर्तन साहित्य में उपलब्ध हैं। प्रायः सभी पदों को निम्नांकित कीर्तन की पुस्तकों में देखा जा सकता है :

(1) पुष्टिमार्गीय पद संग्रह, भाग-3 त्रीजों
नित्य पद अनुक्रमणिक सापे
प्रकाशक—वैष्णव ठाकुरदास, सुरदास नीवती
जमनादास गोविन्द रामये
श्री शरदा मुद्रणालय म (पूना)
आवृति 7वीं संवत् 2009

(2) वर्षोत्सव के पद संग्रह (प्रथम भाग)
जन्माष्टमी से रास पर्यंत के पद
छपावी प्रसिद्ध करनार
सेठ नारायणदास तथा जेठानन्द आसनमल
ट्रस्ट फंड के ट्रस्टी ओ
236, कालबा देवी रोड, मुम्बई-2 संवत् 2023

(3) कीर्तन संग्रह भाग-2
छपावी प्रसिद्ध करनार
शेठ नारायणदास तथा जेठानन्द आसनमल
ट्रस्ट फंडना ट्रस्टी ओ संवत् 2029
239, कालबा देवी रोड, मुम्बई-2

(4) कीर्तन प्रणाली के पद
संपादक—गो. श्री ब्रजभूषण लाल जी महाराज

कांकरौली

प्रकाशक—द्वारिकादास पारिख-मथुरा-संवत् 2015

(5) कीर्तन संग्रह-भाग 2, जो बसंत कीर्तन

(बसंत, धमार, डोल, होरी, रसिया, ख्याल, बगेरे)

प्रकाशक—लुत्भाइ, छगन लाल देसाई

व्यवस्थापक—श्रीभक्ति ग्रन्थमाला कार्यालय

कालूपुर, ढींकवा गेट सामे,

टेमलापौल, अहमदाबाद संवत् 1999

राग–देव गंधार/ताल–धमार

स्थाई

ग म प प	सां ध ध प ध म	प ध	सां - ध प
ए - ब्र ज	भ यौ म ह रि	के -	पू - त -
3	×	2	0

म म प प	ध - प म	ग रे ग म	रे - स
ज ब य ह	बा - - त	- - - सु	नी - -
3	×	2	0

अंतरा

ध म पध सां -	सां -	रें रें -	सांरें गं रें सां
सु नि आ- नं -	दे -	स ब -	लों- - क –
×	2	0	3

सां सां सां ध म	प ध	रें सां -	ग म प प
गो कु ल ग नि	त गु	नी - -	ए - ब्र ज
×	2	0	3

संचारी

म म - प -	प -प	ध ध -	पध निध प -
ब्र ज - पू -	र -ब	पू रे -	पु- -- ण्य -
×	2	0	3

धध धप म ग रे	ग म	मरे - -	स - - -
रुपि कुल सु यि -	र थु	नी - -	- - - -
×	2	0	3

आभोगी

ध म पध सां सां	सां -	रें रें रें सां	सांरें गं रें सां
ग्र ह ल- - ग्न	न -	क्ष - त्र -	ब- लि सो वि
×	2	0	3

सां - सांनि ध म	प ध	रें सां	- ग म प प
की - न्हीं- वे -	द धु	नी -	- ए - ब्र ज
×	2	0	3

(आगे की एक पंक्ति संचारी के व दूसरी पंक्ति आभोगी के समान गाई जाती है।)

राग—देवगंधार/ताल—धमार

स्थाई

म
न

ग	म	प	प	ध	-	पमग	रे	ग	म	रे-	-स	-म
य	न	भ	रि	दे	-	खों-नं	-	द	कु	मा-	-र	-न
3				×				2		0		

ग	म	प	प	निध	-	पमग	रे	ग	म	रे-	-स	-म
य	न	भ	रि	दे-		खों-नं	-	द	कु	मा-	-र	-न
3				×				2		0		

अंतरा

.	.	.	.	ध	म	पध	सां	-	सां	-	रे-	रेरे	-
				ज	सु	मति	कू	-	ख	-	चं-	द्रमा	-
				×					2		0		

सां	रेंगं	रें	सां	सां-	-सां	सांनि	ध	म	प	ध	रें-	-सां	-म
प्र	ग-	ट्यौ	-	या-	ब्र	ज-	को	-	उ	जि	या-	-र	-न
3				×					2		0		

संचारी

ध	ध	ध	ध	ध	-	प	प	प	प	-	ध	म	म
ब	न	जि	न	जा	-	उ	आ		ज	-	उ	ज	न
×					2		0			3			

ध	-	पम	ग	रे	ग	म	रे	-	-	स	-	-	-
गो	-	सुत	गो	-	प	कु	मा	-	-	र	-	-	-
×					2		0			3			

आभोगी

ध	म	पध	सां	सां	सां	-	रें -	- रें	- रें	सां	रें गं	रें	सां
अ	प	ने -	अ	प	ने	-	भे -	- ष	- म	वै	- -	मि	लि
×					2		0			3			

सां	-	सांनि	ध	म	प	ध	रें -	- सां	- म	ग	म	प	भ
ला	-	वो -	वि	वि	ध	सिं	गा -	- र	- न	य	न	म	रिं
×					2		0			3			

(आगे क्रमशः एक पंक्ति संचारीवत तथा दूसरी पंक्ति आभोगी के समान)

राग–रामकली/ताल–झपताल

स्थाई

स	-	स	ग	म	प	-	प	प	ध
प्रे	-	ख	प	-	यें	-	क	श	य
×		2			0		3		
सां	-	नि	ध	प	प	-	ध	म	-
नं	-	-	-	-	-	--	-	-	-
×		2			0		3		
ध	-	ध	ध	-	प	-	प	म	म
प्रें	-	ख	प	-	यें	-	क	श	य
×		2			0		3		
रे	-	-	ग	म	रे	-	स	-	-
नं	-	-	-	-	-	-	-	-	-
×		2			0		3		

अंतरा

ध	ध	ध	प	ध	सां	-	सां	सां	सां
चि	र	वि	र	ह	ता	-	प	ह	र
×		2			0		3		
रें	रें	रें	रें	रें	रें	रें	सां	सां	-
म	ति	रु	चि	र	मी	-	क्ष	णं	-
×		2			0		3		
सां	सां	सां	सां	-	ध	-	प	प	प
प्र	क	ट	प्रे	-	मा	-	य	न	म्
×		2			0		3		
म	-	म	प	ध	सां	-	नि	ध	प
-	-	-	-	-	-	-	-	-	-
×		2			0		3		

संचारी

स	स	ग	ग	म	प	प	प	प	प
त	नु	त	र	द्वि	ज	पं	वित	म	त
×		2			0		3		

ध	ध	ध	-	म	प	ध	सां	-	सां
ल	लि	ता	-	नि	ह	सि	ता	-	नि
×		2			0		3		

सां	सां	सां	-	सां	ध	-	प	-	म
त	व	वी	-	क्ष	गा	-	की	-	-
×		2			0		3		

रे	-	ग	-	म	रे	-	स	-	स
ना	-	-	-	-	म्	-	-	-	-
×		2			0		3		

आभोगी **अंतरावत्**

राग–रामकली/ताल–धमार

स्थाई

										ग	म	प	प
										ह	रि	ज	स
ध़	ध़	प	म	रे़	ग	म	रे़	रे़	स	म	म	प	ध़
गा	व	त	च	ली	ब्र	ज	सु	न्द	रि	न	दी	ज	मु
×					2		0			3			
सां	-	-	ध़	प	म	पनि	ध़	-	प	ग	म	प	प
ना	-	-	—	-	के	--	ती	-	र	ह	रि	ज	स
×					2		0			3			

अंतरा

म	प	ध़	सां	-	सां	सां	-रें	रें-	-	सांरे	गं	रें	सां
लो	च	न	लो	-	ल	बॉ	-ह	जो-	—	टी-	-	क	र
×					2		00			3			
मम	म	म	प	प	ध़	नि़	ध़	-	प	ग	म	प	ध़
श्रव	न	न	झ	ल	क	त	बी	-	र	ह	रि	ज	स
×					2		0			3			

संचारी

म	-म	-	प	प	प	प	धध	ध़	-	नि़	ध़	प	प
बे	-नी	-	सि	थि	ल	चा	-रु	काँ	-	धे	-	प	र
×				2			0			3			
मम	ग	रे़	ग	-	म	प	म	रे़	-	स	-	-	-
कटि	प	ट	अं	-	ब	र	ला	—	-	ल	-	-	-
×					2		0			3			

आभागी **अंतरावत्**

राग–भैरव/तालमुक्त (मंगला में गाया जाने के कारण)

स्थाई

म ग म प - ध - ध प - – ध म - -
मं - ग ल - मं - ग लं - - - - - - -
ग रे ग म रे – रे स – - - - - - -
ब्र ल भु वि मं – - ग लं – - - - - - -

अंतरा

म म म प प प प प ध सां सां सां सां
मं ग ल मि ह श्री नं द ज सो दा ना म
सां ध - ध प प - रें रें रें सां सां सां सां
स्व की - र्त न मे - त द् रू चि रो त्सं ग
सां ध - ध ध प प - प प ध प – –
सु ला - लि त - पा - लि त रू पं – –

संचारी

म म म म म म म म प - - प प प
श्री श्री कृ ष्ण इ ति श्रु ति सा - - र म् -
धा - - - - प - म म म ग ग ग म म
ना - - - - म - - स्वा - -र्त ज ना श य
ग ग ग म म म ध प म रे - - - स स--
ता पा प ह मि ति मं ल रा ऽ ऽ ऽ व म् - -

आभागी **अंतरावत्**

राग–भैरव/ताल–चारताल

स्थाई

-	म	गम	म	प	प	(नि)ध	-	(नि)ध	(नि)ध	-	प
-	ए	-	-	बं	सी	ना	-	द	सु	-	र
0		3		4		x		0		2	
प	-	म	म	रे	-	स	-	सस	(सा)म	-	म
सा	-	ध	के	-	-	-	-	बजा	ई	-	प्र
0		3		4		x		0		2	
रे	रे	रे	रे	-	रे	स	-	सस	म	ग	म
वी	-	न	का	-	न्ह	-	-	सप्त	सु	-	र
0		3		4		x		0		2	
प	-	(सां)ध	(सां)ध	सां	-	रे	रे	सां	(सां)ग	रे	सां
सा	-	ध	के	-	-	म	धु	री	धु	-	न
0		3		4		x		0		2	

अंतरा

प	ध	-	नि	-	नि	रे	सां	-	रे (ग)	-	सां
श्र	व	-	न	-	सु	न	त	-	क	-	छु
x		0		2		0		3		4	
-	-	धध	सां	-	सां	नि	सां	सां	नि	सां	(सां)ध
-	-	सुध	न	-	र	ही	-	री	प्या	-	री
x		0		2		0		3		4	
-	प	(गं)रे(गं)रे	सां	-	-	रें	सां	-	प	ध	(सां)सां
-	-	मन	क	-	-	प	री	-	व	-	ही
x		0		2		0		3		4	
-	-	रे	-	रे	गं	रें	सां	ध	म	प	प
-	-	धु	-	न	सु	-	न	-	ए	बं	सी
x		0		2		0		3		4	

संचारी

रे॒^ग	-	-	सां	-	सां	^धनि	सां	-	नि	सां	^सांध॒
मा	-	-	त	-	पि	ता	-	-	स	-	व
x		0		2		0		3		4	

प	-	मम	म	-	प	^पध	-	-	प	-	-
-	-	बर	ज	-	र	हे	-	-	री	-	-
x		0		2		0		3		4	

-	-	पप	प॒	म	-	-	म	-	-	रे^ग	रे॒
-	-	उर	झ	र	हयौं	-	री	-	-	म	न
x		0		2		0		3		4	

-	स	सासा	म	ग	म	ध॒	-	-	प	-	-
-	-	उन	ही	-	-	त	-	-	न	-	-
x		0		2		0		3		4	

आभोगी

प	-	प	^ध॒सां	-	नि	नि	सां	-	रे॒^सां	-	सां
ता	-	न	से	-	न	के	-	-	प्र	-	भु
x		0		2		0		3		4	

-	-	ध॒	ध॒	-	नि	रे॒	-	सां	नि	सां	^सांध॒
-	-	अ	द	-	त	री	-	झे	भी	-	जे
x		0		2		0		3		4	

ध॒	प	रें॒^सां	रे॒^सां	-	सां	सां	सां	-	प	ध॒	सां
-	-	गा	व	-	त	म	न	-	म	-	ध
x		0		2		0		3		4	

-	रें॒^ग	-	रे॒	-	सां	ध॒	प	ग	म	प	प
-	ता	-	न	-	न	-	ए	-	-	बं	सी
x		0		2		0		3		4	

राग–भैरव/ताल–धमार

स्थाई

ग	म	प	प	(नि)ध	-	-	प	प	ग	म	रे	रे	स
तु	म	बे	गि	स्या	-	-	-	म	भ	ले	आ	ये	हो
3				x					2		0		
ध	-	स	-	म	-	-	प	प	ध	ध	सां	ध	प
हो	-	री	-	खे	-	-	ल	त	रं	ग	भ	-	री
3				x					2		0		

अंतरा

प	-	ध	-	सां	नि	सां	रे	सां	नि	सां	ध	-	प
चो	-	बा	-	चं	द	न	अ	रु	अ	र	ग	-	जा
3				x					2		0		
सां	-	गं	मं	रें(गं)	-	-	रें	सां	नि	सां	ध	-	प
के	-	स	री	गा	-	-	ग	रि	भ	री	ध	-	री
3				x					2		0		

संचारी

स	रे	ग	म	रे	-	स	स	स	ध	ध	स	स	स
उ	ड़	त	गु	ला	-	ल	ला	ल	भ	ये	बा	द	र
3				x					2		0		
ग	म	-	प	प	-	-	-	प	ग	म	रे	-	स
पि	च	-	का	ई	-	-	-	न	ला	गी	झ	-	री
3				x					2		0		

आभोगी

सां	-	नि	सां	-	सां	(सां)ध	ध	-	नि	सां	गं	मं	-
सू	-	र	दा	-	स	प्र	भु	-	तु	म	ब	हु	-
3				x					2		0		
(गं)रें	रें	रें	सां	गं	मं	पं	मं	गं	रें	रें	सां	ध	प
ना	-	य	क	चे	-	री	व्है	-	पा	य	न	प	री
3				x					2		0		

राग–विभास/ताल–तीनताल (मंगला में गाते समय मालमुक्त)

स्थाई

प
खि

प	ग	ध	ध	सां ध	-	ध	प	प	ग	ध	प	ग	रे	स	प
ला	-	ब	न	आ	-	वे	-	गो	-	ब्र	ज	ना	-	रि	खि
3				x				2				0			

अंतरा

प	ग	प	ध	सां	-	सां	सां	सां	ध	सां	रें	गं	रें	सां	ध
जा	-	गो	-	ला	-	ल	चि	रै	-	या	-	बो	-	ली	-
x				2				0				3			

प	प	ग	ग	प	प	ध	ध	सां	-	ध	प	प	ग	प	ध
क	हैं	ज	सु	म	ति	म	ह	ता	-	रि	खि	ला	-	व	न
x				2				0				3			

संचारी

सां	-	सां	-	ध	-	प	प	-	ग	ध	प	ग	रे	स	स
औं	-	टौं	-	दू	-	ध	पा	-	न	क	रि	मो	-	ह	न
x				2				0				3			

ग	-	ग	ग	प	-	ध	ध	सां	-	सां	सां	ध	प	ध	प
ते	-	गि	क	रौं	-	-	-	स्ना	-	न	गु	पा	-	-	ल
x				2				0				3			

आभोगी (अंतरे के समान)

•

राग–मालकौंस/ताल–सूलताल

स्थाई

सां	-	नि	सां	ध	नि	ध	म	ग	म
आ	-	व	न	क	हि	ग	-	-	ये
x		0		2		3		0	

ग	स	ग	म	ग	-	-	स	नि	स
अ	ज	हू	न	आ	-	-	ये	-	-
x		0		2		3		0	

नि	स	ग	म	ध	नि	सां	-	सां	सां
स	ब	नि	सि	बी	-	ती	-	मो	हे
x		0		2		3		0	

सां	गं	सां	नि	ध	नि	ध	म	ग	म
गि	न	गि	न	ता	-	-	रे	-	-
x		0		2		3		0	

अंतरा

ग	म	ध	नि	सां	-	सां	-	-	सां
चं	-	द्र	की	जो	-	ति	-	-	म
x		0		2		3		0	

सां	नि	सां	ग	सां	नि	ध	नि	ध	म
ली	-	न	भ	ई	-	-	ज	ब	-
x		0		2		3		0	

नि	सां	गं	मं	गं	गं	सां	-	नि	सां
कि	न	सौ	-	त	न	वि	-	-	र
x		0		2		3		0	

सां	-	नि	सां	ध	नि	ध	-	म	गम
मा	-	ये	-	प्या	-	रे	-	-	--
x		0		2		3		0	

संचारी

म	म	ग	म	स	ग	ध	-	म	म
पं-	छी	-	स	ब	-	बौ	-	ले	-
x		0		2		3		0	

ग	म	ध	नि	सां	ध	नि	ध	म	-
ड	ग	र	स	ब	खों	-	ले	-	-
x		0		2		3		0	

नि	नि	नि	नि	ध	नि	ध	-	म	म
फू	-	ले	-	क	म	ल	-	-	म
x		0		2		3		0	

ग	म	ध	म	ग	म	ग	-	स	-
धु	प	गुं	-	जा	-	रे	-	-	-
x		0		2		3		0	

आभोगी

ग	म	ध	नि	सां	सां	सां	-	सां	सां
ता	-	न	से	-	न	के	-	प्र	भु
x		0		2		3		0	

सां	नि	सां	गं	सां	नि	ध	नि	ध	म
तु	म	व	हु	ना	-	-	य	-	क
x		0		2		3		0	

सां	-	गं	मं	मं	मं	-	गं	-	सां
आ	-	ये	-	नि	प	-	ट	-	स
x		0		2		3		0	

सां	-	नि	सां	ध	नि	ध	म	ग	म
वा	-	रे	-	प्या	-	-	रे	-	-
x		0		2		3		0	

राग–मालकोंस/ताल–धमार

स्थाई

सां सां ध नि	सां - सां ध नि	ध म	ग - स
ल हे क न	ला - गी व सं	त व	हा - र
3	x	2	0

स ध नि स	^स^ग म - ग स	ग म	ध नि धम
स खि त्यों त्यों	ब न - वा री	ला ग्यौ	ब ह कन
3	x	2	0

अंतरा

^म^ग म ध -	नि सां - - सां	निनि सांसा	ध - म
फू - ले -	प ला - - स	न- धना	ह - र
3	x	2	0

गं मं गं सां	नि - - ध म	ग म ग	ग नि स
कै सैं तै सें	का - - न न	ला ग्यौ म	ह कु नु
3	x	2	0

संचारी

^ध^नि स ग स ध	नि नि	स - स
को - कि - ला	मो र	सु - क
x	2	0

ग - म म	म ध नि धम मम	म म	ग म म
सा - र स	हं - स खं- जन	मी न	भ्र म र
3	x	2	0

ध नि सां -	ध - - - नि	ध म	ग ग मध
अं खि याँ -	दे - - - ख	अ ति	ल ल कन
3	x	2	0

आभोगी

मग	गं	गं	सां	नि	नि	सां	सां	सां	ध	नि	सां	-	सां
नं	द	दा	स	प्र	भु	-	प्या	री	अ	ग	वा	-	नी
3				x					2		0		
नि	नि	ध	म	ग	म	ध	नि	-	सां	नि	गं	सां	-
गि	रि	ध	र	पि	य	को	दे	-	ख	त	भ	यौ	-
3				x					2		0		
सां	नि	ध	नि	सां	-	सां	ध	नि	ध	म	ग	-	स
श्र	भ	क	न	ला	-	गी	व	सं	त	ब	हा	-	र
3				x					2		0		

राग–बिलावल/ताल–धमार

स्थाई

ग	प	ध	नि	सां	सां	-	ध	नि	ध	प	गम	रे	ग
गौ	-	कु	ल	घ	र	-	घ	-	र	-	हो	-	-
3				x					2		0		

प	-	म	-	ग	-	रे	स	-	-	-	-	-	-
त	-	ब	-	धा	-	-	ई	-	-	-	-	-	-
3				x					2		0		

-	-	-	-	ध	ध	-	ध	-	ध	-	धनि	ध	प
-	-	-	-	घ	र	-	घ	-	र	-	हो-	-	-
3				x					2		0		

ध	-	नि	-	सां	-	-	ध	नि	ध	प	ग	प	-
त	-	ब	-	धा	-	-	ई	-	-	-	गो	-	-
3				x					2		0		

ध	-	नि	नि
कु	-	-	ल
3			

अंतरा

सां	-	-	सां	-	सां	-	रेसां	-	-	सां	-	सां	-
गा	-	-	व	-	त	-	मं	-	-	ग	-	ल	-
x					2		0			3			

नि	-	-	नि	-	नि	ध	ध	नि	-	ध	-	प	-
ना	-	-	री	-	घो	-	-	ष	-	की	-	-	-
x					2		0			3			

ग	-	-	प	-	-	-	प	प	-	ध	-	-	नि
बा	-	-	जे	-	-	-	वि	वि	-	ध	-	-	ब
x					2		0			3			

सां	-	-	सां	-	-	-	ग	प	-	ध	-	नि	नि
जा	-	-	ई	-	-	-	गो	-	-	कु	-	-	ल
x					2		0			3			

संचारी

सा ध	-	-	ध	-	ध	-	ध	-	-	ध	-	ध	-
दे	-	-	त	-	न्यौ	-	छा	-	-	व	-	र	-
x					2		0			3			
धा	नि	ध	प	-	म	गरे	ग	प	-	ध	नि	सां	-
प	ट	-	भू	-	-	⌣	घ	न	-	लै	-	-	-
x					2		0			3			
सां	-	-	नि ध	-	प	-	ग	गं	रे	ग	-	प	म
ब	-	-	न्दी	-	-	-	ज	न	-	-	-	प	ह
x					2		0			3			
ग	-	-	-	-	रे	-	स	-	-	-	-	-	-
रा	-	-	-	-	-	-	ई	-	-	-	-	-	-
x				2			0			3			

आभोगी

ग	प	-	ध	-	नि	नि	सां	सां	-	सां	-	सां	-
रा	-	-	म	-	-	कृ	-	ष्ण	-	ज	-	न	-
x					2		0			3			
सां	गं	-	गं	-	गं	मं	रे	-	-	सां	-	-	-
मे	-	-	गि	-	र	-	धा	-	-	री	-	-	-
x					2		0			3			
सां	सां	नि	ध	प	म	ग	ग	प	-	ध	-	नि	-
स	ब	-	ब्र	-	ज	-	के	-	-	सु	-	ख	-
x					2		0			3			
सां	-	नि	ध	-	प	-	ग	प	-	ध -	नि	नि	
दा	-	-ई	-	-	-	गो	-	-	-	कु	–	ल	
x					2		0			3			

राग–विलावल/ताल–धमार

ग	-	-	ग	-	ग	-	ग	ग	-	म	-	ग	रे
गो	-	-	व	-	र	-	ध	न	-	की	-	-	-
x					2		0			3			
रे	ग	-	नि	-	स	-	ऩिस	रेग	म	म	ग	रे	-
सि	ख	-	-	-	र	-	ते-	--	-	हो	-	-	-
x					2		0			3			
प	-	-	प	-	प	-	ध	-	-	ग	-	म	-
मो	-	-	ह	-	न	-	दी	-	-	न्ही	-	-	-
x					2		0			3			
ग	म	प	ध	नि	सां	-	नि	ध	म	नि	ध	प	-
टे	-	-	-	-	-	-	-	-	-	-	–	र	-
x					2		0			3			
प	-	-	ग	-	म	-	प	ध	-	प	ध	नि	सां
अं	-	-	त	-	रं	-	-	ग	-	सों	-	-	-
x					2		0			3			
नि	सां	-	नि	सां	रें	रें	नि	-	-	ध	-	प	ध
कः	ह	-	-	-	-	त	हैं	-	-	स	-	ब	-
x					2		0			3			
ग	प	-	म	-	ग	-	रे	ग	-	रे	ग	म	प
ग्वा	-	-	लि	-	नि	-	रा	-	-	खौ	–	-	-
x					2		0			3			
म	-	-	-	-	म	ग	रे	-	-	-	-	-	-
धे	-	-	-	-	-	-	र	-	-	-	-	-	-
x					2		0			3			
म	-	-	ग	-	रे	-	ग	-	-	स	-	नि	नि
ना	-	-	-	-	ग	-	री	-	-	दा	-	-	न
x					2		0			3			

स	-	-	-	-	-	-	-	-	-	—	-	-	-
दै	-	-	-	—	-	-	-	-	-	—	-	-	-
x					2		0			3			

आगे की सभी तुकें उक्त प्रकार ही गाई जाती हैं। गोपियों की उक्ति के बाद निम्नांकित पंक्तियाँ भी जोड़ी जाती हैं —

रे	-	-	रे	-	-	रे	रे	ग	-	रे	ग	म	प
नं	-	-	द	-	-	म	ह	र	-	के	—	-	-
x					2		0			3			
म	-	-	-	-	म	ग	रे	ग	-	नि	-	स	-
ला	-	-	-	-	ल	-	ए	हो	-	रा	-	नी	-
x					2		0			3			
रे	रे	-	रे	-	रे	-	रे	ग	-	रे	ग	म	प
ज	सु	-	म	-	ति	-	प्रा	-	-	न	—	-	अ
x					2		0			3			
म	-	-	-	-	म	ग	रे	-	-	-	-	-	-
धा	-	-	-	-	-	-	र	-	-	-	-	-	-
x					2		0			3			
म	म	-	ग	-	रे	-	ग	-	-	स	-	नि	नि
मो	है	-	प	-	र	-	जा	-	-	-	-	-	न
x					2		0			3			
स	-	-	-	-	-	—	-	-	-	-	-	-	-
दै	-	-	-	-	-	—	—	-	-	-	-	-	-
x					2		0			3			

राग-बिलावल/ताल-तीनताल (स्थाई में) चलती (अंतरा में)

स्थाई

ध	ध	प	प	ध	नि	सां	नि	सां	-	सां	नि	ध	प	म	ग
सु	नो	-	स्या	-	म	चि	त	ला	-	य	दे	-	व	की	-
x		2		0		3		x		2		0		3	

म	नि	ध	प	म	-	ग	-	-	-	-	रे	स	-	-	-
क	हूँ	-	क	हा	-	नी	-	-	-	-	-	-	-	-	-
x		2		0		3		x	2	2		0		3	

आगम निगम पुरान कहैं ऋषिवर मुनि ज्ञानी (स्थाई के समान)

अंतरा (चलती में)

सां	सां	गं	गं	गं	गं	गं	गं	रें	गं	मं	गं	रें	-	सां	-
स	ब	सु	ख	नि	धि	सु	र	लो	-	-	क	है	-	-	-
x		0		x		0		x		0		x		0	

सां	सां	सां	नि	ध	प	ध	नि	सां	-	-	-	-	-	-	सां
क	हि	य	त	ता	-	कों	-	ई	-	-	-	-	-	-	स
x		0		x		0		x		0		x		0	

रें	गं	रें	सां	नि	-	ध	प	ग	-	-	प	ध	नि	सां	-
से	-	व	त	हैं	-	स	ब	दै	-	-	व	ता	-	हो	-
x		0		x		0		x		0		x		0	

गं	-	गं	गं	मं	गं	रें	सां	सां	-	सां	नि	ध	प	म	ग
ता	-	हि	को	-	टि	ते	-	ती	-	स	क	ह	त	ब्र	ज
x		0		x		0		x		0		x		0	

म	नि	ध	प	म	-	ग	-	-	-	-	-	रे	स	-	--
रा	-	-	ज	सों	-	-	-	-	-	-	-	-	-	-	-
x		0		x		0		x		0		x		0	

आगे की पंक्तियों में एक पंक्ति स्थाई के समान व दूसरी पंक्ति अंतरे के समान गाई जाती है।

राग-बिलावल/ताल-थमार

स्थाई (मध्यम को षड़ज मानकर)

										स	-	स	-
										न	-	न्द	-
										3			
-	-	-	रे	ग	म	प	ग	-	-	रे	-	स	-
-	-	-	रा	-	य	ल	ला	-	-	ब्र	-	ज	-
x					2		0			3			
-	-	-	नि	-	ध	नि	स	-	-	स	-	स	-
-	-	-	रा	-	य	ल	ला	-	-	-	तु-	म	-
x					2		0			3			
-	-	-	रे	ग	म	प	(ध)म	ग	-	रे	-	स	-
-	-	-	रा	-	धा	-	र	स	-	ब	-	स	-
x					2		0			3			
-	-	-	नि	-	ध	नि	स	-	-	ध	-	ध	-
-	-	-	की	-	न्हे	-	हो	-	-	न	-	न्द	-
x					2		0			3			
प	ध	नि	ध	-	प	-	म	ग	-	रे	-	स	-
रा	-	-	य	-	ल	-	ला	-	-	ब्र	-	ज	-
x					2		0			3			
-	-	-	नि	-	ध	नि	स	-	-	स	-	स	-
-	-	-	रा	-	य	ल	ला	-	-	तु	-	म	-
x					2		0			3			
-	-	-	रे	ग	म	प	(ध)म	ग	-	रे	-	स	-
-	-	-	रा	-	धा	-	र	स	-	ब	-	स	-
x					2		0			3			

-	-	-	नि	-	ध	नि	स	-	-	-	-	-	-
-	-	-	की	-	न्हे	-	हो	-	-	-	-	-	-
x					2		0			3			

आगे की सभी पंक्तियाँ 'नन्दराय लला ब्रज राय लला' गाकर प्रारम्भ होती हैं। यथा:—

										ध	-	ध	-
										न	-	न्द	-
										3			

धा	ध	-	ध	-	-	ध	नि	ध	प	ग	-रे	स	

अथवा

प	ध	नि	ध	-	-	प	म	ग	-	रे	-	स	-
रा	-	-	य	-	-	ल	ला	-	-	ब्र	-	ज	-
x					2		0			3			

-	-	-	नि	-	ध	नि	स	-	-	स	-	स	-
-	-	-	रा	-	य	ल	ला	-	-	गु	-	ण	-
x					2		0			3			

-	-	-	रे	ग	म	प	(ध)म	ग	-	रे	-	स	-
-	-	-	प्रे	म	म	रू	-	प	-	र	-	स	-
x					2		0			3			

-	-	-	नि	-	ध	नि	स	-	-
-	-	-	भी	-	ने	-	हो	-	-
x					2		0		

राग–बिलावल/ताल–धमार

स्थाई (मध्यम को षड़ज मानकर)

प	-	-	प	-	-	पध	नि	-	धप	म	ग	रे	ग
फा	-	-	ग	-	-	खे-	ल	-	न-	ब्र	-	ज	-
x					2		0			3			

म	-	-	ग	म	प	ध	प	म	ग	रे	-	स	-
सु	-	-	-	-	-	न्द	री	-	-	-	-	-	-
x					2		0			3			

नि	-	-	ध	-	प	प	म	ग	-	रे	-	स	-
न	-	-	न्द	-	-	रा	-	य	-	घ	-	र	-
x					2		0			3			

-	-	-	नि	ध	प	धनि	स	-	-	-	-	-	-
-	-	-	आ	-	-	--	ई	-	-	-	-	-	-
x					2		0			3			

इसी पंक्ति को निम्नांकित स्वरलिपि में दुहराया जाता है:—

रे	-	-	रे	-	-	रे	रे	रे	-	रे	-	ग	रे
फा	-	-	ग	-	-	खे	ल	न	-	ब्र	-	ज	-
x					2		0			3			

स	-	-	स	रे	म	म	ग	-	-	रे	-	स	-
-	-	-	-	सु	-	-	न्द	री	-	-	-	-	-
x					2		0			3			

स	-	-	म	-	-	म	ग	ग	-	रे	-	स	-
न	-	-	न्द	-	-	रा	-	य	-	ध	-	र	-
x					2		0			3			

-	-	-	नि	ध	प	धनि	स	-	-	-	-	-	-
-	-	-	आ	-	-	--	-	ई	-	-	-	-	-
x					2		0			3			

इसी प्रकार आगे की प्रत्येक पंक्ति को दो बार गाया जाता है।

राग–बिलावल/ताल–धमार

स्थाई

म	-	-	-	-	म	ग	रे	ग	-	स	-	-	-
ना	-	-	-	-	ग	-	री	-	-	-	-	—	-
x					2		0			3			
रे	रे	-	म	-	-	प	प	ध	नि	ध	-	प	-
नि	पु	-	न	-	-	छ	बी	-	-	ली	-	-	-
x					2		0			3			
म	प	-	नि	-	सां	-	रें	रें	-	नि	ध	प	-
म	न	-	मो	-	-	-	ह	न	-	के	-	-	-
x					2		0			3			
म	-	-	प	-	-	प	ध	म	-	रे	-	-	-
रं	-	-	ग	-	-	रं	गी	-	-	ली	-	-	-
x					2		0			3			

'जब होरी कौ औसर आयौ, सब सखियंन मिलि मंगल गायौ' (उक्त प्रकार ही)

चौकड़ा (लय किंचित बढ़ाकर धमार की चलती में)

												रें	-
												गा	-
रें	-	रें	रें	-	सां	सां	रें	रें	रें	रें	रें	रें	रें
यौ	-	जु	मं	-	ग	ल	बै	-	ठि	स	खि	य	न
x					2		0			3			
सां	-	सां	नि	-	ध	प	म	प	नि	सां	-	नि	नि
आ	-	य	श्री	-	बृ	ष	भा	-	नु	कें	-	,त	हाँ
x					2		0			3			
नि	-	नि	ध	नि	प	ध	नि	-	नि	सां	सां	सां	सां
आ	-	य	बैं	-	ठी	-	पा	-	स	अ	लि	य	न
x					2		0			3			

सां	-	सां	नि	ध	म	प	ध	म	ग	रे	-	रे	-
रा	-	धि	का	-	मि	स	गा	-	न	के	-	गा	-
x					2		0			3			

रें	-	रें	रें	-	सां	-	रें	रें	रें	रें	-	रें	-
वें	-	जु	हो	-	री	-	न	व	कि	सो	-	री	-
x					2		0			3			

सां	-	सां	नि	-	ध	प	म	प	नि	सां	-	नि	नि
प्रे	-	म	सों	-	ग	द	ग	द	ग	रें	-	नि	ज
x					2		0			3			

नि	नि	-	ध	नि	प	ध	नि	-	नि	सां	-	सां	सां
स	खी	-	के	-	चु	प	का	-	न	में	-	क	हि
x					2		0			3			

सां	-	सां	नि	ध	म	प	ध	म	ग	रे	-	-	-
बा	-	त	हि	य	की	-	खु	लि	ह	रें	-	-	-
x					2		0			3			

आगे की दो पंक्तियां स्थाई के समान लय कुछ कम करके गाते हैं। इस प्रकार एक तुक सम्पन्न होती है।

अष्टपदी

राग–बिलावल/ताल–तीनताल

ग	म
ज	-
3	

स्थाई

गम	पध	निसं	धप	ग	रे	ग	प	म	-	-	-	-	-	-	-
य-	--	--	जग	दी	-	श	ह	रे	-	–	-	-	-	-	-
×		2		0		3		×		2		0		3	

ग	ग	ग	रे	ग	प	ध	नि	सां	-	सां	सां	सां	-	नि	ध
प्र	ल	य	प	यो	-	धि	ज	लै	-	धृ	त	वा	-	न	स
×		2		0		3		x		2		0		3	

नि	ध	सां	-	-	-	-	-	नि	नि	नि	नि	सां	नि	ध	प
वे	-	दं	-	-	-	-	-	वि	हि	त	वि	हि	-	त्र	च
x		2		0		3		x		2		0		3	

ग	म	ग	रे	ग	प	म	ग	ग	ग	ग	रे	ग	प	ध	नि
रि	-	त्र	म्	खे	-	दं	के	श	व	धृ	त	मी	-	न	श
x		2		0		3		x		2		0		3	

सां	-	-	नि	ध	प	ग	म	गम	पध	निसां	धप	ग	रे	ग	प
री	-	-	-	र	-	ज़	-	य-	--	--	जग	दी	-	श	ह
x		2		0		3		x		2		0		3	

म	-	-	-	-	-	-	-
रे	-	-	-	-	-	-	-
x		2		0		3	

आगे का प्रत्येक पद उक्त प्रकार ही गाया जाता है।

राग–बिलावल/ताल–धमार

स्थाई

सां	-	सां	सां	-	-	सां	ध	-	नि	ध	-	प	-
जा	-	दि	न	-	-	क	न्है	-	या	मो	-	सों	-
x					2		0			3			

ग	म	रे	ग	म	प	-	म	ग	म	रे	-	स	-
मै	या	-	क	-	हि	-	बो	ले	-	गो	-	-	-
x					2		0			3			

अंतरा

सां	-	सां	सां	-	-	सां	ध	-	-	ध	नि	प	प
ता	-	दि	न	-	-	आ	नं	-	-	द	-	-	-
x					2		0			3			

ग	प	-	ध	-	नि	-	सां	-	-	सां	-	-	-
गि	लौ	-	री	-	-	-	मा	-	-	ई	-	-	-
x					2		0			3			

ध	ध	-	ध	-	ध	ध	ध	-	-	नि	ध	प	-
ब	छ	-	रु	-	अ	न	के	-	-	सं	-	ग	-
x					2		0			3			

ग	ग	ग	प	-	-	प	ध	नि	-	सां	-	-	-
घु	टु	रु	व	-	-	न	डो	लै	-	गौं	-	-	-

(गोकुल घर पर होत बधाई–धमार के संचारी के समान)

संचारी तथा **आभोगी** (अंतरावत्)

•

राग–बिलावल/ ताल–चारताल (स्थाई-तीन आवृत्ति)

स्थाई

सां	-	सां	ध	नि	प	ध	नि	ध	प	म	ग
आ	-	ज	प्रा	-	त	ही	-	-	तु	-	-
x		0		2		0		3		4	

ग	-	रे	ग	प	-	म	ग	-	म	रे	स
रा	-	-	त	-	-	बा	-	-	त	-	-
x		0		2		0		3		4	

ग	प	प	ध	ध	नि	सां	-	-	ध	नि	प
क	ह	त	ब	लि	क	न्है	-	-	यॉ	-	-
x		0		2		0		3		4	

अंतरा

प	-	प	ध	-	नि	सां	-	सां	सां	-	-
जै	-	सें	सु	-	क	पि	-	क	बो	-	-
x		0		2		0		3		4	

ध	न	नि	सां	-	रें	सां	सां	सां	ध	नि	प
ल	त	-	है	-	-	अ	र	स	प	र	स
x		0		2		0		3		4	

ग	म	रे	ग	प	-	ध	नि	-	सां	सां	सां
सु	न	-	सु	न	-	सु	ख	-	पा	व	त
x		0		2		0		3		4	

ध	नि	ध	प	म	ग	प	-	ध	नि	सां	-
नं	द	ज	सो	-	दा	मै	-	-	या	-	-
x		0		2		0		3		4	

संचारी

ध	ध	-	ध	-	-	ध	नि	ध	प	-	-
ब	च	-	न	-	-	र	च	-	न	-	-
x		0		2		0		3		4	

ग	ग	रे	ग	प	प	म	ग	ग	म	रे	स
क	ह	त	स	म	झि	प	र	त	न	ही	-
x		0		2		0		3		4	
स	स	ग	ग	ग	रे	ग	प	प	ध	नि	सां
क	छू	बि	च	बि	च	दा	-	व	जी	-	भ
x		0		2		0		3		4	
ध	<u>नि</u>	ध	प	म	ग	म	रे	-	स	-	-
क	ह	त	में	-	री	मैं	-		या	-	-
x		0		2		0		3		4	

आभागी **अंतरावत्**

राग–ललित/ताल–धमार

स्थाई

रे नि	रे	ग	म	म'	म'	म	ग	रे॒	ग	'म	ग	रे॒	स
मे	रे	आ	ये	भो	-	र	प्या	-	-	-	रे	-	-
3				x					2		0		

सां	-	सां	नि	सां	-	नि	ध	म'	ध	म'	म	म	ग
रे	-	न	क़	हां	-	-	-	ग	मा	-	-	ई	-
3				x					2		0		

अंतरा

धम'	ध	सां	सां	सां	-	सां	नि	सां	नि	नि	रें॒	रें॒	सां
कौ	-	न	त्रि	या	-	-	-	-	-	-	म	-	ग
3				x					2		0		

नि	रें॒	गं	मं	मं'	-	मं	गं	रें॒	सां	सां	सां	सां	नि
ब	स	प	रे	मो	-	ह	न	-	जा	-	न	प	री
3				x					2		0		

रें॒	-	नि	ध	म'	ध	म'	ध	म'	म	ग	•रे॒	रे॒	स
-	-	-	-	च	तु	रा	-	-	-	-	-	ई	-
3				x					2		0		

संचारी

नि	नि	रे॒	म	म	म	म	म	म	ग	म	ध	म	ध
वि	ना	-	हा	र	वि	न	डौ	र	वि	रा	-	ज	त
x					2		0			3			

नि-	नि	ध	ध	मे	ध	म'	म	ग	-	-म'	ग	रे॒	स
नख	ख	त	दे	-	त	दि	खा	-	-	ई	-	-	-
x					2		0			3			

आभोगी

ध	म॑	ध	सां	सां	सां	सां	निनि	नि	रें	नि	ध	म॑	ध
छी	त	स्वा	-	मी	गि	रि	धर	वा	-	ही	-	पै	-
x					2		0			3			
नि	नि	रें	नि	-	ध	ध	म॑ध	म	म	नि	रे	ग	म
जा	व	क	पा	-	ग	रे	गा-	-	ई	,मे	रें	आ	ये
x					2		0			3			

राग–सूहा/ताल–धमार

स्थाई

म	-	-	प	-	-	-	मप	धनि	सां	नि	-	प	प
सो	-	-	ने	-	-	-	चों-	--	-	च	-	-	म
x					2		0			3			

ग	-	-	म	-	रे	स	रे	नि	-	स	-	रे	-
दा	-	-	ऊ	-	-	सु	हा	-	-	ते	-	री	-
x					2		0			3			

ग	-	-	म	-	रे	स	रे	-	-	स	-	-	-
सो	-	-	ने	-	-	-	चौ	-	-	च	-	-	-
x					2		0			3			

अंतरा

नि	नि	ध	नि	-	-	नि	सां	-	-	सां	-	-	सां
स	गु	-	न	-	-	बि	चा	-	-	र	-	-	प्रा
x					2		0			3			

नि	प	-	नि	-	सां	-	गं	-	मं	रे	-	सां	-
-	ण	-	प्या	-	-	-	रे	-	-	कौ	-	-	-
x					2		0			3			

म	-	-	प	-	-	-	प	-	-	म	प	नि	प
तौ	-	-	हौ	-	-	-	तौ	-	-	है	-	-	रि
x					2		0			3			

ग	-	-	म	-	रे	स	रे	नि	-	स	-	रे	-
झा	-	-	ऊ	-	-	सु	हा	-	-	ते	-	री	-
x					2		0			3			

आगे की सभी पंक्तियां अंतरे के समान

राग–तोड़ी/ताल–चारताल

स्थाई

मेप	-	प	ग	-	म'	ध	-	ध	प	-	प
छो	-	टौ	सौ	-	क	न्है	-	या	ने	-	क
x		0		2		0		3		4	

म'	रे	-	ग	-	ग	म'	ग	रे	स	-	स
मु	र	-	ली	-	म	धु	-	र	छो	-	टी
x		0		2		0		3		4	

स	रे	ग	ग	-	ग	म'	ग	-	नि	म'	ध
छो	-	टे	छौ	-	टे	स	खा	-	सं	-	ग
x		0		2		0		3		4	

सां	-	सां	रे	नि	ध	ध	ध	-	ध	प	ग
छो	-	टी	स	-	ब	स	र	-	की	-	-
x		0		2		0		3		4	

अंतरा

रे	-	सां	सां	-	सां	रे	सां	सां	सां	-	सां
छो	-	टी	सी	-	ल	कु	-	ट	हा	-	थ
x		0		2		0		3		4	

नि	-	नि	सां	-	सां	रें	रें	सां	ध	-	प
छो	-	टे	ब	-	च्छ	लि	ये	-	सा	-	थ
x		0		2		0		3		4	

सां	रें	गं	गं	-	म'	म'	रें	रें	सां	ध	मध
छो	-	टी	क	-	ट	छो	-	टी	प	-	ट-
x		0		2		0		3		4	

सां	-	सां	रें	नि	ध	ध	-	ध	म'	-	-
छो	-	टी	पी	-	-	ता	-	म्ब	र	-	-
x		0		2		0		3		4	

संचारी

रें	सां	-	सां	-	रें	नि	नि	म'ध	प	-	प
छो	-	-	टे	-	सें	कुं	ड	ल	का	-	न
x		0		2		0		3		4	
रे	ग	-	म'	-	म'	ध	ध	ध	प	-	प
मु	नि	-	म	-	न	छू	-	टे	ध्या	-	न
x		0		2		0		3		4	
ध	म'	ग	ग	-	ग	म'	रे	ग	रे	-	स
छो	-	टे	से	-	ब	ने	-	री	का	-	न्ह
x		0		2		0		3		4	
स	नि	स	स	-	रे	ग	-	-	रे	-	स
दे	-	खें	गो	-	पी	ध	र	-	की	-	-
x		0		2		0		3		4	

आभोगी

नन्ददास प्रभु छोटे बाके भेद मोटे मोटे।
खायौ हैं माखन सोभा देख्ये री बदन की॥

(स्वर लिपि–अंतरा के समान)

राग–तोड़ी/ताल–धमार

स्थाई

निध	नि	स	रे	ग	-	-	रे	-	-	ग	रे	-	स
ते	रौ	को	ऊ	है	-	-	रे	-	-	क	है	-	या
3									2		0		

सध	ध	-	-	प	-	-	-	ध	म	ग	रे	-	स
सु-	नै	-	-	या	-	-	-	क	न्है	-	-	-	या
3									2		0		

अन्तरा

धम	ध	नि	सां	सां	-	सां	ध	नि	सां	गं	रें	-	सां
द	घि	मं	रौं	खा	-	य	म	टु	कि	या	फो	-	री
3				x				2			0		

नि	सां	रे	नि	ध	ध	प	-	-	ध	मे	ग	रे	स
औ	र	प्रा	-	न	न	के	-	-	-	लि	वै	-	या
3				x				2			0		

संचारी

				गरे	ग	-	रे	स	स	-	नि	-	ध
				हा	र	-	में	रौ	तो	-	यों	-	क
				x					2		0		

स	रे	ग	रे	ग	-	-	म	-	ध	-	प	-	-
म	ल	क	र	मो	-	-	यीं	-	औ	-	र	-	-
3				x					2		0		

म'	ध	म'	ग	रे	ग	-	म'	-	ध	-	प	प	प
फा	-	री	है	उ	र	-	की	-	कं	-	चु	कि	या
3				x					2		0		

आभोगी

				सां	सां	-	सां-रे	गं	रे	सां	सां	-	सां
				धों	धी	-	के	-	प्र	भु	हा	-	थ
				x					2		0		
रे	गं	मं	गं	रे	रे	सां	ध	-	नि	नि	ध	ध	प
दू	र	रा	खौ	जा	नें	गी	सा	-	स	न	न	दि	या
3				x					2		0		

राग-आसावरी/ताल-चारताल

स्थाई

ध	ध	प	ध	म	प	ग	ग	रे	म	प	प
सों	-	धै	न्हा	-	य	वै	-	-	ठी	-	-
x		0		2		0		3		4	

ध	म	पध	मप	ग	ग	रे	रे	स	स	-	स
प	ह	रे-	--	प	ट	सुं	-	-	द	-	र
x		0		2		0		3		4	

स	रे	म	प	-	प	ध	ध	ध	ध	सां	सां
ज	हां	-	फु	-	ल	वा	-	-	री	त	हां
x		0		2		0		3		4	

रें	सांरंगं	रें	सां	रें	नि	ध	प	रे	म	प	प
सु	ख--	व	त	ही	-	अ	ल	कैं	-	-	-
x		0		2		0		3		4	

अंतरा

म	प	-	ध	-	ध	सां	सां	सां	सां	-	सां
सो	-	-	भा	-	क	र	न	स	क	-	ल
x		0		2		0		3		4	

ध	ध	सां	सां	-	रें	गं	रें	नि	ध	-	प
के	-	-	स	-	स	भा	-	र	ती	-	-
x		0		2		0		3		4	

प	गं	रे	गं	सां	सां	रे	नि	ध	प	-	-
मा	-	नो	उ	-	ड़	ग	न	-	में	-	-
x		0		2		0		3		4	

म	प	सां	ध	-	प	ध	म	ग	रे	म	प
उ	ङ	-	प	-	ति	ट	ल	-	के	-	-
x		0		2		0		3		4	

संचारी

स	रे	म	प	-	प	ध	ध	नि	ध	-	प
वि	वि	-	ध	-	सिं	गा	-	र	लि	-	यें
x		0		2		0		3		4	

ध	म	प	प	ग	ग	रे	रे	स	स	-	स
आ	-	गें	ठा	-	ढ़ी	प्रि	य	-	स	-	खी
x		0		2		0		3		4	

रे	नि	ध	स	-	स	रे	म	प	ध	-	प
भा	रि	-	आ	-	यौ	आ	-	-	न	-	न्द
x		0		2		0		3		4	

सां	ध	म	प	ध	मप	ग	ग	रे	रे	स	-
र	ति	-	प	-	ति-	द	ल	-	के	-	-
x		0		2		0		3		4	

आभोगी

'हरिदास के स्वामी स्यामा कुंजबिहारी
निरखत लागत नहि' पलकें ॥ (अंतरावत्)

•

राग–आसावरी/ ताल–तीनताल

स्थाई

प	ध	म	प	ध
वै	ठी	रा	-	नी
	0		3	

सां	सां	सां	सां	नि	-	सां	सां	रें	नि	ध	प	रें	-	रें	रें
ज	सु	म	ति	ला	-	ल	झु	ला	-	वै	-	ला	-	ल	झु
x		2		0		3		x		2		0		3	

सां रे	मंगं	रे	सां	सांसा	नि	सां	सां	रें	नि	ध	प	ध	म	प	ध
ला-	--	वै	-	अरु	नै	न	सि	रा	-	वै	वै	ठी	रा	-	नी
x		2		0		3		x		2		0		3	

नि	नि	सां	सां	ध	प	म	प	ग	-	रे	-	स	-	-	-
ज	सु	म	ति	ला	-	ल	झु	ला	-	वै	-	-	-	-	-
x		2		0		3		x		2		0		3	

अंतरा

गं	-	गं	गं	रें	-	सां	सां	नि	-	सां	सां	रे	नि	ध	प
सी	-	स	कु	ल्हे	-	अ	रु	मो	-	ति	न	मा	-	ला	-
x		2		0		3		x		2		0		3	

नि	नि	नि	नि	सां	सां	ध	प	ग	-	रे	सा	रे	-	सा	-
छ	ग	न	म	ग	न	मे	रे	नै	-	न	बि	सा	-	ला	-
x		2		0		3		x		2		0		3	

-	-	-	प	ध	म	प	ध
-	-	-	बै	ठी	रा	-	नी
x		2		0		3	

आगे की प्रत्येक पंक्ति अंतरे के समान

राग–आसावरी/ताल–धमार

स्थाई

										ध	म	प	ध
										हो	-	जु	रि
										3			
गं	रे	-	सां	-	-	नि	सां	-	-	सां	-	सां	-
च	ली	-	है	-	-	व	भा	-	-	व	-	न	-
x					2		0			3			
नि	-	-	सां	-	सां	सां	रें	रें	नि	ध	-	प	-
न	-	-	न्द	-	-	म	ह	र	-	द्य	-	र	-
x					2		0			3			
-	-	-	नि	-	नि	नि	सां	सां	-	ध	प	म	प
ऽ	–	–	सु	-	द	र	ब्र	ज	-	की	-	-	-
x					2		0			3			
ग	रे	-	म	-	म	-	प	-	-	ध	म	प	ध
वा	-	-	-	-	-	-	ला	-	-	हो	-	जु	रि
x					2		0			3			

अन्तरा

गं	-	-	गं	-	गं	-	गं	-	-	गं	-	गं	-
कं	-	-	च	-	न	-	था	-	-	र	-	हा	-
x					2		0			3			
रें	रें	-	नि	-	-	-	सांरि	मंगं		रें	-	सां	-
-	र	-	चं	-	-	-	च	-ल		-	छ	वि	-
x					2		0			3			
म	म	-	म	-	म	-	प	प	-	प	-	प	ध
क	ही	-	न	-	प	-	र	त	-	ति	-	हि	-
x					2		0			3			
गं	-	-	रें	-	सां	-	-	-	-	ध	म	प	ध
का	-	-	ला	-	-	-	-	-	-	हो	-	जु	रि
x					2		0			3			

संचारी

नि	नि	-	नि	-	नि	-	सां	सां	-	सां	-	सां	-
ड	हे	-	ड	-	हे	-	मु	ख	-	कु	-	म	-
x					2		0			3			

नि	नि	-	सां	-	सां	-	रें	नि	-	ध	-	प	-
कु	म	-	र	-	ग	-	रं	-	-	जि	-	त	-
x					2		0			3			

नि	-	-	नि	-	नि	-	सां	सां	-	प	ध	म	प
रा	-	-	ज	-	त	-	र	स	-	के	-	-	-
x					2		0			3			

ग	-	-	-	-	रे	स	रे	-	-	स	-	-	-
ऐ	-	-	-	-	-	-	ना	-	-	-	-	-	-
x					2		0			3			

आभोगी (स्वरलिपि अंतरे के समान)

गं	-	-	गं	-	गं	-	गं	गं	-	-	गं	-	-
कं	-	-	ज	-	न	-	प	र	-	खे	-	-	-
x					2		0			3			

रे	रे	-	नि	-	नि	-	सांरें	गं	रें	-	सां	-
ल	त	-	मा	-	नों	-	खं	-	ज	-	न	-
x					2		0		3			

म	-	-	म	-	म	-	प	प	-	प	-	प	ध
अं	-	-	ज	-	न	-	यु	त	-	ब	-	ने	-
x					2		0			3			

गं	-	-	रें	-	सां	-	-	-	-	ध	म	प	ध
नै	-	-	ना	-	-	-	-	-	-	हो	-	जु	रि
x					2		0			3			

(शेष तुकों में एक पंक्ति संचारी व एक पंक्ति आभोगी के समान)

राग–आसावरी/ताल–तीनताल

सां	सां	सां	सां	सां	-	रें	सां	नि	ध	नि	सां	ध	-	प	-
ध	न	ध	न	नं	-	द	ज	सो	-	-	म	ति	-	हो	-
x		2		0		3		x		2		0		3	

म	म	प	-	(नि)ध	-	नि	नि	सां	-	-	-	नि	-	सां	-
ध	न	श्री	-	गो	-	कु	ल	गाँ	-	-	-	-	-	म	-
x		2		0		3		x		2		0		3	

(कहरवा में चलती)

गं	-	गं	गं	रें	रें	सां	सां	नि	-	सां	रे	गं	रें	सां	सां
ध	-	न्य	कुँ	व	र	दो	ऊ	ला	-	-	ढ़	ले	-	ब	लि
x		0		x		0		×		0		×		0	

म	-	प	प	ध	-	नि	-	सारें	गं	रें	सां	ध	-	प	-
मो	-	ह	न	जा	-	कौ	-	ना-	-	म	छ	बी	-	ले	-
x		0		x		0		x		0		x		0	

सां	-	नि	सां	ध	-	प	-	ग	-	-	-	रे	-	स	-
हो	-	ल	ल	ना	-	-	-	-	-	-	-	-	-	-	-
x		0		x		0		x		0		x		0	

(पुनः तीनताल में)

म	प
श्री	-

प	गं	गं	गं	रें	-	सां	सां	सां	-	ध	प	ध	म	प	-
व	-	ल्ल	भ	रा	-	ज	कु	मा	-	र	छ	बी	-	ले	-
x		2		x		3		x		2		x		0	

प	सां	नि	सां	ध	प	ध	म	प	गं	गं	गं	रें	-	सां	-
हो	-	ल	ल	ना	-	श्री	-	गि	रि	व	र	धा	-	री	-
x		2		0		3		x		2		0		3	

सां	-	ध	प	ध	म	प	-	प	सां	नि	सां	ध	प	म	प
ला	-	ल	छ	बी	-	ले	-	हो	-	ल	ल	ना	-	तु	म
x		2		0		3		x		2		0		3	

प	गं	गं	-	रें	रें	सां	-	सां	-	ध	प	ध	म	प	-
या	-	गो	-	कु	ल	के	-	चं	-	द	छ	बी	-	ले	-
x		2		0		3		x		2		0		3	

प	सां	नि	सां	ध	-	प	-	ग	-	-	-	रे	-	स	-
हो	-	ल	ल	ना	-	-	-	-	-	-	-	-	-	-	-
x		2		0		3		x		2		0		3	

इस प्रकार एक तुक सम्पन्न होती है। आगे की तुक पुनः धन धन नंद जसोमति की तरह प्रारम्भ होती है।

राग–आसावरी/ताल–धमार

(मध्यम को षड़ज मानकर)

स्थाई

नि	-	-	नि	-	-	-	स	स	-	रे	-	-	-
या	-	-	गो	-	-	-	कु	ल	-	के	-	-	-
x					2		0			3			

ग	-	-	रे	-	स	स	नि	-	-	स	-	रे	-
चौं	-	-	-	-	-	ह	टे	-	-	र	-	ग	-
x					2		0			3			

ग	-	-	रे	-	-	-	स	-	-	-	-	-	स
रां	-	-	ची	-	-	-	ग्वा	-	-	-	-	-	ल
x					2		0			3			

अंतरा

प	-	-	प	-	प	-	प	-	-	ध	-	प	-
मो	-	-	ह	-	न	-	खे	-	-	लै	-	-	-
x					2		0			3			

म	-	-	-	-	म	-	प	-	-	ध	-	प	प
फा	-	-	-	-	ग	-	नै	-	-	न	-	-	स
x					2		0			3			

म	-	-	ग	-	रे	-	नि	-	-	स	-	रे	-
लौ	-	-	ने	-	-	-	री	-	-	रं	-	ग	-
x					2		0			3			

ग	-	-	रे	-	-	-	स	-	-	-	-	-	स
रॉं	-	-	ची	-	-	-	ग्वा	-	-	-	-	-	ल
x					2		0			3			

आगे एक पंक्ति स्थाईवत् तथा दूसरी पंक्ति अंतरावत्

राग–आसावरी/ताल–तीनताल

स्थाई

- -रे	रेरे -रे	सरि मंगं	रें सां	- -नि	सांसा -सां	रें नि	ध प
- -वा	रीमे -रे	ल- ट-	क न	- -वा	रीमे -रे	ल ट	क न
0	3	x	2	0	3	x	2

- निनि	सां सां	रें नि	ध प	- -ध	मप -ध	नि नि	नि नि
- पग	ध रौ	छ ति	या -	- -वा	रीमे -रे	ल ट	क न
x	3	×	2	0	3	x	2

अंतरा

रें रें	रें रें	सां सां	सां सां	नि -	सां सां	रें नि	ध प
क म	ल नै	- न	ब लि	जा -	ऊं ब	द न	की -
x	2	0	3	x	2	0	3

नि -	नि नि	सां सां	सां सां	नि नि	सां सां	रें नि	ध प
सो -	भि त	न न्ही	न न्ही	व्दै दू	ध की	द ति	यां -
x	2	0	3	x	2	0	3

- -	- -	- -ध	मप -ध
- -	- -	- -वा	रीमे -रे
x	2	0	3

संचारी

नि नि	नि नि	सां सां	सां सां	नि नि	सां सां	सां रें	नि धप
रू न	क झु	न क	प ग	ब ज	त पै	ज नि	यां -
x	2	0	3 2	x	2	0	3

नि नि	नि नि	सां सां	सां सां	ध प	म प	ग -	रे स
अ ल	ब ल	क ल	ब ल	बौ लौ	मृ दु	ब नि	यां -
x	2	0	3	x	2	0	3

आभोगी अन्तरावत्

राग–आसवारी/ताल–चारताल

स्थाई

सां	-	सां	सां	-	सां	रें	नि	ध	प	धम	पध
जै	-	सौ	स्या	-	म	ना	-	म	तै	--	सौं-
x		0		2		0		3		4	

प	प	प	प	ध	प	ग	-	-	रे	-	स
त	न	म	न	स	ब	की	-	-	न्हौ	-	-
x		0		2		0		3		4	

स	स	-	रे	म	प	ध	-	ध	सां	-	सारें
भ	ली	-	खे	-	ली	स्या	-	म	आ	-	ज-
x		0		2		0		3		4	

गं	-	गं	रें	-	सां	रें	नि	ध	प	धम	पध
मे	-	रे	म	-	न	भा	-	ये	हो	--	--
x		0		2		0		3		4	

अंतरा

म	-	-	प	-	ध	सां	सां	सां	सां	-	सां
बौ	-	-	रे	-	-	ला	ग	त	क	-	हूं
x		0		2		0		3		4	

ध	ध	ध	सां	सां	सां	रे	-	नि		ध	-	प
अ	रू	न	अ	ध	र	बिं	-	ब		अं	-	ब
x		0		2		0		3		4		

प	-	प	गं	रे	सां	सां	-	सां	ध	प	-
नी	-	के	ला	-	गौ	ला	-	-	ल	-	-
x		0		2		0		3		4	

सां	सां	-	ध	-	प	ग	रे	म	प	धम	पध
गज	-	रा	-	रै	-	गा	-	ये	हौ	--	--
x		0		2		0		3		4	

संचारी स्थाईवत् एवं **आभोगी** अंतरावत।

संचारी

प	-	-	प	-	प	ध	-	ध	नि	ध	प
जै	-	-	सौ	-	ही	नी	-	ल	प	-	ट
x		0		2		0		3		4	

म	प	-	ध	म	प	ग	-	ग	रे	-	स
च	ट	-	क	-	त	पी	-	त	प	-	ट
x		0		2		0		3		4	

स	स	-	रे	म	म	प	प	नि	ध	प	-
नि	प	-	ट	-	ड	प	ट	-	कि	यौ	-
x		0			2		0		3	4	

म	प	-	प	ध	पम	प	ग	रे	मप	-	-
कु	-	न्द	न	-	-	ध	रा	-	ये हो	-	-
x		0			2		0		3	4	

आभोगा (अंतरा के समान)

राग-धनाश्री/ताल-तीनताल

स्थाई

नि	-	नि	नि	नि	-	सां	-
मं	-	ग	ल	गा	-	वो	-
0				3			
गं	रें	सां	सांनि	प	ध	नि	सां
मां	-	ई	स-	बै	-	मि	लि
×				2			
सां	-	सां	सांरें	सां	नि	ध	प
मं	-	ग	ल-	गा	-	वो	-
0				3			
म	मग	गम	प	मग	रे	स	-
मा	--	--	-	-	-	ई	-
×				2			

अंतरा

प	-	ग	म	प	नि	नि	-
आ	-	ज	ला	-	ल	कौ	-
0				3			
नि	-	सां	मंगं	-	रें	सां	-
ज	-	न्म	द्यौ	-	स	है	-
×				2			
नि	-	नि	नि	नि	-	सां	सां
बा	-	ज	त	रं	-	ग	ब
0				3			
गं	रें	सां	सांनि	प	ध	नि	सां
धा	-	ई	स-	बै	-	मि	लि
x				2			

संचारी

गं	-	गं	गं	रें	-	सां	-
आं	-	ग	न	ली	-	पौ	-
0				3			

सां	-	सां	सांनि	प	ध	सां	-
चौ	-	क	पु-	रा	-	वौ	-
x				2			
सां	-	सां	सांनि	ध	प	प	प
वि	-	प्र	प-	ढ़	न	ला	गे
0				3			
म	मग	गम	प	ग	रे	सा	-
वे	--	--	-	-	-	द	-
x				2			

आभोगी

प	प	ग	म	प	नि	नि	नि
क	रौ	ऽ	सिं	गा	-	र	स्या
0				3			
-	सां	सांरे	गं	रें	रें	सां	-
-	म	सु-	-	न्द	र	कौ	-
x				2			
गं	-	गं	-	रे	-	सां	सारें
चौ	-	बा	-	च	-	न्द	न-
0				3			
सां	नि	ध	प	प	ध	नि	सां
मे	-	द	स	बै	-	मि	लि
x				2			
सां	-	सां	सांरें	सां	नि	ध	प
मं	-	ग	ल-	गा	-	वो	-
0				3			
म	मग	गम	प	ग	रे	स	-
मा	--	--	-	-	-	ई	-
x				2			

राग–धनाश्री/ताल–धमार

स्थाई

सां	सां	-	सां	-	-	सां	सां	सां	नि	ध	-	प	-
र	गी	-	ले	-	-	छ	बी	ले	-	नै	-	ना	-
x				2			0			3			
म	ग	-	ग	म	प	प	ग	-	रे	स	-	स	-
र	स	-	-	-	-	भ	रे	-	-	ने	-	ना	-
x				2			0			3			
प	-	-	ग	-	म	-	प	प	-	नि	-	-	सां
ना	-	-	च	-	त	-	मु	दि	-	त	-	-	अ
x				2			0			3			
गं	-	रे	सां	-	-	-	प	-	ध	सां	-	-	-
नै	-	-	रे	-	-	-	हौ	-	-	हो	-	-	-
x				2			0			3			

अंतरा

प	-	-	ग	-	-	म	-	प	-	नि	-	नि	-
खं	-	-	ज	-	-	री	-	ट	-	मा	-	नों	-
x					2		0			3			
नि	नि	-	सां	-	गं	-	रें	रें	-	सां	-	सां	-
म	हा	-	-	-	म	-	-	त्त	-	दो	-	ऊ	-
x					2		0			3			
गं	-	-	गं	-	गं	-	रें	रें	-	सां	-	-	सारे
कै	-	-	से	-	हूं	-	कि	र	-	त	-	-	न-
x					2		0			3			
सां	-	नि	ध	-	प	-	प	-	ध	सां	-	-	-
फे	-	-	रे	-	-	-	हो	-	-	हो	-	-	-
x					2		0			3			

कोई-कोई कीर्तनियां निम्नांकित प्रकार से दुहराता भी हैं :-

[प]ग	-	-	गं	-	गं	-	रें	रें	-	सां	-	-	रें
ना	-	-	च	-	त	-	मु	दि	-	त	-	-	अ
x					2		0			3			
नि	-	-	सां	-	-	-	प	-	ध	सां	-	-	-
ने	-	-	रे	-	-	-	हो	-	-	हो	-	-	-
x					2		0			3			

संचारी

गं	-	-	गं	-	गं	गं	-	गं	-	गं	-	गं	रें
स्या	-	-	म	-	-	श्वे	-	त	-	रा	-	-	-
x					2		0			3			
सां	-	नि	ध	-	प	-	प	-	ध	सां	-	सां	-
ते	-	-	रँ	-	ग	-	रं	-	-	जि	-	त	-
x					2		0			3			
सां	-	-	सां	-	-	नि	ध	-	-	प	-	-	प
मा	-	-	नों	-	-	-	चि	-	-	त्र	-	-	चि
x					2		0			3			
[म]ग	-	-	ग	म	प	-	ग	-	रे	स	-	-	-
ते	-	-	रे	-	-	-	हो	-	-	-	-	-	-
x					2		0			3			

आभोगी (अंतरे के समान)

कुंमनदास प्रभु गोवरधनधर स्याम सुभग तन हेरे ॥

राग–सारंग/ताल–चारताल

स्थाई

सां	-	नि	सां	सां	सां	सां	रें	सां	नि	प	प
वे	-	द	र	ट	त	ब्र	-	ह्म	र	ट	त
x		0		2		0		3		4	

सां	-	सां	सां	नि	प	म	रे	रे	रे	स	स
शं	-	भु	र	ट	त	शे	-	ष	र	ट	त
x		0		2		0		3		4	

नि	-	नि	स	स	स	रे	-	म	प	प	प
ना	-	र	द	सु	क	व्या	-	स	र	ट	त
x		0		2		0		3		4	

प\र	रें	रें	रें	सां	सां	सां	-	सां	नि	म	प
पा	-	व	त	न	हि	पा	-	र	जा	-	कौ
x		0		2		0		3		4	

अंतरा

नि	नि	नि	नि	नि	नि	सां	-	सां	सां	सां	सां
ध्रु	व	ज	न	प्र	ह	ला	-	द	र	ट	त
x		0		2		0		3		4	

नि	-	नि	-	नि	सां	नि	सां	रें	सां	नि	प
कुं	-	ती	-	के	-	कुं	व	र	र	ट	त
x		0		2		0		3		4	

म\र	रे	रे	स	स	स	रे	म	म	प	-	प
द्रु	प	द	सु	ता	-	र	ट	त	ना	-	थ
x		0		2		0		3		4	

रें	रें	-	सां	-	सां	सां	सां	-	नि	म	प
अ	ना	-	थ	-	न	प्र	ति	-	प	-	ल
x		0		2		0		3		4	

संचारी

रे	रे	म	म	म	म	प	-	प	प	प	प
ग	नि	का	-	ग	ज	गी	-	ध	र	ट	त
x		0		2		0		3		4	

नि̲	प	नि	नि	नि	-	सां	-	सां	नि̲	प	प
गौ	-	त	म	की	-	ना	-	रि	र	ट	त
x		0		2		0		3		4	

नि	-	नि	-	नि	नि	सां	-	सां	सां	नि̲	प
रा	-	जा	-	अं	ब	री	-	ष	र	ट	त
x		0		2		0		3		4	

नि̲	नि̲	नि̲	प	प	प	मरे	रे	रे	स	-	स
जा	-	ने	सौ	-	ई	जा-	-	-	ने	-	-
x		0		2		0		3		4	

आभोगी

मंरें	-	रें	रें	-	मं	रें	-	सां	सां	-	सां
नं	-	द	दा	-	स	श्री	-	गो	पा	-	ल
x		0		2		0		3		4	

नि	नि	नि	नि	नि	नि	सां	सां	नि	सां	-	सां
गि	र	व	र	ध	र	रू	-	प	जा	-	ल
x		0		2		0		3		4	

नि	नि	-	नि	-	नि	सां	-	सां	नि̲	-	प
ज	सौ	-	दा	-	कौ	वा	-	रौ	प्या	-	रौ
x		0		2		0		3		4	

रें	रें	सां	-	रें	-	सां	-	सां	नि̲	म	प
रा	-	धि	का	उ	र	हा	-	र	जा	-	कौ
x		0		2		0		3		4	

राग सारंग (एक प्रकार) /ताल प्रारम्भ में धमार अंतरा में तीनताल तथा बाद में कहरवा में चलती अँतरे में धैवत व गन्धार का प्रयोग

स्थाई

							म	प	-	नि	-	नि	-
							मो	-	-	ह	-	न	-
							0			3			
सां	-	-	सां	-	सां	-	नि	सां	रें	नि	-	प	-
खै	-	-	ल	-	त	-	हो	-	-	री	-	-	-
x					2		0			3			
प	रें	रें	रें	-	रें	-	रें	-	-	सां	-	सां	रें
सँ.	ग	-	बृ	-	ष	-	भा	-	-	नु	-	कि	-
x					2		0			3			
सां	-	-	नि	-	प	-	म	प	-	नि	-	नि	-
सो	-	-	री	-	-	-	मो	-	-	ह	-	न	-
x					2		0			3			

अंतरा

म	-	म	-	म	रे	म	प	ध	-	ध	ध	ध	नि	प	प
बं	-	सी	-	ब	ट	ज	मु	ना	-	त	ट	कु	-	ज	न
x		2		0		3		x		2		0		3	
म	म	प	प	धनि	सां	ध	प	ग	-	प	-	म	-	ग	-
त	ट	ठा	-	ढ़े-	-	ब	न	वा	-	-	-	री	-	-	-
x		2		0		3		x		2		0		3	
म	म	म	म	म	रे	म	प	ध	-	ध	ध	ध	नि	प	-
उ	त	ही	स	खिं	न	कौ	-	मं	-	ड	ल	जो	-	रें	-
x		2		0		3		x		2		0		3	

म	-	प	प	धनि	सां	ध	प	ग	-	प	-	म	-	-	-
श्री	-	बृ	प	भा	-	नु	दु	ला	-	-	-	री	-	-	-
x		2		0		3		x		2		0		3	

कहरवा में चलती

रें	-	रें	-	रें	-	रें	-	रें	रें	रें	रें	रें	-	सां	सां
हो	-	ड़ा	-	हो	-	ड़ी	-	क	र	त	प	र	-	स्प	र
x		0		x		0		x		0		x		0	

सां	-	सां	सां	<u>नि</u>	-	प	प	म	प	नि	-	सां	-	-	-
दे	-	त	हैं	आ	-	न	न्द	गा	-	-	-	री	-	-	-
x		0		x		0		x		0		×		0	

नि	नि	-	नि	नि	-	नि	नि	सां	सां	सां	-	सां	-	सां	सां
भ	रे	-	गु	ला	-	ल	कु	म	कु	मा	-	के	-	स	र
x		0		x		0		x		0		x		0	

रें	रें	रें	रें	रें	सां	रें	मं	मं	-	रे	-	सां	-	नि	नि
क	र	न	क	न	क	पि	च	का	-	री	-	मो	-	ह	न
x		0		x		0		x		0		x		0	

सां	-	-	-	सां	-	सां	-	नि	सां	रें	सां	<u>नि</u>	प	-	-
खे	-	-	-	ल	-	त	-	हो	-	-	-	री	-	-	-
x		0		x		0		x		0		x		0	

प	रें	रें	रें	रें	-	सां	सां	सां	-	<u>नि</u>	प	म	प	नि	नि
सं	ग	बृ	ष	भा	-	नु	कि	सो	-	री	-	मो	-	ह	न
x		0		x		0		x		0		x		0	

इसी प्रकार आगे की तुकें गाई जाती है।

इस पद में चार-चार पंक्तियों की 13 तुकें हैं।

राग–नूर सारँग/ताल–तीनताल म को स मानकर

स्थाई

म	म	ग	रे	स	रे	सा	नि	नि	स	रे	स	(म)रे	-	-	रे
आ	ज	द	धि	मी	-	ठौ	-	म	द	न	गो	पा	-	-	ल
0		3		x		2		0		3		x		2	

अंतरा

रे	-	म	म	प	-	प	प	म	-	प	-	ध	म	ग	रे
भा	-	व	त	मो	-	हि	ति	हा	-	रौ	-	झू	-	ठौ	-
x		2		0		3		x		2		0		3	

अथवा

नि	-	नि	नि	ध	-	प	प	म	ग	रे	रे	म	म	ग	रे
चं	-	च	ल	नै	-	न	बि	सा	-	-	ल	आ	ज	द	धि
x		2		0		3		x		2		0		3	

संचारी

सा	-	सा	-	सा	सा	सा	सा	नि	स	रे	स	नि	-	प	-
पा	-	नि	-	प	र	त	ब	ना	-	ये	-	दौं	-	ना	-
x		2		0		3		x		2		0		3	

नि	नि	-	नि	नि	स	रे	स	रे	-	-	-	स	-	-	-
दि	ये	-	स	ब	न	कों	-	बां	-	-	-	ट	-	-	-
x		2		0		3		x		2		0		3	

आभोगी

(अंतरा के समान)

राग–सारंग/ताल-धमार (सारंग का अन्य प्रकार)

स्थाई

प	रे	स	सरे	निस
हों	नी	-	के-	--

ग	-	-	ग	रे	म	ग	प	प	-	ध	नि	सां	-
जा	-	-	न	त	री	-	आ	ली	-	ते	-	रे	-
x					2		0			3			

धनि	ध	प	म	ग	ग	गम	गरे	मग	गप	रे	स	सरे	निस
हृ-	द	य	की	-	स	व-	बा-	--	त,हो	नी	-	के-	--
x					2		0			3			

अंतरा

प	प	-	सां	-	-	सां	-	सां	-	सां	-	सां	-
स	क	-	ल	-	-	दो	-	ष	-	जु	-	व	-
x					2		0			3			

ध	ध	-	ध	नि	सां	रें	सां	सां	-	ध	नि	प	-
ति	न	-	कौ	-	-	-	स	र	-	व	-	स	-
x					2		0			3			

सां	-	-	ध	-	-	प	प	-	-	ध	नि	सां	-
तें	-	-	ही	-	ह	-	रयौ	-	-	आ	-	ली	-
x					2		0			3			

धनि	ध	प	म	ग	ग	गम	गरे	मग	गप	रेस	स	सरे	निस
सां-	-	व	रे	-	-	--	गा-	--	त,हौं	नी-	-	के-	--
x					2		0			3			

संचारी

प	-	-	प	-	-	प	प	-	-	म	प	-	-
जा	-	-	कों	-	-	वि	धा	-	-	ता	-	-	-
x					2		0			3			

सां	-	-	ध	-	-	प	ग	-	रे	म	-	ग	-
ता	-	-	हि	-	-	न	का	-	-	हू	-	की	-
x					2		0			3			

प	प	प	ध	-	-	प	म	-	-	ग	-	-	ग
प	र	वा	-	-	-	भ	लें	-	-	ही	-	-	क
x					2		0			3			

ग	-	रे	म	-	ग	-	प	-	रे	स	-	-	स
हो	-	-	को	-	ऊ	-	पाँ	-	च	सा	-	-	त
x					2		0			3			

आभोगी

प	-	-	सां	-	सां	-	सां	सां	-	सां	-	सां	-
गो	-	-	वि	-	न्द	-	प्र	भु	-	नि	-	धि	-
x					2		0			3			

गं	-	रें	मं	-	गं	-	पं	रें	-	सां	-	सां	-
नी	-	कौं	-	-	-	-	ध	न	-	पा	-	यौं	-
x					2		0			3			

प	-	-	सां	-	-	सां	रें	-	रें	सां	-	सां	-
ते	-	-	ही	-	-	छि	पा	-	यौं	मो	-	सों	-
x					2		0			3			

ग	ग	रे	म	-	ग	-	प	-	प	ध	नि	सां	-
कि	त	दु	र	-	त	-	है	-	री	जो	-	तू	-
x					2		0			3			

धनि	ध	प	म	ग	ग	गम	गरे	मग	गप	रे	स	सरे	निस
डा-	र	तो	हौ	-पा	त-	पा-	--	-	-	तहौ	नी	-के-	--
x					2		0			3			

राग-सारंग/ताल-तीनताल (सारंग का एक अन्य प्रकार)

स्थाई

ध	-	निध	पध	नि	नि	सां	नि	सां	-	^नि सां	(सां)	नि	-	ध	म
टी	-	क-	-दु	प	ह	री	-	की	-	बि	रि	या	-	--	-
x		2		0		3		x		2		0		3	

मप	निसां	--	निप	^म रे	^प रे	स	स	म	-	रे	-	म	-	प	प
हो--	--	--	भ-	लें	ही	मे	रे	आ	-	ये	-	हो	-	ल	ल
x		2		0		3		x		2		0		3	

मप	निसां	रेंसां	सां(सां)निप	^म रे	रे	स	स
ना-	--	--	-म-	लें	ही	मे	रे
x		2		0•		3	

अंतरा

म	प	नि	नि	सां	सां	निसां	सां
आ	-	ज	को	दि	न	शु-	भ
x		2		0		3	

^म रें	सां	रें	सां	निसां	रेंसां	निध	निप
न	क्ष	त्र	म	हू--	--	र-	त-
x		2		0		3	

ध	ध	ध	ध	निध	पध	नि	सां
शु	भ	न	क्ष	त्र -	--	प	ल
x		2		0		3	

सां	सां	नि	-	ध	म	पध	निसां
घ	रि	यां	-	-	-	हो -	--
x		2		0		3	

(सां)	सां	नि॒प	प	मरे	रे	स	स	म	-	रे	-	-		स	-
हां	-	- -	भ	लें	ही	मे	रे	आ	-	ये	-	-		-	-
x		2		0		3		x		2		0		3	

संचारी

म	म	रे	-	म	-	म	-	प	-	-	प	प	-	-	प
ग	यौं	-	-	हैं	-	आ	-	नं	-	-	द	कं	-	-	द
x		2		0		3		x		2		0		3	

म	-	प	-	नि	-	नि	-	सां	-	नि	-	सां	सां	सां	सां
मि	-	ट्यौ	-	हैं	-	वि	-	र	-	ह	-	दु	ख	व्द	न्द
×		2		0		3		×		2		0		3	

नि॒	ध	नि	-	नि	-	नि	नि	सां	-	सां	(-)	नि॒	-	प	प
चं	-	द	-	न	-	घि	स	अं	-	ग	-	ले	-	प	न
×		2		0		3		×		2		0		3	

नि॒	-	प	प	म	-	रे	स	म	-	म	-	रे	-	-	-
औं	-	र	-	पाँ	-	य	न	प	-	रि	-	याँ	-	-	-
×		2		0		3		×		2		0		3	

आभोगी

तानसेन के प्रभु मया कीन्ही मो पै सूखी बेल करी हरियां।
(स्वरलिपि अंतरे के समान)

राग–सारंग/ताल–धमार

स्थाई

						म	प	नि	-	सां	-	-	-
						सु	रं	-	-	गी	-	-	-

मं	-	-	मं	-	-	-	रें	-	-	सां	-	–	-
हो	-	-	री	-	-	-	खे	-	-	लैं	-	-	-
x					2		0			3			

सां	-	-	-	-	-	रे	नि	-	-	प	-	-	-
सां	-	-	-	-	-	व	रौ	-	-	-	-	-	-
x					2		0			3			

रें	रें	-	सां	-	नि	-	ध	म	-	प	-	ध	-
ब्र	ज	-	वृं	-	-	-	दा	-	-	ब	-	न	-
x					2		0			3			

सानि	-	-	ध	प	म	रे	म	-	-	प	-	-	-
मा	-	-	झ	-	-	,सु	रं	-	-	गी	-	-	-
x					2		0			3			

अंतरा

						म	म	-	-	रे	-	-	-
						सु	रं	-	-	गी	-	-	-

म	म	-	म	-	-	म	म	रे	-	म	-	-	प
स	र	-	स	-	-	ब	सं	-	-	त	-	-	सु
x					2		0			3			

ध	-	-	-	-	नि	ध	प	-	-	-	-	-	-
हा	-	-	-	-	-	व	नों	-	-	-	-	-	-
x					2		0			3			

सां	सां	-	<u>नि</u>	-	ध	-	ध	म	-	प	-	ध	-		
ऋ	तु	-	आ	-	-	-	ई	-	-	सु	-	-	ख		
x					2		0			3					

सां नि	-	-	ध	प	म	रे	म	-	-	प	-	-	-		
दे	-	-	न	-	-	सु	रं	-	-	गी	-	-	-		
x					2		0			3					

आगे की एक पंक्ति स्थाई के व दूसरी पंक्ति अंतरे के समान गाई जाती है।

राग–सारंग/ताल–झूमरा (सारंग का अन्य प्रकार)

स्थाई

रे	स	रेस	नि़स	गरे	म	ग	प	प	मप	धप	गरे	म	ग
अ	न	त-	न-	जै-	-	यै	पि	या	--	--	र-	हि	यै
3				x			2				0		

प	-	प	-	मप	धनि	सां	^सा^ध	-	नि	प	गरे	म	ग
मे	-	रे	-	ही-	--	-	-	-	-	-	म-	ह	ल
3				x			2				0		

प	रे	सरे	नि़स	ग
अ	न	त-	-न	जै
3				x

अंतरा

प	प	सां	सां	सां	सां	सां	^सां^ध	ध	नि	प	प	प	-
जो	ई	जो	ई	क	हौ	-	गे	-	-	-	सो	ई	-
3				x			2				0		

सां	-	सां	-	सांनि	ध	प	ग	रे	म	ग	प	रे	स
सो	-	ई	-	क-	रुं	गी	ट	-	-	-	ह	ल	-
3				x			2				0		

सचांरी

प	प	प	प	प़	प	-	पप	म	ग	ग	रे	म	ग
सैं	-	या	सा	म	ग्री	-	बस	न	आ	भू	-	ष	न
x			2					0		3			

पप	प	प	प	प	म	ग	गरे	म	ग	प	रे	स	-
सब	बि	धि	क	र	रा	-	खूं-	-	गी	प	ह	ल	-
x			2				0			3			

आभोगी

पप	प	-प	सां	सां	सां	सां	सां	सां	रें	सां	-ध	नि	प
चतु	र	-वि	हा	से	गि	रि	धा	री	पि	या	-	की	-
x			2				0			3			

प	सां	सां	सां ध	-	नि प	प	गरे	म	ग	प	रे	सरे	निस
रा	-	व	री	-	य	ही	स-	ह	ल	अ	न	त-	-न
x			2				0			3			

राग–सारंग/ताल स्थाई में धमार, अंतरे में तीनताल व कहरवा की चलती

स्थाई

						नि	नि	नि	-	सां	-	-	-
						स	ब	न	-	सों	-	-	-
							0			3			
सां	सां	-	सां	-	-	रे	सां	-	-	नि	-	प	-
क	ह	-	त	-	-	ज	सो	-	-	दा	-	-	-
x					2		0			3			
नि	-	-	प	-	-	म	रे	म	-	प	-	प	-
मा	-	-	य	-	-	ज	न	म	-	दि	-	न	-
x					2		0			3			
नि	-	-	प	-	म	-	रे	-	-	नि	-	स	-
ला	-	-	-	-	ल	-	कौ	-	-	फि	-	र	-
x					2		0			3			
म	-	-	रे	-	-	-	-	-	-	स	-	-	-
आ	-	-	यौ	-	-	-	-	-	-	-	-	-	-
x					2		0			3			

अंतरा (तीन ताल)

म	म	म	-	म	रे	म	प	ध	-	ध	नि	ध	प	म	प
ज	ब	बी	-	ते	-	स	ब	मा	-	स	ब	हु	रि	आ	-
x		2		0		3		x		2		0		3	

सां	-	नि	प	म	रे	स	-
यौ	-	पु	नि	भा	-	दों	-
x		2		0		3	

दिन आठें बुधवार होत गोकुल दधिकांदौ (स्वरलिपि उक्त प्रकार ही)

(कहीं कहीं उक्त पंक्ति निम्नांकित प्रकार से भी गाई जाती है—)

नि नि	नि -	नि -	नि नि	सां -सा	नि नि	प म प
दि न	आ -	ठें -	बु ध	वा -	र हो	-त गो -
x	2	0	3	x	2	3

नि नि	प म	रे रे	स -
कु ल	द धि	कां -	दौ -
x	2	0	3

कहरवा में चलती

मं रें -	रें रें	रें -	रें रें	रें -	- रें	रें -	सां -
बो -	ल ल	ई -	ब्र ज	सुं -	- न्द	री -	- -
x	0	x	0	x	0	x	0

नि नि	नि नि	नि -	नि नि	सां -	- -	- -	- सां
हि लि	मि लि	मं -	ग ल	गा -	- -	- -	- य
x	0	x	0	x	0	x	0

नि -	नि नि	नि -	नि नि	सां -	सां सां	सां -	सां सां
बां -	ध त	बं -	द न	वा -	र म	नो -	ह र
x	0	x	0	x	0	x	0

रें -	रें रें	रें सां	रें मं	मं रें	रें नि	नि नि	नि नि
मो -	ति न	चौ -	क पु	रा -	य ज	न म	दि न
x	0	x	0	x	0	x	0

सां -	- सां	नि -	प म	रे -	- -	स -	- -
ला -	- ल	कौ -	फि र	आ -	- -	यौ -	- -
x	0	x	0	x	0	x	0

इस प्रकार एक तुक पूर्ण हुई

राग सांरग/ताल तीन ताल

स्थाई

												म	प	नि	-
												ऐ	-	सौ	-
												0		3	

सां	-	-	-	सां	-	सां	रें	सां	-	<u>नि</u>	प	-	-	म	प
खे	-	-	-	ल	-	हो	-	री	-	कौ	-	-	-	ज	हा
x		2		0		3		x		2		0		3	

प	रें	रें	रें	रें	सां	सां	सां	सां	-	<u>नि</u>	प	म	प	नि	-
र	ह	त	न	ही	-	क	छु	का	-	-	न	ऐ	-	सो	-
x		2		0		3		x		2		0		3	

अंतरा (झांझ पखावज बन्द)

रें रें रें रें - रें - - मं मं रें रें - नि नि सां --
क र सि गा - र - - ध र न तें - नि क सी --
नि - नि - नि - नि - सां
व्दा - रे - ठा - ढो - आ
- - - - सां - - - - -
- - - - य - - - - -

सभी मिलकर उक्त पंक्ति को दुहराते हैं। फिर सब एक साथ निम्नांकित पंक्तियों को कहरवा की चलती में गाते हैं-

नि	-	नि	नि	नि	-	नि	नि	सां	-	-	सां	सां	-	सां	सां
खे	-	ल	न	कों	-	न	न्द	ला	-	-	ल	सों	-	ब्र	ज
x		0		x		0		x		0		x		0	

रें	रें	रें	-	रें	रें	मं	मं	मं	-	रें	रें	-	-	नि	सां
जु	व	ती	-	स	ह	ज	सु	भा	-	-	य	-	-	ज	हां
x		0		x		0		x		0		x		0	

रें	रें	रें	रें	रें	रें	मं	मं	मं	-	रें	रें	-	-	नि	सां
क	हि	य	त	प	र	म	त	खा	-	-	न	-	-	ज	हां
x		0		x		0		x		0		x		0	
रें	रें	रें	रें	रें	रें	मं	मं	मं	-	रें	रेंसां	नि	-	नि	-
मि	लि	वे	-	की	-	अ	कु	ला	-	-	न-	-ऐ	-	सौ	-
x		0		x		0		x		0		x		0	
सां	-	-	-	सां	-	सां	रें	सां	-	नि	प	-	-	म	प
खे	-	-	-	ल	-	हो	-	री	-	कौं	-	-	-	ज	हां
x		0		x		0		x		0		x		0	
प	रें	रें	रें	रें	सां	सां	सां	सां	-	नि	प	म	प	नि	-
र	ह	त	न	हीं	-	क	छु	का	-	-	न	ऐ	-	सौ	-
x		0		x		0		x		0		x		0	

विशेष:-

संगीत रचना की दृष्टि से यह धमार विशेष रूप से उल्लेखनीय हैं क्योंकि इसकी स्थाई में एक पंक्ति बड़ी व 12 पंक्तियां छोटी हैं। गाते समय स्थाई की पहिली पंक्ति गाने के बाद 12 छोटी पंक्तियों को छोड़ दिया जाता है तथा अंतरा पकड़ लिया जाता है। अंतरे की दूसरी पंक्ति समाप्त होते ही स्थाई की छोटी छोटी पंक्तियों को सुविधाजनक संख्या में (दो दो या चार चार) गाते है तथा अंत में स्थाई की बड़ी पंक्ति गायी जाती हैं। इस प्रकार एक तुक सम्पन्न होती है।

राग-सारंग/ताल-झपताल

सां	सां	सां	सां	सां	सां	सां	नि̱	प	प
त	र	नि	त	न	या	-	ति	-	र
x		2			0		3		
रे	रे	म	नि	प	रें	रे	नि̱	स	स
ला	-	ल	गि	रि	व	र	ध	र	न
x		2			0		3		
रे	रे	म	म	-	प	प	नि̱	म	प
रा	-	धि	का	-	स	-	ग	न	-
x		2			0		3		
रें	रें	रें	सां	सां	नि̱	प	नि	सां	-
त्य	त	सु	भ	ग	रा	-	स	में	-
x		2			0		3		

अंतरा

रें	रें	रें	रें	रें	रें	रें	रें	रें	रें
ता	थे	ई	ता	-	थे	ई	क	र	त
x		2			0		3		
सां	सां	-	सां	सां	सां	नि̱	प	नि	सां
गति	-	-	भे	-	द	सों	-	पि	य
x		2			0		3		
नि̱	नि̱	प	प	प	म	रे	म	प	प
अं	-	ग	अं	-	ग	मि	ल	त	-
x		2			0		3		
रें	रें	सां	सां	-	नि̱	प	प	नि	सां
सुं	-	द	री	-	ता	-	स	मैं	-
x		2			0		3		

संचारी स्थाई के समान व **आभोगा** अंतरे के समान गाया जाता है

राग–सारंग/ताल–धमार

स्थाई

प प

म प नि सां	रें - - (रें)नि -	(रें)सां -	नि प -
हौ प वृ ष्टि	हो - - - -	- -	त - -
3	x	2	0

प - - प	नि नि नि प -	प प	म - म
हो - - ल	झू ल त हैं -	प्या रौ	ला - ल
3	x	2	0

रे रे - सस	रे म - प -	नि प	म रेस प
बि हा - रीबि	हा - - - -	- -	रि न- प
3	x	2	0

अंतरा

रें रें रें रें सां	सां -	नि - प	नि नि सां सां
सु र पु र -	गं -	ध - र्व	औ र पु र
x	2	0	3

नि नि प म -	रे -	रे ऩि स	- - - म
ति न की ना -	री -	दे ख त	- - - वा
x	2	0	3

म प - - -	नि सां	रें - -	(रें)नि - नि नि
र त - - -	ल र	मो - -	त - डो ल
x	2	0	3

सां सां सां नि प	म प	म - म	रे रे - सस
झू ल त है -	प्या रौ	ला - ल	बि हा - रीबि
x	2	0	3

रे	म	-	प	-	नि	प	म	रेसु	प	म	प	नि	सां
हा	-	-	-	-	-	-	रि	न-	प	हौ	प	वृ	ष्टि
x					2		0			3			

संचारी

सां	-	सां	सां	सां	नि	प	प	म	म	म	प	नि	सां
दे	-	रा	क	र	त	प	र	स्प	र	स	व	मि	लि
x					2		0			3			

सांसां	सां	सां	नि	नि	प	-	म	रे	रे	नि	-	स	स
नहिं	दे	खी	यु	व	ती	-	ऐ	-	सी	जो	-	-	त
x					2		0			3			

आभोगी

मं	मंमं	मं	रें	-	रें	रें	रें	-	रें	नि	-	सां	-
श्री	हरि	दा	-	-	स	के	स्वा	-	मी	स्या	-	मा	-
x					2		0			3			

नि	-	-	सां	-	-	रे	नि	सां	-	नि	-	प	-
कुं	-	-	ज	-	-	बि	हा	-	-	री	-	-	-
x					2		0			3			

म	-	प	म	प	नि	सां	रे	-	रे	नि	-	-	नि
सा	-	दा	चु	री	खुं	बी	पो	-	त	डो	-	-	ल
x					2		0			3			

सां	सां	सां	नि	प	प	प	म	-	म	रे	रे	-	सस
झू	ल	त	है	-	प्या	रौ	ला	-	ल	बि	हा	-	रीबि
x					2		0			3			

रे	म	-	प	-	नि	प	म	रेसु	प	म	प	नि	सां
हा	-	-	-	-	-	-	रि	न-	प	हौ	प	बृ	ष्टि
x					2		0			3			

राग–सारंग/ताल–झपताल (चर्चरी शब्द का उल्लेख)

स्थाई

सां	सां	सां	सां	सां	नि	-	प	प	प
क	र	त	ह	रि	नृ	-	त्य	न	व
x		2			0		3		
म	म	रे	म	प	म	रे	रे	स	स
रं	-	ग	रा	-	धा	-	सं	-	ग
x		2			0		3		
रे	-	रे	म	म	प	प	नि	म	प
ले	-	त	न	व	ग	ति	भे	-	द
x		2			0		3		
रें	रें	रें	सां	-	नि	-	प	म	प
च	र	च	री	-	ता	ल	-	के	-
x		2			0		3		

अंतरा

मंरें	रें	-	रें	रें	रें	सां	सां	सां	सां
प	र	-	स्प	र	द	र	स	र	स
x		2			0		3		
नि	-	नि	नि	नि	-	सां	सां	सां	सां
म	-	त्त	भ	ये	-	त	त	थे	ई
x		2				0	3		
सां	-	सां	नि	प	म	रे	म	प	प
थे	-	ई	ग	ति	ले	-	त	सं	-
x		2			0		3		

रें	-	रें	सां	सां	<u>नि</u>	-	प	म	प
गी	-	त	सु	र	सा	-	ल	के	
x		2			0		3		

संचारी

म	म	रें	म	म	प	-	प	प	प
पऽ	र	ह	र	त	व	-	हिं	व	र
x		2			0		3		
नि	नि	नि	सां	सां	<u>नि</u>	<u>नि</u>	<u>नि</u>	प	प
थ	र	ह	र	त	उ	प	हा	-	र
x		2			0		3		
म	म	रे	म	म	प	प	प	प	प
भ	र	ह	र	त	भ्र	म	र	व	र
x		2			0		3		
<u>नि</u>	<u>नि</u>	प	म	म	रे	-	रे	स	-
वि	म	ल	ब	न	मा	-	ल	के	-
x		2			0		3		

आभोगी **अंतरावत्**

राग–सारंग/ताल-धमार, चलती (कहरवा) व तीनताल

स्थाई–(ताल धमार में)

									प	म	प	नि	सां
									अ	हो	-	भै	या
										3			
रें	-	-	-	-	-	-	मं	मं	<u>रें</u>	-	रें	नि	नि
हो	-	-	-	-	-	-	हे	री	आ	-	ज	न	न्द
x					2		0			3			
सां	-	सां	सां	-	-	सां	सां	-	-	<u>नि</u>	प	म	प
रा	-	य	के	-	-	आ	नं	-	-	द	-	-	भ
x					2		0			3			
मरे	-	-	-	-	-	-	स	-	प	म	प	नि	सां
यौ	-	-	-	-	-	-	-	-	अ	हो	-	भै	या
x					2		0			3			

अंतरा-(ताल चलती अर्थात् कहरवा)

रें	-	रें	रें	रें	-	रें	-	मं	मं	मं	मं	रें	-	रें	रें
ना	-	च	त	गो	-	पी	-	क	र	त	कु	ला	-	ह	ल
x				0				×				0			
नि	-	नि	नि	नि	-	सां	सां	निसां	रें	-	-	नि	-	सां	-
मं	-	ग	ल	चा	-	र	ठ	यौ-	-	-	-	-	-	-	-
x				0				×				3			
रें	-	रें	सां	सां	सां	नि	नि								
ए	-	री	आ	-	ज	न	न्द								
x				0											

(तीनताल प्रारंभ)

सां	-	-	सां	सां	-	-	-
रा	-	-	य	कें	-	-	-
x		2		0		3	

ंचारी

सां	-	सां	-	सां	सां	सां	-	नि	-	प	-	म	प	नि	सां
रा	-	ती	-	पि	य	री	-	चो	-	ली	-	प	हि	रें	-
x		2		0		3		x		2		0		3	

सां	-	सां	सां	नि	-	प	प	रे	-	-	-	स	-	-	-
नू	-	त	न	झू	-	म	क	सा	-	-	-	री	-	-	-
x		2		0		3		x		2		0		3	

ाभोगी -(चलती अर्थात कहरवा)

रें	-	रें	रें	रें	-	रें	रें	रें	-	रें	सां	नि	-	सां	-
चो	-	बा	-	चं	-	न्द	न	अं	-	ग	ल	गा	-	ये	-
x				0				x				0			

नि	-	नि	नि	नि	-	नि	सां	सां	रें	रें	रें	-	सां	नि	नि
सें	-	दु	र	मां	-	ग	सं	भा	-	री	आ	-	ज	न	न्द
x				0				x				0			

पुनः धमार ताल प्रारम्भ)

सां	-	-	-	-	-	सां	नि	प	-	प	-	-	-
रा	-	-	-	-	-	य	कें	-	-	आ	-	-	-
x					2		0			3			

म	-	-	रे	-	-	रे	सा	-	-	-	-	-	-
न	-	-	न्द	-	-	भ	यौं	-	-	-	-	-	-
x					2		0			3			

आगे क्रमशः एक पंक्ति संचारी व एक पंक्ति आभोगी के समान गायी जाती है।

ंसे:-

माखन दूध दह्यौ भरि भाजन सकल ग्वाल ले आये संचारी के समान

बाजत बैन पखावज महुवरि गावत गीत सुहाये	आभोगी के समान
हरद दूव अक्षत दधि कुंकुम आंगन बाढ़ी कीच	संचारी " "
हंसत परस्पर प्रेम मुदित मन लाग लाग भुज बीच	आभोगी " "
चहुं वेद धुनि करत महामुनि पंचसब्द ढम ढोल	संचारी " "
परमानन्द बढ्यौ गोकुल में आनन्द हदे कलोल	आभोगी " "

●

राग–सारंग/ताल–धमार

स्थाई

नि
ब

नि	-	-	नि	-	-	-	नि	-	-	सां	-	सां	-
धा	-	-	ई	-	-	-	कौ	-	-	दि	-	न	-
x					2		0			3			

नि	सां	रें	नि	-	प	-	म	-	-	रे	-	म	प
नी	-	-	कौ	-	-	-	आ	-	-	ज	-	-	ब
x					2		0			3			

नि - - प - म - रे - - सां - सां -
धा - - ई - - - कौ - - दि - न -
x 2 0 3

म - - रे - - - - - - स - -
नी - - कौ - - - - - - - - - -
x 2 0 3

अंतरा

रें - - रें - - रें रेंरें - -सां- सां-
नं- - द - - घ र नि - ज - सु-
x 2 0 3

नि नि - नि - - - नि-- सां - - -
म ति- जा -- यौ -- है- -
x 2 0 3

सां - - सां - - सां निप - म - प - । नि - - सां - -- नि - - म - प प
ला - - ल - - भा - म - तौ - - - । जी- - कौ - - - आ -- ज - - ब
x 2 0 3 x 2 0 3

नि - -	प - म -	रे - -	सा - सा - ।	म - -	रे - - -	- - -	स - -
धा - - ई	- - -	कौ - -	दि - न - ।	नी - -	कौ- - -	- - -	- - -
x	2	0	3	x	2	0	3

संचारी

सां - -	सां - - सां	- सां -	सां - - - ।	नि प -	म - रे -	म म -	प - ध -
पं - -	च - - स	- ब्द -	बा - - - ।	जे - - -	बा - - -	ज त -	घ र -
x	2	0	3	x	2	0	3

सां नि नि -	प - - -	म रे -	स - - - ।	म - -	रे - - -	- - -	स - -
घ र -	ते - - -	आ - -	यौ - - - ।	टी - -	कौ - - -	- - -	- - -
x	2	0	3	x	2	0	3

आभोगी

(अंतरा के समान)

मंगल कलस लियें ब्रज सुन्दरि ग्वाल बनावत छींकौ

(तत्पश्चात् एक पंक्ति संचारी के समान व उससे अगली पंक्ति अंतरे के समान गाई जाती है।)

यथा—देत असीस सकल गोपीजन चिरचीवौं कोटि बरीसौं -संचारी के समान

परमानन्द दास कौ ठाकुर गोप भेष जगदीसौं- अंतरा के समान

●

राग–सारंग/ताल–तीनताल (संचारी का अन्य प्रकार)

स्थाई

रे - म प
आ - ज ब
2

सां - नि प । प म रे स । रेम म म रे । रे - म प
धा - ई - । कौं - दि न । नी- - की - । आ - ज ब
0 3 x 2

अंतरा

रे - रें रें । रें सां सां सां । नि नि सां - । सां - सां -
न - न्द घ । र नि ज सु । म ति जा - । यौ - है -
0 3 x 2

सां - सां सां । - नि प - । मप निसां रें - । नि ध म प
ला - ल भा । - म तौ - । जी- -- कौं - । आ ज ज ब
0 3 x 2

संचारी

रे - म प । - प प नि । म प नि - । सां सां निध प
पं - च स । - व्द वा - । जे - बा - । ज त हैं - -
0 3 x 2

निनि नि नि प । म रे रे स । रेम म रे - । - - स -
घर घ र तें । आ - यौ - । टी- - कौं - । - - - -
0 3 x 2

आभोगी

नि - नि नि । सां सां सां सां । म प नि सां । निसां रेंसां नि प
मं - ग ल । क ल स लि । ये - ब्र जा । सु- -- न्द रि
x 3 x 2

रें - रें रें । सां - नि सां । निसां रेंसां नि प । रे - म प
ग्वा - ल ब । ना - व त । छीं - -- कौं - । आ - ज ब
0 3 x 2

आगे की एक पंक्ति संचारीवत् तथा दूसरी पंक्ति आभोगीवत्

राग-सारंग/ताल-धमार

(शुद्ध धैवत का क्वचित प्रयोग)

स्थाई

सां	-	-	सां	-	-	सां	सां	-	-	सां	-	-	-
छाँ	-	-	ड़ौ	-	-	ह	मा	-	-	री	-	-	-
x				2			0			3			

सां	-	-	नि	-	प	-	रे	-	-	म	-	प	-
वा	-	-	ट	-	-	-	लं	-	-	ग	-	र	-
x				2			0			3			

-	-	-	म	प	नि	सां	रें	-	सां	नि	-	प	प
-	-	-	सां	-	-	ब	रौ	-	-	छा	-	ड़ौ	-
x				2			0			3			

म	-	-	रे	-	रे	मरे	रे	म	-	प	-	-	ध
छाँ	-	-	ड़ौ	-	-	ड़-	मा	-	-	री	-	-	-
x					2		0			3			

नि	-	-	ध	-	प	म	रे	-	स	म	प	नि	सां
वा	-	-	-	-	ट	-	-	-	-	लं	-	ग	र
x					2		0			3			

अंतरा

म	प	-	नि	-	-	-	सां	-	-	सां	-	-	-
जि	न	-	फो	-	-	-	रौ	-	-	ढो	-	-	-
x					2		0			3			

सां	-	-	नि	-	प	-	म	प	-	नि	-	सां	-
रौ	-	-	में	-	री	-	गा	-	-	ग	-	र	-
x					2		0			3			

रें	रें	-	रें	-	-	रें	-	रें	-	सां	-	सां	-
भ	र	-	न	-	-	दे	-	उ	-	य	-	ह	-
x					2		0			3			

नि	-	-	प	-	-	-	म	-	प	म	प	नि	सां
धा	-	-	-	-	-	-	ट	-	-	लं	-	ग	र
x					2		0			3			

संचारी

सां	सां	-	सां	-	सां	-	सां	-	-	सां	-	सां	-
जि	न	-	प	-	क	-	रौ	-	-	झ	-	ग	-
x					2		0			3			

नि	-	-	प	-	प	-	रे	म	-	प	-	-	-
रौ	-	-	मे	-	रे	-	अं	च	-	रा	-	-	-
x					2		0			3			

नि	-	-	नि	-	-	नि	प	-	-	म	-	-	-
दे	-	-	ख	-	-	लि	चा	-	रौ	-	-	-	-
x					2		0			3			

रे	-	-	नि	-	-	-	स	-	-	स	-	-	-
ठौ	-	-	-	-	-	-	र	-	-	इ	-	-	-
x					2		0			3			

आभोगी अंतरावत्

राग-सारंग/ताल-कहरवा (रसिया)

पड़ज को चढ़ा हुआ करके (मध्यम को षड़ज मानकर)

स्थाई

स स
ब्र ज
0

नि -	नि प	नि स	रे स	रे रे	रे प	म ग	रे स
की -	तो हे	ला -	ज मु	क ट	बा -	रे -	ब्र ज
x	0	x	0	x	0	x	0

रे -	स स	- -	^{स}म ^{स}प	<u>नि</u> ध	प प	म रे	म प
की -	तो है	- -	ब्र ज	की -	तो है	हां हां	ब्र ज
x	0	x	0	0	0	x	0

नि ध	प प	प म	रे स	रे रे	रे प	म ग	रे स
की -	तो है	ला -	ज मु	क ट	बा -	रे -,	ब्र ज
x	0	x	0	x	0	x	0

ताल मुक्त

प प प - - - - - - - म ग रे - - -
अ ब हाँ - - - - - - - हो - - - - -
नि नि प प नि स रे रे - - - -(रे) म ग रे -
च न्दा - सू र ज ते रौ - - - - - ध्या - - न -
स रे नि स - - - - पुनः नीचे का अलाप सभी मिलकर लेते हैं-
ध र त हैं - - - -
स स रे^{म} - म म प - प प प - - - - -
अ ब हो - प्या - रे - र सि या - - - - - -

चन्दा सूरज तेरौ ध्यान धरत हैं-सभी मिलकर दुहराते हैं। तत्पश्चात् सब मिलकर निम्नांकित पंक्ति को कहरवा की चलती में गाते हैं-

नि	-	नि	ध	प	प	म	ग	रे	रे	रे	प	म	ग	नि	नि
ध्या	-	न	ध	र	त	नौ	-	ल	ख	ता	-	रे	-	ते	रौ
x		0		x		0		x		0		x		0	

नि	-	नि	ध	प	प	म	ग	रे	रे	रे	प	म	ग	रे	स
ध्या	-	न	ध	र	त	नौ	-	ल	ख	ता	-	रे	-	ब्र	ज
x		0		x		0		x		0		x		0	

(एक तुक सम्पन्न)

राग–सारंग/ताल–धमार (विशेष-बंदिश की सरलता)

स्थाई

सां	सां	-	सां	-	सां	-	सां	सां	-	नि	-	प	-
बि	हँ	-	सि	-	क	-	ह	त	-	क	-	हा	-
x					2		0			3			

म	-	-	प	-	प	-	नि	-	-	सां	-	-	-
दे	-	-	त	-	हौ	-	गा	-	-	री	-	-	-
x					2		0			3			

रें	रें	-	रें	-	रें	-	रें	-	रें	सां	-	-	-
सु	र	-	प	-	ति	-	पू	-	-	जा	-	-	-
x					2		0			3			

नि	नि	-	प	-	-	म	रे	-	-	स	-	-	-
क	रौ	-	-	-	-	स	वा	-	-	री	-	-	-
x					2		0			3			

किंचित् अंतरे में स्थाई की ही पिछली दो आवृत्तियों के स्वर पहले, और पहली अंतरा स्वरान्तर से दो आवृत्तियों के स्वर बाद में ले लेते हैं। यथा:-

रें	रें	-	रें	-	रें	-	रें	रें	-	सां	-	सां	-
दे	-	-	खौ	-	-	-	ह	म	-	स	-	ब	-
x					2		0			3			

नि	नि	-	म	-	प	-	नि	-	-	सां	-	-	-
फि	र	-	त	-	-	बि	चा	-	-	री	-	-	-
x					2		0			3			

सां	सां	-	सां	-	सां	-	सां	सां	-	नि	-	प	-
x					2		0			3			
रे	-	-	म	-	प	-	रे	-	-	स	-	-	-
x					2		0			3			

संचारी-स्थाई के समान व आभोगी अंतरे के समान

राग–नट/ताल–धमार

स्थाई

-	-	-	म	-	-	ग	प	-	-	नि	-	-	ध
-	-	-	प्री	-	-	त	ही	-	-	तें	-	-	-
x				2			0			3			

नि	-	-	सां	-	-	-	ध	-	नि	ध	-	प	-
पै	-	-	यै	-	-	-	प्री	-	-	त	-	म	-
x					2		0			3			

रे	ग	-	म	नि	ध	प	प	-	रे	ग	म	प	मग
–	-	-	प्री	-	त	ही	-	-	-	-	-	-	ते-
x					2		0			3			

म	-	-	रे	-	-	-	स	-	-	-	-	-	-
पै	-	-	-	-	-	-	यै	-	-	-	-	-	-
x				2			0			3			

अंतरा

प	-	-	सां	-	सां	-	सां	-	सां	रें	-	सां	-
ज	-	-	द्य	-	पि	-	रू	-	प	गु	-	न	-
x					2		0			3			

ध	-	-	सां	-	-	रे	सां	सां	-	ध	-	निप	-
सी	-	-	ल	-	-	सु	ध	र	-	ता	-	-	-
x					2		0			3			

अथवा

सां गं - गं -मं पं गमं रें - सां - - सां

म	म	-	म	-	-	ग	प	प	-	नि	-	-	ध
इ	न	-	बा	-	-	-	त	न	-	न	-	-	रि
x					2		0			3			

नि - - सां	- -	- ध -	नि ध - ध -
झैं - - यैं	- -	-- प्री -	- त - म -
x	2	0	3

रे ग - म नि	ध प	प - रें	ग म प मग
- - - प्री -	- त	ही - -	- - - तै -
x	2	0	3

म - - रे -	- -	स - -	- - - -
पैं - - - -	- -	यैं - -	- - - -
x	2	0	3

संचारी

स स नि ध -	प -	प - -	प - - रें
स त - कु -	ल -	ज - -	न्म - - क
x	2	0	3

ग ग - ग म	प -	म ग -	म रे स -
र म - सु -	भ -	ल - -	क्ष - ण -
x	2	0	3

- - - म नि	ध प	रे ग -	ग म प ग
- - - वे -	द पु	रा - -	न - - प
x	2	0	3

म - -	रें -	- -	स - -	- - - -
ढै - -	- -	- -	ये - -	- - - -
x	2	2	0	3

गोविन्द बिना स्नेह सूं आली रसना कहा जु नचैंयै।

आभोगी (अंतरा के समान)

राग–नट/ताल–धमार

म	नि	ध	प
मा	-	द	ल

स्थाई

प	रे	-	ग	-	म	प	म	ग	-	म	रे	स	-
बा	-	-	-	-	-	-	जै	-	-	-	-	-	-
x					2		0			3			
स	-	-	म	-	म	ग	प	प	-	सां ध	-	सां	-
नं	-	-	द	-	-	रा	-	य	-	कें	-	-	-
x					2		0			3			
सां	-	-	ध	-	नि	प	प	रे	-	रे	ग	म	प
रा	-	-	जै	-	मा	ई	आ	-	-	न	-	-	आ
x					2		0			3			
म	ग	-	म	रे	स	स	रे	स	-	म	नि	ध	प
-	न	-	-	-	-	भां	-	ति	-	मा	-	द	ल
x				2		0			3				

अंतरा

प	-	-	सां	-	-	सां	-	सां	-	सां	-	सां	-
ऐ	-	-	सो	-	-	द्यौ	-	स	-	मा	-	ई	-
x				2		0			3				
सां ध	-	-	सां	-	रें	-	सां	-	-	ध	नि	प	-
आ	-	-	-	-	ज	-	कौ	-	-	-	-	-	-
x					2		0			3			
म	-	-	प	-	-	-	ध	नि	ध	प	-	म	प
ऐ	-	-	सी	-	-	-	स	ब	-	न	-	-	सु
x				2			0			3			

x	2	0	3
(सां)ध सां - ध -	प -	म ग -	म नि ध प
हा - - - -	- -	त - -	मा - द ल
x	2	0	3

संचारी

x	2	0	3
म नि - ध -	प -	प - प	प - प -
या - - ध -	र -	ती - पैं	मा - ई -
x	2	0	3
रे ग - म -	प प	म ग -	म रे स -
द्वै - - - -	- ब	ड़े - -	- - - -
x	2	0	3
म नि - ध -	प -	रे ग -	ग म प -
व र - सा -	- -	नौ - -	न - न्द -
x	2	0	3
म ग - म -	रे -	स रे -	स - स -
गा - - - -	- -	- - -	- - म -
x	2	0	3

आभोगी (स्वरलिपि अंतरा के समान, केवल तृतीय चरण में किंचित परिवर्तन)

x	2	0	3
प प - सां -	- -	सां - -	- - सां सां
ब र - सा -	- -	ने - -	- - ब्र ष
x	2	0	3
(सा)ध - - सां	- रें -	सां - -	ध नि प -
भा - - -	- न -	जू - -	- - - -
x	2	0	3
रें गं - मं -	पं -	गं मं रें	सां - सां -
नं - - दी -	- -	सु - -	नं - द -
x	2	0	3
(सां)ध सां - ध -	प - म	ग - म	नि ध प
धा - - - -	- - म	- - मा	- द ल
x	2	0	3

(शेष तुकों में पहली पंक्ति संचारी व दूसरी पंक्ति आभोगी के समान)

राग–नट/ताल–चारताल

स्थाई

नि	ध	प	रे	ग	म	प	ग	म	(स)र -	स	
खे	-	ल	त	गि	रि	ध	र	न	ला -	ल	
x		0		2		0		3		4	

ग	म	रे	ग	म	प	ग	म	रे	स	रे	स
प	र	म	मु	दि	त	ग्वा	-	ल	बा	-	ल
x		0		2		0		3		4	

म	म	-	प	प	-	सां	सां	-	रें	सां	सां
उ	त	-	ब	नी	-	ब्र	ज	-	न	व	ल
x		0		2		0		3		4	

सां	-	रें	ग	म	प	ग	म	रे	स	रे	स
ना	-	रि	हो	री	-	बो	-	ल	ना	-	-
x		0		2		0		3		4	

अंतरा

प	-	प	सां	सां	सां	सां	सां	सांसां	रें	सां	सां
गा	-	व	त	न	ट	ना	रा	यण	रा	-	ग
x		0		2		0		3		4	

सां	सां	सां	सां	सां	रें	सां	-	सां	ध	नि	प
जु	व	ती	-	ज	न	खे	-	लें	फा	-	ग
x		0		2		0		3		4	

रें	गं	गं	मं	पं	पं	रें	सां	सां	ध	नि	प
गा	-	री	दे	-	त	गो	-	प	कुँ	व	र
x		0		2		0		3		4	

रें	ग	ग	म	प	प	म	ग	म	स	रे	स
क	र	क	लो	-	ल	ना	-	-	-	-	-
x		0		2		0		3		4	

संचारी

प	-	प	प	-	रे	ग	म	प	म	ग	ग
बी	-	ना	बे	-	नु	ता	न	त	रै	-	ग
x		0		2		0		3		4	
स-	रेस	रे	स	स	रे	ग	म	प	म	ग	-
बा	-	ज	त	म	धु	रे	-	मृ	दं	-	ग
x		0		0		0		3			
प	-	प	सां	सां	सां	सां	ध	-	नि	प	प
भे	-	री	-	म	हु	व	र	-	ढ	-	फ
x		0		2		0		3		4	
रे	-	रे	ग	म	प	म	ग	-	म	रे	स
झां	-	झ	ढो	-	ल	ना	-	-	-	-	-
x		0		2		0		3		4	

आभोगी

प	-	प	सां	सां	सां	सां	सां	सां	सां	रें	सां
के	-	स	र	कु	म	कु	म	सु	रं	-	ग
x		0		2		0		3		4	
रें	गं	गं	मं	पं	-	मं	गं	मं	मं	रें	सां
पि	च	का	-	ई	-	भ	र	त	रं	-	ग
x		0		2		0		3		4	
म	म	म	प	प	प	ध	-	ध	नि	प	प
ब्र	ज	जु	व	ति	न	छि	र	क	त	मि	लि
x		0		2		0		3		4	
सां	सां	रे	ग	म	प	ग	म	रे	स	रे	स
ब	द	न	डो	-	ल	ना	-	-	-	-	-
x		0		2		0		3		4	

(आगे की एक पंक्ति **संचारीवत्** व दूसरी पंक्ति **आभोगीवत्**)

राग–पूर्वी/ताल–चार ताल

स्थाई

[ध]प -	प प	- प	प (प)	म 'ग म	- ग
आ -	गें गा	- य	पा -	छें- गा	- य
x	0	2	0	3	4

रे॒ रे॒	- ग	- ग	- म	ग रे॒ स	- स
इ त	- गा	- य	उ त	- गा -	- य
x	0	2	0	3	4

नि -	रे॒ ग	- ग	प (प)	'म ग 'म	- ध॒
गो -	विं द	- कों	गा -	य - न	- में
x	0	2	0	3	4

नि -	[गं]रें॒ नि	ध॒ प	प -	- ग	'म रे॒ ग
ब -	सि बौ	- ही	भा -	- बै	- - -
x	0	2	0	3	4

अंतरा

'म ग	ग 'म	- ध॒	सां -	सां सां	- सां
गा -	य न	- के	सं -	ग धा	- वे
x	0	2	0	3	4

नि -	[सा]रे॒ गं	- गं	'मं गं	रें॒ सां	- सां
गा -	य न	- में	स चु	- पा	- वै
x	0	2	0	3	4

नि रें॒	नि ध॒	- प	प (प)	'मग 'म	- ध॒
गा -	य न	- की	खु र	- - रे	- नु
x	0	2	0	3	4

नि -	रें॒ नि	ध॒ प	प (प)	- 'म	रे॒ ग
अं -	ग सों	- ल	गा -	- वै	- -
x	0	2	0	3	4

संचारी

नि	नि	ध॒	प	-	प	प	(प)	-	म॑	-	ग
गा	-	य	न	-	सों	ब्र	ज	-	छा	-	यौं
x		0		2		0		3		4	

-	रे॒	-	ग	-	ग	म॑	ग	-	रे	-	स
-	बै	-	कुं	-	ठ	बि	स	-	रा	-	यौं
x		0		2		0		3		4	

सां नि	-	रे॒	ग	-	ग	प	(प)	म॑	ग	-	ग
गा	-	य	न	-	के	हे	-	त	गि	-	रि
x		0		2		0		3		4	

रे॒	रे॒	-	ग	-	म॑	ग	रे॒	-	स	-	-
क	र	-	लैं	-	उ	ठा	-	-	यौं	-	-
x		0		2		0		3		4	

आभोगी

छीतस्वामी गिरिधारी विट्ठलेश व पुधारी
ग्वारिया कौ भेष धरें गायन में आवै।

(स्वरलिपि–अंतरा के समान)

राग–पूर्वी/ताल–धमार

(तीव्र धैवत का प्रयोग)

स्थाई

												स	
												क	
नि	रे̲	ग	'म	प	ध̲	प	'म	प	ग	'म	रे̲	ग	-
दं	ब	च	ढ़ि	का	-	न्ह	बु	ला	व	त	गै	या	-
3				x					2		0		
म	ग	रे̲	स	नि	रे̲	-	ग	'म	प	ध̲	'म	प	'म
मो	रु	ग	न	मु	र	-	ली	कौं	स	-	ब्द	सु	न
3				x					2		0		
ग	म	ग	ग	'म	ध̲	-	नि	-	(सां)रें	नि	ध	प	स
त	हि	ज	हाँ	त	हाँ	-	ते	-	उ	ठि	धै	यां	क़
3				x					2		0		

अंतरा

				(ध)'म	ग	-	म	म	ध	ध	सां	सां	सां
				आ	वो	-	आ	वो	स	खा	सं	ग	के
				x					2		0		
नि	रें̲	सां	-	नि	ध	-	नि	रें̲	गं	रें̲	नि	ध	-
पा	ई	है	-	ए	क	-	ठें	यां	गो	-	विं	द	-
3				x					2		0		
प	म	ग	म	ग	-	रे	स	-	नि	रे	ग	म	ग
प्र	भु	ब	ल	दा	-	उ	सों	-	क	ह	न	ल	गे
3				x					2		0		
म	ध	नि	सां	नि	ध	-	नि	ध	प	-	म	ग	स
अ	व	ध	र	को	-	-	ब	ग	दै	-	-	या	क़
3				x					2		0		

राग–गौरी/ताल–तीन ताल

स्थाई

नि	नि	नि	नि	सां	सांनि	ध	प	प	'म	प	ध	'म	'म	ग-
हे	री	रे	भै	या	--	हे	री	हे	री	रे	भै	या	-	--
x		2		0		3		x		2		0		3

'म	ग	रे	स	स	-	प	प	प	म	प	ध	ध	'म	ग	-
हे	री	रे	भै	या	-	हे	री	हे	री	रे	भै	या	-	-	-
x		2		0		3		x		2		0		3	

स्थाई की दूसरी पंक्ति को दो बार गाया जाता है।

अंतरा

ध	ध	ध	ध	-	ध	प	म	प	ध	भ	नि	ध	-	प	-
स	क	ल	का	-	ज	पू	-	-	र	न	भ	यँ	-	हो	-
x		2		0		3		x		2		3		4	

प	-	प	प	प	ध	प	'म	'म	ध	नि	सां	रे	-	सां	-
नै	-	न	न	दै	-	खै	-	आ	-	-	-	-	-	ज	-
x		2		0		3		x		2		0		3	

संचारी

रें	-	रें	रें	रें	सां	सां	नि	सां	रें	रें	गं	रें	सां	सां	-
रा	-	नी	ज	सो	-	म	ति	यु	-	त	-	जा	-	यौं	-
x		2		0		3		x		2		0		3	

सां	-	सां	नि	ध	ध	प	-	प	'म	प	ध	'म	ग	-	-
आ	-	यौ	-	ब्र	ज	में	-	रा	-	-	-	-	ज	-	-
x		2		0		3		x		2		0		3	

इसके बाद स्थाई की पंक्ति को दो बार गाया जाता है।

तत्पश्चात् पहली पंक्ति अंतरे के समान व दूसरी पंक्ति संचारी के समान गाई जाती है ।

राग–गौरी/ताल–तीनताल

स्थाई

'म	ध	नि	सां	रें	-	-	-	सां	-	-	सां	सां	सांनि	ध	प
ए	-	गो	री	गो	-	-	-	री	-	-	गु	ज	रि-	या	-
3				x				2				0			

प	'म	ध	-	'म	-	ग	-	मग		-	रे	-	स	-	-
भौ	-	-	-	री	-	सी	-	प्या		-	-	री	-	-	-
3				x				2				0			

म	-	म	-	गम	पध	पम	ग	रे	ग	रे	ग	म	-	-	-
तें	-	मौ	-	हे-	--	न-	न्द	ला	-	-	-	ल	-	-	-
3				x				2				0			

अंतरा

गं	-	गं	गं	गं	-	गं	-	गं	'मं	'मं	गं	रें	-	सां	सां
खै	-	ल	न	में	-	हो	-	हो	जु	मं	-	त्र	-	प	ढि
x				2				0				3			

नि	-	नि	-	सां	-	सां	रें	सां	नि	ध	प	'म	ध	नि	सां
डा	-	र्‌यौ	-	तें	-	जु	गु	ला	-	-	ल	ए	-	गौ	री
x				2				0				3			

संचारी

प	ध	ध	ध	ध	ध	प	प	प	-	ध	नि	ध	ध	प	प
ते	री	सों	धे	स	नी	अं	गि	या	-	उ	र	ज	न	प	र
x				2				0				3			

प	प	प	प	प	ध	म	-	'मं	ध	नि	सां	रें	-	सां	सां
औ	र	क	टि	ल	है	गा	-	ला	-	-	-	-	-	-	ल
x				2				0				3			

आभोगी **अंतरा के समान**

राग–गौरी/ताल–तीनताल

स्थाई

रें̱ रें̱	रें̱ सां	- सां	सां सां	नि रें̱	- गं	रें̱ -	सां नि
ऋ तु	ब सं	- त	सु ख	- खे	- लि	यै -	हौ -
x	2	0	3	x	2	0	3

प -	प -	प -	ध̱ 'म	प ध̱	नि सां	रें̱ -	सां -
आ -	यौ -	फा -	गु न	मा -	- -	- -	स -
x	2	0	3	x	2	0	3

कहरवा में चलती

म -	म -	म -	ग म	- ध̱	- ध̱	ध̱ प	'म प
हो -	री -	डां -	ड़ौ -	- रो	- पि	यौ -	स ब
x	0	x	0	x	0	x	0

रें̱ -	रें̱ -	रें̱ -	सां -	सां -	सां नि	^सां^ध̱ -	ध̱ -
ब्र -	ज -	ज -	न -	म -	न -	हु -	- -
x	0	x	0	x	0	x	0

प 'म	ध̱ प	ग -	ग -	'म ग	रे̱ स	स -	स -
ल्ला -	- -	स -	गौ -	कु ल	के -	रा -	जा -
x	0	x	0	x	0	x	0

प 'म	प ध̱	ध̱ प	ग -	'म ग	रे̱ स	स -	स -
हां -	- -	हां -	गौ -	कु ल	के -	रा -	जा -
x	0	x	0	x	0	x	0

अंतरा (तीनताल)

ध̱ ध̱	ध̱ -	प -	प 'म	ध̱ -	- नि	ध̱ -	प -
र ज	नी ऽ	मु ख	ब्र ज	आ ऽ	ऽ इ	यौ ऽ	हो ऽ
x	2	0	3	x	2	0	3

प -	प प	प ध̱	प 'म	प ध̱	नि सां	रें̱ -	सां -
गो -	ध न	ति ल	क ल	गा -	- -	- -	य -
x	2	0	3	x	2	0	3

कहरवा में चलती

रें रें	- गं	रें सां	सां सां	नि रें	- गं	रें सां	सां सां
स खा	- ना	- म	स ब	- बौ	- ल	कें -	घ र
x	0	x	0	x	0	x	0

सां नि	सां रें	सां नि	ध प	प 'म	प ध	ध प	ग -
घ र	तें -	दे -	त ब	धा -	- -	बो -	गो -
x	0	x	0	x	0	x	0

'म ग	रे स	स - स	- 'म	प ध	ध प	ग -
कु ल	के -	रा - जा	हो -	- -	हो -	गो -
0	x	0	x	0	x	0

'म ग	रे स	स -	स -	- -	- -	- -	- -
कु ल	के -	रा -	जा -	- -	- -	- -	- -
x	0	x	0	x	0	x	0

शेष तुकें इसी प्रकार गाई जाती हैं।

राग–गौरी/ताल–तीनताल

स्थाई

रें	रें	रें	रें	रें	रें	रें	सां	सां	-	सां	नि	ध	प	ध	म
स	ब	ब्र	ज	कु	ल	के	-	रा	-	य	ला	-	ल	म	न
x		2		0		3		x		2		0		3	

-	प	-	ध	सां	-	-	-	-	मम	ग	म	प	-	-	-
-	मो	-	ह	ना	-	-	-	-	मन	मो	-	ना	-	-	-
x		2		0		3		x		2		0		3	

रें	रें	रें	-	रें	-	रें	सां	सां	-	सां	नि	ध	प	ध	म
नि	क	से	-	खे	-	ल	न	फा	-	ग	ला	-	ल	म	न
x		2		0		3		x		2		0		3	

-	म	ग	म	प	-	-	-
-	मो	-	ह	ना	-	-	-
x		2		0		3	

अंतरा

रें	रें	रें	गंरें	रें	सां	सां	नि	सां	रें	रें	गं	रें	सां	ध	म
न	व	ल	कुं	व	र	खे	-	-	ल	न	च	ले	-	म	न
x		2		0		3		x		2		0		3	

--	प	-	ध	सां	-	-	-	-	मम	ग	म	प	-	-	-म
--	मो	-	ह	ना	-	-	-	-	मन	मो	-	ना	-	-	-
x		2		0		3		x		2		0		3	

रें	रें	रें	रें	रें	सां	सां	सां	सां	-	सां	नि	ध	प	ध	म
मु	दि	त	स	खा	-	सं	ग	ला	-	य	ला	-	ल	म	न
x		2		0		3		x		2		0		3	

-	म	ग	म	प	-	-	-
-	मो	-	ह	ना	-	-	-
x		2		0		3	

संचारी–स्थाईवत् व आभोगी–अंतरावत्

राग– गौरी /ताल–धमार

ध	ध	-	<u>नि</u>	प	-	ध	-
अ	री	-	-	च	-	ल	-
	0			3			

नि	नि	-	सां	-	-	रें	<u>नि</u>	-	-	ध	<u>नि</u>	प	ध
न	व	-	ल	-	-	कि	सो	-	-	री	-	-	-
x				2		0			3				

सां<u>नि</u>	-	-	ध	-	प	-	ग	म	-	निध	नि	सां	-
गो	-	-	री	-	-	-	भो	-	-	री	-	-	-
x					2		0			3			

रें	<u>नि</u>	-	ध	-	प	-	म	ग	रे	रे	ग	म	ग
हो	-	-	री	-	-	-	खे	-	-	ल	-	-	न
x					2		0			3			

पम	-	-	म	-	ग	म	प	<u>नि</u>	प	नि	-	सां	-
जां	;	-	य	-	श्री	-	रा	-	-	धे	-	-	-
x					2		0			3			

रे	सां	-	<u>नि</u>	ध	प	-	म	ग	रे	रे	ग	म	ग
हो	-	-	री	-	-	-	खे	-	-	ल	-	-	न
x				2				0			3		

पम	-	-	म	-	-	ध
जां	-	-	य	-	-	,अ
x				2		

आगे की प्रत्येक पंक्ति उक्त प्रकार ही गाई जाती है । केवल बीच में छोटा सा आलाप चलता रहता है यथा–

पंक्ति–'अरी ऐसी नव यामिनी देखें भामिनी तोहें क्यों भवन सुहाय'

ध	ध	-	<u>नि</u>	प	-	ध	-
अ	री	-	-	ऐ	-	सी	-
	0			3			

नि नि - सां | - - रें | नि नि - | ध नि प ध
न व - या | - - - | मि नि - | दे - खे -
x | 2 | 0 | 3

नि - - ध - | प प | प - - | रें - रें -
भा - - - - | - मि | नी - - | ए - री -
x | 2 | 0 | 3

सां - - - - | नि - | ध नि - | प - - -
हाँ - - - - | - - | - - - | - - - -
x | 2 | 0 | 3

नि नि - सां | - - रें | नि नि - | ध नि प ध
न व - या | - - - | मि नि - | दे - खे -
x | 2 | 0 | 3

नि - - ध | - प प | प - - | (नि)प नि सां - -
भा - - - | - - मि | नी - - | तो - है -
x | 2 | 0 | 3

रें नि - ध - | प - | म ग रे | रे ग म ग
क्यों - - - - | - - | भ व - | न - - सु
x | 2 | 0 | 3

म - - म - | - ध
हा - - य - | - ,अ
x | 2

राग–गौरी/ताल–धमार

प	-	-	ध	म	प	ध
ए	-	-	-	-	च	लि
0			3			

स्थाई

पध	नि	-	नि	-	सां	रें	सांरें		(म)ग	रेंसां	रेंसा	निध	पध
जॉ-	-	-	य	-	ए	री	हां	-	-	-	च-		लि-
x					2		0			3			
नि	-	-	नि	-	-	नि	धनि	सां	-	धप	(म)प	ध	-
जॉ	-	-	य	-	-	ज	हाँ-	-	-	ह-	--	रि	-
x				2			0			3			
(म)ग	-	-	(म)म	ग	रे	स	स	रे	ग	रे	-	स	-
खे	-	-	ल	-	त	-	गो	-	-	पि	-	न	-
x					2		0			3			
प	-	(म)म	ध	-	-	मं	ग	-	-	-	-	-	-
सं	-	-	-	-	-	--	गा	-	-	-	-	-	-
x				2			0			3			
(म)म	ग	-	रे	-	स	-	स	रे	ग	रे	-	स	-
खे	-	-	ल	-	त	-	गो	-	-	पि	-	न	-
x					2		0			3			
प	-	(म)म	ध	-	(म)ग	-	प	-	-	ध	म	प	ध
सं	-	-	-	-	गा	-	ए	-	-	-	-	च	लि
x					2		0			3			

'आनक वहु बाजे, ताल मुरज मुख चंगा'–(स्वरलिपि उक्त प्रकार ही)

अंतरा (तीनताल में)

रें	-	-	रें	सां	-	सां	नि	सां	रें	-	गं	रें	-	सां	-
गा	-	-	व	त	-	सु	नि	भा	-	-	व	त	-	-	-
x		2		0		3		x		2		0		3	

प	-	प	प	प	ध	प	म	प	ध	नि	-	सां	-	-	-
मं	-	द	म	धु	र	सु	र	बा	-	-	-	नी	-	-	-
x		2		0		3		x		2		0		3	

म	-	म	-	म	म	म	म	ध	-	ध	ध	प	म	प	-
जा	-	नों	-	ह	र	ख	प	र	-	स्प	र	मा	-	नों	-
x		2		0		3		x		2		0		3	

रें	-	रें	-	सां	-	सां	सां	सां	-	सां	नि	ध	-	प	-
म	-	द	-	न	-	ग	ति	ठा	-	-	-	नी	-	-	-
x		2		0		3		x		2		0		3	

कहरवा में चलती

गं	गं	-	गं	रें	-	सां	नि	सां	रें	रें	गं	रें	-	सां	सां
च	लो	-	ज	हां	-	क्री	-	ड़	त	नं	द	न	-	न्द	न
x		0		x		0		x		0		x		0	

प	-	प	प	प	ध	प	म	प	ध	नि	-	सां	-	-	-
झां	-	झ	प्र	ण	व	ढ	फ	भा	-	-	-	री	-	-	-
x		0		x		0		x		0		x		0	

म	-	म	म	म	म	म	म	ध	-	ध	ध	प	म	प	-
बी	-	न	मृ	दं	-	ग	उ	पं	-	चं	चं	-	ग	ब	हु
x		0		x		0		x		0		x		0	

रे	-	-	-	सां	-	सां	-	सां	-	सां	नि	ध	-	प	-
दे	-	-	-	त	-	प	-	र	-	-	-	स्प	-	र	-
x		0		x		0		x		0		x		0	

'म	ग	'म	ध	'म	-	ग	-	रे	-	स	-	ध	म	म	ध
गा	-	-	-	री	-	-	-	-	-	-	-	ए	-	च	लि
x		0		x		0		x		0		x		0	

पुनः धमार में

पध	नि	-	नि	-	सां	रे	सांरे	मंग	रेंसा	रे	सां	निध	पध
जां-	-	-	-	-	ए	री	हां-	-	--	-	-	न्ना	लि-
x					2		0			3			

(इसी क्रमसे स्थाई पूर्ण करनी होती है।)

आगे की तुक पुनः तीनताल में प्रारंभ होती है।

राग–गौरी/ताल–तीनताल

स्थाई

'म ध॒	नि सां	रें॒ -	सां सां	नि नि	सां सांनि	ध॒ -प	'म ग
अ हो	बि धि	ना -	तो पै	अ च	रा प-	सा -र	मा गौं
x	2	0	3	x	2	0	3

- गग	'म गरे॒	स स	रे॒ स	- पप	प प	'म ध॒	'म ग
- जन	म ज-	न म	दी जो	- याही	ब्र ज	ब सि	बौ -
x	2	0	3	x	2	0	3

पुनः, जनम जनम दीजो याही ब्रज बसिबौ,

अंतरा

रें रें	रें रें	सां -	सां नि	सां रें॒	रें॒ गं	रें॒ रें॒	सां सां
अ ही	र की	जा -	ति स	मी -	प नं	- द	सु त
x	2	0	3	x	2	0	3

सां सां	सां सांनि	ध॒ ध॒	प प	म म	प ध॒	नि नि	नि-
ध री	ध री-	घ न	स्या म	हे रि	हे रि	हँ सि	बौ -
x	2	0	3	x	2	0	3

संचारी

ध॒ ध॒	ध॒ ध॒	- ध॒	प प	ध॒ ध॒	ध॒ नि	ध॒ ध॒	प -
द धि	कें दा	- न	मि स	ब्र ज	की बी	धि न	में -
x	2	0	3	x	2	0	3

ग ग	'म ग	रे॒ रे॒	स स	म म	प ध॒	नि नि	सां -
झ क	झौ -	र न	अं ग	अं ग	कौ प	र सि	बौ -
x	2	0	3	x	2	0	3

आभोगी छीतस्वामी गिरिधरन श्री विट्ठलसरन सरद रैन रस रास कौ बिलसिबौ, -अंतरावत्

राग–गौरी/ताल–तीनताल (पुस्तक में आसावारी)

स्थाई

'म	ध̲
का	हू

नि	नि	नि	नि	सां	सां	सां	सांरें̲	सां	नि	ध̲	प	'म	ध̲	'म	ग
जौ	गि	या	की	न	ज	र	ल	गी	-	-	-	-	-	में	रौं
x		2		0		3		x		2		0		3	

'म	ग	रें̲	स	स	स	प	प	'म	ध̲	'म	ग	'म	ग	रे̲	स
बा	-	रौ	क	न्है	-	या	-	रो	-	-	-	वै	-	-	-
x		2		0		3		x		2		0		3	

अंतरा

रें̲	रें̲	रें̲	रें̲	सां	-	सां	नि	सां	रें̲	रें̲	गं	रें̲	-	सां	-
ध	र	ध	र	हा	-	थ	दि	खा	-	वै	ज	सौ	-	दा	-
x		2		0		3		x		2		0		3	

सां	-	सां	सां	नि	ध̲	प	प	म	-	प	ध̲	'म	ग	रे̲	स
दू	-	ध	पि	व	त	न	हि	सौ	-	-	-	वै	-	-	-
x		0		2		3		x		2		0		3	

आगे की प्रत्येक पंक्ति अंतरे के समान

राग–खमाज/ताल–त्रिताल

स्थाई

			नि सां नि सां
			ए री म न
			2
नि ध म ग	ग म प ध	नि सां नि सां	प ध रें सां
मौ - ह न	रं - ग हि	डो - र ना	ए री म न
0	3	x	2
नि ध म ग	ग म प ध	(ध) नि सां सां	
मौ - ह न	रं - ग हि	डौ - र ना	
0	3	x	

अंतरा

मम धनिध नि	सां - नि सां	नि सां नि सां	ध सां नि ध
च- लौ- - स	खी - मि लि	झू - ल न	जै - यें -
0	3	x	2
गं - मं गं नि	नि नि नि सां	प ध सां नि	सां - - -
वृं - दा -	व न सु भ	ठौ - - र	ना - - -
0	3	x	2

संचारी

स - ग ग	म म प ध	सां - नि ध	म ध म ग
मौ - र मु	क ट म क	रा - कृ त	कुं - ड ल
0	3	×	2
स - ग म	प ध प ध	नि सां नि सां	सां - - -
पी - तां -	ब र के -	छौ - र -	ना - - -
0	3	x	2

आभोगी

मम धनिध नि सां	नि सां - -	नि - नि सां	नि सां नि सां
पुरू पो-- त म	प्र भु - -	की - छ वि	नि र ख त
0	3	x	3
गं - मं गं	नि सां नि सां	प ध सां नि	सां - -- -
स्या - म घ	टा - घ न	धो - - र	ना - - -
0	3	x	2

राग–जैतश्री/ताल–तीनताल

स्थाई

सां -	सां सां	सां सांनि	ध प	म ग	म प	ग रे	स स
नं -	द कुं	व र-	खे -	ल त	रा -	धा -	सं ग
x	2	0	3	x	2	0	3

प प	प -	म प	ग म	प प	नि सां	गं रें	सां -
य मु	ना -	पु लि	न स	र स	रं ग	हो -	री -
x	2	0	3	x	2	0	3

गं -	गं -	रें रें	सां सांरें	नि नि	सां रें	सां नि	ध प
ज मु	ना -	पु लि	न स	र स	रँ ग	हो -	री -
x	2	0	3	x	2	0	3

अंतरा

गं गं	गं गं	रें -	सां सांरें	नि -	सां रें	सां नि	ध प
न व	घ न	स्या -	म म-	नो -	ह र	रा -	ज त
x	2	0	3	x	2	0	3

प -	प प	म प	ग म	प -	नि नि	सां -	सां -
स्या -	म सु	भ ग	त न	दा -	मि नि	गो -	री -
x	2	0	3	×	2	0	3

(**संचारी** स्थाई के समान व **आभोगी** अंतरे के समान)

राग सोरठ / ताल धमार

स्थाई

रेग	सरे	म	प	नि	-	-	नि	-	-	-	सां	-	-
अ-	ब-	मु	ख	मां	-	-	ढ़ौ	-	—	-	गी	-	-
3				x					2		0		

-	-	नि	सां	नि	सां	रें	नि	-	ध	-	प	—	-
-	-	ग	हि	पा	-	-	ये	-	-	-	हौं	-	-
3				x					2		0		

म	-	प	-	ध	-	-	म	-	-	ग	रे	-	-
-	-	-	-	मो	-	-	-	-	-	ह	न	-	-
3				x					2		0		

अंतरा

म	प	-	नि	-	-	नि	सां	-	-	सां	—	-	सां
लि	ये	-	-	-	-	गु	ला	-	-	ल	-	-	फि
x					2		0			3			

म	प	-	नि	-	सां	-	नि	सां	-	नि	सां	रें	-
र	त	-	हों	-	-	-	क	ब	-	की	—	-	-
x				2			0			3			

रें	गं	-	रें	-	सां	सां	रें	नि	-	सां	-	-	सां
लि	ये	-	-	-	-	गु	ला	-	-	ल	-	-	फि
x					2		0			3			

म	प	-	नि	-	सां	-	नि	सां	-	नि	सां	रें	-
र	त	-	हो	-	-	-	क	ब	-	की	-	—	-
x					2		0			3			

नि	नि	-	नि	-	-	नि	सां		-	नि	सां	रें	-
त	क	-	न	-	-	ब	नी	-	-	क	-	छु	-
x					2		0			3			

नि	-	-	ध	-	प	ध	म	ग	रें	रेग	सरे	म	प
गो	-	-	-	-	-	ह	न	-	-	अ-	ब-	मु	ख
x					2		0			3			

संचारी

रे	-	-	म	-	म	-	म	-	-	ग	-	रे	रे
का	-	-	ज	-	र	-	दै	-	-	हों	–	-	ब
x					2		0			3			

ग	-	-	नि	-	स	स	म	म	ग	रे	–	-	-
ना	-	-	य	-	-	ला	-	ल	-	कें	-	-	-
x					2		0			3			

नि	-	-	नि	-	-	-	ध	-	-	प	–	-	-
यों	-	-	ला	-	-	-	गे	-	-	गो	–	-	-
x				2			0			3			

रे	-	-	म	-	-	म	प	-	-	-	-	-	-
सो	-	-	-	-	-	ह	न	-	-	–	-	-	-
x					2		0			3			

आभोगी

(अंतरे के समान)

•

राग–सोरठ/ताल–तीनताल

स्थाई

रेग	सरे	म	प	नि	-	सां	रें	<u>नि</u>	ध	प	ध	म	ग	रे	-
च-	लौ-	चों	न	दे	-	खौ	-	कुं	-	ज	कु	टी	-	-	-
0		3		x		2		0		3		x		2	

अंतरा

रें	रें	रें	रें	रें	-	रें	रें	रें	<u>गं</u>	रें	सां	नि	-	सां	सां
म	द	न	गो	पा	-	ल	ज	हाँ	-	म	धि	ना	-	य	क
x		2		0		3		x		2		0		3	

नि	नि	सा	रें	<u>नि</u>	-	ध	प	म	ग	रे	-	रेग	सरे	म	प
म	न	म	ध	फौ	-	ज	लु	टी	-	-	-	च-	लौ-	चों	न
x		2		0		3		x		2		0		3	

संचारी

रे	रे	म	म	प	प	प	-	म	म	प	प	ध	म	ग	रे
सु	र	त	स	म	र	में	-	ल	र	त	स	खी	-	की	-
x		2		0		3		x		2		0		3	

<u>नि</u>	-	ध	प	म	प	ध	म	ग	-	रे	-	ग	-	स	-
मु	-	क्ता	-	मा	-	ल	टु	टी	-	-	-	-	-	-	-
x		2		0		3		x		2		0		3	

आभोगी अंतरावत्

राग–कल्याण/ताल–धमार (बीच-2 में कहरवा की चलती)

स्थाई

												नि	सां
												श्री	-
नि	नि	ध	प	-	प	'म	ग	-	रे	स	-	स	-
गो	व	र	ध	-	न	-	रा	-	-	-	-	य	-
x					2		0			3			
नि	-	ध	प	-	-	'म	ग	-	-	सां	सां	सां	सां
ला	-	-	ला	-	-	-	-	-	-	अ	हो	प्या	रे
x					2		0			3			
सां	-	-	सां	-	-	नि	ध	-	प	ध	-	-	-
ला	-	-	ल	-	-	ति	हा	-	-	रे	-	-	-
x					2		0				3		
प	-	ध	सां	-	रें	-	गं	-	रें	सां	-	सां	नि
चं	-	-	च	-	ल	-	नै	-	-	न	-	वि	-
x					2		0			3			
ध	-	नि	प	-	ध	-	सां	-	-	सां	सां	सां	नि
सा	-	-	-	-	-	-	ला	-	-	ति	हा	रे	-
x					2		0			3			
प	ध	-	सां	-	रें	-	गं	-	रें	सां	-	सां	नि
उ	र	-	सो	-	-	-	है	-	-	व	-	न	-
x					2		0			3			
ध	-	नि	प	-	ध	-	सां	-	-	गं	-	गं	-
मा	-	-	-	-	-	-	ला	-	-	जा	-	ते	-
x					2		0			3			
रें	गं	मं	मं	गं	रें	रें	रें	रें	सां	सां	-	सां	नि
मो	-	-	हीं	-	-	स	क	ल	-	ब्र	-	ज	-
x					2		0			3			

ध	ध	नि	प	-	ध	-	सां	-	-	-	—	-	-
वा	-	-	-	—	-	-	ला	-	—	—	-	-	-
x					2		0			3			

इसके पश्चात, श्रीगोवरधन राय लाला (पहिले की भांति) गाया जाता है !

सां सां

अ व

अंतरा

सां	-	-	-	-	-	रें	नि	-	ध	नि	ध	प	-
हां	-	-	-	-	-	-	हां	-	-	हो	-	हो	-
x					2		0			3			
प	ग	-	प	-	प	-	ध	-	-	ध	-	ध	नि
खे	-	-	ल	-	त	-	खे	-	-	ल	-	त	-
x					2		0			3			
सां	नि	-	नि	-	प	ध	प	-	-	सां	-	सां	-
त	हाँ	-	-	-	-	ग	ये	-	-	ए	-	री	-
x					2		0			3			
सां	-	-	-	-	-	रे	नि	-	ध	नि	ध	प	-
हो	-	-	-	-	-	-	हो	-	-	हो	-	हो	-
x					2		0			3			
प	ग	-	प	-	प	-	ध	-	-	ध	-	ध	नि
खे	-	-	ल	-	त	-	खे	-	-	ल	-	त	-
x					2		0			3			
सां	नि	-	नि	-	प	ध	प	-	-	सां	-	सां	-
त	हाँ	-	-	-	-	ग	ये	-	-	ज	-	हाँ	-
x					2		0			3			
प	ध	-	सां	-	रे	-	गं	गं	रे	सां	--	---	नि
प	नि	-	हा	-	-	-	रि	न	-	की	-	-	-
x					2		0			3			

ध	-	नि	प	-	ध	-	सां	-	-	-	-	-	-
व्या	-	-	-	-	-	-	ट	-	-	-	-	-	-
x					2		0			3			

चलती (कहरवा में)

गं	-	गं	गं	गं	-	गं	-	रें	गं	मं	गं	रें	-	रें	रेंसां
गा	-	ग	र	ढो	-	रे	-	सी	-	-	स	तें	-	को	ऊ-
x		0		x		0		x		0		x		0	

नि	-	नि	ध	नि	-	रें	-	गं	'म	पं	-	रें	-	रें	-
भ	-	र	-	न	-	न	-	पा	-	-	-	व	-	त	-
x		0		x		0		x		0		x		0	

सां	-	-	-	सां	-	-	सां	नि	नि	ध	प	-	ग	-	'म
घा	-	-	-	ट	-	-	श्री	गौ	व	र्ध	न	-	रा	-	य
x		0		x		0		x		0		x		0	

नि	-	ध	-	प	-	-	'म	ग	-	रे	-	स	-	-	-
ला	-	-	-	ला	-	-	-	-	-	-	-	-	-	-	-
x		0		x		0		x		0		x		0	

दूसरी तुक प्रारम्भ करने के लिये पुनः धमार ताल में आ जाते हैं यथा—

												सां	सां
												अ	व

सां	-	-	-	-	-	रें	नि	-	ध	नि	ध	प	-
हाँ	-	-	-	-	-	-	हाँ	-	-	हो	-	ह	-
x					2		0			3			

प	ग	-	प	-	-	प	ध	ध	-	ध	-	-	नि
नं	-	-	द	-	-	रा	-	य	-	के	-	-	-
x					2		0			3			

सां	नि	-	नि	-	प	ध	प	-	-	सां	-	सां	-
ला	-	-	-	-	ढ़	-	ले	-	-	ए	-	री	-
x-					2		0			3			

राग–कल्याण/ताल–तीनताल (एक प्रकार)

स्थाई

स	ध	स	रे
गि	रि	ध	र
0		3	

प	-	ग	-	ग	रे	ग	म	ग	ग	रे	स	स	ध	स	स
व्या	-	रु	-	की	जै	तो	रे	पैं	याँ	ला	गूँ	गि	रि	ध	र
x		2		0		3		x		2		0		3	

अंतरा

सां	सां	सां	सां	सां	सां	सां	सां	नि	ध	नि	सां	नि	ध	प	-
उ	ल	ट	त	प	ल	ट	त	झँ	गु	लि	या	भी	-	जै	-
x		2		0		3		x		2		0		3	

सां	सां	सां	नि	ध	ध	प	प	म॑	ध	-प	म	ग	रे	ग	म
खी	ज	त	खि	जा	वै	सु	-	न्द	र	-त	न	छी	जै,	तो	रे
x		2		0		3		x		2		0		3	

गरे	ग	रे	स	स	ध	स	रे	प	-	ग	-	ग	रे	ग	म
पैं-	याँ	ला	गूँ	गि	रि	ध	र	ब्या	-	रु	-	की	जै	तो	रे
×		2		0		3		×		2		0		3	

संचारी

प	प	प	प	प	प	प	प	प	नि	ध	नि	प	ध	प	-
फै	-	नी	-	बा	-	ब	र	खु	र	मा	-	खा	-	जा	-
x		2		0		3		x		2		0		3	

प	प	प	प	म॑	म॑	ग	ग	रे	स	रे	ग	रे	रे	स	-
गुं	-	जा	-	मि	स	री	-	ल	डु	वा	-	ली	-	जै	-
x		2		0		3		x		2		0		3	

आभोगी अंतरे के समान

राग–कल्याण/ताल–चारताल

स्थाई

-	धप	-	'म	-	ग	प	प	प	प	-	प
-	आ	-	ली	-	री	क	र	सिं	गा	-	र
0		3		4		x		0		2	

ध	'म	ग	रे	रे	स	-	-	'निध	नि	-	रे
सा	यँ	-	का	-	ल	-	-	चलि	ब्र	-	ज
0		3		4		x		0		2	

ग	-	रे.	स	-	स	-	-	'मग	निध	सां	सां
की	-	-	बा	-	ल	-	-	पिया	दर	स	वे
0		3		4		x		0		2	

नि	-	प	नि	-	ध	सां	नि	सां	नि	-	प
को	-	-	म	-	त	दु	र	द	गैं	-	न
0		3		4		x		0		2	

-	ध	-	'म	-	ग	प	प	प	प	-	प
-	आ	-	ली	-	री	क	र	सिं	गा	-	र
0		3		4		x		0		2	

अंतरा

नीरें	-	सां	-	सां	सां	नि	-	सां	नि	ध	प
मा	-	नों	-	स	सि	मा	-	र	च	-	क्र
x		0		2		0		3		4	

-	-	'मग	'मध	-	ध	नि	नि	सां	नि	ध	प
-	-	उद	यहो	-	त	ग	ग	न	म	-	ध्य
x		0		2		0		3		4	

'म	ग	-	'म	-	ध	सां	सां	-	नि	ध	प
ध्रु	व	-	न	-	क्ष	त्र	की	-	प	-	रि
x		0		2		0		3		4	

नि	ध	सां	नि	-	(प)	'म	ध	-	'म	-	ग
क्र	-	मा	दे	-	न	-	,आ	-	ली	-	री
x		0		2		0		3		4	

संचारी

सां	-	नि	ध	प	प	'म	प	सां	नि	ध	प
मा	-	नों	-	ॠ	तु	ब	सं	त	आ	-	ई
x		0		2		0		3		4	

ग	ग	-	'म	-	ध	सां	नि	सां	नि	ध	प
अं	-	ग	अं	-	ग	छ	वि	-	छा	-	ई
x		0		2		0		3		4	

प	-	प	'म	ग	प	ग	रे	ग	रे	-	स
टं	-	प	ति	-	स	मा	-	ज	मो	-	पै
x		0		2		0		3		4	

सांनि	निं	-	रे	-	रे	ग	ग	ग	रे	स	-
क	ही	-	न	-	प	र	त	बै	-	न	-
x		0		2		0		3		4	

आभोगी

निंरें	निंरें	रें	सां	-	सां	सां	सां	सां	-	नि	-
मु	रा	री	दा	स	प्र	भु	-	प्या	-	री	-
x		0		2		0		3		4	

'म	ग	'म	ध	-	ध	सां	नि	सां	नि	ध	प
चि	त्र	वि	चि	-	त्र	ग	ति	-	से	व	त
x		0		2		0		3		4	

रें	-	-	सां	-	सां	-	नि	ध	सां	ध	प
नि	-	-	र	-	ख	-	पि	या	की	छ	बि
x		0		2		0		3		4	

'म	ग	-	'म	ध	'म	सां	नि	सां	नि	ध	प
ए	-	-	सी	-	-	को	-	क	र	-	ची
x		0		2		0		3		4	

सां	नि	सां	नि	ध	प	ग	-	-	मं	-	ग
में	-	-	न	-	-	-	आ	-	ली	-	री
x		0		2		0		3		4	

राग–कान्हरौ/ताल–धमार

स्थाई

सां	सां	-	सां	-	-	रें	नि॒	-	-	ध	-	-	-
अँ	धि	-	या	-	-	-	री	-	-	भा	-	-	-
x				2			0			3			

ध	-	प	ध	-	नि॒	-	ध	-	-	म	-	-	-
दों	-	-	की	-	-	-	रा	-	-	त	-	-	-
x					2		0			3			

म	म	-	प	-	ध	-	प	ध	नि॒	ध	-	प	-
अँ	धि	-	या	-	-	-	री	-	-	भा	-	-	-
x					2		0			3			

ध	म	-	ग॒	-	रे	स	रे	-	-	स	-	-	-
दों	-	-	की	-	-	-	रा	-	-	त	-	-	-
x				2				0		3			

अंतरा

नि॒	-	ध	नि	-	नि	-	सां	-	सां	सां	-	सां	-

अथवा

म	-	-	ध	-	नि॒	ध	सां	-	सां	सां	-	सां	-
वा	-	-	ल	-	क	-	औ	-	र	व	-	सु	-
x					2		0			3			
नि	-	-											

अथवा

प	ध	-	सां	-	रें	-	सांरें	ग॒	-	रें	-	सां	-
दे	-	-	व	-	दे	-	--	व	-	की	-	-	-
x					2		0				3		

सां	सां	-	-	-	-	सांरें	ध	सां	नि॒	ध	प	ध	नि॒
प	ड़े	-	-	-	-	प-	ड़े	-	-	-	-	प	छि
x					2		0			3			

नि	-	-	ध	-	-	प	ध	-	-	म	-	-	-
ता	-	-	-	-	-	-	त	-	-	-	-	-	-
x					2		0			3			
म	म	-	प	-	ध	-	पध	नि	-	ध	-	प	-
अँ	धि	-	या	-	-	-	री-	-	-	भा	-	-	-
x					2		0			3			
ध	म	-	ग	-	रे	स	रे	-	स	ग	म	ध	नि
दों	-	-	-	-	की	-	रा	-	त	हाँ	-	-	-
x					2		0			3			

संचारी

सां	-	-	सां	-	रें	-	नि	-	-	ध	-	ध	-
बी	-	-	च	-	न	-	दी	-	-	ध	-	न	-
x					2		0			3			
ध	ध	प	ध	-	नि	-	नि	नि	-	ध	-	म	-
ग	र	-	ज	-	त	-	ब	र	-	ख	-	त	-
x					2		0			3			
म	-	-	ध	-	ध	-	नि	-	-	ध	-	प	-
दा	-	-	मि	-	नि	-	आ	-	-	व	-	त	-
x					2		0			3			
ध	म	-	ग	-	(म)रे	स	रे	-	-	स	-	-	-
जा	-	-	-	-	-	-	त	-	-	-	-	-	-
x					2		0			3			

आभोगी

(अंतरे के समान ही, केवल पहला चरण ध्रुव रूप से निम्न प्रकार गाया जाता है)

नि	-	ध	नि	-	नि	-	सां	-	सां	सां	-	सां	-
x					2		0			3			

●

राग–नायकी/ताल–त्रिताल (मध्यलय)

स्थाई

ध
पि

ध ध - ध	पध नि - नि	प ध - म	प - - ग
य र - सि	या- - - पि	या- र - सि	या -- - मे
3	x	2	0

रे ग स रे	(नि) प - प -	म - प -	मप धग ग
- - रौं -	पि - य -	र - सि -	या- - -, मे
3	x	2	0

रे ग सा रे	(नि)प - प -	म - प -	ध ग - ,ध
- - रौं -	पि - य -	र - सि -	या - - ,सु
3	x	2	0

ध ध - ध	धध नि - नि	ध प ध म	प - - -
न री - स	खी- - - सु	न री - स	खी - - -
3	x	2	0

धनि पध सां -	(रे)नि - - नि	ध म ध ध-	ध- म- ग ग
त- -- रौं -	दो - - ष	न - हीं क	छू - - मे
3	x	2	0

रे ग स़ रे	(नि)प
- - रौं -	पि
3	x

अंतरा

म
न

प नि ध नि	सां - सां -	सां - - -	- - - प
व ल - ला	- - ल -	कों - - -	- - - स
3	x	2	0

ध सां रें रें	सांरें गं - -	रें - - -	सां - - नि
व को ' ऊ	चा- - - -	ह - - -	त - - कौ
3	x	2	0

ध	प	ध	म	प	-	प	-	धनि	पध	सां	-	-	-	-	नि
-	न	-	कौ	-	-	न	-	के-	--	-	-	-	-	-	-कौ
3				x				2		0					

ध	प	ध	म	प	-	प	-	धनि	पध	सां	-	-	-	-	रेंसां
-	न	-	कौ	-	-	न	-	के-	--	-	-	-	-	:	म-
3				x				2				0			

नि	ध	प	ध	$^{\text{सा}}$नि	-	-	-	ध	म	मप	ध	ध	म	ग	ग
न	ब	-	सि	या	-	-	-	-	-	--	-	री	-	-	मे
3				x				2				0			

संचारी

म
ए

म	म	-	म	^{ध}प	-	^{ध}म	-	प	-	प	-	-	-	म	
क	न	-	सों	नै	-	ना	-	जो	-	रैं	-	-	-	ए	
3				x				2				0			

प	प	-	प	ध	प	ध	नि	नि	-	प	-	-	-	-	-
क	न	-	सों	भौं	-	हैं	म	रो	-	रे	-	-	-	-	-
3				x				2				0			

म	-	म	म	प	-	प	-	प	-	-	-	म	-	प	-
ए	-	क	ए	क	-	न	-	के	-	-	-	म	-	न	-
3				x				2				0			

म	प	मप	धध	ध	म	ग	-	गम	रेस	निस	रे	रे	स	-	-
हँ	-	--	-सि	या	-	-	-	--	--	--	-	-	-	-	-
				x				2				0			

आभोगी

कृष्णजीवन लच्छीराम के प्रभु भाई
संग डोलत पूरन ससिया

(अंतरावत्)

राग–नायकी/ताल–धमार

स्थाई

म	म	-	प	ध	सां	-	नि॒	प	-	ग॒	-	स	रे
ढ	रा	-	रे	-	-	-	प्री	-	-	त	-	-	म
x					2		0			3			
ग॒	-	-	म	-	रे	स	रे	-	-	स	-	-	-
ते	-	-	-	-	रे	-	नैं	-	-	न	-	-	-
x					2		0			3			
ध	म	-	प	-	ध	पध	सां	-	-	सां	-	सां	रें
ज	हाँ	-	-	-	-	त-	हाँ	-	-	ढ	-	र	-
x					2			0		3			
नि॒	नि॒	-	ध	प	ध	नि॒	ध	-	-	म	-	-	-
प	र	-	-	-	-	-	त	-	-	-	-	-	-
x					2		0			3			

अंतरा

नि॒	ध	-	नि	-	नि	नि	सां	सां	-	-	-	सां	सां
जे	हि	-	-	-	नि	र	ख	त	-	-	-	ति	न
x					2		0			3			
प	ध	-	सां	-	रें	-	सांरें	गं॒	-	रें	-	सां	-
कौ	-	-	म	-	न	-	ब-	स	-	क	-	र	-
x					2		0			3			
ध	म	-	प	-	ध	-	सां	-	-	सां	-	रें	-
सों	-	-	प	-	त	-	है	-	-	लै	-	-	-
x					2		0			3			
सांरें	गं॒	-	रें	सां	नि॒ध	पध	नि॒	-	-	ध	-	म	-
मैं-	-	-	-	-	--	--	-	-	-	न	-	-	-
x					2		0			3			

संचारी

ध	ध	-	-	-	ध	ध	नि	प	-	-	-	म	प
छि	न	-	-	-	स	न	मु	ख	-	-	-	छि	न
x					2		0			3			
म	-	-	प	-	ध	-	पध	नि	-	ध	-	म	-
हो	-	-	त	-	हैं	-	टे-	-	-	ढै	-	-	-
x					2		0			3			
म	-	-	म	-	-	म	प	-	-	प	-	-	-
ए	-	-	क	-	-	अ	व	-	-	स्था	-	-	-
x					2		0			3			
म	प	-	म	प	ध	धम	ग	-	-	रेस	नि़स	रे	स
क	ब	-	हू	-	-	न-	ए	-	-	--	--	-	न
x					2		0			3			

आभोगी (अंतरे के समान)

राग–नायकी/ताल–तीनताल

स्थाई

ग
आ

रे	ग	स	रे	(नि)प	-	-	-	म	-	प	प	ध	म	ग	म
न	द	-	ब	धा	-	-	-	-	-	-	ब	नौ	-	-	नं
3				x				2				0			

-	प	-	ध	(सां)नि	नि	सां	सां	नि	-	ध	-	प	-	-	ग
-	द	-	म	ह	-	-	-	र	-	-	-	-	-	-	आ
3				x				2				0			

-	प	-	ध	नि	-	-	-	ध	म	मप	ध	ध	म	ग	ग
-	के	-	-	धा	-	-	-	-	-	--	म	-	-	-	आ
3				x				2				0			

अंतरा

म
ब

प	नि	सां	नि	सां	-	-	-	सां	-	-	-	-	-	सां	सां
ड़	भा	-	-	गि	-	-	-	न	-	-	-	-	-	ज	सु
3				x				2				0			

प	ध	सां	रे	सारें	गं	रे	सां	नि	नि	धनि	पध	सां	-	नि
म	त	जा	-	यौं-	-	-	-	-	-	--	--	है	-	क
3				x			2					0		

ध	प	ध	म	प	-	प	-	प	-	धनि	पध	सां	-	-रें	नि
म	ल	-	न	य	-	न	-	हां	-	--	--	हां	-	--	क
3				x				2				0			

ध	प	ध	म	प	-	प	-	प	-	धनि	पध	सां	-	-	सां
म	ल	-	न	य	-	न	-	हां	-	--	--	हँा	-	-	हां
3				x				2				0			

नि	ध	प	ध	सांनि	-	-	-	ध	म	मप	ध	ध	म	ग	ग
-	-	ध	न	स्या	-	-	-	-	-	‿	-	म	-		-आ
3				x				2				0			

संचारी

म

ब

ध	ध	-	ध	ध	-	-	-	-	-	-	-	ध	-	-	प
ज	त	-	नि	सां	-	-	-	-	-	-	-	न	-	-	मृ
3				x				2				0			

म	-	प	ध	सां	सां	-	-	नि	ध	प	ध	नि	ध	म	म
दं	-	ग	ढो	-	ल	-	-	र	-	-	-	व	-	-	मं
3				x				2				0			

-	म	-	म	प	-	-	-	प	-	-	-	प	-	-	म
-	ग	-	ल	गा	-	-	-	व	-	-	-	त	-	-	है
3				x				2				0			

-	-	प	ध	ध	म	ग	-	रे	स	निसा	रे	रे	स	-	-
-	-	स	ब	बा	-	-	-	-	-	‿	-	म	-	-	-
3				×				2				0			

आभोगी (अंतरा के समान)

राग–नायकी/ताल–तीनताल

(विशेष-स्थाई के प्रथम बोलों की पुनरावृत्ति)

स्थाई

																ग
																गा

रे	ग	स	रेग	^नि^प	-	-	-	प	-	-	-	-	-	-	नि
–	व	-	त	गो	-	-	-	पी	-	-	-	-	-	-	गा
3				x				2				0			
ध	प	ध	म	प	-	-	-	प	-	धानि	पथ	सां	-		-सां
–	व	-	त	गो	-	-	-	पी	-	--	--	--	--		-म
3				x				2				0			
नि	ध	प	ध	^सां^नि	-	-	-	ध	म	मप	ध	ध	म	ग	ग
धु	र	मृ	दु	बा	-	-	-	-	-	--	-	नी	-	-	,गा
3				x				2				0			

अंतरा, संचारी व आभोगी आनन्द बधावनों—के अंतरा, संचारी व आभोगी के समान गाये जाते हैं ।

●

राग–हमीर/ताल–धमार

स्थाई

'म	प	ग	म	सां ध	-	ध	नि	-	नि	नि	सां	-	-
च	लौ	क्यों	न	दे	-	खैं	ठा	-	ढे	दो	ऊ	-	-
3				x				2		0			

सां	-	सां	नि	ध	नि	-	सां	-	सां	रें	सां	नि	धप
कुं	-	ज	न	की	-	-	-	-	प	र	छां	-	ई-
3				x					2		0		

अंतरा

प	-	-	सां	-	-	सां	सां	-	-	सां	-	सां	-
ए	-	-	कं	-	-	भु	जा	-	-	ग	-	हि	-
x					2		0			3			

ध	-	-	नि	-	सां	रें	सां	सां	नि	ध	-	प	-
डा	-	-	र	-	-	क	दं	ब	-	की	-	-	-
x					2		0			3			

प	गं	-	गं	-	-	मं	रें	-	-	सां	-	सां	-
दू	-	-	जी	-	-	भु	जा	-	-	ग	-	ल	-
x					2		0			3			

ध	नि	-	सां	-	रें	-	सांनि	ध	प	मे	प	ग	म
बा	-	-	-	-	-	-	हीं-	-	-	,च	लौ	क्यों	न
x					2		0			3			

संचारी

प	प	-	प	-	-	प	ध	-	-	प	-	-	-
छ	बि	-	सों	-	-	छ	बी	-	-	ली	-	-	-
x					2		0			3			

प	^{मं}प	-	म	-	-	ग	म	ध	-	ध	-	प	-
ल	प	-	ट	-	-	ल	ट	कि	-	र	-	ही	-
x					2		0			3			
ग	ग	-	ग	म	रे	-	ग	ग	-	ग	म	ध	प
क	न	-	क	-	बे	-	-	लि	-	त	-	रु	-
x					2		0			3			
ग	ग	-	म	म	रे	रे	स	रे	-	स	-	-	-
त	मा	-	-	ल	अ	रु	झा	-	-	ई	-	-	-
x					2		0			3			

आभोगी

हरिदास के स्वामी स्यामा कुंज बिहारी

रंगे हैं प्रेम रंग माही ॥

(स्वरलिपि अंतरा के समान)

राग-हमीर/ताल-तीनताल

प	म	प	ग	म
रं	ग	न	रं	ग
	3			

स्थाई

सां		सां													
ध	-	ध	-	ध	नि	सां	रें	सां	नि	ध	प	म	प	ग	म
हो	-	हो	-	हो	-	री	-	है	-	-	रं	ग	न	रं	ग
x				2				0				3			
सां		सां													
ध	-	ध	-	ध	नि	सां	रें	सां	नि	ध	प	-	–	सां	नि
हो	-	हो	-	हो	-	री	-	है	-	-	-	-	-	को	उ
x				2				0				3			
सां	गं	-	गं	रेंगं	मं	गं	रें	सां	-	ध	प	मं	ग	ग	म
भ	लौ	-	बु	रौ-	-	जि	न	मा	-	नौ	रं	ग	न	रं	ग
x				2				0				3			

अंतरा

प	प	सां	-	सां	सां	सां	-	नि	ध	सां	रें	सां	नि	ध	प
म	न	मो	-	ह	न	के	-	म	न	मो	-	ह	न	कों	-
3				x				2				0			
सां	-	गं	मं	रें	-	सां	सां	ध	नि	सां	रें	सां	-	ध	प
श्री	-	वृ	ष	भा	-	नु	कि	सो	-	री	-	है	-	-	रँ
3				x				2				0			

संचारी

सां	-	सां	-	ध	-	प	ध	प	प	म	ग	म	ध	नि	सां
हो	-	री	-	मैं	-	क	हा	क	हा	न	हिं	क	हि	य	त
3				x				2				0			
सां	-	सां	-	ध	ध	प	प	गम	ध	प	ग	म	रे	स	-
या	-	में	-	क	हा	क	छु	चो-	-	री	-	है	-	-	-
3				x				2				0			

आभोगी 'कृष्णजीवन लच्छीराम के प्रभु सों जो कहिये सौ थौरी है'

(स्वरलिपि-अंतरा के समान)

राग–हमीर/ताल–धमार

										'म	प	ग	म
										खे	-	ल	न
										3			
सां ध	-	-	नि	ध	नि	सां	सां	-	-	सां	-	-	सां
आ	-	-	ये	-	ह	रि	नं	-	-	द	-	-	गा
x					2		0			3			
ध	ध	-	प	-	-	-	प	प	-	सां	-	-	-
-	म	-	ते	-	-	-	रं	ग	-	भी	-	—	-
x					2		0			3			
ध	नि	-	सां	-	रें	सां	ध	नि̲	प	'म	प	ग	म
ने	-	-	व	-	र	-	सां	-	ने	खे	-	ल	न
x					2		0			3			

अंतरा

प	प	-	सां	-	सां	-	सां	-	-	सां	रें	सां	सां
मृ	ग	-	म	-	द	-	म	-	-	द	—	-	अ
x					2		0			3			
ध	ध	-	नि	-	सां	रें	सां	-	-	ध	नि̲	प	-
र	ग	-	जा	-	-	-	चो	-	-	बा	-	-	—
x					2		0			3			
सां	सां	-	गं	-	मं	-	रें	-	-	सां	-	-	सां
स	ब	-	ना	-	-	-	री	-	-	न	-	-	र
x					2		0			3			
ध	नि	-	सां	-	रें	सां	ध	नि̲	प	'म	प	ग	म
सा	-	-	-	-	-	-	ने	-	-	खे	-	ल	न
x					2		0			3			

संचारी

सां	सां	-	सां	-	सां	-	ध	-	-	प	-	-	प
दृ	ग	-	ढिं	-	ग	-	छां	-	-	ड़	-	-	मा
x					2		0			3			
-	प	-	म	-	ग	-	म	ध	-	ध	-	ध	-
-	ड़	-	कें	-	-	-	स	र	-	मु	-	ख	-
x					2		0			3			
सां	-	-	ध	-	प	-	म	ग	रे	ग	म	ध	प
री	-	-	झ	-	त	-	सु	ख	-	स	-	-	र
x					2		0			3			
ग	म	-	रे	-	-	-	स	रे	-	स	-	-	-
सा	-	-	-	-	-	-	-	-	-	ने	-	-	-
x					2		0			3			

आभोगी अंतरे के समान

राग–केदार/ताल–चारताल

स्थाई

सां	-	ध	ध	प	प	म	-	मग	प	-	प
अ	-	द्भु	त	न	ट	मे	-	ष-	ध	-	रे
x		0		2		0		3		4	

प	प	ध	-	प	प	म	-	म	रे	रे	स
ज	मु	ना	-	त	ट	स्या	-	म	सु	न्द	र
x		0		2		0		3		4	

स	स	रे	स	-	स	म	म	मग	प	प	प
गु	न	नि	धा	-	न	गि	र	व-	र	ध	र
x		0		2		0		3		4	

सां	सां	सां	ध	-	प	म	-	मग	प	-	-
रा	-	स	रं	-	ग	ना	-	-	-	चै	–
x		0		2		0		3		4	

अन्तरा

प	प	प	सां	-	सां	सां	-	सां	रें	सां	सां
यु	व	ति	यू	ऽ	थ	सं	ऽ	ग	लि	ये	-
x		0		2		0		3		4	

सांध	-	ध	नि	सां	रें	सां	-	सां	ध	-	प
गा	ऽ	व	त	के	ऽ	दा	ऽ	रौं	रा	ऽ	ग
x		0		2		0		3		4	

मं	मं	रें	रें	सां	सां	सां	सां	सां	ध	प	प
मु	ख	पै	वे	ऽ	णु	म	धु	र	म	धु	र
x		0		2		0		3		4	

सां	-	सां	ध	-	ध-	प	म	--	मग	प	–
स	ऽ	प्त	सु	र	न	रा	ऽ	ऽऽ	जे-	ऽ	ऽ
×		0		2		0		3		4	

संचारी

स	म	म	म	म	<u>मग</u>	प	-	प	प	-	प
उ	र	प	ति	र	प-	ला	-	ग	डा	-	ट
x		0		2		0		3		4	

सां	सां	ध	ध	प	प	म	-	मग	प	-	प
त	त	त	त	त	त	थे	-	ई-	-	थे	-ई
x		0		2		0		3		4	

म	मग	प	प	सां	-	ध	-	प	म	-	-
उ	घ-	ट	त	स	-	ब्दा	-	व	ली	-	-
x		0		2		0		3		4	

म	-	ग	प	-	प	म	म	स	रे	-	स
जा	-	कौ	भे	-	द	कौ	उ	न	पा	-	वै
x		0		2		0		3		4	

आभोगी

चत्रभुज प्रभुं बन विलास, मोहे सब सुर अकास
निरखि थक्यौं चन्द्र-रथ, पाछिम नहिं खांचे ॥

(अंतरे के समान)

●

राग-केदार/ताल-धमार

स्थाई

सां	सां	-	ध	-	प	-	-	-	-	प	-	प	-
सु	न	-	धु	-	न	-	-	-	-	वे	-	णु	-
x					2		0			3			
(ध)म	-	-	-	-	-	ग	प	-	-	-	-	-	-
बा	-	-	-	-	-	-	जै	-	-	-	-	-	-
x					2		0			3			
स	स	-	म	-	-	ग	प	-	-	-	-	म॑	प
ह	रि	-	रा	-	-	-	स	-	-	-	-	-	र
x					2		0			3			
(ध)म	-	-	-	-	रे	स	रे	-	-	स	-	-	-
च्यौ	-	-	-	-	-	-	-	-	-	-	-	-	-
x					2		0			3			

अंतरा

प	-	-	सां	-	-	सां	-	सां	-	सां	-	सां	-
कुं	-	-	ज	-	-	कुं	-	ज	-	द्रु	-	म	-
x					2		0			3			
(सां)ध	-	-	सां	-	रें	रें	सां	-	नि	ध	-	प	-
वे	-	-	ली	-	-	प्र	फु	-	-	ल्लि	-	त	-
x					2		0			3			
म	-	-	म	-	म	ग	प	प	-	प	-	-	प
मं	-	-	ड	-	प	-	म	णि	-	न	-	-	ख
x					2		0			3			
सां	-	-	ध	-	प	-	म	-	ग	प	-	-	-
च्यौ	-	-	-	-	-	-	-	-	-	-	-	-	-
x					2		0			3			

संचारी

स	-	-	म	-	म	-	म	म	-	म	-	-	ग	
नृ	-	-	त्य	-	त	-	जु	ग	-	ल	-	-	कि	
x					2		0			3				
प	-	-	प	-	-	प	प	प	-	प	-	-प	-	
सो	-	-	र	-	-	यु	व	ति	-	सं	-	ग	-	
x					2		0			3				
सां	-	-	ध	-	प	-	प	-	-	म	प	ध	प	
रा	-	-	स	-	में	-	रा	-	-	ग	–	-	के	
x					2	0			3					
म	-	-	म	-	-	म	रे	-	-	स	–	-	-	
दा	-	-	रौ	-	-	ज	म्यौ	-	-	–	-	-	-	
x					2		0			3				

आभोगी

प	प	प	सां	-	सां	सां	सां	-	सां	सां	-	सां	-
श्री	ह	रि	दा	-	स	के	स्वा	-	मी	स्यो	-	मा	-
x					2		0			3			
सांध	-	-	सां	-	रें	रें	सां	-	-	ध	-	प	-
कुं	-	-	ज	-	-	बि	हा	-	-	री	-	-	-
x					2		0			3			
मं	-	-	रें	-	सां	-	ध	नि	-	सां	-	रें	-
नी	-	-	के	-	-	-	आ	ज	-	प्या	-	रौ	-
x					2		0			3			
सां	-	-	ध	-	प	प	म	-	ग	प	-	-	-
ला	-	-	ल	-	-	न	च्यौ	-	-	–	-	-	-
x					2		0			3			

राग–केदीरी/ताल–चारताल

स्थाई

सां	ध	प	-	प
ब	न	ठ	-	न
	3		4	

(ध)म	म	-	म	-	ग	प	-	-	ध	-	प
क	हां	-	जो	-	च	ले	-	-	ऐ	-	सी
x		0		2		0		3		4	

म	-	ग	प	-	प	म	रे	-	स	-	-
को	-	-	म	-	न	भा	-	-	ई	-	-
x		0		2		0		3		4	

(नि)स	स	-	म	-	ग	प	प	-	प	-	प
सां	ब	-	रे	-	--	स	लौ	-	ने	-	क
x		0		2		0		3		4	

सां	-	-	ध	-	प	-	सां
न्हा	-	-	ई	-	-	-	ब
x		0		2		0	

अंतरा

प-	प	सां	-	सां	सां	-	सां	सां	-	-	-
दौ	-	ज	कौ	-	सौ	चं	-	द्र	मा	-	-
x		0		2		0		3		4	

सां											
ध	-	-	सां	-	रें	सां	-	-	ध	-	(नि)प
नी	-	-	कौ	-	ही	ला	-	-	ग	-	त
x		0		2		0		3		4	

मं	मं	-	रें	-	सां	सां	-	-	ध	-	प
छि	प	-	छि	-	प	दे	-	-	त	-	दि
x		0		2		0		3		4	

सां	-	-	ध	-	प	-	सां
खा	-	-	ई	-	-	-	व्र
x		0		2		0	

संचारी

स	स	-	म	-	ग	प	-	-	प	—	-
च	ले	-	जा	-	उ	नैं	-	-	क	-	-
x		0		2		0		3		4	

प	-	-	प	-	प	ध	म	-	म	—	-
ठा	-	-	ढ़े	-	र	हौं	-	-	जू	-	-
x		0		2		0		3		4	

सां	सां	-	सां	-	सां	ध	-	-	प	-	प
कि	न	-	ऐ	-	सी	सी	-	-	ख	-	सि
x		0		2		0		3		4	

म	-	-	ग प	-	-	म रे	-	-	स	-	-
खा	-	-	-	-	-	ई	-	-	—	-	-
x		0		2		0		3		4	

आभोगी अंतरावत्

राग–अड़ानौ/ताल–धमार

स्थाई

										नि	म	प	सां
										गा	ब	त	ध

सां	-	सां	ध	-	नि	-	नि	प	-	नि	म	प	प
मा	-	र	आ	-	ई	-	ब्र	ज	-	की	-	सु	कु
x					2		0			3			

ग	-	-	म	-	रे	स	रे	-	स	नि	म	प	सां
मा	-	-	-	-	-	र	ना	-	र	,गा	व	त	ध
x					2		0			3			

अंतरा

म	प	प	निध	-	नि	नि	सां	सां	नि	सां	-	-	सां
चि	-	त्र	अं	-	कि	त	ढ	प	सं	वा	-	-	र
x					2		0			3			

सां	सां	नि	रें	रें	सां	सां	नि	सां	रें	ध	-	नि	प
त्र	ग	ट	को	-	-	र	अं	गु	री	ढा	-	-	र
x					2		0			3			

गं	मं	-	रें	-	-	-	सां	-	-	म	-	निप	-
ब	ज	-	व	-	-	-	त	-	-	रि	-	झ	-
x					2		0			3			

सां	-	-	ग	-	म	म	रे	-	स	नि	म	प	सां
वा	-	-	-	-	-	र	ग्वा	-	र	,गा	व	त	ध
x					2		0			3			

संचारी

सां	सां	-	सां	सां	सां	-	सां	सां	सां	ध	-	नि	प
सु	न	-	नि	क	से	-	सु	ध	र	रा	-	-	य
x					2		0			3			

म	प	-	नि	प	म	प	ग	-	म	रे	-	-	स
अ	र	-	मे	क	ली	-	न्हे	-	बु	ला	-	-	य
x					2		0			3			
स	-	रे	म	-	प	प	ध	ध	-	नि	-	प	प
शं	-	ख	श्रं	-	-	ग	चं	ग	उं	पं	-	-	ग
x					2		0			3			
सां	सां	-	नि	प	म	प	ग	म	म	रे	-	-	स
म	हु	-	व	र	बं	-	सी	स	ह	ना	-	-	र
x					2		0			3			

आभोगी अंतरावत्

राग–अड़ाना/ताल–चारताल

स्थाई

[म]ग	[म]ग	म	प	सां	-	ध	नि	सां	सां
ए	-	ज	र	जा	-	-	वो	-	री
3		4		x		0		2	

धा	ध	नि	प	-	प	म	-	म	प	-	प
ला	-	ज	मे	-	रे	ऐ	-	सी	को	-	न
0		3		4		x		0		2	

नि	ग	म	रे	-	स	रे	नि	स	रे	म	प
का	-	ज	आ	-	वै	क	म	-	ल	-	न
0		3		4		x		0		2	

ध	ध	-	नि	-	सां	रें	-	सां	रें	-	सां
य	न	-	नी	-	-	के	दे	ख	न	-	न
0		3		4		x		0		2	

सां	-	ध	निप	म	प
दी	-	ने	ए-	ज	र
0		3		4	

अंतरा

[नि]म	प	-	[नि]ध	ध	नि	सां	-	-	सां	-	सां
ब	न	-	ते	-	री	आ	-	-	व	-	त
x		0		2		0		3		4	

सां	-	सां	रें	-	सां	नि	सां	रें	ध	नि	प
मा	-	र	ग	-	में	भें	-	ट	भ	-	ई
x	0			2		0		3		4	

म	प	-	सां	-	रें	गं	गं	मं	रें	-	सां
स	कु	-	च	-	र	ही	-	-	इ	-	न
x		0		2		0		3		4	

सां	-	सां	रें	-	सां	सां	-	ध	निप	म	प
लो	-	ग	न	-	के	ली	-	ने	ए	ज	र
x		0		2		0		3		4	

संचारी

म	प	-	^नि ध	ध	नि	सां	सां	-	सां	-	सां
को	-	-	टि	-	ज	त	न	-	क	-	र
x	0			2		0		3		4	

सां	सा	-	रें	-	सां	नि	सां	रें	ध	नि	प
र	ही	-	री	-	नि	हा	-	र	वे	-	कूं
x	0			2		0		3		4	

म	प	-प	सां	सां	रें	गं	गं	मं	- रें	-	सां
अँ	च	- -	रा	-	की	ओ	-	ट	- दै	-	दै
x		0		2		0		3		4	

सां	-	सां	रें	-	सां	सां	-	ध	निप	म	प
को	-	टि	श्र	-	म	की	-	-	न्हे	- -	-
x		0		2		0		3		4	

आभोगी

नन्ददास प्रभु प्यारी ता दिन ते मेरे नयन
उन ही के अंग संग रंग रस भीने

(स्वरलिपि-अंतरावत्)

●

राग–मारु/ताल–झपताल

स्थाई

सां -	सां सां सां	नि नि	ध नि नि	म -	म प ध	सां -	नि प ध
आ -	ज र घु	प ति	च ढ़े -	लं -	क ग ढ़	लैं -	न कों -
×	2	0	3	x	2	0	3

अंतरा

गं गं	गं गं 'मं	'मं गं	रें सां -	सां -	सां सां सां	नि नि	ध नि नि
अ व	नि चं -	च ल	भ ई -	दे -	ख सु ध	बु ध	ग ई -
x	2	0	3	x	2	0	3

ग ग	ग ग -	म -	म प ध	सां सां	सां सां नि	ध प	म प ध
क म	ठ की -	पी -	ठ प र	मि ल	ग ई -	गै -	न कौं -
×	2	0	3	x	2	0	3

संचारी

सां सां	सां सां -	सां नि	ध प -	सां सां	सां सां	सां सां नि	ध प प
क ह	त मं -	दो -	द री -	सु न	हु द	स कं -	घ पि य
x	2	0	3	x	2	0	3

सां सां	सां सां -	सां नि	ध प -	म -	म प ध	सां -	नि प ध
जे इ	मि लौं -	श्री -	- रा -	जी -	व द ल	नै -	न कौं -
x	2	0	3	x	2	0	3

आभोगी (अंतरा के समान)

राग–मारु/ताल–धमार

स्थाई

ग	-	-	ग	-	ग	-	म	म	-	प	-	प	ध
हौं	-	-	व	-	लि	-	ब	लि	-	-	-	ति	हिं
×					2		0			3			

सां^रें	-	-	-	-	ध	-	प	-	-	प	-	प	ध
का	-	-	-	-	-	-	ल	-	-	-	-	श्री	गो
x					2		0			3			

सां	-	-	सां	-	सां	रें	नि	सां	-	सां	-	-	-
पा	-	-	ल	-	ला	-	-	ल	-	गो	-	-	-
x					2		0			3			

नि	नि	-	ध	-	म॑	ध	नि	-	-	-	-	-	-
कु	ल	-	-	-	-	च	ले	-	-	-	-	-	-
x					2		0			3			

अंतरा

गं	-	-	गं	-	गं	-	गं	-	-	गं	-	म	-
मो	-	-	द	-	भ	-	रे	-	-	ब	-	ल	-
x					2		0			3			

म	गं	रें	सां	-	-	सां	नि	म॑	ध	-नि	-	-	-
दे	-	-	व	-	-	गो	-	-द	-	लै	-	-	-
x					2		0			3			

ग	ग	-	ग	-	-	ग	म	म	-	प	-	प	ध
अ	खि	-	ल	-	-	लो	-	क	-	प्र	-	ति	-
x					2		0			3			

सां	-	-	-	-	ध	प	प	-	-	-	-	प	ध
पा	-	-	-	-	-	-	ल	-	-	-	-	श्री	गो
x					2		0			3			

सां	-	-	सां	-	सां	रें	नि	सां	-	सा	-	-	-
पा	-	-	ल	-	ला	-	-	ल	-	गो	-	-	-
x					2		0			3			

नि	नि	-	ध	-	'म	ध	नि	-	-	-	-	-	-
कु	ल	-	-	-	-	च	ले	-	-	-	-	-	-
x					2		0			3			

संचारी

सां	सां	-	सां	-	सां	-	सां	सां	-	-	-	सां	रें
अ	रु	-	न	-	उ	-	द	य	-	-	-	जै	-
x					2		0			3			

नि	सां	नि	ध	-	प	-	म'	-	ध	नि	-	नि	-
सैं	-	-	त	-	म	-	फू	-	-	ट	-	त	-
x					2		0			3			

ग	ग	-	ग	-	ग	-	म	म	-	प	-	प	ध
खु	लि	-	ग	-	ये	-	कु	टि	-	ल	-	-	क
x					2		0			3			

सां	-	-	-	-	-	नि	ध	'म	ध	नि	-	-	-
पा	-	-	-	-	-	-	-	-	-	-	ट	-	-
x					2		0			3			

आभोगी

(स्वरलिपि अंतरे के समान)

(शेष तुकों में पहली पंक्ति संचारी व दूसरी पंक्ति अंतरे के समान)

राग-मारु/ताल-धमार

स्थाई

						म	म	म	-	प	-	प	ध̲
						हो	ल	छ	-	म	-	न	-
							0			3			

सां	-	-	सां	-	-	-	सां	नि	ध̲	प	म	प	ध̲
सी	-	-	ता	-	-	-	कौ	-	-	न	-	-	ह
x					2		0			3			

नि	-	-	ध̲	प	म	म
री	-	-	-	-	-	हो
x					2	

अंतरा

गं	गं	-	गं	-	-	ग	गं	-	-	गं	'म	'म	गं
य	ह	-	जु	-	-	म	ढ़ी	-	-	बै	-	-	-
x					2		0			3			

गं	रें̲	सां	सां	-	सां	-	प	ध	-	नि	-	-	-
र	न	-	भ	-	ई	-	ह	म	-	कों	-	-	-
x					2		0			3			

म	-	-	म	-	म	-	प	प	-	प	-	-	ध̲
कं	-	-	च	-	न	-	मृ	ग	-	जो	-	-	म
x					2		0			3			

सां	-	-	नि	ध̲	प	म	म	म	-	प	-	प	ध̲
री	-	-	-	-	-	हो	ल	छ	-	म	-	न	-
x					2		0			3			

संचारी

सां	-	-	सां	-	-	-	सां	-	-	सां	-	-	-
जैं	-	-	सैं	-	-	-	सी	-	-	ता	-	-	-
x					2		0			3			

सां	-	सां	नि	ध	प	म	प	-	ध	नि	-	-	-		
हो	-	-	य	-	-	म	ढ़ी	-	-	में	-	-	-		
x					2		0			3					

म	-	-	म	-	म	-	प	-	-	ध	-	प	ध
झाँ	-	-	क	-	त	-	द्वा	-	-	र	-	-	ठ
x					2		0			3			

नि	-	-	-	-	-	-	-	-	-	-	-	-	-
ड़ी	-	-	-	-	-	-	-	-	-	-	-	-	-
x					2		0			3			

आभोगी

सूनी मढ़ी देख रघुनन्दन आये नैन भरी॥ अंतरा के समान

तत्पश्चात् एक पंक्ति संचारी के व एक पंक्ति आभोगी के समान गाकर पद सम्पूर्ण होता है।

●

राग–मारु/ताल–तीनताल

स्थाई

सां	सां	सां	सां	सां	-	सां	-	सां	सां	नि	ध॒	प	ध॒	नि	-
च	लि	च	लि	ढ़ा	-	ढ़ी	-	बि	ल	म	न	की	-	जै	-
x		2		0		3		x		2		0		3	

ग	-	ग	ग	म	म	प	ध॒	सां	-	-	नि	ध॒	-	प	-
की	-	र	ति	क	-	न्या	-	जा	-	-	-	ई	-	-	-
x		2		0		3		x		2		0		3	

ग	-	ग	ग	म	म	प	ध॒	सां	-	-	-	सां	-	-	-
की	-	र	ति	क	-	न्या	-	जा	-	-	-	ई	-	-	-
x		2		0		3		x		2		0		3	

अंतरा

गं	गं	गं	-	॑म	गं	रें॒	सां	सां	-	नि	ध॒	प	ध॒	नि	-
ब	र	सा	-	ने	-	बृ	ष	भा	-	नु	गो	-	प	कें	-
x		2		0		3		x		2		0		3	

ग	-	ग	ग	म	म	प	ध॒	सां	-	-	नि	ध॒	-	प	-
आं	-	ग	न	ब	ज	त	ब	धा	-	-	-	ई	-	-	-
x		2		0		3		x		2		0		3	

ग	-	ग	ग	म	म	प	ध	सां	-	-	-	सां	-	-	-
आं	-	ग	न	ब	ज	त	ब	धा	-	-	-	ई	-	-	-
x		2		0		3		x		2		0		3	

संचारी स्थाई के समान व **आभोगी** अंतरे के समान

राग–मालव/ताल–तीनताल

अष्टपदी

सां सां	सां सां	ध -	प प	ग गग	ध पप	ग रे	स -
प्र ल	य प	यो -	धि ज	ले धृत	वा नस	वे -	दं -
x	2	0	3	x	2	0	3

ग रे	ग रे	ग प	ध ध	सां -	रें सां	ध प	ध -
वि हि	त व	हि -	त्र च	रि -	त्र म्	खे -	दं म्
x	2	0	3	x	2	0	3

गं रेंरें	रें सां	प ध	सां रें	गं गं	रें रें	सां सां	- -
केके शव	धृ त	मी -	न श	री -	- -	र -	- -
x	2	0	3	x	2	0	3

प ग	ग ग	प -	-ध ध	प ध	सां -	ध प	ध -
ज य	ज ग	दी -	श ह	रे -	- -	- -	- -
x	2	0	3	x	2	0	3

आगे का प्रत्येक पद उक्त प्रकार से गाया जाता है।

राग–मालव/ताल–तीन ताल

स्थाई

सां	सां	सां	सां	ध	-	प	प	ग	-	ध	प	ग	रे	स	-
प्र	थ	म	वि	ला	-	स	कि	यौं	-	स्या	-	मा	-	जु	-
x		2		0		3		x		2		0		3	

ग	-	ग	-	प	प	ध	ध	सां	-	ध	प	ग	प	ध	-
की	-	न्हों	-	वि	पि	न	बि	हा	-	-	-	-	-	र	-
x		2		0		3		x		2		0		3	

अंतरा

गं	गं	गं	-	रें	रें	सां	सां	प	ध	सां	रें	गं	रें	सां	-
उ	न	के	-	ब्र	ज	की	-	सो	-	भा	-	ब	र	नौं	-
x		2		0		3		x		2		0		3	

प	प	ग	ग	प	-	ध	-	रें	-	सां	-	प	-	ध	-
क	ह	त	न	आ	-	वै	-	पा	-	-	-	-	-	र	-
x		2		0		3		x		2		0		3	

संचारी

स्थाई के समान, यथा–

सां	-	सां	सां	ध	ध	प	-	ग	ग	ध	प	ग	रे̣	स	-
वा	-	के	यू	-	थ	की	-	ग	ण	ना	-	ना	-	ही	-
x		2		0		3		x		2		0		3	

ग	ग	ग	ग	प	-	ध	ध	रें	-	सां	-	प	-	ध	-
नि	र	गु	न	भ	-	क्त	क	हा	-	-	-	वै	-	-	-
x		2		0		3		x		2		0		3	

अभोगी

अंतरा के समान

•

राग–बसंत/ताल–धमार

अष्टपदी (हरिरिह ब्रज युवती शतसंगे)

स्थाई

स	स	-	म	-	म	-	म	-	-	म	-	म	-
ब्र	ज	-	यु	-	व	-	ती	-	-	श	-	त	-
x					2		0			3			

म	'म	म	ग	-	-	-	'म	ध	-	'म	ध	सां	-
सं	-	-	गे	-	-	-	ह	रि	-	रि	-	हि	-
x					2		0			3			

सां	सां	-	सां	-	सां	-	नि	-	-	ध	-	ध	-
ब्र	ज	-	यु	-	व	-	ती	-	-	श	-	त	-
x					2		0			3			

ग	-	-	नि	-	ध	-	'म	ग	-	रे̱	-	स	-
सं	-	-	-	-	-	-	गे	-	-	-	-	-	-
x					2		0			3			

अंतरा

गं	गं	-	गं	-	गं	'मं	गं	गं	रें̱	सां	-	-	-
वि	ल	-	स	-	ति	-	क	रि	-	णी	-	-	-
x					2		0			3			

सा	सां	-	सां	-	नि	ध	'म	ध	-	सां	-	सां	-
ग	ण	-	वृ	-	त	-	वा	-	-	र	-	ण	-
x					2		0			3			

सां	सां	-	सां	-	सां	-	नि	नि	-	ध	-	ध	-
व	र	-	इ	-	व	-	र	ति	-	प	-	ति	-
x					2		0			3			

'म	-	'म	ध	-	-	-	सां	-	-	-	-	-	-
मा	-	न	भं	-	-	-	गे	-	-	-	-	-	-
x					2		0			3			

संचारी स्थाई के समान व आभोगी अंतरे के समान

राग–बसंत/ताल–तीन ताल

ग
के

स्थाई

॑म	ध	नि	सां	रें	-	सां	-	सां	-	सां	नि	ध	नि	ध	ग
स	र	-	सों	भी	-	जौ	-	वा	-	गौ	-	-	-	-	-के
3				x				2				0			
॑म	ध	नि	सां	सां	-	सां	-	रें	-	सां	-	-	-	-	सां
स	र	-	सों	भी	-	जौ	-	बा	-	गौ	-	-	-	-	भ
3				x				2				0			
सां	नि	-	ध	॑म	ध	नि	सां	नि	-	ध	-	॑म	ग	-	ग
इयौ	है	-	गु	ला	-	-	-	-	-	-	-	ल	-	-	के
3				x				2				0			

अंतरा

गं	गं	गं	गं	॑मं	गं	रें	सां	सां	सां	सां	सां	नि	ध	नि	ध
क	हूँ	क	हूँ	कृ	णा	ग	र	सो	हे	त	न	मो	हे	म	न
x				2				0				3			
ग	-	ग	ग	॑म	ध	नि	सां	रें	-	सां	ग	॑म	ध	नि	सां
सु	-	न्द	र	ब	ने	न	न्द	ला	-	ल	क़े	स	र	-	सों
x				2				0				3			

संचारी

स	स	म	म	म	-	म	म	म	॑म	म	ग	॑म	ध	सां	-
स	र	स	फू	ले	-	ल	अ	र	ग	जा	-	भी	-	ने	-
3				x				2				0			
सां	सां	सां	सां	नि	नि	ध	-	ग	ग	नि	ध	॑म	ग	रे	स
क	च	ढ़	र	कि	र	ही	-	पा	ग	अ	ई	भा	-	-	ल
3				x				2				0			

आभोगी

जगतराय प्रभु मुख तंबोल छबि उरसि बनी सोहे सुतमाल

अंतरे के समान

राग–बसंत/ताल–धमार

(तीव्र ऋषभ व पंचम का प्रयोग)

स्थाई

-	-	-	नि	रे̱	म	-	म	म	-	म	-	म	-
-	-	-	श्री	-	व	-	ल्ल	भ	-	प्र	-	भु	-
0			3				x					2	
म	'म	म	ग	-	-	-	'म	ध	-	सां	-	सां	-
क	रु	-	-	ना	-	-	सा	-	-	ग	-	र	-
0			3				x					2	
-	-	-	'म	ध	नि	सां	सां	-	-	नि	ध	प	-
-	-	-	ज	ग	त	उ	जा	-	-	ग	-	र	-
0			3				x					2	
'म	ग	ग	'म	ध	नि	ध	'म	ग	-	रे	-	स	-
गा	-	-	-	-	-	ऽ	ये	-	-	-	-	-	-
0			3				x					2	

अंतरा

-	-	-	रें	रें	रें	रें	रें	रें	-	सां	-	-	-
-	-	-	नि	र	खि	नि	र	ख	-	मं	-	-	-
0			3				x					2	
सां	सां	-	सां	-	सां	-	सां	सां	-	नि	ध-	ध	-
ग	ल	-	मु	-	ख	-	की	-	-	-छ	-	बि	-
0			3				x					2	
-	-	-	ध	ध	ध	ध	'म	ध	-	नि	-	सां	-
-	-	-	ब	लि	ब	लि	ब	लि	-	ब	-	लि	-
0			3				x					2	
रें सां	-	-	ध	नि	'म	ध	सों	-	-	-	-	-	-
जा	-	-	-	-	-	ऽ	ये	-	-	-	-	-	-
0			3				x					2	

-	-	-	सां	-	सां	-	नि	नि	-	ध	-	प	-
-	-	-	श्री	-	व	-	ल्ल	भ	-	प्र	-	भु	-
0			3				x					2	
प	प	-	म	-	ग	-	म	ध	-	ध	-	ध	-
क	रु	-	णा	-	-	-	सा	-	-	ग	-	र	-
0			3				x					2	
-	-	-	'म	ध	नि	सां	सां	-	-	नि	ध	'म	ग
-	-	-	ज	ग	त	उ	जा	-	-	ग	-	र	-
0			3				x					2	
-	-	-	'म	ध	नि	ध	'म	ग	-	रे	-	स	-
-	-	-	गा	-	-	-	ये	-	-	-	-	-	-
0			3				x					2	

आगे की तुक अंतरा के क्रम से उठती है।

राग-बसंत/ताल-धमार (पंचम का प्रयोग)

सां	नि	ध	प
खे	-	ल	हि

थाई

प	-	-	प	-	प	प	प	'म	प	'म	-	ग	ग
खे	-	-	ल	-	ही	ल	ड़ै	-	-	ती	-	-	श्री
x					2		0			3			

'म	ध	-	'म	ध	सां	-	-	-	-	-	-	-	-
रा	-	-	धे	-	-	-	-	-	-	-	-	-	-
x					2		0			3			

सां	सां	-	सां	-	-	-	नि	-	-	ध	-	-	ध
ह	रि	-	के	-	-	-	सं	-	-	ग	-	-	व
x					2		0			3			

ग	-	-	नि	-	ध	मं	ग	स	-	सां	नि	ध	प
सं	-	-	-	-	-	-	त	-	-	ख़े	-	ल	हि
x					2		0			3			

अंतरा, संचारी व आभोगी में पंचम नहीं, इन सब का स्वरूप 'हरिरिह ब्रजयुवती शतसंगे' —धमार के अंतरा, संचारी व आभोगी के समान ही।

राग–बसंत/ताल–चारताल

स्थाई

स	-	स	-	म	म	म	-	म	म	-	म
आ	-	यौ	-	ऋ	तु	रा	-	ज	सा	-	ज
x		0		2		0		3		4	

म	म	म	ग	-	ग	'म	ध	ध	सां	-	सां
पं	-	च	मी	-	ब	सं	-	त	आ	-	ज
x		0		2		0		3		4	

सां	-	सां	-	सां	सां	नि	नि	नि	ध	-	ध
मो	-	हें	-	द्रु	म	अ	ति	अ	नू	-	प
x		0		2		0		3		4	

ग	-	ग	नि	नि	ध	'म	ग	रे̱	स	-	स
अं	-	ब	र	है	-	फू	-	-	ली	-	-
x		0		2		0		3		4	

अंतरा

गं	-	गं	-	गं	गं	'मं	गं	रें̱	सां	-	सां
बे	-	ली	-	प	ट	पी	-	त	मा	-	ल
x	0			2		0		3		4	

सां	-	सां	सां	-	सां	नि	ध	'म	ध	सां	सां
से	-	त	पी	-	त	कु	सु	म	ला	-	ल
x		0		2		0		3		4	

सां	सां	सां	सां	सां	सां	नि	-	नि	ध	-	ध
उ	ड	व	त	स	व	स्या	-	म	भा	-	म
x	0			2		0		3		4	

ग	ग	ग	ग	'म	ध	'म	ध	-	सां	-	-
भ्र	म	र	र	हे	-	झू	-	-	ली	-	-
x	0			2		0		3		4	

संचारी

(स्थाई के समान) व **आभोगा** (अंतरे के समान)

राग–मल्हार/ताल–चारताल

स्थाई

नि	नि	ध	नि	-	नि	सां	सां	-	निध	नि	प
स	स	-	क	-	स	स	क	-	र-	-	ही
x		0		2		0		3		4	

म	-	प	ध	सां	सां	नि	प	म	ग	-	ग
मो	-	र	न	-	की	कू	-	क	सु	-	न
x		0		2		0		3		4	

म	रे	-	प	-	प	ग	-	म	रे	-	स
अ	ज	-	हू	-	न	आ	-	ये	पि	-	य
x		0		2		0		3		4	

म	-	म	प	-	ध	रें	सां	-	निप	मप	गम
मु	-	र	झा	-	नी	म	न	-	मे-	--	--
x		0		2		0		3		4	

अंतरा

नि	नि	ध	नि	-	नि	सां	-	-	सां	-	सां
च	हू	-	औ	-	र	वा	-	-	द	-	र
x		0		2		0		3		4	

नि	नि	ध	नि	-	सां	रें	सां	-	ध	नि	प
त	बु	-	आ	-	से	ता	न	-	र	-	हे
x		0		2		0		3		4	

गं	-	-	मं	पं	पं	गं	मं	रें	सां	रें	सां
पा	-	-	व	स	कौ	पे	स	स	खा	-	नो
x		0		2		0		3		4	

म	-	म	प	प	ध	रें	सां	-	निप	मप	गम
आ	-	य	प	-	र्यो	ब	न	-	में-	--	--
x		0		2		0		3		4	

संचारी

म	-	रे	प	प	प	ध	-	ध	<u>नि</u>	-	प
बा	-	-	ल	म	बि	दे	-	स	दे	-	स
x		0		2		0		3		4	

म	-	प	ध	सां	सां	<u>नि</u>	प	म	ग	-	ग
वैः	-	सें	रा	-	खूं	बा	-	ल	भे	-	ष
x		0		2		0		3		4	

म	-	रे	प	-	प	ग	म	रे	स	-	स
को	-	कि	ला	-	की	कू	-	क	सु	-	न
x		0		2		0		3		4	

म	-	प	ध	सां	-	<u>नि</u>	प	-	म	ग	म
हू	-	क	उ	ठी	-	त	न	-	में	-	-
x		0		2		0		3		4	

आभोगी (अंतरे के समान)

राग–मल्हार/ताल–धमार

स्थाई

नि	-	-	नि	-	नि	-	सां	सां	-	नि	ध	प	म
गो	-	-	व	-	र	-	ध	न	-	ते	-	-	-
x					2		0			3			

रे	म	-	प	-	-	-	नि	-	ध	नि	-	सा	-
आ	-	-	ई	-	-	-	गा	-	य	स	-	व	-
x					2		0			3			

अथवा

मप	धनि	सां	ध	प	म	ग
गा-	--	य	स	-	व	-
0			3			

नि	ध	प	म	ग	रे	स
गो	-	-	व	-	र	-
x					2	

अथवा

ग	-	-	स	-	स	-	रे	रे	-	ग	-	-	म
गो	-	-	व	-	र	-	ध	न	-	ते	-	-	-
x					2		0			3			

ध प	-	-	म	-	-	-	-	-	-	-	-	-	-
आ	-	-	ई	-	-	-	-	-	-	-	-	-	-
x					2		0			3			

अंतरा

रें	रें	-	रें	-	-	रें	रें	-	-	रें	-	गं	रें
व	छ	-	रा	-	-	च	रा	-	-	व	-	त	-
x					2		0			3			

नि	-	-	नि	-	नि	-	नि	-	-	सां	-	सां	-
श्री	-	-	न	-	न्द	-	न	-	-	न्द	-	न	-
x					2		0			3			

नि̱	-	-	ध	-	(नि)प	प	म	रे	-	रे	-	-	रे	
बे	-	-	नु	-	-	ब	जा	-	-	य	-	-	सु	
x					2		0			3				

म	-	-	प	-	-	-	नि̱	-	ध	नि	-	सां	-	अथवा
ना	-	-	ई	-	-	-	गा	-	य	स	-	ब	-	दूसरा विकल्प
x					2		0			3				

ग	-	-	स	-	अथवा	स	-	रे	रे	-	ग	-	-	म
गो	-	-	ब	-	दूसरा विकल्प	र	-	ध	न	-	ते	-	-	-
x						2		0			3			

(ध)प	-	-	म	-	-	-	-	-	-	-	-	-	-
आ	-	-	ई	-	-	-	-	-	-	-	-	-	-
x					2		0			3			

संचारी

(म)रे	-	-	म	-	म	-	प	प	-	प	-	-	प
घे	-	-	री	-	न	-	घि	र	-	त	-	-	गो
x					2		0			3			

म	म	-	प	-	ध	-	सां	सां	-	ध	प	म	ग
-	प	-	ग्वा	-	-	-	ल	न	-	पै	-	-	-
x					2		0			3			

ग	ग	-	स	-	-	-	रे	रे	-	ग	-	-	म
अ	ति	-	आ	-	-	-	तु	र	-	हवै	-	-	-
x					2		0			3			

(ध)प	-	-	म	-	-	-	-	-	-	-	-	-	-
धा	-	-	ई	-	-	-	-	-	-	-	-	-	-
x					2		0			3			

आभोगी (अंतरा के समान)

राग–मल्हार/ताल–धमार

थाई

ग	स	रेग	मग	म	-	-ग	रे	-	प	धप	ग	प	म
तु	म	घ-	-न	से	-	--	-	-	घ	न-	स्या	-	म
3				x					2		0		

म	रे	प	प	ध	-	-	नि	प	-	-	म	प	(सां)ध
ग	र	ज	ग	र	-	-	ज	-	-	-	आ	-	-
3				x					2		0		

सां	-	-	सां	रें	सां	-	ध	-	नि	प	ग	प	म
ये	-	-	अ	न	त	-	जा	-	-	य	ब	र	से
3				x					2		0		

अंतरा

म	प	-	नि	ध	नि	-	सां	सां	-	सां	-	सां	-
क	हूँ	-	ब	-	र	-	स	त	-	क	-	हूँ	-
x					2		0			3			

म	प	-	नि	-	सां	सां	नि	सां	रें	ध	-	नि	प
ने	-	-	हा	-	-	ज	ना	-	-	व	-	-	त
x					2		0			3			

रें	गं	-	मं	-	पं	-	गं	मं	रें	सां	-	सां	-
क	हूँ	-	-	-	-	-	आ	-	-	ब	-	त	-
x					2		0			3			

मप	-	(सां)ध	-	सां	-	ग	प	म	ग	स	रेग	मग
झर	-	से	-	-	-	-	-		तु	म	घ-	-न
x				2		0			3			

संचारी

म	रे	-	म	-	-	-	प	प	प	प	-	प	-
मु	ख	-	की	-	-	-	ह	ल	ब	ला	-	ई	-
x					2		0			3			
म	-	प	ध	-	सां	-	ग	प	-	म	-	-	-
क	-	-	र	-	न	-	आ	-	-	ये	-	-	-
x					2		0			3			
ग	-	(म)रे	स	-	-	-	रे	-	-	ग	-	ग	-
औ	-	-	र	-	न	-	के	-	-	तु	-	म	-
x					2		0			3			
ध	प	-	ग	-	प	प	म	-	-	ग	-	(म)रे	स
प	ग	-	प	-	-	र	से	-	-	-	-	-	-
x					2		0			3			

आभोगी

नि̱	-	ध	नि	-	-	-	सां	-	-	रे	-	सां	-
धों	-	-	धी	-	-	-	के	-	-	प्र	-	भु	-
x					2		0			3			
नि̱	प	-	नि	-	सां	-	रें	सां	-	सां	-	सां	-
तु	म	-	ब	-	हु	-	ना	-	-	य	-	क	-
x					2		0			3			
रें	गं	-	मं	-	पं	-	गं	मं	रें	सां	-	सां	-
इ	न	-	सो	-	-	-	त	न	-	व	-	हु	-
x					2		0			3			
म	प	-	(सां)ध	-	सां	-	ग	प	म	ग	स	रेग	मग
स	र	-	-	-	-	-	से	-	-	तु	म	घ-	-न
x					2		0			3			

राग–मल्हार/ताल–तीन ताल

स्थाई

											म	रे	प	-	प	
											मा	-	न	-	न	
												3				

ध	-	-	-	नि	-	प	-	ग	प	म	ग	म	रे	-	स
क	-	-	-	र	-	री	-	बौ	-	री	ते	-	रे	-	ही
x				2				0				3			
रे	-	स	स	म	रे	प	-	मप	धनि	सां	म	रे	प	-	प
का	-	र	न	आ	-	यौ	-	में-	--	हा,	मा	-	न	-	न
x				2				0				3			

अंतरा

नि	-	नि	ध	नि	-	नि	-	सां	-	सां	-	सां	-	सां	-
न	-	ई	-	न	-	ई	-	भू	-	मि	-	प	-	र	-
x				2				0				3			
प	-	प	-	नि	-	सां	-	नि	सां	रें	सां	ध	-	नि	प
ब	-	र	-	ख्यौ	-	ही	-	चा	-	-	-	ह	-	त	-
x				2				0				3			
रें	-	गं	-	मं	-	पं	-	गं	-	मं	-	रें	-	सां	-
न	-	व	-	ल	-	-	-	ना	-	ग	-	री	-	-	-
x				2				0				3			
म	-	-	रे	प	-	-	-	मप		धनि	सां	म	रे	प	-	प
न	-	-	-	यौ	-	-	-	ने-		--	हा	म	-	न	-	न
x				2				0				3				

संचारी

सां	-	-	-	सां	-	सां	-	ध	-	-	-	नि	-	प	-
तो	-	-	-	बि	-	न	-	बा	-	-	-	-	य	-	--
x				2				0				3			

म	-	म	-	प	-	ध	-	सां	-	सां	-	ध	प	म	-
क	-	ल	-	न	-	प	-	र	-	त	-	है	-	-	-
x				2				0				3			

ग	-	-	-	म	-	रे	-	स	-	रे	-	स	-	-	स
तो	-	-	-	वि	-	न	-	बा	-	-	-	य	-	-	सु
x				2				0				3			

म	-	रे	-	प	-	प	ध	ग	-	प	-	म	-	-	-
हा	-	-	-	त	-	न	-	गे	-	-	-	हा	-	-	-
x				2				0				3			

आभोगी

उठ चल हिल मिल जगनायक सों
दिन दिन बढ़त सनेहा ॥ (अंतरा के समान)

•

राग–मल्हार/ताल–धमार

प	म	प	ग	म
ब	धा	-	ई	री
	3			

स्थाई

नि	-	ध	नि	-	सां	-	सां	-	-	ध	-	नि	प
बा	-	-	ज	-	त	-	आ	-	-	ज	-	-	सु
x					2		0			3			
ग	प	-	म	-	-	ग	म	रे	-	प	-	प	-
हा	-	-	ई	-	-	श्री	गो	-	-	कु	-	ल	-
x					2		0			3			
नि	-	ध	नि	-	-	-	सां	-	-	-	–	-	-
रा	-	-	ज	-	-	-	के	-	-	-	-	-	-
x					2		0			3			
रें	-	-	सां	-	-	-	नि	प	प'	म	प	ग	म
धा	-	-	-	-	-	-	म	-	ब	धा	-	ई	री
x					2		0			3			

अंतरा

नि	-	ध	नि	-	सां	नि	सां	-	-	सां	-	सां	-
रा	-	-	नी	-	-	ज	सो	-	-	म	-	ति	-
x					2		0			3			
नि	ध	-	नि	-	सां	सां	नि	सां	रें	ध	-	नि	प
ढो	-	-	टा	-	-	जा	यौ	-	-	है	–	-	-
x					2		0			3			
रें	-	-	रें	गं	मं	पं	गं	मं	-	रें	-	सां	-
मो	-	-	-	-	ह	न	सु	-	-	न्द	-	र	-
x					2		0			3			

सां	-	-	ध	-	नि	-	प	प	प	म	प	ग	म
स्या	-	-	-	-	-	-	म	-	ब	धा	-	ई	री
x					2		0			3			

संचारी

नि	नि	-	सां	-	सां	-	सां	-	-	ध	नि	प	-
सु	न	-	स	-	ब	-	गो	-	-	प	-	घो	-
x					2			0		3			

म	म	-	प	ध	सां	-	ध	नि	प	म	-	ग	-
-	ष	-	के	-	-	-	बा	-	-	सी	-	-	-
x					2		0			3			

म	म	रे	प	-	प	-	प	प	-	म	-	प	ध
च	ले	-	ब	-	र	-	ब	स	-	न	-	-	व
x					2		0			3			

ग	प	-	म	-	ग	-	म	रे	-	स	-	-	-
ना	-	-	-	-	-	-	-	-	-	य	-	-	-
x					2		0			3			

आभोगी (स्वरलिपि अंतरा के समान)

तापुर की मंगल ब्रज बीथिन भीर न निकस्यौ जाय

(शेष तुकों में पहिली पंक्ति संचारी व दूसरी पंक्ति अंतरा के समान)

राग–काफी/ताल–तीनताल

नि सां	नि सां
ए री	स खि

स्थाई

रें ग॒ं	रें सां	नि॒ नि॒	ध म	म नि॒	ध नि॒	प –	- -
प्र ग	टे -	कृ -	ष्ण मु	रा -	- -	री -	- -
x	2	0	3	x	2	0	3

ग ग	ग स	ग म	ध प	ग॒ -	रे रे	स -	स नि
ब्र ज	घ र	घ र	आ -	न -	न्द भ	यौ -	द धि
x	2	0	3	x	2	0	3

स ग	ग स	ग म	प प	ग॒ -	रे रे	स -	प प
कां -	दौ -	आं -	ग न	नं -	- द	कें -	अ ब
x	2	0	3	x	2	0	3

प -	- म	प ध	(सां)नि॒ (धप)	ग -	ग स	ग म	ध प
हां -	- -	- -	द (धि-)	कां -	दौ -	आं -	ग न
x	2	0	3	x	2	0	3

ग॒ -	रे रे	स -	सां सां
नं -	- द	कें -	अ ब
x	2	0	3

सां -	- -	नि सां	ग॒ं रें	नि॒ ध	प -	नि नि	सां सां
हां -	- -	- -	- -	- -	– -	ए री	स खि
x	2	0	3	x	2	0	3

आगे की सभी पंक्तियां उक्त प्रकार ही गाई जाती हैं। उदाहरणार्थः—

नि सां	नि सां
ए री	स खि
0	3

रें	गं	रें	सां	नि	नि	ध	म	म	नि	ध	नि	प	-	-	-
बा	ज	ज	त	ता	-	ल	मृ	दं	-	-	-	ग	-	-	-
x		2		0		3		x		2		0		3	

ग	ग	ग	स	ग	म	ध	प	ग	-	रे	रे	स	-	प	प
औ	र	बा	-	जै	-	स	ब	सा	-	-	ज	कैं	-	अ	ब
x		2		0		3		x		2		0		3	

प	-	-	म	प	ध	सां	-
हाँ	-	-	-	हो	-	हो	-
x		2		0		3	

नि	ध	प	म	गं	म	ध	प	ग	-	-	रंग	स	-	सां	सां
औ	र	बा	-	जै	-	स	ब	सा	-	-	ज-	कैं	-	अ	ब
x		2		0		3		x		2		0		3	

सां	-	-	-	नि	सां	गं	रें	नि	ध	प	-	नि	नि	सां	सां
हाँ	-	-	-	हो	-	-	-	हो	-	-	-	ए	री	स	खी
x		2		0		3		x		2		0		3	

इस प्रकार इस बंदिश की यह विशेषता है कि इसमें स्थाई, अंतरा, संचारी व आभोगी समान रूप से गाये जाते हैं।

राग–काफी/ताल–धमार

						प	ग	ग	-	स	-	रे	-
						आ	-	ज	-	ह	-	रि	-
							0			3			

स्थाई

स	स	-	रे	-	रे	-	ग	ग	-	म	-	म	-
ब्र	ज	-	यु	-	व	-	ति	न	-	प	-	क	-
x					2		0			3			

(नि)प	-	-	-	-	ध	प
रे	-	-	-	-	-	,आ
x					2	

अंतरा

म	प	-	नि	-	-	-	सां	सां	-	सां	-	-	-
प	ह	-	ली	-	-	-	रि	स	-	हो	-	-	-
x					2		0			3			

रें	गं	-	रें	-	सां	-	रें	नि	-	सां	-	सां	-
री	-	-	के	-	-	-	मि	स	-	म	-	न	-
x					2		0			3			

नि	-	-	सां	-	-	-	नि	-	-	ध	-	प	म
भा	-	-	यौ	-	-	-	सो	-	-	जु	-	-	क
x					2		0			3			

(नि)प	-	-	-	-	ध	प
रे	-	-	-	-	-	,आ
x					2	

संचारी 'आयौ फागुन मास' (धमार) की संचारी के समान

आभोगा अंतरावत्

राग–काफी/ताल–धमार (कोमल धैवत का प्रयोग)

स्थाई

ग	म
श्री	-

नि	-	-	प	-	प	-	प	ध	म	प	-	ध	ध
गो	-	-	कु	-	ल	-	रा	-	-	ज	–	-	कु
x					2		0			3			
सांनि	-	-	ध	-	प	प	-	प	-	प	-	ध	प
मा	-	-	र	-	-	ला	-	ल	-	रं	-	ग	-
x					2		0			3			
ग	-	-	रे	-	स	-	रेग	म	-	-	-	-	-
भी	-	-	ने	-	-	-	हैं-	-	-	-	-	-	-
x					2		0			3			
-	-	-	-	-	-	प	-	प	-	ग	-	म	-
-	-	-	-	-	-	ला	-	ल	-	रं	-	ग	-
x					2		0			3			
पध	नि	-	ध	-	नि	ध	प	-	-	-	-	ग	म
भी-	-	-	ने	-	-	-	हैं	-	-	-	-	,श्री	-
x					2		0			3			

अंतरा

नि	-	-	नि	-	नि	-	नि	-	-	नि	-	नि	-
खे	-	-	ल	-	त	-	डो	-	-	ल	-	त	-
x					2		0			3			
सां	-	-	सां	-	रें	सां	नि	-	ध	प	-	ध	प
फा	-	-	ग	-	-	स	खा	-	-	सं	-	ग	-
x					2		0			3			

मग	-	-	रे	-	स	-	रेग	म	-	-	-	-	-
ली	-	-	ने	-	-	-	हैं	-	-	—	-	-	-
x					2		0			3			

-	-	-	-	-	-	प	प	-	-	ग	-	म	-
-	-	-	-	-	-	स	खा	-	-	सं	-	ग	-
x					2		0			3			

पध	नि	-	ध	-	नि	ध	प	-	-	-	-	-	-
ली	-	-	ने	-	-	-	हैं	-	-	—	-	-	-
x					2		0			3			

संचारी–स्थाई के समान

तथा

आभोगी—अंतरे के समान

राग–काफी/ताल–तीनताल

स्थाई

सां	सां
तु	म

ध	सां	नि	-	ध	म	प	ध	नि	-	सां	-	रें	गं	रें	सां
आ	-	वो	-	री	-	तु	म	आ	-	वो	-	ए	री	तु	म
x		2		0		3		x		2		0		3	

-	ध	सां	नि	ध	म	प	ध	नि	-	सां	-	-	-	सां	-
-	आ	-	वो	री	-	तु	म	आ	-	वो	–	-	-	मो	-
x		2		0		3		x		2		0		3	

नि	नि	ध	म	मप	धनि	ध	प	ग	-	रे	-	रे	प	म	प
ह	न	जू	कों	गा-	--	री	सु	ना	-	वो	-	हो	री	र	स
x		2		0		3		x		2		0		3	

-	ग	रे	ग	रे	-	स	-
-	रं	ग	ब	ढ़ा	-	वो	-
x		2		0		3	

आगे की प्रत्येक पंक्ति उक्त प्रकीर ही 'होरी रस रंग बढ़ावो' जोड़कर गाई जाती है।

राग–काफी/ताल–तीनताल

स	ग	म	पध	प
ब	धा	यौं	ब्र-	ज
	0		3	

स्थाई

-	ग	-	रे	स	-	ग	म	निप	-	प	प	प	प	ध	प
-	रा	-	ज	कैं	-	रा	नी	जा	-	यौं	-	मो	ऽ	ह	न
x		2		0		3		x		2		0		3	

ग	-	ग	स	ग	म	पध	प	-	ग	-	रे	स	-	-	-
पू	-	त	ब	धा	यौं	ब्र-	ज	-	रा	-	ज	कैं	-	-	-
x		2		0		3		x		2		0		3	

अंतरा–1

-	ग	-	म	प	-	प	-	-	ग	म	प	ग	-	रे	स
-	मा	-	स	भा	-	दौं	-	-	द् यौं	-	स	आ	-	ठें	-
x		2		0		3		x		2		0		3	

-	प	-	प	प	-	ध	प	ग	-	ग	स	ग	म	पध	प
-	रो	-	हि	नी	-	बु	ध	बा	-	र	ब़	धा	यौं	ब्र-	ज
x		2		0		3		x		2		0		3	

अंतरा–2

-	म	प	-	नि	-	नि	-	सां	सां	-	सां	नि	ध	प	-
-	ज	सो	-	दा	-	की	-	-	कू	-	ख	प्र	ग	टै	-
x		2		0		3		x		2		0		3	

प	-	प	प	प	-	ध	प	ग	-	ग	सं	ग	म	पध	प
कृ	-	ष्ण	लि	यौं	-	अ	व	ता	-	र	ब़	धा	यौं	ब्र-	ज
x		2		0		3		x		2		0		3	

आगे की पहिली पंक्ति अंतरा-1 के समान व दूसरी पंक्ति अंतरा-2 के समान

राग–काफी/ताल–धमार

स्थाई

स	-	-	रे	-	-	-	ग	-	-	म	-	म	-
आ	-	-	यौं	-	-	-	फा	-	-	गु	-	न	-
x					2		0			3			

प	-	-	प	-	-	म	प	-	-	ध	-	प	-
मा	-	-	स	-	-	क	हैं	-	-	स	-	ब	-
x					2		0			3			

ग	-	-	म	-	प	-	ग	-	-	रे	ग	स	-
हो	-	-	री	-	-	-	हो	-	-	रा	-	-	-
x					2		0			3			

अंतरा

म	-	प	नि	-	-	सां	-	सां	-	सां	-	सां	-
ए	-	-	क	-	-	ओ	-	र	-	बृ	-	ष	-
x					2		0			3			

रें	गं	-	रें	-	सां	-	रें	नि	-	सां	-	-	-
भा	-	-	नु	-	नं	-	-	दि	-	नी	-	-	-
x					2		0			3			

नि	-	-	सां	-	-	सां	रें	नि	-	ध	-	प	-
ए	-	-	क	-	-	ओ	-	र	-	ह	-	रि	-
x					2		0			3			

ग	ग	-	म	-	प	-	ग	-	-	रे	-	ग	स
ह	ल	-	ध	-	र	-	जो	-	-	रा	-	-	-
x					2		0			3			

संचारी

रे	रे	-	म	-	-	-	प	-	-	प	-	प	-
ब्र	ज	-	ना	-	-	-	री	-	-	गा	-	री	-
x					2		0			3			

म	-	-	प	-	प	-	ध	प	म	ग	-	रे	-

अथवा

ग	-	म	ध	प	प	प	ग	ग	रे	स	-	स	-
टै	-	-	वे	-	कौ	-	भ	जि	-	भ	-	जि	-
x					2		0			3			
स	-	-	रे	-	-	-	ग	ग	-	म	-	म	-
आ	-	-	वै	-	-	-	त	जि	-	त	-	जि	-
x					2		0			3			
निप	-	-	प	-	-	-	-	-	-	-	-	-	-
को	-	-	रा	-	-	-	-	-	-	-	-	-	-
x					2		0			3			

आभोगी अंतरावत्

पिछली दो तुकों में कहरवा की चलती

राग–काफी/ताल–धमार

प	-	-	-
बा	-	-	-

स्थाई

ग	-	-	रे	-	स	-	स	-	-	रे	ग	म	-
घं	-	-	ब	-	र	-	ओ	-	-	ढ़े	-	-	-
x					2		0			3			

-	-	-	प	ध	नि	ध	प	-	-	नि	-	नि	-
-	-	-	सां	-	-	व	रौ	-	-	या	-	में	-
x					2		0			3			

नि	-	-	नि	-	नि	ध	सां	-	-	नि	ध	प	ध
जो	-	-	गी	-	को	-	ऊ	-	-	न	-	र	-
x					2		0			3			

नि	-	-	ध	-	प	-	ग	-	रे	प	–	-	-
कौ	-	-	-	-	न	-	हो	-	-	,बा	-	-	-
x					2		0			3			

अंतरा (तीनताल)

प	-	प	प	-	म	प	ध	नि	नि	ध	प	म	ग	रे	-
शं	-	ख	श	-	ब्द	धु	न	सु	नि	जि	त	ति	त	तें	-
x		2		0		3		x		2		0		3	

स	स	रे	रे	ग	-	म	म	प	-	-	-	-	-	-	प
घि	रि	आ	-	ई	-	ब्र	ज	ना	-	-	-	-	-	-	र
x		2		0		3		x		2		0		3	

म	म	प	ध	नि	-	सां	सां	रें	गं	रें	सां	नि	-	ध	प
ब	द	न	बि	लौ	-	कि	कुं	व	रि	रा	-	धे	-	कौ	-
x		2		0		3		x		2		0		3	

सां	-	सां	-	नि	ध	प	म	प	-	-	-	प	-	ध	प
वै	-	ठे	-	आ	-	स	न	मा	-	-	-	र	-	बा	-
x		2		0		3		x		2		0		3	

पुनः धमार में

ग	-	-	रे	-	स	-	स	-	-	रे	ग	म	-
घं	-	-	ब	-	र	-	ओ	-	-	ढ़ें	-	-	-
x					2		0			3			
-	-	-	प	ध	नि	ध	प	-	-	नि	-	नि	-
-	-	-	सां	-	-	व	रौ	-	-	या	-	में	-
x					2		0			3			
नि	-	-	नि	-	नि	-	सां	-	-	नि	ध	प	ध
जों	-	-	गी	-	कौ	-	ऊ	-	-	न	-	र	-
x					2		0			3			
नि	-	-	ध	-	प	-	ग	-	रे	प	-	-	-
कौ	-	-	-	-	न	-	हो	-	-	,बा	-	-	-
x					2		0			3			

इस प्रकार एक तुक पूर्ण हुई।

राग–काफी/ताल–धमार

स्थाई

स	स	-	रे	-	रे	-	ग	-	-	म	-	म	-
ब	न	-	में	-	श्री	-	ब	-	-	ल्ल	-	भ	-
x					2		0			3			

प	-	ध	नि	-	ध	प	ग	म	प	ग	-	रे	ग
बा	-	-	ला	-	मि	लि	खे	-	लै	फा	-	-	ग
x					2		0			3			

अंतरा

म	-	प	नि	-	-	नि	सां	-	-	सां	-	सां	-
सं	-	-	ग	-	-	ख	ड़े	-	-	र	-	स	-
x					2		0			3			

रें	गं	-	रें	-	सां	सां	नि	-	-	ध	-	प	-
रं	-	-	ग	-	-	भ	रे	-	-	न	-	व	-
x					2		0			3			

सां	-	-	सां	-	-	रें	नि	-	-	ध	-	म	-
रं	-	-	ग	-	-	त्रि	भं	-	-	गी	-	-	-
x					2		0			3			

प	-	ध	नि	-	ध	प	ग	म	प	ग	-	रे	ग
बा	-	-	ला	-	मि	लि	खे	-	लैं	फा	-	-	ग
x					2		0			3			

संचारी

म	-	-	म	-	म	-	प	-	-	प	-	ध	-
बा	-	-	ज	-	त	-	बां	-	-	सु	-	री	-
x					2		0			3			

नि	-	-	ध	-	प	प	ग	-	-	रे	-	-	रे
चं	-	-	ग	-	-	उ	पं	-	-	ग	-	-	प
x					2		0			3			
स	-	-	रे	-	रे	-	ग	-	-	म	-	म	-
खा	-	-	व	-	ज	-	आ	-	-	व	-	ज	-
x					2		0			3			
प	-	-	-	-	-	-	प	-	-	-	-	-	-
ता	-	-	-	-	-	-	ला	-	-	-	-	-	-
x					2		0				3		

आभोगी अंतरे के समान

•

राग–काफी/ताल–दीपचंदी

			स - स नि
			हो - री -

स्थाई

स - -	रे - रे -	ग - -	म - प म
हो - -	ब्र - ज -	रा - -	ज – - दु
x	2	0	3

नि$_{प}$ - -	प - - म	ग - रे
ला - -	रे - - -	हो - -
x	2	0

अंतरा

प प -	रें - रें -	रें रें -	गं - रें गं
ब हु -	त - दि -	न न -	ते - - -
x	2	0	3

सां सां निध	ध नि प -	ध सां -	रें - गं -
तु म -	म - न -	मो - -	ह - न -
x	2	0	3

सां - रें	नि - ध प	ध म -	प - ध -
फा - -	ग - ही -	फा - -	ग - पु -
x	2	0	3

नि - -	- - - -	सां - -	- - - -
का - -	- – - -	रे - -	- - - -
x	2	0	3

अंतरे की दूसरी पंक्ति कहरवा में गाई जाती है : यथा

नि - नि नि	ध नि प ध	नि नि सां सां	नि ध प -
आ - ज दे	- खि यो -	सै - ल फा	- ग क़ी -
x	0	x	0

नि	नि	नि	नि	सां	सां	_नि_	ध	_नि_	ध	प	म	प	प	ग	म
पि	च	का	-	रि	न	के	फु	हा	-	रे	च	लैं	-	ज	हां
x				0				x				0			

प	ध	नि	सां	_नि_	ध	प	-	प	-	प	प	प	प	ग	म
कु	म	कु	म	न्या	-	रे	-	हां	-	-	च	लैं	-	ज	हां
x				0				x				0			

प	ध	नि	सां	_नि_	ध	प	-	स	-	रे	रे	_ग_	_ग_	म	म
कु	म	कु	म	न्या	-	रे	-	,हो	-	ब्र	ज	रा	-	ज	दु
x				0				x				0			

पुन : दीपचंदी में आ जाते हैं यथा

प	-	-	प	-	-	म	_ग_	-	रे	स	-	नि	-
ला	-	-	रे	-	-	-	हो	-	-	हो	-	री	-
x			2				0			3			

स	-	-	रे	-	रे	-	_ग_	रे	_ग_	म	-	प	म
हो	-	-	ब्र	-	ज	-	रा	-	-	ज	-	-	दु
x			2				0			3			

इसी प्रकार आगे की तुकें चलती हैं।

राग–जैजैवंती/ताल–तीनताल

म
ए

स्थाई

ग	नि	नि	स	^ग रे	-	-	-	म	-	-	-	प	-	-	म
री	मा	-	ई	आ	-	-	-	ज	-	-	-	तो	-	-	गो
3				x				2				0			

-	प	-	प	ध	प	म	प	म	प	ध	प	म	ग	रे	म
-	कु	-	ल	गा	-	-	-	-	-	-	-	म	-	-	कैं
3				x				2				0			

प	नि	-	सां	नि	सां	रें	सां	नि	ध	प	ध	म	ग	रे	म
सौ	र	-	ह्यौ	फू	-	-	-	-	-	-	ल	कें	-	-	ए
3				x				2				0			

अंतरा

रें	रें	रें	-	रें	-	रें	-	रें	गं	रें	सां	रें	नि	सां	सां
2रें	रें	रें	-	रेंग	मंग	रें	-	रें	गं	रें	सां	रें	नि	सां	सां
गृ	ह	फू	-	ले-	--	दी	-	से	-	जै	सें	सं	-	प	ति
x				2				0				3			

रें	सां	नि	सां	नि	ध	प	ध	म	ग	रे	म	ग	नि	नि	स
स	मू	-	-	-	-	-	ल	कें	-	-	ए	री	मा	-	ई
x				2				0				3			

संचारी

रे	-	म	-	प	-	प	-	म	-	प	-	ध	म	ग	रे
फू	-	ली	-	फू	-	ली	-	घ	-	टा	-	आ	-	ई	-
x				2				0				3			

नि	नि	ध	प	म	प	ध	प	म	ग	रे	-	-	-	-	-
घ	र	ह	र	घू	-	-	म	कें	-	-	-	-	-	-	-
x				2				0				3			

अंतरा और संचारी किंचित स्वरान्तर से भी लिये जाते हैं जो इस प्रकार हैं—

अंतरा

1	रें	रें	रें	-	रें	-	रें	-	रें	गं	रें	मां	रेंनि	-	सां	सां
2	रें	रें	रें	-	रेंगं	मंगं	रें	-	रें	गं	रें	मां	नि	-	सां	सां
	गृ	ह	फू	-	ले-	--	दी	-	से	-	जै	में	सं	-	प	ति
	x				2				0				3			

ध	-	ध	-	नि	रें	सां	-	नि	ध	प	रेंम	रेंग	रेंस	निस	धनि
स	-	मू	-	-	-	ल	-	कें	-	-	ए	री-	--	मा-	ई-
x				2				0				3			

संचारी

ध	-	ध	-	नि	ध	प	-	म	प	नि	सां	रें	नि	ध	प
फू	-	ली	-	फू	-	ली	-	-	घ	टा	-	आ	-	ई	-
x				2				0				3			

नि	-	ध	प	म	प	ध	मग	रे	-	-	-	रे	ग	रे	स
घ	र	ह	र	घू	-	-	म-	कें	-	-	-	-	-	-	-
x				2				0				3			

आभोगी

अंतरे के समान

राग–रायसौ/ताल–धमार

स्थाई

ग॒	-	-	रे	-	स	-	नि	स	-	रे	म	[नि]प	प
फू	-	-	ल	-	न	-	र	च्यौं	-	है	-	-	हि
x					2		0			3			
[प]ग॒	-	-	रे	-	ग॒	रे	[नि]स़	-	-	-	-	-	-
डौं	-	-	-	-	-	र	ना	-	-	-	-	-	-
x					2		0			3			
नि॒	ध	-	स	-	-	स	ग	ग	स़	रे	ग	म	ग
नं	-	-	द	-	-	म	ह	रि	-	के	-	-	-
x					2		0			3			
म	-	-	ग	म	प	-	पग॒	-	-	रे	-	स	-
व्दा	-	-	-	-	-	-	-	-	र	-	-	-	-
x					2		0			3			

अंतरा

म	प	-	नि	-	नि	-	सां	-	-	सां	-	-	रें
दा	-	-	दु	-	र	-	मो	-	-	र	-	-	च
x					2		0			3			
नि॒	-	-	नि॒	-	नि॒	-	ध	ध	-	प	-	प	-
को	-	-	र	-	ना	-	कि	ल	-	क	-	त	-
x					2		0			3			
प	प	-	म	-	म	-	ग	-	स	सरे	गरे	सरे	गम
को	-	-	कि	-	ल	-	कूं	-	-	ज-	--	--	-त
x					2		0			3			
म	-	-	ग	म	प	-	पग॒	-	-	रे	-	स	-
पा	-	-	-	-	-	-	-	-	-	स	-	–	-
x					2		0			3			

संचारी

ग̲	-	-	रे	-	स	-	नि	स	-	रे	म	प	प
पा	-	-	व	-	स	-	ऋ	तु	-	-	-	-	सु
x					2		0			3			
ग̲	-	-	रे	-	-	स	स	-	-	प	-	प	-
हा	-	-	-	-	-	व	नी	-	-	ए	-	जी	-
x					2		0			3			
प	-	-	प	-	-	-	(प)	सां	-	प	-	म	ग
आ	-	-	यौं	-	-	-	सा	-	-	—	-	व	न
x					2		0			3			
म	-	-	-	-	-	-	प	-	-	ग̲	-	रेस	-
मा	-	-	-	-	-	-	-	-	-	-	-	स	-
x					2		0			3			

आभोगी अंतरे के समान

राग–रायसौ/ताल–धमार ('म' को 'स' मानकर)

स	स़
अ	ब

स्थाई

स़	-	-	-	-	रे	-	ग	-	-	रे	ग	स	-
हां	-	-	-	-	-	-	हो	-	-	-	—	-	-
x					2		0			3			

स़	स़	-	रे	-	ग	स़	नि	नि	ध	प	ध	म	प
स	क	-	ल	-	-	कु	व	र	-	-	-	गो	-
x					2		0			3			

नि	स	-	ग	स	रे	नि	स	-	-	-	-	-	-
कु	ल	-	-	-	-	-	के	-	-	-	-	-	-
x				2		0			3				

प	प	-	प	-	-	-	प	-	-	ग	-	रे	स
नि	क	-	से	-	-	-	खे	-	-	-	-	ल	न
x				2		0			3				

नि	-	-	स	-	रे	रे	ग	-	-	रे	ग	स	-
फा	-	-	-	-	-	ग	हो	-	-	-	-	-	-
x				2		0			3				

आगे की सभी पंक्तियाँ स्थाई के समान ही गाई जाती हैं।

राग–विहाग/ताल–तीनताल

स्थाई

नि	स	ग	म	प	-	नि	नि	सां	-	नि	ध	प	प	गम	ग
रु	चि	रु	चि	से	-	ज	ब	ना	-	ई	-	स	खि	य-	न
0				3				x				2			

प	सां	नि	ध	प	-	ग	म	ग	-	-	रे	स	-	-	-
रु	चि	रु	चि	से	-	ज	ब	ना	-	-	-	ई	–	-	-
0				3				x				2			

अंतरा

प	-	सां	सां	सां	सां	सां	-	नि	नि	प	प	निध	सां	नि	-
रं	-	ग	म	ह	ल	में	-	प	रि	ग	ये	प-	र	दा	-
0				3				x				2			

स	स	ग	म	प	प	नि	नि	सां	-	नि	ध	प	प	गम	ग
ध	री	-	अ	गी	ठी	सु	ख	दा	-	ई	-	,स	खि	य-	न
0				3				x				2			

संचारी

प	-	प	प	प	प	प	प	प	प	म	प	ग	म	ग	-
सी	-	त	स	म	य	ग्री	-	प	म	ऋ	तु	की	-	न्हीं	-
0				3				x			2				

सां	सां	नि	ध	प	प	ग	म	ग	-	-	रे	स	-	-	--
अ	ति	सु	-	न्द	र	सु	ख	दा	-	-	-	ई	-	-	-
0				3				x			2				

आभोगी 'श्री विट्ठल गिरिधारी कृपानिधि पौढ़े रजाई'–अंतरावत्

राग विहाग/ताल धमार

प
श्र

स्थाई

प	प	ग	म	ग	ग	-	-	-	-	-	स	–	-
व	न	सु	न	स	ज	-	-	-	-	नी	-	-	-
3				x					2		0		

नि	स़	ग	म	प	-	-	ग	-	म	-	ग	-	-
बा	-	ज़े	मं	दि	-	-	-	-	ल	-	रा	-	-
3				x					2		0		

स	-	-	-	स	-	स	ग	-	म	ग	प	–	-
-	-	-	-	आ	-	ज	नि	-	सि	-	ला	-	-
3				x					2		0		

नि	-	नि	-	सां	सां	-	नि	-	-	प	म	ग	प
ग	-	त	-	प	र	-	म	-	-	सु	हा	ई,	श्र
3				x					2		0		

अंतरा

प	प	-	सां	-	-	-	-	सां	-	-	सां	–	सां
अ	ति	-	आ	-	-	-	वे	-	-	स	–	-	हो
x					2		0			3			

नि	नि	-	प	-	प	-	नि	सां	-	नि	–	-	प
-	त	-	त	-	न	-	म	न	-	में	-	-	श्री
x					2		0			3			

प	-	-	ग	-	म	-	प	प	-	नि	-	-	नि
गो	-	-	कु	-	ल	-	ब	ज	-	त	-	-	ब
x					2		0			3			

सां	-	-	नि	-	ध	प	म	ग	प	प	प	ग	म
धा	-	-	ई	-	-		-	-	श्र	व	न	सु	न
x					2		0			3			

संचारी

स	-	-	ग	-	म	-	प	-	-	प	-	-	प
दे	-	-	दे	-	-	-	का	-	-	न	-	-	सु
x					2		0			3			

प	प	-	प	-	प	-	ग	-	म	ग	-	ग	-
न	त	-	अ	-	रू	-	फू	-	-	ल	-	त	-
x					2		0			3			

ग	-	-	ग	-	ग	म	प	-	-	ग	-	म	-
रा	-	-	व	-	ल	-	के	-	-	न	-	र	-
x					2		0			3			

ग	-	-	-	-	-	-	स	-	-	-	-	-	-
ना		-	-	-	-	-	री	-	-	-	-	-	-
x					2		0			3			

आभोगी अंतरावत्

राग–बिहाग/ताल–धमार

स्थाई

नि	-	-	सां	सां	सां	-	नि	नि	ध	प	-	-	प
रा	-	-	व	ल	के	-	क	हैं	-	गो	-	-	प
x					2		0			3			

ग	-	म	प	-	प	-	ग	ग	म	ग	-	रे	स
आ	-	ज	ब्र	-	ज	-	धु	नी	-	ओ	-	-	प
x					2		0			3			

स	-	स	ग	-	ग	म	प	प	-	नि	-	नि	-
का	-	न	दै	-	दै	-	सु	नी	-	बा	-	जै	-
x					2		0			3			

सां	-	-	नि	ध	नि	ध	प	प	-	ग	म	ग	-
गो	-	-	कु	ल	-	मँ	दि	ल	-	रा	-	-	-
x					2		0			3			

अंतरा

ग	ग	म	प	-	नि	-	सां	-	सां	गं	-	सां	-
ज	सो	-	दा	-	कें	-	पू	-	त	भ	-	यौं	-
x					2		0			3			

नि	नि	-	नि	-	नि	नि	सां	-	सां	नि	ध	प	-
बृ	ष	-	भा	-	-	नु	जू	-	सौं	क	-	ह्यौ	-
x					2		0			3			

प	-	प	ग	-	ग	म	प	-	प	नि	-	नि	-
गो	-	पी	ग्वा	-	ल	-	लै	-	लै	धा	-	यै	-
x					2		0			3			

सां	-	सां	नि	ध	नि	ध	प	प	-	ग	म	ग	-
दू	-	ध	द	-	धि	-	ग	ग	-	रा	-	-	-
x					2		0			3			

संचारी

स	-	स	ग	-	-	म	प	-	प	प	-	प	-
आ	-	गे	गो	-	-	प	बृ	-	न्द	व	-	र	-
x					2		0			3			
नि	-	नि	सां	-	सां	-	नि	ध	नि	प	-	प	-
पा	-	छै	त्रि	-	य	-	म	नो	-	ह	-	र	-
x					2		0			3			
नि	नि	-	सां	-	सां	-	नि	ध	नि	प	-	प	-
च	ल	-	न	-	स	-	क	त	-	को	-	ऊ	-
x					2		0			3			
ग	-	म	प	प	-	म	ग	ग	रे	स	-	-	-
पा	-	-	व	त	-	न	ड	ग	-	रा	-	-	-
x					2		0			3			

आभोगी (अंतरा के समान)

रागमाला/ताल–धमार

रें
सा

स्थाई

सां	-	नि	नि	सां	सां	-	नि	-	प	-	म	-	-
-	-	रं	ग	न	य	-	नी	-	-	-	का	-	-
3				x					2		0		

प	-	प	-	नि	प	-	म	-	रे	स	रे	स	रे
हे	-	को	-	कि	यौ	-	ए	-	तो	-	मा	न	सा
3				x					2		0		

अंतरा

रें	-	-	रें	-	-	गं	रें	-	-	सां	-	-	नि
गो	-	-	री	-	-	ग	हे	-	-	रु	-	-	छा
x					2		0			3			

रें	-	-	रें	-	-	गं	रें	-	-	सां	-	-	-
ड	-	-	मि	-	-	लि	ला	-	-	लें	-	-	-
x					2		0			3			

'म	'म	-	ग	-	ग	-	'म	ध	-	नि	-	-	-
म	न	-	क्र	-	म	-	व	च	-	न	-	-	-
x					2		0			3			

सां	-	-	नि	-	ध	-	प	-	-	'म	-	ग	-
या	-	-	तें	-	-	-	हो	-	-	त	-	क	-
x					2		0			3			

प	-	-	रे	-	-	-	स	-	रे	सां	-	नि	नि
ल्या	-	-	-	-	-	-	न	-	सा	-	-	रं	ग
x					2		0			3			

संचारी

म	नि	-	ध	-	प	-	प	प	-	रे	-	-	रे
जि	न	-	ह	-	ठ	-	क	रे	-	री	-	-	तू
x					2		0			3			

रे	ग	-	ग	म	प	-	ग	म	रे	स	-	स	-
न	ट	-	ना	-	-	-	ग	र	-	सौ	-	-	-
x					2		0			3			

ध	-	-	प	-	म	ग	रे	-	-	ग	म	प	म
भैं	-	-	रौं	-	-	-	ही	-	-	दे	-	व	-
x					2		0			3			

रे	-	-	-	-	-	-	स	-	-	-	-	-	-
गा	-	-	-	-	-	-	न	-	-	-	-	-	-
x					2		0			3			

आभोगी

नि	ध	-	नि	-	-	-	सां	-	-	सां	-	-	नि
मु	र	-	ली	-	-	-	ता	-	-	न	-	-	का
x					2		0			3			

-	ध	-	सां	-	रें	-	गं	-	-	रें	-	सां	-
-	न्ह	रौ	-	-	-	गा	-	-	व	-	-	त	-
x					2		0			3			

नि	नि	प	ध	-	म	-	प	-	-	पध	मप	सां	-
सु	न	-	लै	-	-	-	री	-	-	हां-	--	हां	-
x					2		0			3			

नि	नि	प	ध	-	म	-	प	-	-	सां	-	रे	-
सु	न	-	लै	-	-	-	री	-	-	दै	-	-	-
x					2		0			3			

गं	-	-	रे	सां	निध	पध	नि	धम	रे	सां	-	नि	नि
का	-	-	-	-	--	-	-	न-	-	सा	-	,रं	ग

संचारी

रे ग - स - | रे रे | प - - | ध - - -
रं - - ग - | - रं | गी - - | ली - - -
x | 2 | 0 | 3

म म - प - | - ध | सां सां - | निध पध नि धम
सु ध - र - | - ना | - य - | की- - - - -
x | 2 | 0 | 3

रें - - रें - | सां - | सां - - | ध - - नि
तू - - जि - | य - | में - - | - - - अ
x | 2 | 0 | 3

सां - - ध - नि | प ग | म - रे | - स -
ड़ा - - - - - | - - | - - न | — - -
x | 2 | 0 | 3

आभोगी

प - - सां - | - सां | सां सां - | सां - - नि
नं - - द - | - दा | - स - | के - - -
x | 2 | 0 | 3

ध - - प - | - - | म प ध | म - गप -
दा - - रौ - | - - | क रि - | कें -- -
x | 2 | 0 | 3

नि स - ग - | - म | प - प | नि - नि -
यौं - - ही - | - वि | हा - य | ग - यौं -
x | 2 | 0 | 3

सां - नि प - | - - | गम ग रे | स - नि नि
मा - - - - | - - | न- - ,सा | - - रें ग
x | 2 | 0 | 3

रागमाला (6 राग व 6 ताल)

राग–मल्हार/ताल–चारताल

							सां	नि	प	प	गम
							ए	-	-	झू	- लैं
नि	-	निध	नि	नि	-	सां	-	-	निध	नि	प
स्या	-	- -	मा	-	-	प्या	-	री	-	-	-
x		0		2		0		3		4	
म	म	रे	प	-	प	सां	सां	निप	ग	-	ग
झु	ल	-	व	-	त	ला	ल	वि -	हा	-	री
x		0		2		0		3		4	
म	म	-	म	-	म	म	रे	-	प	-	प
र	म	-	क	-	झ	म	क	-	झो	-	टा
x		0		2		0		3		4	
ग	म	रे	स	रे	स	नि	प	-	प	ग	म
दे	-	त	भा	-	री	,ए	-	-	झू	-	लै
x		0		2		0		3		4	

नि	नि	निध	नि	-	नि	सां	-	नि	सां	-	सां
म	णि	- -	न	-	के	खं	-	भ	दो	-	ऊ
x		0		2		0		3		4	
नि	-	ध	नि	सां	सां	रें	सां	सां	निध	नि	प
डा	-	ड़ी	चा	-	र	अ	ति	सु	हा -	-	ई
x		0		3		0		3		4	
सां	गं	गं	गं	-	गं	मं	रें	सां	ध	नि	प
जा	-	न	की	-	म	ल्हा	-	र	ता	-	न
x		0		2		0		3		4	
ग	म	रे	स	रे	स	सां	नि	प	प	ग	म
झ	म	-	का	-	ई	,ए	-	-	झू	-	लें
x		0		2		0		3		4	

●

राग–मारु/ताल–झपताल

प	प	प	ग	म	प	-	प	प	ध
प	र	त	ज	ल	धा	-	र	घ	न
x		2			0		3		

नि	नि	नि	नि	नि	ध	ध	प	प	प
ग	ग	न	ग	र	ज	न	क	र	त
x		2			0		3		

रें	-	सां	सां	-	रेंनि	सां	ध	प	-
दा	-	मि	नी	-	द-	म	क	मा	-
x		2			0		3		

ध	म	प	(प)	म	ग	म	रे	स	स
रु	त	जो	पा	-	वै	-	-	-	-
x		2			0		3		

गं	-	गं	गं	-	म	गं	रें	सां	सां
दे	-	खि	कें	-	प्या	-	री	छ	वि
x		2			0		3		

सां	रें	सां	सां	-	नि	रेंनि	ध	म	ग
दा	-	मि	नी	-	की	- -	द	म	क
x		0			2		3		

ग	ग	ग	म	ध	नि	नि	सां	रें	सां
त	र	प	ध	न	स्या	-	म	कों	-
x		2			0		3		

रें	रें	सां	सां	-	निध	प	प	ग	म
उ	र	ही	ला	-	वै-	-	झू	-	लै
x		2			0		3		

क्रमशः

राग–सोरठ/ताल–धमार

नि नि - नि - | - - | सां सां - | (रें)नि ध प -
म धु - रें - | - - | सु र - | सों - - -
x | 2 | 0 | 3

नि सां - सां - | - प | निध ध पध | मग रे रे -
र ट - त - | - प | प- हि य- | रा- - - -
x | 2 | 0 | 3

म म - म - | - - | रे रे - | प - प म
उ त - दा - | - - | दु र - | झ - न -
x | 2 | 0 | 3

प - - म ग | रे म | ग रे - | स – - -
का - - - - | - - | री - - | - - - -
x | 2 | 0 | 3

म प - नि - | नि - | नि सां नि | सां - - -
सा - - र - | स - | हं - - | स - - -
x | 2 | 0 | 3

नि - - सां - | सां - | नि सां | - नि सां रें -
को - - कि - | ला - | कूँ - | - ज - - त
x 2 | 0 | | 3

सां - - निनि धप | ध - | सां सां - | नि - सां -
कूँ - - ज- -- | त - | अ लि - | सु - त -
x | 2 | 0 | 3

सां - - नि सां रें | - निध | पम गरे नि | प ग म
का - - - - - | - री- | -- -- ,ए | - झू लैं
x | 2 | 0 | 3

राग-मालव/ताल-तीनताल

सां	-	सां	सां	ध	प	ग	ग	ग	ग	ध	प	ग	रे	स	स
मा	ऽ	ल	व	रा	ऽ	ग	र	स	भ	रौ	ऽ	गा	ऽ	व	त
x		2		0		3		x		2		0		3	

प	प	ग	ग	प	ध	सां	सां	रें	-	सां	-	प	-	ध	-
श्र	व	न	न	झ	ल	क	त	भा	-	–	-	ला	-	-	-
x		2		0		3		x		2		0		3	

गं	गं	गं	गं	गं	रें	सां	ध	-	ध	सां	रें	गं	रें	सां	सां
क	दं	व	ते	उ	त	रि	स्या	-	म	प्या	-	री	-	त	ब
x		2		0		3		x		2		0		3	

प	प	ग	ग	प	प	ध	ध	सां	-	ध	प	ध	-	ग	म
झु	ल	व	त	म	द	न	गु	पा	-	-	-	ला	-	-झू	-लैं
x		2		0		3		x		2		0		3	

राग-काफी/ताल-सूलताल

सां	सां	सां	सां	सां	-	नि	ध	नि	धप
झु	ल	व	न	कों	-	आ	-	-	-
x		0		2		3		0	

म	-	ध	प	म	प	ग	रे	ग	रे
ई	-	ब्र	ज	ब	नि	ता	-	-	-
x		0		2		3		0	

स	-	रे	रे	ग	ग	-	म	प	म
बो	-	ल	त	ब	च	-	न	-	र
x		0		2		3		0	

निप	-	-	-	प	-	-	-	-	-
सा	-	-	-	ला	-	-	-	-	-
x		0		2		3		0	

म	-	प	ध	नि	-	-	सां	-	सां
झो	-	टा	-	दे	-	-	त	-	स
x		0		2		3		0	

रें	मं	रें	सां	सां	-	-	नि	ध	प
खी	-	ल	लि	ता	-	-	दि	-	क
x		0		2		3		0	

नि	नि	नि	नि	नि	-	सां	-	सां	सां
हं	सि	हं	सि	का	-	फी	-	सु	र
x		0		2		3		0	

नि	ध	प	म	नि	ध	प	-	ग	म
गा	-	व	त	बा	-	ला	-	,झू	लैं
x		0		2		3		2	

राग-कल्याण/ताल-दीपचंदी

सां	-	-	सां	-	सां	-	नि	नि	-	ध	ध	प	-
दे	-	-	खि	-	ये	-	ऋ	तु	-	सा	-	-	-
x			2				0			3			

प	प	-	प	-	ध	-	प	-	-	ग	-	ग	-
व	न	-	म	-	न	-	भा	-	-	व	-	न	-
x			2				0			3			

ग	ग	-	ध	-	प	-	ग	रे	-	रे	-	ग	-
प	हि	-	रैं	-	दि	-	प	त	-	रं	-	ग	-
x			2				0			3			

प	-	-	प	ध	नि	ध	प	-	-	प	-	-	-
ची	-	-	-	-	-	-	र	-	-	-	-	-	-
x			2				0			3			

सां	-	-	नि	ध	प	ध	सां	-	-	सां	-	सां	-
क	-	-	ल्या	-	-	न	के	-	-	प्र	-	भु	-
x			2				0			3			

नि	नि	ध	नि	-	रे	रें	सां	सां	-	सां	-	सां	-
गि	रि	-	ध	- र	सं	ग	य	ह	-	वि	-	धि	-
x			2				0			3			

गं	रें	-	सां	-	सां	सां	नि	ध	नि	नि	-	रें	-
क्री	-	-	ड़	-	त	-	ज	मु	-	ना	-	-	-
x			2				0			3			

नि	ध	प	-	-	-	प	नि̱	ध	नि̱प	ग	-	म	-
ती	-	-	-	-	-	र	ए	-	-‿-	झू	-	लैं	-
x			2				0			3			

रागमाला समाप्त

राग–पंचम/ताल–आड़ां चारताल (नाथ द्वारा)

स्थाई

स	स	म	म	म	-	म	ध	-	'म	म	म	रे॒	स
आ	-	ये	-	आ	-	ये	हो	-	म	न	भा	व	न
2		3		x			2		3		x		

'म	'म	ध	-	सां	सां	सां	ध	ध	'म	म	रे॒	रे॒	स
क	हां	ते	-	मो	र	ही	भ	व	न	ह	मा	-	रे
2		3		x			2		3		x		

अंतरा

'म	'म	ध	'मध	सांसां	सां	सां	सां	सां	रें॒	नि	धध	'म	म
तु	म	कि	यौं-	रति	सु	ख	ह	म	दि	यौं	अति	दु	ख
2		3		x			2		3		x		

'म	-	ध	-	सां	-	सां	ध	ध	'म		रे॒	-	स
सां	-	चे	-	बो	-	ल	ति	हा	-	-	रे	-	-
2		3		x			2		3		x		

संचारी (स्थाई के समान)

व

आभोगी (अंतरे के समान)

राग-खट/ताल-झपताल

स्थाई

स	-	स	ग	म	प	-	प	म	प
आ	-	ज	नं	द	ला	-	ल	मु	ख
x		2			0		3		
ध	-	ध	(प)	-	नि	नि	सां	सां	सां
चं	-	द्र	नै	-	न	न	नि	र	ख
x		2			0		3		
सां	सां	सां	सां	-	ध	ध	प	म	-
प	र	म	मं	-	ग	ल	भ	यौ	-
x		2			0		3		
रे	रे	ग	(म)	-	रे	-	-	स	-
भ	व	न	मे	-	रे	-	-	-	-
x		2			0		3		

अंतरा

रें	-	रें	रें	-	गं	-	रें	सां	-
कौ	-	टि	कं	-	द	-	र्प	ला	-
x		2			0		3		
रें	-	रें	सां	-	ध	-	ध	प	प
व	-	ण्य	ए	-	क	-	त्र	क	र
x		2			0		3		
सां	-	सां	सां	सां	ध	-	प	म	-
वा	-	रुं	ज	ब	ही	-	त	वै	-
x		2			0		3		
म	-	म	प	ध	सां	-	-	-	-
ने	-	कु	हे	-	रे	-	-	-	-
x		2			0		3		

संचारी

म	म	म	ग	म	प	प	प	म	प
स	क	ल	सु	ख	स	द	न	ह	र
x		2			0		3		

ध	ध	ध	ध	प	प	सां	नि	सां	सां
खि	त	व	द	न	गो	-	प	व	र
x		2			0		3		

सां	सां	सां	सां	सां	ध	ध	प	म	-
प्र	व	ल	द	ल	म	द	न	जा	-
x		2			0		3		

रे	-	प	-	म	रे	-	रे	स	-
नों	-	सं	-	ग	घे	-	रे	-	-
x		2			0		3		

आभोगी

कहौं कोऊ कैसें हू नाही सुध वुध रहैं
गदाधर मिश्र गिरिधरन टेरे ॥
(स्वरलिपि अंतरे के समान)

राग–जंगला/ताल–धमार

प
अ

स्थाई

प	-	-	प	-	प	ध	ग	प	म	ग	-	-	-
री	-	-	तु	-	म	-	कौ	-	न	हौ	-	-	-
x					2		0			3			

-	-	-	ग	-	-	रे	नि	स	-	नि	-	-	-
-	-	-	या	-	-	-	ब	न	-	में	-	-	-
x					2		0			3			

प	प	-	नि	-	-	-	स	-	-	रे	-	-	^{प}म
फु	ल	-	वा	-	-	-	बी	-	-	न	-	-	न
x					2		0			3			

ग	-	-	-	-	-	रे	स	-	-	-	-	-	-
हा	-	-	-	-	-	-	री	-	-	-	-	-	-
x					2		0			3			

अंतरा

म	म	-	म	-	ग	म	प	प	ध	प	ध	नि	सां
र	त	-	न	-	-	ज	टि	त	-	कौ	-	-	-
x					2		0			3			

सां	सां	-	-	-	-	रें	<u>नि</u>	-	-	ध	-	प	-
ब	न्यौ	-	-	-	-	ब	गी	-	-	चा	-	-	-
x					2		0			3			

प	-	-	प	-	-	प	प	-	-	प	-	प	ध
फू	-	-	ल	-	-	र	ही	-	-	फु	–	ल	-
x					2		0			3			

ग	प	-	म	-	म	-	ग	-	रे	स	-	नि	-
ता	-	-	-	-	-	-	री	-	-	-	-	-	-
x					2		0			3			

प	प	-	नि	-	-	-	स	-	-	रे	-	-प म	
फु	ल	-	वा	-	-	-	बी	-	-	न	—	-	न
x					2		0			3			

ग	-	-	-	-	-	रे	स	-	-	-	-	-	प
हा	-	-	-	-	-	-	री	-	-	-	-	-	,अ
x					2		0			3			

संचारी

म	-	-	म	-	म	-	(म)	-	-	ग	-	ग	रे
या	-	-	ब	-	न	-	मैं	-	-	ह	-	म	-
x					2		0			3			

स	स	-	नि	-	-	प	नि	नि	-	स	-	-	-
स	दा	-	ही	-	-	र	ह	त	-	हैं	-	-	-
x					2		0			3			

म	म	-	म	-	-	म	ग	ग	रे	स	-	नि	-
ह	म	-	ही	-	-	क	र	त	-	र	-	ख	-
x					2		0			3			

स	-	-	-	-	-	-	स	-	-	-	—	-	-
वा	-	-	-	-	-	-	री	-	-	-	—	-	-
x					2		0			3			

आभोगी 'तुम तौ नन्द महरि के ढोटा हम बृषभानु दुलारी'

(स्वरलिपि अंतरे के समान)

•

राग-झिंझौटी/ताल-दादरा

स
क

स्थाई

सरे	ग	रे	रेग	म	ग	ग	म	ग	रे	स	रे
न्हैं-	-	-	यां-	-	-	रो	-	-	कि	-	र
x			0			x			0		

नि	-	-	धनि	प	ध	स	-	-	सरे	धं	स
हैया	-	-	मों-	-	री	गै	-	-	ल-	-	क
x			0			x			0		

प	-	-	प	-	प	प	ध	प	पध	नि	धप
रो	-	-	कि	-	-	र	ह्यौ	-	मो-	-	री-
x			0			x			0		

ग	प	म	ग	-	स
गै	-	-	ल	-	क
x			0		

अंतरा

स	-	-	ग	-	म	प	प	-	प	–	-
हौं	-	-	ज	-	ल	ज	मु	-	ना	-	-
x			0			x			0		

प	प	-	प	-	पध	ग	प	म	ग	-	-
भ	र	-	न	न	जा-	-	त	-	हूँ	-	-
x			ऋ				त		0		

स	-	-	ग	-	म	पध	नि	ध	प	-	-
हौं	-	-	ज	-	ल	ज-	-	मु	ना	-	-
x			0			x			0		

प	प	-	प	-	ध	ग	प	म	ग -	-	
भ	र	-	न	-	जा	-	त	-	हूं -	-	
x			0			x			0		

प	-	-	प	-	प	प	ध	प	पध	नि	धप
आ	-	-	ड़ौ	-	ही	ठा	-	-	ड्यौं	-	- -
x			0			x			0		

ग	प	म	ग	-	स
छै	-	-	ल	-	क़
x			0		

संचारी

ग	-	-	ग	-	ग	-	ग	-	ग	म	ग
पां	-	-	च	-	सा	-	त	-	मि	लि	-
x			0			x			0		

रे	ग	रे	नि	ध	प	ध	स	-	सरे	गम	ग
खे	-	-	ल	न	-	नि	क	-	सी -	- -	-
x			0			x			0		

ग	म	ग	रे	स	स	नि	नि	-	धनि	प	ध
कों	-	-	कि	ला	-	ब	न	-	की -	-	-
x			0			x			0		

स	-	-	-	-	-	स	-	-	-	-	-
गै	-	-	-	-	-	ल	-	-	-	—	-
x			0			x			0		

आभोगी

कुंभनदास प्रभु गोवरधन पर जौवन मद के फैल

(अंतरावत्)

•

राग–बन्दिश/ताल–धमार

राग– ?

										ग	-	-	म
										दा	-	-	न

स्थाई

प	-	-	प	ध	नि	सां	-	-	रे	नि	-	ध	प
मां	-	-	गै	-	-	-	-	-	-	दा	-	-	न
x					2		0			3			
म	ग	रे	रे	ग	म	ग	म	-	-	-	-	-	-
मां	-	-	गै	-	-	रे	हौ	-	-	-	-	-	-
x					2		0			3			
प	-	-	प	-	-	-	प	-	-	ध	-	प	म
वो	-	-	ही	-	-	-	मे	-	-	रौ	-	—	-
x					2		0			3			
ग	-	रे	नि	-	-	-	स	-	-	रे	ग	म	-
प्या	-	-	रौ	-	-	-	-	-	-	री	-	-	-
x					2		0			3			
-	-	-	-	-	-	-	प	म	ग	रे	ग	स	रे
-	-	-	-	-	-	-	-	-	-	दा	-	-	न
x					2		0			3			
ग	-	स	रे	-	नि	-	स	-	-	ग	-	-	म
मां	-	-	गै	-	-	-	हौ	-	-	दा	-	-	न
x					2		0			3			

आगे की सभी पंक्तियां उक्त प्रकार ही गाई जाती हैं।

राग–तिलक कामोद/ताल–धमार

स्थाई

म	ग	नि	स	नि	-	प	नि	-	स	-	रे	ग	स
गा	व	त	ध	मा	-	र	आ	-	ली	-	ब्र	ज	की
3				x					2		0		

म	ग	नि	स	नि	-	प	नि	-	स	-	रे	ग	-
गा	व	त	ध	मा	-	र	आ	-	ली	-	व्र	ज	-
3				x					2		0		

स	-	म	प	सां	-	प	ध	-	म	म	गरे	ग	स
की	-	सु	कु	मा	-	-	-	-	-	र	ना-	-	र
3				x					2		0		

अंतरा

म	-	प	नि	-	नि	नि	नि	सां	नि	सां	-	-	सां
चि	-	त्र	अं	-	कि	त	ढ	फ	स	वा	-	-	र
x					2		0			3			

रें	गं	रें	मं	-	गं	गं	गं	गं	गंरें	गं	-	-	सां
त्र	ण	ट	को	-	-	र	अ	गु	री-	-	ढा-	-	र
x					2		0			3			

म	प	-	सां	-	-	-	सां	-	-	-	-	सां	सां
ब	ज	-	व	-	-	-	त	-	-	-	-	रि	झ
x					2		0			3			

सां	प	-	ध	-	म	म	गरे	ग	स	म	ग	नि	स
वा	-	-	-	-	-	र	ग्वा-		र	गा	व	त	ध
x					2		0			3			

संचारी

रे	रे	-	म	म	म	-	म	प	म	प	-	-	प
सु	न	-	नि	क	से	-	सु	घ	र	रा	-	-	य
x					2		0			3			

म	-	प	प	-	प	ध	म	-	गरे	ग	-	-	स
अ	-	र्भ	क	-	ली	-	न्हे	-	बु-	ला	-	-	य
x					2		0			3			

नि	-	प	नि	-	स	स	रे	ग	-	ग	-	स	स
शं	-	ख	श्रृं	-	-	ग	चं	ग	उ	पं	-	-	ग
x					2		0			3			

म	म	प	प	-	प	ध	म	-	गरे	ग	-	स	स
म	हु	व	रि	-	बं	-	सी	-	सह	ना	-	-	र
x					2		0			3			

आभोगी

म-	प	नि	-	नि	-	नि	सां	निनि	सां	-	-	सां
घूं-	घ	रु	-	घं	-	टा	-	घड़ि	या	-	-	ल
x				2		0			3			

नि	-	नि	नि	-	-	नि	नि	सां	नि	सां	-	-	सां
कं	-	स	ता	-	-	ल	क	ठ	-	ता	-	-	ल
x					2		0			3			

रें	गं	गं	रें	-	-	मं	गं	-	रें	गं	-	सां	सा
दुं	-	दु	भी	-	-	मृ	दं	-	ग	रा	-	-	ग
x					2		0			3			

म	म	प	सां	सां	प	ध	गरे	ग	स	म	ग	नि	स
रं	ग	हो	-	त	नं	द	व्दा-	-	र	गा	व	त	ध
x					2		0			3			

राग मिश्र तिलंग/ताल-तीनताल

ग	म
का	हू

स्थाई

प	सां	नि	सां	नि̲	प	ग	म	(प)ग	-	-	-	स	-	ग	म
जो	गि	या	को	न	ज	र	ल	गी	-	-	-	-	-	म	रौ
x		2		0		3		x		2		0		3	

प	-	प	प	प	-	ध	प	ग	-	प	म	ग	स	ग	म
वा	-	रौ	क	न्है	-	या	-	रो	-	वै	-	-	-	का	हू
x		2		0		3		x		2		0		3	

अंतरा

ग	म	प	नि	सां	-	सां	सां	नि	-	सां	रें	सां	-	नि̲	प
घ	र	घ	र	हा	-	थ	दि	खा	-	वै	ज	सो	-	दा	-
x		2		0		3		x		2		0		3	

ग	-	ग	म	प	प	नि	नि	सां	-	नि̲	प	म	ग	ग	म
दू	-	ध	पि	व	त	न	हिं	सो	-	वै	-	-	-	का	हू
x		2		0		3		x		2		0		3	

संचारी

प	-	प	-	प	-	प	-	प	-	प	ध	ग	म	ग	म
जा	-	रे	-	जो	-	गी	-	नं	-	द	भ	व	न	में	-
x		2		0		3		x		2		0		3	

सां	-	नि	सां	नि	प	ग	म	ग	-	-	-	स	-	-	-
मे	-	री	ग	लि	न	जि	न	बो	-	-	-	लै	-	-	-
x		2		0		3		x		2		0		3	

(आभोगी–अंतरावत)

•

सहायक ग्रन्थों की सूची

अग्नि पुराण	गुरु मण्डल ग्रन्थ माला, कलकता सन् 1957
अणु भाष्टा	बल्लभाचार्य, प्रका. ब्रजवासी दास एंड कं बनारस सन् 1923
काव्य प्रकाश	आचार्य मम्मट
तैतरीयो परिषद्	लखनऊ
नारद भक्ति सूत्र	गीता प्रेस गोरखपुर
ब्रह्म पुराण	" " "
भक्ति रसामृत सिंधु	रामानन्द कृत
विष्णु पुराण	गीता प्रेस गोरखपुर
शांडिल्य भक्ति सूत्र	सं. गोपीनाथ कविराज, जयकृष्णदास, आदि काशी
श्रीमद् भागवत	गीता प्रेस गोरखपुर
श्रीमद् भगवत गीता	" " "
वार्ता साहित्य	श्री हरिहर नाथ टंडन
ब्रज का इतिहास	श्री कृष्णदत बाजपेई
ब्रज का सांस्कृतिक इतिहास	श्री प्रभुदयाल मीतल
कृष्णाश्रय	महाप्रभु श्री बल्लभाचार्य
84 वैष्णवन की वार्ता	श्री द्वारिका दास
252 "	" " "
पुष्टिमर्गीय स्वरूप सेवा	श्री रामनाथ शास्त्री
श्री मथुराधीश की सेवा प्रणालिका	श्री रमण प्रभु मथुरा वाले
पुष्टि मार्गीय सार संग्रह	श्री रमण प्रभु मथुरा वाले
अष्ट छाप परिचय	श्री प्रभु दयाल मीतल
कवि तानसेन और उनका काव्य	श्री नर्मदेश्वर चतुर्वेदी
ब्रज भाषा साहित्य का ऋतु सौन्दर्य	श्री प्रभु दयाल मीतल
परमानन्द सागर	श्री गो.ना. शुक्ल
रास लीला	श्री बजरंग पुस्तकालय मथुरा
सूर साहित्य नव मूल्यांकन	श्री चंद्रभान रावत

सूरदास	डॉ. हरवंश लाल शर्मा
सूरदास अध्ययन सामग्री	श्री जवाहर लाल चतुर्वेदी
सूरसागर	" " "
संगीत सम्राट तानसेन	श्री प्रभु दयाल मीतल
हिंदी एवं मराठी वैष्णव साहित्य का तुलनात्मक अध्ययन	डॉ. नरहरि चिंतामणि जोगलेकर
ब्रजस्थ बल्लनै संप्रदाय का इतिहास	श्री प्रभु दयाल मीतल
ब्रज की रासलीला इतिहास और साहित्य	" " "
ब्रज के उत्सव, त्योहार और मेले	" " "
ब्रज की लोक संस्कृति	डॉ. सत्येन्द्र
श्री हित सुधाकर	श्री हित हरिवंश जी महाराज
चैतन्य मत और ब्रज साहित्य	श्री प्रभु दयाल मीतल
मथुरा परिचय	श्री कृष्ण दत बाजपेई
कांकरौली का इतिहास	श्री कंठमणि शास्त्री
कांकरौली का दिग्दर्शन	" " "
वृन्दावनांक (पत्रिका)	सर्वेश्वर प्रकाशन, वृन्दावन
ब्रज साहित्य का इतिहास	डॉ. सत्येन्द्र
श्री नाथ द्वारा	श्री बजरंग पु. मथुरा
पुष्टिभार्गीय आचार्य और उनकी परम्परायें	श्री सत्यनारायण शास्त्री
श्री बल्लभाचार्य के दार्शनिक आचार की परम्परा	श्री आर. के. भटट
महाप्रभु श्री बल्लभाचार्य और उनका पुष्टिमार्ग	श्री सीताराम चतुर्वेदी
कविवर परमानन्द दास और बल्लभ संप्रदाय	डॉ. गोवर्धन नाथ शुक्ल
अष्टछाप काव्य का सांस्कृतिक मूल्यांकन	डॉ. माया टंडन
ब्रज की लोक कहानी	डॉ. सत्येन्द्र
षोडश ग्रन्थ	श्री नृसिंह लाल जी महाराज

होरी की भावना	श्री हरिराय जी
भावसिन्धु की वार्ता	सम्पादक श्री निरंजन देव शर्मा
कला और संस्कृति	डॉ. वसुदेव शर्मा
भारत का सांस्कृतिक इतिहास	श्री जयचन्द्र विद् यालंकार
भारतीय संस्कृति का इतिहास	श्री निदेश चन्द्र भाद्वाज

संगीत ग्रन्थ की सूची

नाट्य शास्त्र	भरत
संगीत पारिजात	अहौवल
कीर्तन प्रणाली	श्री चम्पकलाल नायक
नाद विनोद	श्री पन्नालाल गोस्वामी
संगीत सार संग्रह	श्री धीरेन्द्र मोहन ठाकुर
भरत का संगीत सिद्धांत	श्री आचार्य कैलाशचन्द्र दैव वृहस्पति
भारतीय संगीत	श्री उत्तम राम शुक्ल
अष्टछाप के वाद्य यंत्र	श्री चुन्नीलाल जैन
अष्ट छाप पदावली	श्री सोमनाथ गुप्त
राग रत्नाकर	श्री बजरंग पुस्तकालय मथुरा
संगीताचार्य बैजू और गोपाल	श्री प्रभु दयाल मीतल
वृन्दावन की रास लीला	बाबा तुलसीदास
कीर्तन प्रणाली	श्री ब्रजभूषण लाल
कीर्तन प्रणाली	श्री बजरंग पु. मथुरा

कीर्तन संग्रह (बंसत, होरी, धमार)

कीर्तन प्रणाली	विद्या प्रकाशन कांकरौली
सूरसागर	श्री नन्ददुलारे बाजपेई
रास लीला	सेठ गोविन्द दास
लघु कीर्तन कुसुमाकर भाग-1,2,3	संकलित श्रम बजरंग पु.
श्री विटठलेश चरितामृत	श्री द्वारिकाद्रास
संगीत मासिक पत्रिका	संगीत कार्यालय हाथरस
संगीत चिन्तामणि	आचार्य व्रहस्पति
संगीतांजलि	श्री ओंकार नाथ ठाकुर
भारतीय संगीत	श्री कृ. ग. मुले
संगीत निबंध संग्रह	श्री हरिश चन्द्र श्रीवास्तव

भारतीय संगीत का इतिहास	श्री भगवत शरण शर्मा
संगीत सार संग्रह (संस्कृत)	स्वामी प्रज्ञानन्द
ध्रुवपद माला (स्वरलिपि सहित)	" " "
राधा गोविन्द संगीत सार	महाराजा सवाई प्रताप सिंह, जयपुर
गीत वाद्य सार संग्रह	श्री चारु चरण मुखोपाध्याय
संगीत सार	श्री क्षेत्र मोहन गोस्वामी
संगीत कलाधर	श्री डाहयालाल शिवराम, गुजरात
राग कल्प द्रुम भाग-1,2,3,4	पं. कृष्णानन्द व्यास उर्फ राग सागर
मआदलमूसीकी	श्री मुहम्मद कर मइमाम
नगमातेआसफी	श्री मुहम्मद रजा
धुवपद भजनावली	श्री रामलाल मित्र

The Music of India Poplay

Story of Indian Music	Ranade
Hindustani Music	Ranade
The Music of India	DP Mukherji
Elements of Indian Music	E. Clements
A short History of Music	Dr. Curt Suches
History of Music	S. Vrat Rai
Historical Survey of the Music of Upper Indin	Pt. VN Bhatkhande
History of Indian Music	Swami Rana Sharnavatsal
Sangeet of India	Atiya Begum
Evolution of the Art of Music	Dr. Hubert Parry
Historical Development of Indian Music	Swami Prajnanand
Some Cultural Aspects of Muslim Rule in India	SN Jaffer
Influence of Islam on Indian Culture	Tara Chand
A History of Indian Civilisation	RK Mukherji

Ragas Raginis	Amiya Nath
Theory of Indian Music	B. Swaroop
Psychology of Music	Max Schoen Ronald
Sangeet 6 Natak	Musical Journal (Sangeet Natak Academy)
Bhartiya Sangeet Ragnidhi	B. Subbarao